창세기부터 요한계시록까지
365일 말씀묵상

Wisdom For Today
오늘의 지혜말씀

척 스미스 지음

김동백 옮김

홀리북스

오늘의 지혜말씀(Wisdom For Today)

지은이   척 스미스(Chuck Smith)
옮긴이   김 동백(Duke Kim)
편집인   이 요나(Jonah Lee)
디자인   김 상우
펴낸곳   홀리북스(holybooks)
등 록   제2014-000225호
주 소   서울 강남구 연주로 608
출판일   2022. 12. 31.
판 형   신국판(152×225)
가 격   17,000원
전 화   (02)546-5811
팩 스   (02)798-5412
이메일   ccseoul@gmail.com
Web.   www.holybook.kr
ISBN   979-11-979889-9-8

홀리북스는 홀리라이프 후원으로 운영하며,
수익금은 탈동성애운동에 전액 사용됩니다.
후원: 우리은행 070-7565-3535 (홀리라이프)

척 스미스(Chuck Smith)
(1927~2013)

Genesis – Revelation
Daily Devotional

Wisdom For Today
by Chuck Smith

© 2007 The Word For Today
Published by The Word For Today
Translated by Permission of The Word For Today

Korean Edition
© 2022 Holy Books / Jonah Lee

저자 서문

우리가 살고있는 이 세상은 지식에 위대한 가치를 둔다. 그러나 사람들은 가장 중요한 것들을 알기 위해 항상 애쓰지는 않는다. 그 진리는 당신이 극도로 지식적이라 할 수 있는 곤충이나 별들, 혹은 과학들에 대한 것들이 될 수도 있다. 당신은 그러한 종류의 것들에 대해서는 매우 지혜로울지 모른다.

그리고 사람들은 그 지식으로 인해 당신을 존경할 수도 있다. 그것은 모두 괜찮고 좋다. 그러나 당신에게 하나님의 지혜가 없다면, 사람이 얻고자 하는 가장 중요한 지식을 상실한 것이다. 그러면 어떻게 하나님의 지혜를 얻을 수 있을까? 잠언은 다음과 같이 말한다.

"여호와를 경외하는 것이 지혜의 근본이며 거룩하신 자를 아는 것이 명철이니라"(잠 9:10)

지혜는 우리가 하나님을 모든 것보다 존경할 때 시작한다. 또한 우리의 존경심은 그분의 말씀을 통해 하나님을 찾도록 마음을 움직여 그의 명철을 얻게 된다. 그러나 하나님은 세상의 장치들로 지혜를 탐구하게 하지 않으신다. 오직 그분이 우리를 위해 제공하신다.

그분은 정말 좋은 아버지와 같다. 항상 우리 연약함을 도우시며, 항상 우리의 부족한 것을 공급하신다. 그리고 그분은 우리가 지혜를 얻기를 매우 갈망하시는데 그것은 그분이 그 탐구 속에서 우리를 돕는 특별한 축복을 보내시는 지혜인 것이다.

예수님은 자신의 죽음을 바라보시며, 우리를 고아와 같이 세상에 내버려 두지 않으시고 위로자 되시고 안내자 되시는 분 곧 성령을 보내실 것을 약속하시며 제자들을 준비하셨다.

"내가 아버지께 구하겠으니 그가 또 다른 보혜사를 너희에게 주사 영원토록 너희와 함께 있게 하시리니 저는 진리의 영이라 세상은 능히 저를 받지 못하나니 이는 저를 보지도 못하고 알지도 못함이라 그러나 너희는 저를 아나니 저는 너희와 함께 거하심이요 또 너희 속에 계시겠음이라"(요 14:16-17)

그리고 나서 예수님은 보혜사의 성령을 소개하시고, 그와 관련된 것을 약속하셨다.

"보혜사 곧 아버지께서 내 이름으로 보내실 성령 그가 너희에게 모든 것을 가르치시고 내가 너희에게 말한 모든 것을 생각나게 하시리라"(요 14:26)

이 얼마나 놀라운 약속을 우리가 받은 것인가! 하나님은 그분의 성령을 우리 속에 주셨다. 그분은 우리 속에 영원히 거하신다. 그리고 우리가 알아야 할 모든 것을 가르치실 것이다. 그러므로 요한은 서신서에서 이렇게 증거하였다.

"너희는 거룩하신 자에게서 기름 부음을 받고 모든 것을 아느니라"(요일 2:20)

성령은 우리 속에 거하시고, 하나님의 진리들을 우리 마음에 계시하신다. 우리가 하나님의 말씀을 읽을 때, 그분은 그것이 살아나게 하신다. 어쩌면 우리에게 절실한 그 말씀은 수없이 많이 읽은 구절이었지만, 그러나 당신이 가장 필요한 때에 성령께서 그 말씀에 생명을 불어넣으시고 그 페이지에서 튀어나오게 하신다.

- 우리에게 성령은 얼마나 큰 축복인가?
- 그가 하시는 얼마나 놀라운 사역인가?

우리 개개인의 삶과 교회 안에서의 그분의 사역은 매우 중요하다. 그러나 불행히도, 사람은 성령의 지혜를 사람의 지혜로 대체하려고 시도해 왔다. 우리는 영적인 지혜는 오직 헬라어와 히브리어를 공부해야만 얻을 수 있다고 스스로 설득되었다. 우리는 진리의 말씀으로 사람을 가르칠 수 있는 자격은 신학교 학위를 가진 사람들이라고 생각했다. 그러나 우리는 그 이론에 반대해야 한다.

사람에게 자격을 주는 것은 벽에 걸린 학위가 아니라 마음속의 성령님이시기 때문이다. 나는 성경을 도덕적 가치를 지닌 재미있는 문학적 일부로 접근하는, 전혀 성령이 충만하지 않은 어떤 박사들의 신학을 듣기보다는 오히려 높은 수준의 교육은 받지 못했어도 성령이 충만한 사람에게 강의를 들을 것이다.

그동안 나는 수많은 청년들을 만났는데 세상에서 그들은 단순하고, 혹은 무지하다고 간주했지만, 그러나 본질은 주안에서 위대한 지혜를 가진 사람들이었다. 몇년전 Bass Lake에서 휴가 중에 케이와 내가 만난 한 여성이 생각난다.

그 마을은 호수에서 가장 가까운 North Fork라는 동네였다. 마침 주일이 다가와서 우리 부부는 예배드릴 교회를 찾아 그 작은 마을로 향했다. 우리가 찾아간 교회 담임목사는 휴가를 떠났고, 설교를 위해 캔터키 출신의 한 여성을 게스트 스피커로 초청했다.

놀라운 것은 그녀가 입을 열었을 때, 그녀의 목소리는 마치 입 안에 자갈을 가득 문 것 같았다. 그녀는 촌스러운 말투로 영어를 도살했다. 그러나 그녀 안에서 움직이는 성령의 역동적인 굉장한 능력으로 케이와 나는 그 주일 아침에 놀라운 은혜를 경험했다.

또한 내가 헌팅턴 비치에서 목회를 할 때 내가 아는 특별한 하나님의 성도가 있었다. 그녀는 할머니뻘 되는 키가 작은 여성이었는데 그녀는 평소에 내가 뭔가에 낙심하고 있는 것을 아는 듯했다.

사실 그 당시 나는 비현실적인 세상과 매일같이 일어나는 나쁜 일들에 대해 불평하며 심히 분노하고 있었다. 그때 하나님은 이 작은 여성을 나에게 보내시어 나에게 이렇게 말씀하셨다.

"척, 기억하렴, 주님은 여전히 보좌 위에 계신단다."

아주 간단한 문장이었다. 그러나 그 안에는 엄청난 지혜가 담겨 있었다! 아무리 세상이 어두워지고 소망이 없어 보일지라도, 그 작은 한 문장은 내 시야를 깨끗케 하는 능력이 있었고 나의 낙심을 일순간에 없애 버렸다.

"주님은 여전히 보좌 위에 계신다."

나는 당신이 가장 중요한 모든 것들에 지혜롭게 되기를 기도한다. 그리고 나는 당신에게 하나님의 기름부음이 있음을 기억하기를 기도한다.

- 그의 기름부음을 사랑하라.
- 말씀을 공부하고 주님을 가까이함으로,
- 당신의 마음속에 성령의 역사를 더욱 사모하라.

지혜를 갖는 것은 당신의 몫이다. 하나님은 당신에게 그것을 주시길 원하신다. 그분을 존경하고, 그분의 말씀을 묵상하고, 그분이 명령하시는 것이 무엇이든 복종하라. 그리고 당신이 이 책의 페이지를 열 때, 성령께서 모든 진리로 당신을 인도하시도록 초청하라. 이것이 "오늘의 지혜말씀" 이다.

척 스미스

January 1

하나님의 형상대로 창조하심

(창세기 1:26-27) "하나님이 가라사대 우리의 형상을 따라 우리의 모양대로 우리가 사람을 만들고 그로 바다의 고기와 공중의 새와 육축과 온 땅과 땅에 기는 모든 것을 다스리게 하자 하시고 하나님이 자기의 형상 곧 하나님의 형상대로 사람을 창조하시되 남자와 여자를 창조하시고"

하나님은 왜 우리를 자기의 형상대로 창조하고 싶어 하셨을까? 하나님은 우리와 진정한 사랑의 관계를 맺고 싶은 소원이 있으셨다. 하나님은 사랑이시다. 그러기에 우리에게도 사랑할 수 있는 능력을 주셨다. 또한 하나님은 스스로 결정하시는 분이시다. 그렇기 때문에 우리에게도 스스로 선택할 수 있는 능력을 주셨다.

하나님은 우리가 사랑할 수 있고 또 선택할 수 있게 하셔서 하나님께 기쁨을 가져다주는 존재로 만드신 것이다. 우리는 그의 사랑을 받을 뿐 아니라, 우리가 하나님을 사랑할 수 있는 선택을 할 수 있게 하셨다. 그러나 많은 사람들이 하나님 사랑하기를 택하지 않는다. 그렇다면 그것은 인간의 존재 목적에 전혀 맞지 않는다. 그렇기 때문에 인생이 공허하고 허무하고 살만한 가치가 없다고 느끼게 되는 것이다. 이것을 이상하게 여길 필요가 없다.

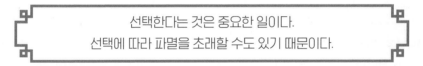

선택한다는 것은 중요한 일이다.
선택에 따라 파멸을 초래할 수도 있기 때문이다.

에덴동산에서 인간이 자유롭게 선택했던 행위로 인해 인간에게서 하나님의 형상을 퇴락시키는 결과를 가져왔다. 곧 영적인 죽음으로 인해 하나님과 단절되어 인간이 동물처럼 살게 된 것이다. 즉 육신적인 것에만 급급하게 된 것이다. 그러나 인간은 동물적인 것만으로는 절대 만족할 수 없다. 왜냐하면 인간이 하나님과 관계를 맺을 때에만 참 만족을 얻을 수 있도록 창조하셨기 때문이다.

예수님은 그 목적 때문에 오셨다. 예수님은 우리의 죄를 지고 우리를 대신하여 죽으시어 이제 우리에게 다른 선택을 내어 놓으셨다. 우리가 하나님과 관계를 맺고 성령을 따라 사는 생명을 얻든지, 아니면 육신적인 생활을 하다가 결국 영원한 죽음으로 떨어져 버리든지, 이제 여러분은 조심스럽게 선택해야 한다. 하나님은 우리의 선택을 존중해 주는 분이시기 때문이다.

하나님 아버지, 우리가 주의 영광 가운데 역사하시는 성령을 힘입어 다시 하나님 아버지의 형상으로 변화되게 하심을 감사드립니다. 예수님 이름으로 기도합니다. 아멘

January 2

멸하심

(창세기 6:13) "하나님이 노아에게 이르시되 모든 혈육 있는 자의 포악함이 땅에 가득함으로 그 끝 날이 내 앞에 이르렀으며 내가 그들을 땅과 함께 멸하리라"

홍수가 오기 전의 시대 사람들은 하나님을 등지고 마치 하나님이 계시지 않는 것처럼 살았었다. 다시말해 도덕이라는 것이 없었다. 사람들의 생각이 부패해서 포악이 땅의 표면을 뒤덮고 비정상적인 성행위를 하며 마치 짐승처럼 살기 시작했다. 마침내 이러한 상황을 보신 하나님께서 더 이상 참을 수 없는 한계까지 이르러 선언하셨다.

"나의 영이 영원히 사람과 함께 하지 아니하리니"(창6:3)

예수께서 우리에게 "노아의 때와 같이 인자의 임함도 그러하리라" (마4:37) 말씀하셨듯이 오늘날 우리도 포악과 부패가 가득한 세상에 살고 있다. 이제 하나님이 다시금 "끝이다" 말씀하시는 것은 시간 문제이다. 하나님은 처음에 그러하셨듯이 그의 백성에게 다시 방주로 들어오라" 말씀하실 것이다.

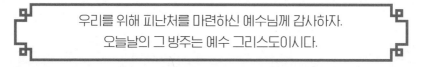

우리를 위해 피난처를 마련하신 예수님께 감사하자.
오늘날의 그 방주는 예수 그리스도이시다.

하나님은 절대적인 의의 기준을 마련해 두셨다. 우리는 하나님의 권위 아래 순종해야 한다. 머지않아 예수님은 하나님이 세워두신 절대적인 의로 세상을 심판하기 위해 오실 것이기 때문이다.

만약 당신이 그 아들의 의를 따르지 않는다면, 당신은 썩어져 가는 세상과 제도 속의 한 부분이 되어 그 속에 함께 표류하며 살든지 아니면 세상이 무너질 때 그 위에 둥둥 떠다닐 제도의 한 부분에 속해 있게 될 것이다.

하나님 아버지, 우리가 들은 것들을 지키게 하시고 그것들에게서 떠나가지 않게 하소서. 우리들이 이 부패한 세상을 과감하게 헤쳐 나갈 수 있도록 도와주시고 당신을 사랑하고 섬긴 자들의 반열에 함께 설 수 있게 하옵소서. 예수님 이름으로 기도합니다. 아멘

January 3

하나님의 약속

(창세기 8:22) "땅이 있을 동안에는 심음과 거둠과 추위와 더위와 여름과 겨울과 낮과 밤이 쉬지 아니하리라"

"땅이 있을 동안에는" 이 말씀을 추론해 볼 때, 땅은 영원히 존재하지 않는다는 것을 알 수 있다. 그러나 그 다음에 나오는 말씀은 '땅이 있는 한 다음과 같은 것들은 변함없이 계속될 것' 이라는 약속이다. 다시말해 심음과 거둠, 추위와 더위, 겨울과 여름, 낮과 밤... 우리는 이러한 하나님의 약속을 확신한다.

우리는 혹시 내일 새벽이 오지 않아 새날이 오지 않을까 걱정스러워 잠을 이루지 못한 적이 없다. 우리가 하나님의 어떤 약속들에 대해서 확실하게 믿을 수 있다면 왜 하나님의 다른 약속들에 대해 온전히 믿지 못하는 것일까? 그것이 그렇게 믿기 어려운가?

예수님은 "내가 너희를 절대로 떠나지 않고 버리지도 않겠다" 말씀하셨다. 그런데도 우리는 예수님이 과연 그렇게 하실까 하고 염려한다. 하나님께서 지구를 돌리고 계신다는 것을 확실하게 믿는다면, 하나님께서 나의 모든 필요를 다 공급해주실 것도 또한 믿어야 한다. 하나님은 이런 약속들을 통해 우리에게 그의 신실하심을 상기시키려는 것이다.

아침마다 일어날 때, 날이 밝은 것을 보면서 "정말 하나님은 약속을 잘 지키시는군요" 말하고, 매일 저녁 해가 질 때에도 "정말 하나님은 말씀을 잘 지키시는 분이시군요" 고백해야 할 것이다. 하나님은 우리가 믿든지 믿지 않든 그의 약속을 지키실 것이다.

> 하나님은 신실하시다. 그리고 반드시 약속을 지키신다.
> 그렇기 때문에 당신의 인생을 거기에 걸만하다.

우리가 하나님의 약속을 믿지 못하기 때문에 어려움이 오면 걱정하고 두려워하고, 승리하면 기뻐한다. 하지만 사실 믿는 우리는 항상 승리할 수 있다. 왜냐하면 하나님이 우리를 돌보시겠다고 약속하셨기 때문이다.

하나님 아버지, 확고부동한 아버지의 약속에 감사드립니다. 지금도 보좌에 계시는 아버지로 인해 우리가 온전한 믿음을 가지고 살아갈 수 있도록 도와주시소서. 예수 그리스도의 이름으로 기도합니다. 아멘.

January 4

타협하지 말라

(창세기 11:31) "데라가 그 아들 아브람과 하란의 아들 그 손자 롯과 그 자부 아브람의 아내 사래를 데리고 갈대아 우르에서 떠나 가나안 땅으로 가고자 하더니 하란에 이르러 거기 거하였으며"
(창세기 12:1) "여호와께서 아브람에게 이르시되 너는 너의 본토 친척 아비 집을 떠나 내가 네게 지시할 땅으로 가라"

하나님은 아브람과 아주 친밀한 관계를 맺기 위해 그를 부르셔서 세 가지 일을 시켰다. 첫째, 우상의 곳을 떠나라. 둘째, 친척을 떠나라. 셋째, 하나님이 그에게 지시하실 땅으로 가라.

그러나 아브람은 완전한 순종을 하지 않았다. 그는 갈대아 우르를 떠날 때, 아버지와 조카와 함께 동행했고, 가나안에도 즉시 들어가지 않았다. 그들은 바벨론 평원의 경계선에 머물렀던 것이다. 여전히 떠나야 하는 곳에 거주하고 있었다(참조 행 7:2-4).

> 반만 순종하는 것은 불순종이다.
> 그러한 불순종은 결과적으로 비극을 초래한다.

그러함에도 하나님은 아브람이 하란에 거주할 때 침묵하셨다. 아브람이 가나안에 들어갈 때까지 아무 말씀도 하지 않으셨다. 다만 그의 불순종으로 아브람은 하나님과 가깝게 지낼 수 있는 교제의 특권을 상실한 것이다.

지금 당신은 어떠한가? 당신도 지금 하란에서 살고 있지 않는가? 당신도 완전한 순종에서 조금 덜 순종한 곳에 머물고 있는가? 당신을 합리화하고 있지는 않은가? 당신은 오랜 습관에 젖어 있는가?

하나님은 오늘도 당신 자신을 부인하라고, 악을 피하고, 당신의 십자가를 지고 예수님을 따르라고 부르신다. 하나님은 당신을 축복의 곳으로, 약속의 장소로, 또 하나님과 가깝게 교제를 할 수 있는 곳으로 부르고 계신다. 그 이유는 오직 당신을 사랑하기 때문이다.

하나님 아버지, 성령이 우리를 당신의 길로 인도하실 때, 우리가 주께서 원하시지 않는 곳에 머물지 않기를 기도합니다. 어떠한 댓가를 치루더라도 우리가 지고 가야할 십자가를 지고 갈 수 있도록 도와주십시오. 예수님 이름으로 기도합니다. 아멘.

January 5

하나님의 기다리심

(창세기 17:1-2) "아브라함이 구십 구세 때에 여호와께서 아브라함에게 나타나서 그에게 이르시되 나는 전능한 하나님이라 너는 내 앞에서 행하여 완전하라 내가 내 언약을 나와 너 사이에 세워 너로 심히 번성케 하리라 하시니"

하나님께서 아브라함에게 이 말씀을 하셨을 때 그의 나이 86세였다. 그리고 다시 말씀하실 때까지 13년을 더 기다렸다. 당신은 하나님이 왜 그렇게 오래 기다렸다고 생각하는가? 이와 같이 하나님은 때로 우리의 모든 힘이 다 빠질 때까지 기다리게 하신다.

또한 하나님은 우리에게 소망이 하나도 보이지 않을 때까지 우리를 기다리신다. 바로 그 때가 아브라함에게는 마지막이었다. 만약 하나님께서 좀 더 일찍 아브라함에게 말씀하셨다면, 아브라함이 하나님의 약속을 행하는데 있어 하나님을 도와드리려고 했을 것이다.

내가 생명 구조원 훈련을 받을 때 배운 것은 어떤 사람이 물에 빠졌을 때, 절대로 그를 구하려 물에 들어가지 말라는 당부이다. 그 이유는 그에게 아직 힘이 남아 있을 때 가까이 가면 당신도 그와 함께 물에 빠지게 되기 때문이다. 그래서 그의 힘이 다 빠질 때까지 기다려야 한다. 하나님도 이와 똑같은 원리로 일하신다고 생각한다. 우리가 버둥거리기를 멈출 때까지 하나님은 기다리신다.

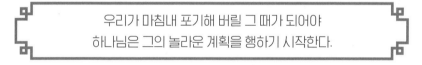

우리가 마침내 포기해 버릴 그 때가 되어야
하나님은 그의 놀라운 계획을 행하기 시작한다.

우리는 "아, 저 사람이 하나님의 놀라운 일에 대해 주님을 찬양하는군요" 그렇게 말하면서 그가 성공한 이론에 맞는 합리적인 설명을 하기 일수이다. 또 우리 일이 잘되면 "이 얼마나 큰 행운인가?" 자랑한다. 이와같이 우리는 하나님이 일하셨음에도 하나님을 좀처럼 인정하지 않는다.

어쩌면 당신도 불가능한 상황 속에 있을지 모른다. 물론 당신이 최선을 다했는데도 실패했을 수 있다. 그러나 당신의 불가능은 하나님의 기회이다. 당신이 할 수 없는 것을 하나님은 하실 것이다.

하나님 아버지, 우리에게 인내하심에 감사드립니다. 우리의 불가능한 상황에 대해 아버지께 모두 내어놓기 원합니다. 아버지의 이름만 영광을 받으소서. 예수님 이름으로 기도합니다. 아멘.

January 6

불평하지 말라

(창세기 24:61) "리브가가 일어나 비자와 함께 약대를 타고 그 사람을 따라가니 종이 리브가를 데리고 가니라"

리브가가 낙타를 타고 400마일을 여행하겠다고 나선 것은 완전한 믿음이다. 그녀는 전적으로 이삭의 종만을 의지했다. 왕국의 부귀 영화가 기다리고 있다는 종의 말만을 믿고 가는 것이었다.

낙타를 탄다는 것은 정말 많은 경험이 필요하다. 왜냐하면 낙타는 순하게 움직이지 않는다. 당신이 낙타에게 몸을 맡기고 낙타와 함께 움직이지 않는다면 낙타는 당신을 흔들어 떨어뜨려서 죽게 만들지도 모른다. 그리스도인의 삶 역시 쉽지 않다. 그러므로 당신은 다루기 어려운 짐승을 탈 때처럼 난폭하고 불편한 자리에 앉아 시험 받게 될 것이다.

"사랑하는 자들아 너희를 시련하려고 오는 불 시험을 이상한 일 당하는 것같이 이상히 여기지 말고"(벧전 4:12)

사막을 따라 긴 여정을 갈 동안 낙심도 많이 하게 될 것이다. 마침내 리브가가 목적지에 도착했을 때, 낙타에게 어떻게 했을지 상상할 수 있겠는가? 리브가는 화가 치밀어 "이 나쁜 놈아!" 욕하면서 낙타를 발로 차고 때릴 수도 있었을 것이다. 그러나 나는 리브가가 그렇게 하지 않았을 것이라고 생각한다. 아마도 그녀는 낙타를 토닥거리며 "내가 너를 타고 오느라 힘들기도 했지만 네가 잘 해내었구나. 네가 내 주인에게 잘 데려다 주었구나." 칭찬했을 것이다.

> 인생의 시련은 우리를 하나님께로 데려다 주는 도구이다.

어느 날엔가 여행은 끝날 것이다. 낙타는 우리가 온전히 예수님만을 의지하도록 만들어 줄 것이다. 머지않아 우리는 주님이 우리를 맞으러 나오는 것을 볼 수 있을 것이다. 내가 낙타의 등에서 뛰어 내릴 때, 나는 낙타를 차 버리지 않을 것이다. 왜냐하면 그것이 나를 나의 주인에게 데려다 주었기 때문이다. 나는 무사히 도착하게 된 것을 하나님께 감사드릴 것이다.

하나님 아버지, 우리를 당신에게로 이끌어가는 고난들에 대해 감사드립니다. 우리가 당하는 고난이 당신이 사용하시는 도구임을 볼 수 있게 도와주소서! 우리가 이 여정에 피곤해하지 않게 도와주소서! 예수님 이름으로 기도합니다. 아멘.

관계의 회복

(창세기 33:3-4) "자기는 그들 앞에 나아가되 몸을 일곱 번 땅에 굽히며 그 형 에서에게 가까이 가니 에서가 달려와서 그를 맞아서 안고 목을 어긋맞기고 그와 입 맞추고 피차 우니라"

이 두 형제들은 불화로 인해 20년간이나 헤어져 있었다. 그러나 야곱을 향한 에서의 미움이 순식간에 바뀌었다. 그는 칼을 들고 야곱을 만나러 나왔지만, 결국에는 야곱과 포옹하게 되었다. 아무리 가까운 관계라도, 때때로 냉랭해질 때가 있다. 어쩌면 당신도 사랑하는 사람과 불화의 관계에 있을 수 있다.

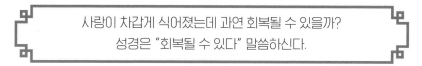

사랑이 차갑게 식어졌는데 과연 회복될 수 있을까?
성경은 "회복될 수 있다" 말씀하신다.

야곱이 제일 먼저 한 일은 기도였다. 당신이 제일 먼저 해야 할 일도 기도이다. 당신에게서 멀어져간 사람의 마음을 바꾸어 달라고 하나님께 기도해야 한다. 우리가 그렇게 할 때, 하나님은 종종 우리가 어디에서부터 바뀌어져야 하는가를 보여주신다.

야곱은 받을 줄만 알았지 주는 것을 모르는 성품을 가졌다. 그러나 기도한 후에 그는 에서에게 자기보다 앞서 먼저 선물을 보내야겠다고 결정했다. 당신에게서 멀어져간 사람을 축복할 방법을 찾아라.

그 다음 그는 그의 형님을 "주"라고 부르면서 높였다. 우리의 관계들이 종종 냉랭해지는 것은 서로 세워주기보다, 무시할 때가 더 많기 때문이다. 그리고 야곱은 그들이 만나지 못했던 기간 동안의 일들에 대한 자기의 생각과 감정들을 나누었다. 그러는 동안 서로의 마음이 열리게 되었고 관계가 회복되었다. 그리고 야곱과 에서는 서로에게 감동되어 껴안았다.

하나님은 당신의 관계들을 치유하실 수 있을까? 그렇다. 당신이 야곱의 방법을 따르기만 한다면! 기도하고, 축복하고, 높여주고, 나누고 그리고 관계가 멀어진 사람과 계속 만나면서...

- 하나님은 식어진 관계를 얼마든지 부드러운 관계로 만드실 수 있다.

하나님 아버지, 당신의 말씀을 통해 우리가 서로 사랑하며 우리의 삶을 향기로 가득 채울 수 있도록 도와주소서. 예수님 이름으로 기도합니다. 아멘.

유혹을 이기려면

(창세기 39:12) "그 여인이 그 옷을 잡고 가로되 나와 동침하자 요셉이 자기 옷을 그 손에 버리고 도망하여 나가매"

우리 모두는 매일매일 유혹당하고 있다. 거짓말하는 유혹, 속이는 유혹, 도둑질하는 유혹. 요셉은 강한 유혹을 받았지만 이겨냈다. 그가 그렇게 이겨낼 수 있는 열쇠는 무엇이었을까?

첫째, 요셉은 자기를 신뢰하고 있는 사람이 있음을 은연중에 기억하고 있었다. 그는 보디발의 신의를 배신하고 싶지 않았다. 둘째, 요셉은 자신이 다른 사람들과 다르다는 것을 알고 있었다. 분명하게 하나님의 선민으로 부름을 받았음을 알고 있었기 때문에 "내가 어떻게..?" 라고 분명하게 말했다.

셋째, 요셉은 유혹이 얼마나 사악한 것인가를 알고 있었다. 오늘날 우리의 문제 중 하나는 죄에 대해 너무 안일한 태도를 취한다는 것이다. 즉, 죄에 대한 관대함에 익숙해져 있다. 넷째, 요셉은 그가 만약 죄에 굴복한다면 그 죄는 보디발에게 짓는 것이 아니라, 절대적으로 하나님께 짓는 것임을 깨닫고 있었다. 그래서 요셉은 가장 현명한 방법을 취했다. 급히 도망쳤던 것이다. 아무것도 할 수 없거든 도망하라.

바울은 디모데에게 "청년의 정욕에서 도망하라" 명했다. 그러므로 당신이 약하다고 생각되는 곳에서는 멀리 떨어져 있으라. 또 유혹에 빠지기 쉬운 곳과 멀리 하라.

> 우리는 순결하게 살 수 있다. 유혹을 극복할 수도 있다. 하나님이 우리에게 승리하며 살 수 있는 모든 필요한 법을 주셨기 때문이다.

요셉과 같이 중요한 요점 네 가지를 항상 기억하라. 첫째, 당신을 신뢰하는 사람이 있다는 것. 둘째, 당신은 하나님의 자녀로서 특별한 자이기 때문에, 다른 사람이 한다고 해서 당신도 따라할 수 없다는 것. 셋째, 유혹은 사악한 것이며, 유혹에 빠지는 것은 하나님을 대적하는 죄를 짓는다는 것. 넷째, 아무것도 할 수 없거든 도망쳐라. 그리고 즉시 예수님께로 달려가라.

하나님 아버지, 의롭고 거룩하게 살도록 결단하게 하소서. 우리 인생길에 놓여 있는 매 순간의 유혹을 단호하게 거절할수 있도록 도우소서. 예수님 이름으로 기도합니다. 아멘.

January 9

죄의식

(창세기 42:22) "르우벤이 그들에게 대답하여 가로되 내가 너희더러 그 아이에게 득죄하지 말라고 하지 아니하였느냐 그래도 너희가 듣지 아니하였느니라 그러므로 그의 피 값을 내게 되었도다 하니"

요셉의 형들이 요셉을 노예로 팔아 버린지 20년이 지났다. 그러나 요셉의 부르짖음은 여전히 형들의 마음 속 깊숙이 묻혀있었다. 죄의식! 이것은 우리의 기억 저편에 오래 남아 있다가, 어떤 계기를 통해 표면에 다시 떠오르기만 하면 그때의 행동들을 생각나게 한다.

그의 형들은 그들의 죄를 아버지에게서 숨기는 데는 성공했지만, 그것이 그들의 마음속에서 영원히 사라지지는 않았다. 죄의식을 없애는 것은 거의 불가능한 일이다. 그러나 그것은 중요한 일이다.

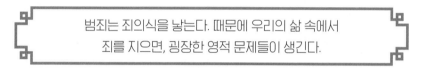

범죄는 죄의식을 낳는다. 때문에 우리의 삶 속에서 죄를 지으면, 굉장한 영적 문제들이 생긴다.

다윗은 자기의 죄를 숨기고자 할 때, 일어나는 것들에 대해 기술했다. "주의 손이 주야로 나를 누르시오니 내 진액이 화하여 여름 가뭄에 마름같이 되었나이다"(시 32:4). 하나님은 "죄의 값은 사망이다" 말씀하셨다.

죄는 하나님으로부터 우리를 멀어지게 하고 우리의 인생을 파멸시킨다. 그러면 어떻게 해야 하는가? 만약 내가 잘못했다면, 그것을 어떻게 취소해야 하는가? 원상복귀 할 수 있을까? 그러나 당신은 죄에 대한 벌을 받지 않아도 된다. 왜냐하면 당신 대신 다른 누군가가 이미 벌을 받았기 때문이다.

하나님이 자기 아들을 보내심으로 한 방법을 만드셨다. 당신이 그분을 믿기만 하면, 하나님은 당신을 용서하시고 새롭게 만드실 것이다. 그래서 하나님은 당신에게 새로운 출발을 하게 하실 것이다.

하나님 아버지, 놀랍게도 예수 그리스도를 통해 우리의 죄를 없이해 주심을 감사드립니다. 예수님이 우리를 씻어 주시고, 깨끗하게 해 주시고, 우리의 모든 불의를 다 제거해 주시니 감사합니다. 예수님 이름으로 기도합니다. 아멘.

January 10

하나님의 인도하심을 구하라

(창세기 46:2-4) "밤에 하나님이 이상 중에 이스라엘에게 나타나시고 불러 가라사 대 야곱아 야곱아 하시는지라 야곱이 가로되 내가 여기 있나이다 하매 하나님이 가 라사대 나는 하나님이라 네 아비의 하나님이니 애굽으로 내려가기를 두려워 말라 내 가 거기서 너로 큰 민족을 이루게 하리라 내가 너와 함께 애굽으로 내려가겠고 정녕 너를 인도하여 다시 올라올 것이며 요셉이 그 손으로 네 눈을 감기리라 하셨더라"

수년 동안 야곱은 그의 아들 요셉이 죽었다고 생각했었다. 그런데 그의 아들들이 요셉이 살아있다는 놀라운 소식과 함께 아버지 야곱이 애굽으로 내려오기를 원한다는 전갈을 보 내왔다. 그래서 지금 저들은 애굽으로 내려가고 있는 중이었다. 그러나 브엘세바에 이르자 갑자기 두려움이 야곱을 휘감았다.

두려움은 강한 동기가 된다. 야곱의 두려움은 하나님을 찾는 동기가 되었다. 두려움보다, 사랑이 그 동기가 되는 것이 훨씬 낫다. 그러나 사랑이 동기가 되어도 하나님을 찾지 않으 면, 하나님은 당신이 하나님을 아주 필요로 하는 곳에 처하게 하여 하나님을 찾도록 하실 것이다. 그것도 안 될때에는 아주 무서운 두려움 속에 몰아넣어 공포 속에서 하나님을 찾 도록 하실 것이다.

하나님이 그렇게 하시는 이유는, 하나님은 당신을 너무나 사랑하기 때문이다. 하나님은 그 렇게 해서라도 당신과 사귐을 갖기 원하신다. 그래서 하나님은 당신을 하나님께 데려오기 위해서라면 어떤 방법이라도 사용하신다.

> 우리는 가끔 어려운 궁지에 처할 때가 있다.
> 그 이유는 하나님을 구하지 않고 우리가 앞서 행하기 때문이다.

당신의 모든 것을 다 아시고 당신을 너무나 사랑하시는 하나님께서 당신의 인생을 인도해 주시려 할 때, 우리는 때로 그것이 어리석게 생각되어 우리의 제한된 지혜로 행할 때가 있 다. 그러나 진퇴양난에 빠져 어느 길로 가야할 지 모를 그 때라도 하나님께 구하는 것이 지혜롭다.

하나님 아버지, 아버지의 뜻을 알아 아버지의 길로 행하기 위해 성령의 인도를 받을 수 있도록 가르쳐 주시옵소서. 예수님 이름으로 기도합니다. 아멘.

하나님은 아신다

(출애굽기 3:7-8) "여호와께서 가라사대 내가 애굽에 있는 내 백성의 고통을 정녕히 보고 그들이 그 간역자로 인하여 부르짖음을 듣고 그 우고를 알고 내가 내려와서 그들을 애굽인의 손에서 건져내고 그들을 그 땅에서 인도하여 아름답고 광대한 땅, 젖과 꿀이 흐르는 땅 곧 가나안 족속 헷 족속 아모리 족속 브리스 족속 히위 족속 여부스 족속의 지방에 이르려 하노라"

수년 동안 하나님의 백성들은 애굽인들에게 모진 수모를 당했다. 그들이 노예에서 벗어날 수 있는 길은 보이지 않았다. 그들은 하나님께 부르짖으면서도, 자기들의 부르짖음에 하나님이 귀를 기울이지 않으실까봐 두려워했다.

> 환란 속에 있을 때, 우리는 혼자인 것처럼 느낀다. 아무도 우리를 알아주거나 이해하지 못할 때가 있다. 그러나 하나님은 우리를 보고 계시기 때문에 아신다.

이스라엘 백성들은 하나님께서 이미 역사하고 계시다는 것을 알지 못했다. 하나님에게는 계획이 있었다. 그 계획 속에서 하나님은 이미 일하고 계셨던 것이다. 하나님은 "모세야, 내가 그들의 부르짖음을 보고 들어서 그들의 우고를 내가 알고 있다. 그래서 내가 그들을 건지러 왔다" 말씀하셨다.

우리가 반드시 알아야 할 것은 나의 형편을 보시고 아시고 돌보고 계시는 분이 있다는 것이다. 그리고 하나님은 한걸음 먼저 가신다. 내가 섬기는 하나님은 보시며 들으시는 하나님이시며 또한 그 모든 것을 알고 계시며, 내가 구하거나 필요로 하는 것보다 훨씬 더 많은 것을 이루실 수 있는 분이다. 게다가 나의 불가능한 상황을 바꿀 수도 있는 분이다.

당신도 어려운 처지를 당하면 하나님께 부르짖고 한편으로는 나의 부르짖음을 하나님이 들으셨는지 의심할 수도 있다. 하나님은 지금 당신에게 말씀하신다. "내가 너의 고통을 보았고 내가 너의 부르짖음을 들었고 내가 너의 슬픔을 알고 있단다. 그래서 내가 오늘 너를 구하기 위해 왔단다."

하나님 아버지, 지금도 살아계셔서 능력으로 역사하고 계심을 감사드립니다. 또한 우리가 필요한 것을 구할 때에 우리가 생각하는 것보다 훨씬 더 풍성하게 역사하심에 감사드립니다. 예수님 이름으로 기도합니다. 아멘.

여호와가 누구인가?

(출애굽기 5:1-2) "그 후에 모세와 아론이 가서 바로에게 이르되 이스라엘의 하나님 여호와의 말씀에 내 백성을 보내라 그들이 광야에서 내 앞에 절기를 지킬 것이니라 하셨나이다 바로가 가로되 여호와가 누구관대 내가 그 말을 듣고 이스라엘을 보내겠느냐 나는 여호와를 알지 못하니 이스라엘도 보내지 아니하리라"

모세와 아론이 바로에게 가서 자기 백성을 보내라는 여호와의 요구를 전했다. 그러나 바로는 "여호와가 누군데 내가 그에게 순종해야 하는가? 나는 여호와가 누군지 모르기 때문에 순종할 수가 없다. 도대체 여호와가 누구란 말인가?" 대답했다.

애굽인들은 '자연의 힘들'(The forces of nature)을 숭배하기로 선택했다. 오늘날에도 그렇듯이 그들은 많은 사람들로 하여금 창조주보다 피조물을 섬기고 경배하게 하는 잘못을 범하게 했다.

여호와! 오직 참되고 살아계신 하나님이 바로에게 요구했지만, 바로는 하나님을 무시했고, 허락하지 않았다. 그에 대한 하나님의 반응은 어떠했는가? 하나님은 재앙을 통해 바로에게 자신을 나타내셨다.

하나님은 애굽 위에 피, 개구리, 이, 파리, 가축, 독종, 우박, 메뚜기, 흑암, 장자가 죽는 재앙들을 내리시는 반면, 하나님의 백성은 아끼셨다.

> 당신이 순종해야 하는 주는 누구인가?
> 당신은 그분을 모른다는 그 어떤 변명도 할 수 없다.

그분은 자연을 통해서, 그의 말씀을 통해서, 그의 아들을 통해서 당신을 나타내셨다. 그분은 모든 우주 위에 계시는 하나님이시며, 만물의 창조주이시며, 왕 중의 왕이시며, 만주의 주이시며, 영원한 전능자이시요, 모든 권능자이시며 오늘도 그분을 더 잘 알게 하기 위해 당신을 인도하시는 사랑의 하나님이시다.

하나님 아버지, 오늘도 아버지 앞에 나오게 하심을 감사드립니다. 우리도 하나님을 더욱 더 알기 원합니다. 예수님 이름으로 기도합니다. 아멘.

유월절

(출애굽기 12:13) "내가 애굽 땅을 칠 때에 그 피가 너희의 거하는 집에 있어서 너희를 위하여 표적이 될지라 내가 피를 볼 때에 너희를 넘어가리니 재앙이 너희에게 내려 멸하지 아니하리라"

하나님은 애굽인들에게 굉장히 많이 참으셨다. 그들은 하나님의 백성을 적어도 80여 년 동안 괴롭혀 왔었다. 그러나 하나님은 그들을 즉시 멸하지 않으셨다. 하나님은 그들에게 심판 날이 오고 있다는 것을 미리 경고 하셨다. 그래서 그들의 마음을 바꾸어 하나님의 심판을 피할 수 있도록 기회를 주셨다.

하나님은 심판이 임할 것을 경고하시면서, 이스라엘 자녀들에게는 피할 길을 주셨다. 하나님은 집 문설주 위에 어린 양의 피가 발라진 것이 있는 한 "내가 그 땅을 지날 때, 그들은 안전할 것이다" 말씀하셨다.

하나님의 주된 성향은 사랑이시다. 그러나 그 사랑은 우리가 완전히 이해할 수 없는 우리의 능력을 초월하는 사랑이다. 또한 하나님은 의로우시다. 그렇기 때문에 악인은 반드시 심판되어져야 한다. 궁극적으로는 하나님의 의가 이기게 되어 있다. 오랜 시간이 흐르기는 했지만, 우리는 이미 앞으로 다가올 심판의 그림자를 보고 있는 것이다. 당신은 오늘 안전한 곳에 처해 있는가?

> 심판 날이 올 때, 하나님은 당신을 위해 대처할 방법을 마련해 두셨는데, 그것이 곧 예수 그리스도이시다.

예수님은 하나님의 어린 양으로서 온 세상의 죄를 지고 가시는 분이시다. 우리는 그분만 온전히 의지해야 한다. 다른 피난처는 없다.

하나님 아버지, 우리를 위해 예수 그리스도를 통해 만드신 놀라운 섭리에 감사드립니다. 예수님으로 하여금 우리의 모든 죄를 짊어지게 하시고, 우리의 허물을 다 거두어 가게 하시고, 우리 대신 죽어 주시고, 우리 대신 그의 피를 다 쏟게 하셨나이다. 하나님 아버지의 인내와 오래 참으심과 자비와 사랑에 감사드립니다. 예수님 이름으로 기도합니다. 아멘.

January 14

진퇴양난

(출애굽기 14:13-14) "모세가 백성에게 이르되 너희는 두려워 말고 가만히 서서 여호와의 구원을 보라 오늘 너희가 보는 애굽 사람을 또 다시는 영원히 보지 못하리라 여호와께서 너희를 위하여 싸우시리니 너희는 가만히 있을지니라"

이스라엘 백성들은 애굽의 노예 신분에서 벗어났다. 노예의 비참한 삶에서 벗어나 이제는 하나님을 섬기기로 한 것이다. 그러나 하나님이 제일 먼저 인도한 곳이 그들을 함정에 빠뜨린 것이다. 이 계곡은 빠져 나갈 길이 없다. 오직 돌아서는 것뿐이었다. 양쪽의 산을 넘어 갈 수도 없고 그렇다고 홍해를 건너 갈 수도 없었다.

왜 하나님은 저들을 진퇴양난에 빠지게 했을까?

> 하나님은 해결 가능한 어떠한 방법도 보이지 않을 때,
> 우리가 온전히 하나님만을 의지하는 것을 배우기 원하신다.

하나님은 우리에게 전혀 아무런 길이 보이지 않을 때에라도 하나님은 길을 만드실 수 있다는 것을 우리가 알기 원하신다. 하나님은 인간의 능력이나 인간의 자원에 제한되어 있지 않다. 그분이 약속하신 것은 반드시 행하실 수 있다는 것을 우리가 믿기 원하신다.

하나님의 구원의 계획은 믿음을 요구하신다. 당신이 함정에 빠진 것을 알고 도무지 나갈 길이 없어 보일 때, 본능적으로는 도망치게 된다. 그러나 우리가 믿음으로 한 발을 내딛기만 하면 하나님은 우리보다 앞서 가시며 바다에도 길을 내실 것이다.

당신이 함정에 빠졌다고 느낄 수도 있다. 또 도무지 빠져나갈 길이 없어 보이는 환경에 있을 수도 있다. 그것은 어쩌면 하나님께서 오늘 당신을 그런 함정에 몰아넣어서 온전히 하나님께로 돌아서게 하기 위함일 것이다.

하나님 아버지, 우리를 구원해 주심을 감사드립니다. 하나님께서 우리의 어려운 바다를 헤쳐 주시고, 또 우리 앞에 가로막힌 산들을 옮겨주시니 감사합니다. 온전히 하나님만을 의지할 수 있도록 도와주시옵소서. 예수님 이름으로 기도합니다. 아멘.

독수리의 날개

(출애굽기 19:3-6) "모세가 하나님 앞에 올라가니 여호와께서 산에서 그를 불러 가라사대 너는 이같이 야곱 족속에게 이르고 이스라엘 자손에게 고하라 나의 애굽 사람에게 어떻게 행하였음과 내가 어떻게 독수리 날개로 너희를 업어 내게로 인도하였음을 너희가 보았느니라 세계가 다 내게 속하였나니 너희가 내 말을 듣고 내 언약을 지키면 너희는 열국 중에서 내 소유가 되겠고"

독수리는 절벽 꼭대기에 집을 짓는다. 새끼 독수리가 나는 법을 배울 때가 되면, 어미 독수리는 둥지 위에서 퍼덕거리며 날다가 어린 독수리를 둥지 밖으로 밀쳐버린다. 새끼 독수리는 죽을까봐 퍼덕거리면서 둥지 주위를 돌다가, 마침내 바위 아래로 떨어진다. 그 불쌍한 새끼 독수리가 떨어져 죽을 것 같으면, 어미 독수리는 밑으로 돌진해 그의 날개 위에 새끼를 얹어 다시 둥지에 데려다 놓는다.

훈련의 첫 번째 단계가 끝난 셈이다. 그러나 그의 교육은 계속 반복되어 마침내 새끼 독수리가 날게 된다. 우리는 둥지 안에서 너무나 편안하고 안전하다고 느낀다. 때문에 하나님이 우리를 둥지에서 밀어내어 퍼덕거리게 하실 때는 정말 싫다. 그 때는 정말, "이제 죽는구나"라는 생각이 든다.

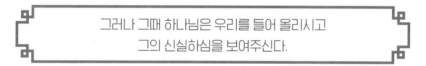

그러나 그때 하나님은 우리를 들어 올리시고
그의 신실하심을 보여주신다.

하나님은 당신과 나를 육체를 따라 사는 노예의 삶에서 건져주셨다. 하나님은 독수리의 날개 위에 나를 얹어 하나님께로 데려다 놓고 나를 그의 특별한 보배로 삼아주셨다.

하나님 아버지, 우리로 하나님의 자녀 삼으시고, 독수리 날개에 우리를 얹어 하나님께 데려다 놓으시니 얼마나 감사한지요. 우리도 하나님의 특별한 보배가 되어 하나님의 영광을 위해 선한 일을 행하는 자가 되기를 원합니다. 예수님 이름으로 기도합니다. 아멘.

January 16

조금씩 조금씩

(출애굽기 23:29-30) "그 땅이 황무하게 되어 들짐승이 너무 번성하여 너희를 해할까 하여 일 년 안에는 그들을 네 앞에서 쫓아내지 아니하고 네가 번성하여 그 땅을 기업으로 얻을 때까지 내가 그들을 네 앞에서 조금씩 쫓아내리라"

이스라엘 백성들은 무서운 적을 만나게 되었다. 우리도 매일 우리의 적을 만나게 된다. 다시 말하면, 그것은 우리 육신과의 싸움을 뜻한다. 우리의 생활 속에서 보면, 우리 육신은 낮은 성으로 둘러싸여 있는 강한 요새를 가지고 있다. 그 요새 안에는 거인들이 살고 있다.

하나님은 우리가 그 요새 안으로 들어가, 하나님이 우리에게 약속하신 모든 것들을 다 소유하기를 원하신다. 하나님은 우리가 축복과 승리의 삶을 살기 원하신다. 그렇게 하기 위해서 우리는 육신과 전쟁을 해야 한다.

그렇다면, 어떻게 그렇게 할 수 있을까? 우리는 하나님께서 이스라엘 백성에게 정해 놓으신 원리를 유심히 관찰함으로써 육신과 전쟁하는 법을 배울 수 있다. 하나님은 이스라엘 백성에게 일 년 안에 승리를 주시지는 않았다. 오히려 그의 원수들을 조금씩, 조금씩 정복해 나가도록 했다.

> 하나님은 당신에게 단 한번만 승리하게 하지 않는다.
> 성공에는 지름길이 없다. 그것은 길고 긴 인생의 전쟁이다.

당신도 육신이 몸을 입고 사는 동안에는 육신의 문제들 때문에 괴로움을 당하게 된다. 그러나 하나님은 우리에게 모든 전쟁을 한 번에 다 치르게 하시지는 않는다. 그렇게 하면, 우리가 낙망할 것을 하나님은 아시기 때문이다. 그래서 하나님은 한 번에 한 영역만 보여 주신다.

이스라엘이 하나님이 약속하신 모든 영토를 완전히 정복하지 못했듯이, 우리도 하나님의 보좌 앞에 설 때까지 결코 우리 육신을 다 정복할 수 없다. 그러나 우리가 지금까지 정복했던 영토 내에서는 기쁨을 누릴 수 있다. 또 하나님이 앞으로도 그 일을 조금씩, 조금씩 계속하실 것을 안다면 안식할 수 있다.

주님, 지금 조금 점령한 땅으로 만족하지 않도록 도와주십시오. 하나님이 약속하신 모든 땅을 소유 할 때까지 계속 전진하게 하옵소서. 예수님 이름으로 기도합니다. 아멘.

하나님은 멀리 계시지 않음

(출애굽기 29:45-46) "내가 이스라엘 자손 중에 거하여 그들의 하나님이 되리니 그들은 내가 그들의 여호와로서 그들 중에 거하려고 그들을 애굽 땅에서 인도하여 낸 줄 알리라 나는 그들의 하나님 여호와니라"

하나님은 어디에 거하실까? 아마도 당신은 우주에 거하실 것이라고 말할지도 모르겠다. 그러나 우주라고 말을 하면, 너무 광범위해서 하나님이 항상 멀리 계시는 분이라는 생각을 하게 만든다.

그러나 하나님은 아주 멀리 계시거나 또는 먼 곳에 떨어져 계신 것이 아니다. 바울은 하나님이 도무지 닿을 수 없는 먼 하늘 어디엔가 계시다고 생각해서는 안된다고 말했다.사실 하나님은 우리의 입만큼이나 가까이 계시다는 것이 진리이다.

"네가 만일 네 입으로 예수를 주로 시인하여 또 하나님께서 그를 죽은 자 가운데서 살리신 것을 네 마음에 믿으면 구원을 얻으리니"(롬 10:9)

하나님은 아주 가까이 계시면서, 우리와 함께 하신다. 본문의 말씀에도 하나님은 그의 백성 이스라엘에게 가까이 계신다고 했다. 성막도 그들의 장막 한 중앙에 세워, 모든 족속이 그 주변을 둘러 진을 쳤던 것이다. 그들이 매일 아침 제일 먼저 보는 것은 아침 제사의 연기가 올라가는 성막이었다. 그래서 저들로 하여금 하나님이 그 백성의 제일 중심에 거하신다는 것을 기억하게 했다.

> 하나님은 당신이 얼마든지 가까이 할 수 있고, 언제든지 사귈 수 있을 만큼 충분히 가까이 계시다는 것을 알기 원하신다.

당신의 상황이나 문제가 어떻든지 간에, 하나님은 당신과 아주 가까이 계신다. 당신은 오늘도 하나님께 가서 기도할 수 있다. 기도함으로써 고침 받고, 도움 받고, 힘을 얻을 수 있다.

하나님 아버지, 당신이 우리 가까이 계시는 하나님이심에 감사드립니다. 우리의 삶 속에서 주님이 나타나 주옵소서. 그리하여 주님의 무한한 은혜와 사랑이 우리에게 충만하게 하옵소서. 예수님 이름으로 기도합니다. 아멘.

January 18

하나님은 어떠하신가?

(출애굽기 34:6) "여호와께서 그의 앞으로 지나시며 선포하시되 여호와로라 여호와로라 자비롭고 은혜롭고 노하기를 더디하고 인자와 진실이 많은 하나님이로라"

당신은 하나님이 무엇과 같다고 믿는가? 히브리어로 하나님의 이름은 '야훼, 야훼 엘'(Yahweh, Yahweh El)이다. 야훼란 스스로 존재하는 하나님이란 뜻이다. 어떤 사람은 번역하기를 '모든 것이 되어 주는'(all-becoming)이라고 했다. 이 말은 당신에게 특별히 필요한 것이 무엇이든 간에 그 분이 되어 주신다는 것이다.

당신에게 능력이 필요하다면, 그분은 당신의 능력이 되어 주신다. 당신에게 구원이 필요하다면, 그분은 당신의 구원자가 되어주신다.

당신에게 치유와 의와 평강이 필요하다면, 그분은 당신을 위해 그러한 것들이 되어 주신다. 인간의 필요가 무엇이든 간에 하나님은 충만하게 채워 주신다. 그러므로 하나님은 그의 이름 안에 자신을 나타내신다. 또한 하나님은 자신의 본성이 긍휼하시고 자비가 충만(full of mercy)하심을 묘사하고 있다. 이 말은 우리가 마땅히 심판받을 만한 자이지만 심판하지 않는다는 말이다.

하나님은 또한 은혜가 충만하다고 말씀하신다. 자비는 부정적인 내용을 내포하고 있다. 즉, 마땅히 벌을 받아야 하는데 주지 않는 것이다. 은혜는 긍정적인 내용을 내포하고 있다. 마땅히 받을 만한 가치가 없는데도 주시는 것이다. 곧 하나님의 선하심과 축복이다. 하나님은 또한 노하기를 더디 하시고, 인내하신다고 했다. 그리고 하나님은 우리에게 인자와 진리가 풍성하다고 말씀하신다.

> 하나님은 예수 그리스도를 통해 자신을 나타내셨다. 하나님은 예수 그리스도를 통해 자비와 인내와 은혜를 충만케 하신다.

이것이 바로 우리가 섬기는 하나님이시다. 우리를 성숙하고 완전하게 하셔서 우리로 자신의 형상이 되도록 만드시는 하나님이시다.

하나님 아버지, 감사합니다. 우리에게 아버지의 참된 모습을 보여 주시니 감사합니다. 우리로 그 진리를 알게 하시고, 우리 자신을 복종시켜서 하나님 아버지를 닮도록 도와주소서. 예수님 이름으로 기도합니다. 아멘.

부지중에 범한 죄

(레위기 4:27-29) "만일 평민의 하나가 여호와의 금령 중 하나라도 부지중에 범하여 허물이 있었다가 그 범한 죄에 깨우침을 받거든 그는 흠 없는 암염소를 끌고 와서 그 범한 죄를 인하여 그것을 예물로 삼아 그 속죄제 희생의 머리에 안수하고 그 희생을 번제소에서 잡을 것이요"

죄의 말뜻은 표적을 빗나가다(miss the mark)이다. 물론 표적을 빗나가는 것은 항상 의도적인 것은 아니다. 내가 고의적으로, 나쁜 줄 알면서도 의도적(willfully)으로 저지르는 죄는 허물(transgression)이다. 그러나 내가 연약함(weakness)으로 말미암아 할 수 없이, 또는 무지함(ignorance)으로 인해 옳지 않은 일을 부지중에 행하는 것은 죄이다. 그러나 그렇다 할지라도 그 죄에도 속죄가 필요하다.

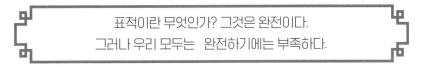

표적이란 무엇인가? 그것은 완전이다.
그러나 우리 모두는 완전하기에는 부족하다.

죄는 영적으로 죽음의 원인이 되고, 따라서 하나님으로부터 떨어져 나가게 한다. 죄를 지은 인간은 거룩하신 하나님과 교통할 수 없다. 그래서 하나님은 우리가 속죄제를 드림으로써 하나님과 사귐을 가질 수 있게 하셨다.

그러나 성경을 살펴보면, 염소의 제물로는 죄를 없이할 수 없고 다만 죄를 덮을 뿐이다. 그리고 그것은 다시 죄를 지을 때까지는 효력이 있어 영광스러운 하나님과의 사귐을 즐길 수 있게 했는데, 그것이 그렇게 길게 가지는 못했다. 평민에게 속죄제는 허락되었으나 그것의 효력이 그리 오래 가지 못하고 염소만 모두 동나게 했다. 그래서 하나님은 다른 속죄제를 제공하셨다.

바로 예수 그리스도이다. 그분이 나의 죄를 대신 지고 벌을 받으셨다. 나를 대신하여 죽으심으로 말미암아 예수님은 내가 하나님과 사귐을 가질 수 있게 하셨다. 또한 우리가 하나님을 알고 교제함으로 기쁨과 축복과 영광과 부요함을 누리게 하셨다.

하나님 아버지, 예수님이 우리의 속죄 제물이 되셔서, 하나님 아버지와 사귀는 삶의 기쁨을 알게 하시니 감사합니다. 예수님 이름으로 기도합니다. 아멘.

다른 불

(레위기 10:1-2) "아론의 아들 나답과 아비후가 각기 향로를 가져다가 여호와의 명하시지 않은 다른 불을 여호와 앞에 담아 분향하였더니 불이 여호와 앞에서 나와 그들을 삼키매 그들이 여호와 앞에서 죽은지라"

이 두 사람은 하나님께 '다른 불'을 드렸다. 그 결과 하나님의 불이 그들을 삼키는 것으로 그들의 봉사는 끝이 났다. 그들이 드렸던, 그 '다른 불'이란 무엇인가? 그 불은 하나님의 정하신 법을 따라 붙인 불이 아닌 다른데서 취한 불이었다.

이 일은 순간적인 감정에 사로잡혀 흥분되어 그렇게 되었을 수도 있다. 어쩌면 그들은 하나님이 명령하신 말씀을 불순종해서 그런 일이 벌어졌을 수도 있다. 레위기 10장 9절에 보면 "너나 네 자손들이 회막에 들어갈 때에는 포도주나 독주를 마시지 말아서 너희 사망을 면하라" 기록되었다.

이 청년들이 술에 취해 맑은 정신이 아닌 상태에서 자기들의 직무를 온전하게 수행하지 못한 것일 수도 있다. 아니면 사람들의 관심을 자신과 자신들의 직무에 집중시키려는 욕망이 하나님께 영광 돌리는 것보다 더 강한 동기가 되었을지도 모른다.

> 하나님은 당신이 봉사하는 것에 관심이 있지 않다.
> 하나님은 당신이 왜, 어떻게 봉사하는가에 지대한 관심이 있다.

우리는 다른 일들을 하면서 우리의 인생을 살아갈 수 있다. 그러나 우리 모두의 참된 부름은 하나님을 섬기는 일이다. (스스로 질문해 보자!)

- 당신의 동기(motivate)는 무엇인가?
- 당신의 마음 어디에서부터 그 불이 일어났는가?

하나님 아버지, 우리들의 마음속에서 하나님의 성령이 일으키는 참된 불로 하나님을 섬길 수 있도록 도와주소서. 하나님께서 다른 사람에게 역사하실 때에 우리를 도구로 사용하셔서 우리로 그 기쁨과 특권과 축복을 알게 하소서. 예수님 이름으로 기도합니다. 아멘.

정결하게 되고 회복됨

(레위기 14:1-2) "여호와께서 모세에게 일러 가라사대 문둥 환자의 정결하게 되는 날의 규례는 이러하니 곧 그 사람을 제사장에게로 데려갈 것이요"

아무리 과학이 발전하고 의학이 발전한다고 해도 문둥병을 낫게 할 수 있는 인간의 치유법(human care)은 없다. 문둥병에 걸리면 나을 수 없다. 이 병균은 온몸에 퍼지면서, 점점 썩어 들어간다. 제일 먼저 시신경을 파괴한다. 그리고 점점 퍼지면서 몸의 중요한 부분에 침투해서 결국에는 죽게 만든다.

문둥병은 우리의 죄와 동일하다. 죄는 영적인 신경 조직에 침투한다. 그리고 나 자신이 파멸되어 가는 것조차 알지 못한 채로 죽어가게 된다. 당신이 묵인했던 죄 하나가 당신의 인생 전체를 파멸시킨다. 그런데도 당신은 자신에게 무슨 일이 일어나고 있는지 조차 알지 못한다.

그런데 하나님은 왜 문둥병이 치유될 수 없는 때에 문둥병이 나은 것을 전제로 해서 정결의 날에 대한 법을 세우셨을까? 그것은 하나님께서 문둥병자에게 결코 스스로 할 수 없는 것을, 하나님의 주권으로 은혜의 사역을 행하시는 문을 열어두신 것이다.

> 인간의 방법으로는 절대 문둥병을 치료할 수 없듯이 죄에 대해서도
> 인간은 결코 아무것도 할 수 없다.

그러나 하나님은 예수 그리스도를 통해 정결하게 하는 법을 주셨다. 하나님의 아들이신 예수님의 피가 인간의 모든 죄를 정결케 하는 것이다.

"죄가 너희를 주관치 못하리라"(롬 6:14)

그러므로 나는 이제 더 이상 죄에게 지배당할 필요가 없다. 이제 내가 더 이상 죄의 권세 아래 있을 수 없음은 예수 그리스도를 통해 내게 주어진 능력 때문이다. 나는 정결하게 되었고, 씻겨 졌고, 회복되었다. 이제 나는 하나님과 사귐을 가질 수 있게 된 것이다.

하나님 아버지, 당신의 아들이 오셔서 성령의 능력으로 우리의 죄와 부패의 결박에서 풀려난 삶을 살 수 있게 하시니 감사합니다. 주님! 우리는 기뻐하면서, 허물의 사함을 얻고 죄를 가리움 받는 자의 복을 찬양한 다윗의 고백에 동의하오며, 예수 그리스도 이름으로 기도합니다. 아멘.

January 22

속죄하는 피

(레위기 17:11) "육체의 생명은 피에 있음이라 내가 이 피를 너희에게 주어 단에 뿌려 너희의 생명을 위하여 속하게 하였나니 생명이 피에 있으므로 피가 죄를 속하였느니라"

하나님의 말씀은 피를 통해 우리의 생명이 대속(atonement)하게 된다고 선포하신다. 죄에 대한 하나님의 값은 죽음이다. 우리 모두가 죄를 지은자들이기 때문에 우리 모두는 죽게 되어 있다. 그런데 여기서 말하는 죽음은 영적 죽음이다. 하나님으로부터 분리되고 떨어져 나갔기 때문에 그 삶 속에서 하나님의 임재를 의식하지 못한다.

오늘날 죄에 대한 우리의 태도는 너무 가볍다. 우리는 하나님의 거룩함에 대해 잘못 이해하고 있다. 인간은 하나님이 인간의 죄악된 생활의 한 부분 속에 계시기를 바란다. 그러나 하나님은 거룩하시고 순전하시기 때문에 죄를 허락하지 않으신다.

무엇보다 예수 그리스도의 십자가는 죄를 결코 용납하지 않는 하나님이심을 확실하게 보여준다. 하나님은 예수께서 하나 밖에 없는 사랑하는 아들일지라도 십자가를 지심으로 당신의 죄악을 대신하게 하셨다.

> 만약 하나님이 죄 때문에 그의 아들을 버리셨다면,
> 당신 생활 속에 죄가 스며들어 있는 한, 당신은 감히 하나님과
> 교통을 할 수 있다고 기대할 수 있겠는가?

우리가 예수 그리스도를 바라볼 때 하나님께 감사드리는 것은 하나님의 구속 계획이 완성된 것을 보기 때문이다. 우리 자신의 의를 하나님 앞에 가져가기 위해 애쓰지 않고, 그리스도의 의를 통해 우리는 하나님께 나아갈 수 있게 되었다.

하나님 아버지, 감사합니다. 예수 그리스도의 피가 우리의 죄를 대속하게 하시니 감사합니다. 오늘도 예수님으로 정결케 됨을 믿습니다. 주님, 우리가 새 생명으로 하나님과 함께 살게 하옵소서. 예수님 이름으로 기도합니다. 아멘.

January 23

완전을 요구하심

(레위기 22:21) "무릇 서원한 것을 갚으려든지 자의로 예물을 드리려든지 하여 소나 양으로 화목제 희생을 여호와께 드리는 자는 열납 되도록 아무 흠이 없는 온전한 것으로 할지니"

희생 제물을 드릴 때, 하나님은 완전한 것을 요구하셨다. 왜냐하면 인간은 쓰지 못할 것을 하나님께 드리려는 성향이 있음을 하나님은 알고 계셨기 때문이다. "나는 하나님께 드리려고 눈멀고 오래된 소로 제사하였다오, 또는 다리가 부러진 양, 별로 오래 살지 못할 것 같은 것을 잡아 하나님께 제사를 드립시다."

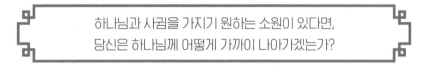

하나님과 사귐을 가지기 원하는 소원이 있다면,
당신은 하나님께 어떻게 가까이 나아가겠는가?

당신은 하나님께 당신의 있는 모습 그대로 나아갈 수 있다고 생각하는가? 어떤 사람은 자기의 선한 행위를 가지고 하나님께 나아가려 한다. 그러나 당신의 행위가 완전한가? 그 행위도 완전해야 할 뿐 아니라 행위 이면의 동기(motivation behind)도 완전해야 한다. 그렇다면 나는 실격이다. 왜냐하면 그 동기가 나를 배제하기도 하기 때문이다.

어떤 사람은 교회를 통해 하나님을 찾는다. 그런 사람은 교회가 자기를 구원해 줄 것이라고 믿는다. 그러나 교회도 불완전한(imperfection) 사람들이 행하고 있기 때문에 안 된다.

하나님과 사귈 수 있는 우리의 유일한 소망은 완전한 제물을 통해서만 가능하다. 예수님만이 완전한 제물이 되시고, 예수님 외에는 그 어떤 것으로도 하나님과 사귐을 가질 수 없다.

예수님은 "내가 곧 길이요 진리요 생명이니 나로 말미암지 않고는 아무도 아버지께로 올 자가 없느니라" (요 14:6) 말씀하셨다.

하나님 아버지, 완전하지 못한 우리가 우리의 노력으로 아버지께 나아가려는 어리석은 자가 되지 않도록 도와주시옵소서. 예수 그리스도의 길을 통해 하나님과 사귐의 삶을 갖게 하옵소서. 하나님을 사랑하며, 하나님과 동행하며, 예수 그리스도를 통해 하나님과 하나 되게 하옵소서. 예수님 이름으로 기도합니다. 아멘.

January 24

하나님을 대리하는 것

(민수기 6:22-27) "여호와께서 모세에게 일러 가라사대 아론과 그 아들들에게 고하여 이르기를 너희는 이스라엘 자손을 위하여 이렇게 축복하여 이르되 여호와는 내게 복을 주시고 너를 지키시기를 원하며 여호와는 그 얼굴로 네게 비취사 은혜 베푸시기를 원하며 여호와는 그 얼굴을 네게로 드사 평강 주시기를 원하노라 할지니라 하니 그들이 이같이 내 이름으로 이스라엘 자손에게 축복할지니 내가 그들에게 복을 주리라"

하나님의 제사장에게는 두 가지의 의무가 있다. 첫 번째는 백성을 대리하여, 하나님 앞에 나아가는 것이다. 두 번째는 백성들에게 하나님을 대리하여 하나님의 말씀을 선포하는 것이다.

> 다른 사람들에게 하나님을 대신하여 나선다는 것은
> 얼마나 경외스러운 책임감인가!

사람들은 하나님을 대표하는 자들, 곧 제사장들을 보는 그것으로 하나님을 연상하게 된다. 이것이 바로 하나님께서 백성 앞에 어떻게 나타내어지고 있는지에 대해 하나님이 관심이 많으신 이유다.

본문에서 첫 번째로 우리는 하나님이 백성들을 축복하시고자 하는 소원을 가지고 계심을 본다. 두 번째로 하나님의 얼굴을 우리에게 비춘다는 것은 하나님 자체가 그 은혜의 근원이심을 나타내는 것이다.

세 번째, 마지막으로 하나님은 그의 이름이 항상 평강과 함께 연상되기를 원하신다. 사람들은 하나님의 실체의 모습을 보고 싶어 한다. 그래서 사람들은 당신을 지켜본다. 당신은 조그만 일에도 신경질을 내고 화를 내는가?

하나님은 하나님의 사랑과 자비와 온유와 선함이 당신의 생활을 통해 흘러가기를 원하신다. 하나님은 당신을 통해 성령이 역사할 때, 사람들이 참하나님을 볼 수 있기 원하신다.

하나님 아버지, 우리로 하여금 이 세상에 하나님을 나타내게 하옵소서. 주님, 우리가 하나님을 대신하여 잘못 행함으로 사람들에게 하나님을 잘못 생각하게 한 것을 용서하옵소서. 예수님 이름으로 기도합니다. 아멘.

January 25

탐욕의 무덤

(민수기 11:4) "이스라엘 중에 섞여 사는 무리가 탐욕을 품으매 이스라엘 자손도 다시 울며 가로되 누가 우리에게 고기를 주어 먹게 할꼬"

애굽에서 함께 나온 이스라엘 백성과 섞여 사는 다른 인종들이 옛 생활을 회상하면서 옛 생활에 대한 탐욕을 품기 시작했다. 하나님은 저들이 하나님께 불평을 함에도 불구하고 모든 것들을 다 공급해 주셨다. 그들이 아직도 애굽에서 살았던 옛 생활을 뒤돌아보기 좋아하는 것을 하나님은 기뻐하시지 않으셨다.

"고기가 아직 잇사이에 있어 씹히기 전에 여호와께서 백성에게 대하여 진노하사 심히 큰 재앙을 치셨으므로 그곳 이름을 기브롯 핫다아와(탐욕의 무덤)라 칭하였으니 탐욕을 낸 백성을 거기 장사함 이었더라"(민 11:33-34)

그들이 고기가 너무 먹고 싶은지라 씹지도 않고 삼키니 뼈가 저들의 목구멍에 걸려 숨이 막혀 죽었을 수도 있었을 것이다. 아니면 일 년이 넘도록 부드러운 음식인 만나만 먹다가 갑자기 고기를 게걸스럽게 먹으며 배를 채우다 보니 위가 갑자기 부풀어 그들의 몸이 그것을 소화해내지 못했을 수도 있다. 이유가 어찌되었든 그들의 탐욕이 죽음을 가져왔다.

> 하나님은 우리가 육신을 이기기 원하신다. 우리가 육신을 이기려면 성령을 따라 행하고, 성령을 따라 살아갈 때 이길 수 있다.

바울은 "육체의 소욕은 성령을 거스리고 성령의 소욕은 육체를 거스리나니 이 둘이 서로 대적함으로 너희의 원하는 것을 하지 못하게 하려 함이니라" (갈5:17) 증거했다. 육신에 순복할 때에는 영적인 고통을 당할 뿐이다. 하나님은 절대로 우리가 육신의 소욕에 이끌린 종이 되게 하시지는 않는다.

하나님 아버지, 우리가 육신의 파괴력을 봅니다. 선한 지혜와 판단력을 사용할 수 있도록 도와주셔서 우리가 성령을 따라 살아가게 해 주시옵소서. 예수님 이름으로 기도드립니다. 아멘.

January 26

사망과 생명 사이에 서다

(민수기 16:47-48) "아론이 모세의 명을 쫓아 향로를 가지고 회중에게로 달려간즉 백성 중에 염병이 시작되었는지라 이에 백성을 위하여 속죄하고 죽은 자와 산 자 사이에 섰을 때에 염병이 그치니라"

온 백성이 모세의 권위에 반역 한 것은 그들이 하나님 앞에 범죄 한 것과 동일하다. 산 자와 죽은 자 사이에 설 수 있는 단 한 사람은 아론이었다. 그가 향로를 가지고 속죄하려고 서 있었다. 향은 성도들의 기도를 의미한다. 시편 141편에서 보면 시편 기자는 우리의 기도를 하나님 앞에 분향하는 것이라고 비유했다.

"여호와여 내가 불렀사오니 속히 내게 임하소서 내가 주께 부르짖을 때에 내 음성에 귀를 기울이소서 나의 기도가 주의 앞에 분향함과 같이 되며 나의 손드는 것이 저녁 제사 같이 되게 하소서"(시 141:1-2)

> 하나님께서는 그 백성의 기도가 하나님의 기뻐하시는 향이시다.

아론이 죽은 자와 산 자 사이에 서서 중보했듯이 우리도 기도의 능력으로 죽은 자와 산 자 사이에 서 있을 수 있다. 나는 오늘날 많은 사람들이 다른 어떤 사람의 중보기도로 생명을 유지하고 있다고 믿는다.

하나님은 공의로우시기 때문에 죄는 반드시 벌하신다. 그렇지 않으면 공의롭지 못한 하나님이 되기 때문이다. 또한 하나님은 사랑의 하나님이시며, 자비로우신 하나님이시다. 그 이유는 하나님은 진노하시기를 원치 아니하시고 자비를 베푸시기 원하시므로 진노와 자비 사이에 설 수 있는 사람을 찾으신다.

우리가 살고 있는 세상은 하나님에게 크게 반역하고 있다. 그러므로 우리가 산 자와 죽은 자 사이에 서서 기도의 향을 올리는 것이 얼마나 중요한지 모른다. 마땅히 죽어야 할 사람들을 우리의 기도로 계속 연명할 수 있게 해야 하고, 우리나라에 임할 하나님의 재앙이 그치게 해야 한다.

하나님 아버지, 당신의 말씀을 통해 우리의 심령에 영적인 절박함을 부어주시옵소서. 우리가 산 자와 죽은 자 사이에 서서 기도함으로 그것이 달라지게 하옵소서. 예수님 이름으로 기도합니다. 아멘.

January 27

육신과의 싸움

(민수기 24:15-17) "노래를 지어 가로되 브올의 아들 발람이 말하며 눈을 감았던 자가 말하며 하나님의 말씀을 듣는 자가 말하며 지극히 높으신 자의 지식을 아는 자 전능자의 이상을 보는 자 엎드려서 눈을 뜬 자가 말하기를 내가 그를 보아도 이때의 일이 아니며 내가 그를 바라보아도 가까운 일이 아니로다 한 별이 야곱에게서 일어 나서 파하고 모압을 이편에서 저편까지 쳐서 무찌르고 또 소동하는 자식들을 다 멸 하리로다"

이스라엘 백성들이 모압 땅을 지나가겠다고 청했을 때, 모압왕 발락은 심히 고민스러웠다. 그래서 그는 사람을 보내어 이방인 예언자 발람을 데려와 이스라엘을 저주하게 했다. 그러 나 발람은 이스라엘을 저주하기는커녕 축복하는 예언을 했다.

처음에 발람은 하나님의 말씀을 들은 대로 확실하게 예언했다. 하지만 여전히 그는 거짓 선 지자였다. 처음에는 그가 축복만을 말했지만 결국에는 이스라엘을 유혹하고 넘어지게 하 는 방법을 왕에게 가르쳐 주었다.

발람은 모압왕에게 "영으로는 내가 아무것도 할 수 없습니다. 그러니 그들로 육신적이 되 게 하시오. 여자들로 조그만 우상을 쥐어 그들 속에 보내십시오. 그래서 저들이 여자의 육 신을 탐닉하게 하여 넘어지고 엎드러지게 하소서. 그리하면 하나님이 그들에게 손을 댈 것 이요"

모압은 그 꾀를 사용해 이스라엘 백성 모두가 욕정에 빠지게 만들었다. 발람은 그들의 가 장 약한 부분을 알고 있었다. 사탄도 역시 우리의 약점을 잘 알고 있다.

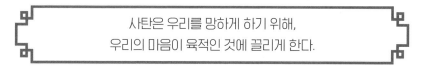

사탄은 우리를 망하게 하기 위해,
우리의 마음이 육적인 것에 끌리게 한다.

이스라엘 왕 예수께서 오실 때, 그가 우리를 육에서 온전히 구원해 주실 것이다. 그 날이 얼마나 영광스러울까?

하나님 아버지, 우리가 육신으로 사는 삶의 위험에 빠지지 않도록 깨워 주시옵소서. 우 리가 성령을 따라 살도록 이 말씀이 우리 속에 깊이 새겨지게 하옵소서. 예수님 이름으 로 기도합니다. 아멘.

January 28

선한 목자

(민수기 27:15-17) "모세가 여호와께 여짜와 가로되 여호와 모든 육체의 생명의 하나님이시여 원컨대 한 사람을 이 회중에 세워서 그로 그들 앞에 출입하며 그들을 인도하여 출입하게 하사 여호와의 회중으로 목자 없는 양과 같이 되지 않게 하옵소서"

하나님은 모세에게 너의 지도권은 끝났고, 너는 이스라엘 백성을 약속의 땅으로 인도할 수 없게 되었다고 선언하셨다. 모세는 양들에게 목자가 없으면 흩어지게 된다는 것을 잘 알고 있었다. 양떼에서 떠난 양들은 방황하다가 굶어 죽거나, 여우에게 잡혀 먹힐 것이다.

모세는 진실한 목자였기에 백성들을 사랑하여 40년 동안이나 광야생활을 함께 하며 그들을 인도해 왔다. 목자와 삯군은 큰 차이가 있다. 삯군은 양에게 모든 관심을 쏟아 붓지 않는다. 그는 위험이 오면 그 자리에 서서 양을 보호하기보다 혼자 도망치기에 바쁘 바쁘다. 그러나 목자는 그 마음이 양에게 가 있다.

> 예수님은 말씀하셨다. "나는 선한 목자라 선한 목자는 양들을 위하여 목숨을 버린다"(요 10:11)

예수님은 말씀하시기를 그의 양은 그의 목소리를 듣고 따르지만, 낯선 자에게는 따르지 않는다고 하셨다. 그러므로 양들은 어떤 사람이 목자의 소리를 흉내 내어도 절대 쳐다보지도 않을 것이다. 그들은 자기 목자가 자기를 부르는 소리나 휘파람 소리를 잘 알고 있기 때문이다.

- 우리가 선한 목자의 부르는 소리를 듣고,
- 그를 따르는 것은 얼마나 영광스러운 일인가!

하나님 아버지, 예수 그리스도가 우리의 목자 되심을 감사드립니다. 그는 양떼를 지켜 보시고, 그의 몸처럼 우리를 돌보시며, 양을 위해 생명을 버려 주셨으니 얼마나 감사한지요. 또한 우리들을 바른 길로 인도해 주시니 감사합니다. 예수님 이름으로 기도합니다. 아멘.

숨겨진 죄는 없다

(민수기 32:23) "너희가 만일 그같지 아니하면 여호와께 범죄함이니 너희 죄가 정녕 너희를 찾아낼 줄 알라"

40년간의 방랑생활이 끝났다. 이스라엘 백성은 이제 곧 가나안 땅을 앞둔 경계에 와 있다. 그러나 르우벤과 갓 지파의 장로들이 그 땅으로 건너가기를 원하지 않았다. 그들은 요단 동쪽에 만족하여 남아있고 싶어 했다.

그들은 모세에게 "당신네들이 가나안 온 땅을 점령하기까지 우리도 군대를 지원하겠소, 그리고 난 후 다시 이곳으로 돌아와 이 지역에 살겠소" 말했다. 이에 모세는 만약 저들이 약속대로 하지 아니하면 그것은 하나님께 범죄 하는 것이요, 그들의 죄가 저희에게 돌아 갈 것이라고 경고했다.

무엇이 죄인가? 여기서 모세는 탈락의 죄(the sin of omission)에 대해 말하고 있다. 곧 아무것도 하지 않는 죄(the sin of doing nothing)를 뜻한다. 나는 이 죄가 침묵하는 다수의 죄(the sin of the silent majority)라고 말하고 싶다. 만약 우리가 뒤로 물러나 아무것도 하지 않으면 악이 이 땅에서 창궐할 것이다.

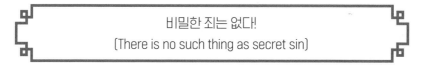

비밀한 죄는 없다!
(There is no such thing as secret sin)

성경은 우리에게 하나님 앞에서는 모든 것이 벌거벗겨지고 밝혀진다고 증거했다. 하나님께서 우리의 삶을 둘러싸고 계시기 때문에 그 무엇도 비밀리 행할 수가 없다. 그러므로 당신의 양심과 면전에서 당신의 죄가 당신을 찾아낼 것이다. 반드시 당신을 찾고 말 것이다. 그리고 어느 날 하나님 앞에 서게 될 때, 모든 비밀은 다 드러나게 될 것이다.

성경은 우리에게 "만일 우리가 우리 죄를 자백하면 저는 미쁘시고 의로우사 우리 죄를 사하시며 모든 불의에서 우리를 깨끗케 하실 것이요" (요일 1:9) 증거하였다. 이 얼마나 감사한 일인가? 그러므로 나는 하나님께 감사한다.

하나님 아버지, 우리 심령 속에 주의 말씀을 심어 주소서. 주님, 우리의 죄를 고백하여, 당신의 풍성한 용서를 얻도록 도와주소서. 예수님 이름으로 기도합니다. 아멘.

January 30

타락

(신명기 4:29-31) "그러나 네가 거기서 네 하나님 여호와를 구하게 되리니 만일 마음을 다하고 성품을 다하여 그를 구하면 만나리라 이 모든 일이 네게 임하여 환란을 당하다가 끝 날에 네가 네 하나님 여호와께로 돌아와서 그 말씀을 청종하리니 네 하나님 여호와는 자비하신 하나님이심이라 그가 너를 버리지 아니하시며 너를 벌하지 아니하시며 네 열조에게 맹세하신 언약을 잊지 아니하시리라"

하나님의 백성들이 때때로 타락하여 다시금 원수의 땅에서 포로가 되어 있는 것을 본다. 예수님은 에베소 교회를 향해 "그러나 너를 책망할 것이 있나니 너의 처음 사랑을 버렸느니라"(계 2:4) 말씀하셨다.

당신의 과거의 신앙생활을 돌아 볼 때, 오늘보다 하나님과 더 가까이 동행한 적이 있는가? 당신의 과거 생활 속에서 하나님의 현현과 능력을 더 크게 체험한 적이 있다면, 당신은 지금 타락 상태에 있는 것이다.

> 타락이란? 당신의 마음과 삶 속에서 야망이나 욕망, 더 나아가 당신이 좋아하는 것을 처음 자리에 둘 때이다.

하나님은 어떤 만물보다도 첫째가 되어야 한다. 그분의 자리에 다른 어떤 것이 있다면 당신은 타락의 기로에 있는 것이다. 그러나 타락하는 중에도 소망은 있다.

아무리 멀리 떠나 방황했다고 할지라도, 만약 당신이 마음과 뜻을 다하여 전심으로 하나님을 구하면 다시금 하나님을 만날 수 있다. 그러면 하나님은 인내의 하나님이시기 때문에 당신의 삶 속에서 다시금 역사하실 것이다.

- 하나님은 당신을 버리지 않으신다.
- 그는 당신을 파멸 시키지 않으신다.
- 그는 자비로우신 하나님이시므로 그의 언약을 기억하신다.

하나님 아버지, 아버지의 성령께서 아버지의 진리의 말씀으로 우리의 심령에 깨닫게 하소서. 우리 삶 속에서 각종 우상을 다 치워버리고, 그리스도를 모시게 하옵소서. 예수님 이름으로 기도합니다. 아멘.

시험을 통해 증명됨

(신명기 8:2-5) "네 하나님 여호와께서 이 사십 년 동안에 너로 광야의 길을 걷게 하신 것을 기억하라 이는 너를 낮추시며 너를 시험하사 마음이 어떠한지 그 명령을 지키는지 아니 지키는지 알려 하심이라 너를 낮추시며 너로 주리게 하시며 또 너도 알지 못하며 네 열조도 알지 못하던 만나를 네게 먹이신 것은 사람이 떡으로만 사는 것이 아니요 여호와의 입에서 나오는 모든 말씀으로 사는 줄을 너로 알게 하려 하심이니라 이 사십년 동안에 네 의복이 헤어지지 아니하였고 네 발이 부르트지 아니하였느니라 너는 사람이 그 아들을 징계함 같이 네 하나님 여호와께서 너를 징계하시는 줄 마음에 생각하고"

모세는 가나안 땅 입성을 앞둔 이스라엘 백성에게 마지막 고별 설교를 하면서 하나님께서 이스라엘 백성에게 세 가지를 가르치기 위해 그같이 힘든 시험을 허락하셨음을 상기시켰다.

첫째, 하나님은 이스라엘 백성들의 마음이 어떠한지 보고 싶었다. 시험을 당할 때, 그들은 하나님께 순종하는가? 하나님을 의지하는가? 하나님을 찬양하는가?

> 하나님은 우리의 마음을 드러나게 하기 위해 시련을 사용하신다. 그 이유는 우리를 육적으로, 영적으로 정결케 하신 후 축복의 땅으로 데려가기 위함이다.

둘째, 이스라엘이 알아야 하는 것은 인생에서 육신적인 생활이 전부가 아니라는 것이다. 하나님은 우리가 성령님과 동행하면서, 성령의 인도함을 받는 영적인 영역에서 살아가기를 원하신다. 셋째, 이스라엘이 또 알아야 할 것은 하나님은 이스라엘 백성이 자기 자녀이기 때문에 그들을 멸망시키는 모든 일들에서 보호하시기 위해 징계하신다는 것이다.

하나님은 오늘날도 같은 방법을 사용하신다. 하나님은 우리 마음이 어떠한지 나타내기 위해 고난을 이용하신다. 그리하여 우리를 정결하게 만들어 축복의 땅에 데려다 놓기 위함이다.

하나님 아버지, 우리 마음이 어떠한지를 보여 주시고, 십자가 밑에 그것들을 다 버려놓게 하소서. 예수님 이름으로 기도합니다. 아멘.

February 1

하나님의 요구

(신명기 10:12-13) "이스라엘아 네 하나님 여호와께서 네게 요구하는 것이 무엇이냐 곧 네 하나님 여호와를 경외하여 그 모든 도를 행하고 그를 사랑하며 마음을 다하고 성품을 다하여 네 하나님 여호와를 섬기고 네가 오늘날 네 행복을 위하여 네게 명하는 여호와의 명령과 규례를 지킬 것이 아니냐"

하나님이 우리에게 요구하시는 것이 무엇인가? 이 본문은 아주 명백하게 하나님의 요구를 나열한다. 우리는 하나님을 경외해야 한다. 하나님의 방법대로 행해야 하고, 하나님의 방법대로 행해야 하고, 하나님을 사랑해야 하고, 하나님에게 순종해야 한다.

아주 단순하게 들릴지 모르지만 쉽지 않다. 나는 이 분야에서 하나님께서 원하는 삶을 살지 못한다. 하나님께 순종하기를 소원하면서도 불순종하는 마음도 있다.

> 어떤 사람이 예수께 물었다. "아버지의 일을 하기 위해 무엇을 해야 할까요?" 예수님은, "하나님의 보내신 자를 믿는 것이 하나님의 일이니라"(요 6:29)

그렇다면 내가 해야 하는 모든 일은 예수 그리스도를 믿는 것이다. 그것은 내 손 아래에 있다. 그것은 내가 자유로이 다룰 수 있다. 내가 비록 계명을 모두 지키지 못하고, 그의 길로 행하지 못하고, 마음과 뜻을 다하여 그를 섬기지 못할지라도 예수 그리스도는 믿을 수 있다.

하나님은 당신에게 이상적인 요구를 포기하시지 않았다. 그러나 실제 우리 육신의 연약함도 알고 계신다. 그리하여 하나님은 내가 할 수 없는 것을 예수님을 통해 할 수 있도록 해 주셨다. 내가 예수님께 나의 믿음을 두기만 하면 하나님은 그 나머지를 행할 수 있는 능력을 나에게 주실 것이라는 것을 나는 알고 있다.

하나님 아버지, 예수 그리스도를 통해 우리에게 능력을 주심에 감사드립니다. 주님, 우리들이 성령님의 도움으로 하나님 아버지가 원하시는 모습이 되도록 도와주소서. 예수님 이름으로 기도합니다. 아멘.

February 2

약속된 선지자

(신명기 18:18-19) "내가 그들의 형제 중에 너와 같은 선지자 하나를 그들을 위하여 일으키고 내 말을 그 입에 두리니 내가 그에게 명하는 것을 그가 무리에게 다 고하리라 무릇 그가 내 이름으로 고하는데 말을 듣지 아니하는 자는 내게 벌을 받을 것이요"

오늘날까지도 유대인들은 이 말씀이 메시아에 대한 예언으로 알고 있었다. 모세가 하나님의 말씀을 백성에게 전한 '중재자'(mediator)였듯이, 약속된 선지자도 백성에게 하나님의 말씀을 전하는 '중재자'일 것이라는 것이다.

'중재자'가 꼭 필요한 것은 하나님은 무한(infinite)하시고, 인간은 유한(finite)하다는 사실 때문이다. 유한한 인간이 무한하신 하나님을 이해할수도 알 수도 없다.

> 나는 죄와 허물로 가득한 사람이기 때문에 완전히 거룩하시고 순결하신 하나님께 가까이 갈 수가 없다. 그래서 나에게는 중재자가 필요하다.

신명기의 이 예언은 예수 그리스도를 통해 이루어졌다. 바울은 디모데전서에서 하나님과 사람 사이에 오직 한 하나님이시며 한 중재자가 있는데, 그것은 곧 인간되신 그리스도 예수님이라고 했다.

그분은 하나님이시므로 하나님과 접할 수 있다. 또한 그분은 인간이 되셨기 때문에 나와 접할 수 있다. 그러므로 그분을 통해 나는 하나님과 접할 수가 있다. 하나님은 약속을 지키셨다.

예수 그리스도가 바로 그 선지자이시며, 중재자이다. 그는 우리의 '위로자'(comfort)이시다. 그는 '말씀'(the Word)이시다. 그 말씀을 통해 우리는 생명과 능력과 사랑과 용서와 소망과 평강을 얻는다.

하나님 아버지, 우리를 용서하기 위해, 하나님 아버지의 아들을 보내어 주심에 감사드립니다. 예수님께서 빛 가운데 거하심으로 우리도 빛 가운데로 행하게 하셔서 하나님과 사귐을 갖게 하여 주옵소서. 예수님 이름으로 기도합니다. 아멘

February 3

육신을 극복하라

(신명기 25:17-19) "너희가 애굽에서 나오는 길에 아말렉이 네게 행한 일을 기억하라 곧 그들이 하나님을 두려워하지 아니하고 너의 길에서 만나 너의 피곤함을 타서 네 뒤에 떨어진 약한 자들을 쳤느니라 그러므로 네 하나님 여호와께서 네게 주어 기업으로 얻게 하시는 땅에서 네 하나님 여호와께서 너로 사면에 있는 모든 대적을 벗어나게 하시고 네게 안식을 주실 때에 너는 아말렉의 이름을 천하에서 도말할지니라 너는 잊지 말지니라"

성경에서 아말렉은 육신을 상징하는 비유로 쓰였다. 아말렉이 이스라엘을 망하게 하려 했던 것처럼 육신은 하나님의 백성을 망하게 하려 한다. 우리가 성령으로 거듭났을 때 우리의 원수인 육신과 싸우게 된다. 육신은 성령을 대적하고 성령은 육신을 대적한다.

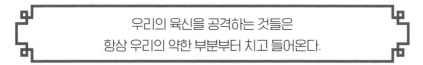

우리의 육신을 공격하는 것들은
항상 우리의 약한 부분부터 치고 들어온다.

우리는 우리의 육신을 죽여야만 한다. 하나님은 골로새서에서 우리의 육신을 이기라고 말씀하신다.

"그러므로 땅에 있는 지체를 죽이라 곧 음란과 부정과 사욕과 악한 정욕과 탐심이니 탐심은 우상숭배니라"(골 3:5)

이러한 말들이 가혹한 것처럼 여겨진다. 하지만 그런 육신적인 삶이 당신에게 어떠했는지, 당신에게 어떤 이득을 가져다주었는가를 기억해야 할 것이다. 깨끗이 청산하라! 완전히 멸해 버리라! 그것은 죽느냐 사느냐의 전쟁이다. 당신이 육신에 진다면 육신이 당신을 망하게 할 것이다.

아마도 지금 당신은 육신과 싸우다가 기진맥진한 상태인지도 모른다. 싸움은 치열하다. 그러나 하나님은 당신을 구원하시기를 원하신다. 하나님의 성령은 당신이 당신의 육신을 이기게 하실 수 있다. 하나님께 도움을 청하라.

하나님 아버지, 우리의 옛 사람을 죽게 하옵시고, 하나님을 기쁘시게 하고, 하나님이 받으시는 새 사람으로 살 수 있도록 도와주소서. 예수님 이름으로 기도합니다. 아멘.

February 4

즐거움으로 섬겨라

(신명기 28:47-48) "네가 모든 것이 풍족하여도 기쁨과 즐거운 마음으로 하나님 여호와를 섬기지 아니함을 인하여 네가 주리고 목마르고 헐벗고 모든 것이 핍절한 중에서 여호와께서 보내사 너를 치게 하실 대적을 섬기게 될 것이니 그가 철 멍에를 네 목에 메워서 필경 너를 멸할 것이라"

하나님으로부터 선택받아 그의 특별한 백성이 되는 것은 얼마나 명예스러운가! 그러나 이러한 명예는 경외심에 가득 찬 책임이 따른다. 우리는 세상을 향해 하나님의 증인이 되어야 한다. 하나님을 따르고 섬기는 자들에게 따라오는 기쁨을 저들에게 보여 주어야 한다. 그리하여 저들도 하나님께로 이끌려 와서 그분을 중심에 모시고 순종하는 삶을 살게 해 주어야 한다.

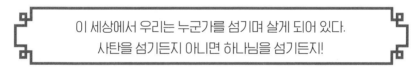

이 세상에서 우리는 누군가를 섬기며 살게 되어 있다.
사탄을 섬기든지 아니면 하나님을 섬기든지!

사탄을 섬기는 사람들은 이 세상에서의 삶이 편하다. 그들은 이 세상에 잘 섞여지므로 이 세상이 편한 것이다. 그러나 사탄을 섬긴 결과는 죽음이다.

하나님을 섬기는 사람들은 이 세상에서 이방인이다. 그 이유는 하나님께 더 가까이 갈수록 이 세상과의 걸음이 더욱 멀어지게 되기 때문이다. 그러나 우리의 주인 되시는 하나님은 사랑이 많으셔서 우리에게 더 관심을 가지시고, 우리 인생에 최고의 좋은 것을 주시고자 소원하신다. 그리고 우리 주님은 그의 선하신 기쁨을 위해 당신을 불러 무슨 일을 하게 하시든지 간에 감정적으로나, 육신적으로나, 영적으로 당신을 준비시킬 것이다.

하나님을 섬기는 것은 특권이자 축복이다. 만약 하나님께서 당신에게 시키시고자 하는 그 일을 지금 당신이 하고 있다면, 그것은 참을 수 없거나 견딜 수 없거나 무겁지 않다는 것이다.

- 내 멍에는 쉽고 내 짐은 가볍다.
- 오히려 기쁨으로 섬기고 있는 당신 자신을 보게 될 것이다.

주님, 주께서 우리를 창조하신 목적의 그 일을 잘 감당할 수 있도록 도와주소서. 우리가 주님을 섬기면서 만족함과 기쁨이 충만한 우리 자신을 발견할 수 있게 하옵소서. 예수님 이름으로 기도합니다. 아멘.

February 5

하나님의 비밀한 일들

(신명기 29:29) "오묘한 일은 우리 하나님 여호와께 속하였거니와 나타난 일은 영구히 우리와 우리 자손에게 속하였나니 이는 우리로 이 율법의 모든 말씀을 행하게 하심이니라"

두 가지의 영역이 공존하고 있다. 하나님께 속한 비밀한 일들과 하나님이 우리에게 드러내시려는 하나님의 택하신 일들이다. 과학이 많은 것들을 발견해 왔지만 그럼에도 아직 손도 대지 못한 우주의 신비와 비밀들은 무한하다. 하지만 하나님은 그 모든 것들을 다 알고 계신다. 우리 개인의 인생살이도 같은 진리이다.

> 우리에게 어떤 일들이 오고, 무슨 일이 일어나는지,
> 우리는 모르지만 하나님은 아신다.

우리는 답을 알고 싶어 하고, 왜 그런지 이유를 알고 싶어 한다. 그러나 때때로 하나님의 응답은 간단하다.

"나만 믿어라!"

하나님이 전류의 법칙이나 항공역학(Aero-mechanics)의 법칙, 중력(Gravity)의 법칙 같은 물질계의 우주를 주관하는 법칙들을 제정하셨듯이, 하나님은 영적인 법칙들도 제정하셨다.

물질계의 법칙을 발견하는 것이 우리 삶에 유익이 되었던 것과 마찬가지로, 하나님의 영적인 법칙을 발견하는 것도 우리에게 유익을 주고 축복이 된다. 그것은 하나님의 사랑이나 하나님의 신실하심, 하나님의 은혜와 자비 같은 비밀들이다. 하나님이 하시는 일을 당신이 항상 이해할 수는 없다. 그럼에도 하나님은 신실하시다.

당신이 하나님 앞에 기다리고만 있으면 하나님은 그의 비밀한 일들을 나타내실 것이다. 훗날 당신은 지금 겪고 있는 고난에 대해서 하나님께 감사할 날이 오게 될 것이다. 왜냐하면 하나님의 비밀들이 그 고난을 통해 나타났기 때문이다.

하나님 아버지, 하나님의 사랑과 하나님의 법칙이 나타나게 하심을 감사드립니다. 하나님의 법을 지켜 우리의 유익을 위해 사용함으로써, 우리의 삶이 풍요로울 수 있도록 도와주시옵소서. 예수님 이름으로 기도합니다. 아멘.

하나님의 영원하신 팔

(신명기 33:27) "영원하신 하나님이 너의 피난처가 되시니 그 영원하신 팔이 네 아래 있도다 그가 네 앞에서 대적을 쫓으시며 멸하라 하시도다"

미래는 알 수 없고 불확실하기 때문에 모든 사람들이 다 두려워하는 경향이 있다. 그러나 이 짧은 구절 안에 두려움을 치료할 수 있는 능력의 요소가 세 가지 있다.

첫째, 하나님은 영원하시다는 것이다. 당신이 어떤 상황에 이르기 전에 또는 일이 일어나기 전에 하나님은 이미 당신보다 앞서 거기 계시다는 것이다.

둘째, 하나님은 당신의 피난처시라는 것이다. 피난처란 은신처를 뜻하는데, 이곳은 폭풍이 오더라도 안전하게 대피할 수 있는 곳이다. 그러니 하나님을 그의 피난처로 삼은 자는 얼마나 행복할까! 성경은 우리에게 야훼의 이름을 말하여 "여호와의 이름은 견고한 망대라 의인은 그리로 달려가서 안전함을 얻느니라" (잠 18:10) 하였다.

셋째, 하나님의 영원하신 팔이 당신 아래에 있다는 사실이다. 이 말은 절대 떨어질 수 없다는 말이다. 내가 떨어지는 것 같이 생각 될지라도 하나님이 나를 꼭 잡고 있는 것이 진리이다.

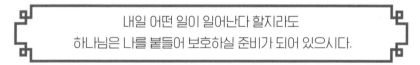

내일 어떤 일이 일어난다 할지라도
하나님은 나를 붙들어 보호하실 준비가 되어 있으시다.

어떤 사람이 말하기를 "나는 진짜 이번 주에 바닥을 쳤다오" 말할 수도 있다. 그것이야말로 멋진 일이다. 그 말은 지금 당신은 하나님 안에서 쉼을 얻고 있다는 뜻이기 때문이다. 왜냐하면 당신이 밑바닥까지 내려갔을 때, 당신 밑에 그 분의 영원하신 팔이 받치고 있기 때문이다. 우리는 두려워할 필요가 없다.

영원하신 하나님이 우리보다 앞서 가져서 우리 앞에 일어날 일들을 이미 다 알고 계시기 때문이다. 그분만이 우리의 처소이며, 우리가 안전하게 보호받을 수 있는 곳이다. 그의 팔이 항상 우리 아래 있어 우리를 굳게 붙들고 있다.

하나님 아버지, 우리가 하나님 아버지를 필요로 할 때 항상 그곳에 계심을 감사드립니다. 하나님 아버지의 영원하신 팔이 우리 아래 받치고 계셨습니다. 오늘도 우리를 굳게 잡아 두려워하는 자들에게 아버지가 절대로 떨어지지 않게 하신다는 믿음을 갖게 하여 주시옵소서. 예수님 이름으로 기도합니다. 아멘.

February 7

하늘과 땅의 주

(여호수아 2:11) "우리가 듣자 곧 마음이 녹았고 너희의 연고로 사람이 정신을 잃었나니 너희 하나님 여호와는 상천하지에 하나님이시니라"

라합은 하나님을 소문으로만 듣고 있다. 그럼에도 라합은 하나님이 어떤 분이신가에 대해 명백히 알고 있었다. 기생 라합은 하나님을 칭하여 "그는 하늘 위의 하나님이시다"고 백했다. 그러나 어떤 사람들은 하늘 위의 하늘들은 너무나 방대하여, 그처럼 멀리 계시는 하나님을 도무지 접할 수 없다고 생각한다. 사람들은 비록 하나님을 권세자나 능력자로 믿기는 하지만 자기들이 하나님을 알 수 있을 것이라고는 전혀 생각하지 않았다. 그러나 라합은 계속해서 "그는 땅 아래의 하나님이시다" 고백하였다.

우리가 스스로 하나님께 가까이 나아가면 하나님은 광대한 위엄과 능력의 하나님이실뿐만 아니라, 아주 세밀하고도 세심한 하나님이심을 알 수 있다. 하늘만을 쳐다보면 하나님은 너무나 멀리 계신 것처럼 보인다. 그럼에도 내가 무엇이관대 하나님은 그렇게도 나를 생각하실까?

시편 기자는 "하나님이시여, 주의 생각이 내게 어찌 그리 보배로우신지요 그 수가 어찌 그리 많은지요 내가 세려고 할지라도 그 수가 모래보다 많도소이다 내가 깰 때에도 오히려 주와 함께 있나이다" (시 139:17-18) 증거하였다.

> 당신이 만약 강력한 영적 체험을 하고 싶다면, 바닷가에 가서 모래를 한 주먹 움켜쥐어 보라. 각 모래 알갱이들은 당신에 대한 하나님의 생각들을 나타내는 것이다.

라합은 소문만 듣고 하나님을 믿게 되었지만, 당신에게는 소문보다 더한 것이 있지 않은가! 당신은 하나님께서 자신을 분명하게 나타내신 약속의 말씀을 가지고 있다.

하나님 아버지, 하나님은 우주 밖에만 계시는 하나님이 아니신 줄 믿습니다. 우리 개개인에게 찾아오시는 사랑의 하나님이심을 알게 하여 주옵소서. 예수님 이름으로 기도합니다. 아멘.

February 8
불확실한 미래

(여호수아 3:5) "여호수아가 또 백성에게 이르되 너희는 스스로 성결케 하라 여호와 께서 내일 너희 가운데 기사를 행하시리라"

이스라엘 백성들은 과거의 광야 여정과는 달리 이제는 하나님과 함께 완전히 새로운 체험을 시작하려고 하고 있다. 과거 40년 동안 광야를 배회할 때, 하나님은 그들 자신과 하나님에 대해 많은 것들을 가르쳐 주셨다. 그러나 이제 그들은 불확실한 미래에 당면해 있다.

지도에도 나타나 있지 않는 모르는 곳은 때때로 두려워지기도 한다. 만약 내가 새로운 직장으로 옮긴다면 "과연 내가 잘해낼 수 있을까?, 내일 무슨 일이 일어날까?" 두려울것이다. 그런 상황 속에서 여호수아는 백성 앞에 서서 그들을 위로하며 "너희 자신을 성결하게 하라. 왜냐하면, 내일 하나님께서..." 라고 그들에게 확신을 주었다. 이 말은 우리 마음에도 꼭 간직해야 할 말씀이다.

"내일 하나님께서..."

당신도 알다시피 하나님은 이미 앞서 가셨다. 하나님은 이미 거기 가 계신다. 우리 모두 미래에 대한 불안감이 있다 하더라도 확실한 구원의 과거가 있다. 그것은 어제다. 과거는 우리에게 미래에 대한 확신을 준다. 과거에 구원해 주셨던 하나님은 미래에도 구원해 주시겠다는 하나님의 약속이다.

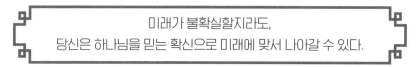

미래가 불확실할지라도,
당신은 하나님을 믿는 확신으로 미래에 맞서 나아갈 수 있다.

하나님은 당신을 떠나지 않는다. 당신을 더 나쁘게 하시지도 않는다. 광야에서 데리고 다니시던 하나님은 당신이 약속의 땅을 정복하고 소유할 때, 즉 그 땅에 당신을 온전히 데려다 놓을 때까지 당신과 함께 다니실 것이다.

하나님 아버지, 과거에 신실했던 아버지의 신실하심이 우리의 소망이 되게 하시니 감사드립니다. 절대로 우리를 떠나거나 버리지 않겠다고 약속하신 예수님 안에서 우리가 안위와 평강을 얻게 하여 주옵소서. 예수님 이름으로 기도합니다. 아멘.

하나님은 우리편이다

(여호수아 5:13-14) "여호수아가 여리고에 가까웠을 때에 눈을 들어 본즉 한 사람이 칼을 빼어 손을 들고 마주 섰는지라 여호수아가 나아가서 그에게 묻되 너는 우리를 위하느냐 우리의 대적을 위하느냐 그가 가로되 아니라 나는 여호와의 군대 장관으로 이제 왔느니라 여호수아가 땅에 엎드려 절하고 가로되 나의 주여 종에게 무슨 말씀을 하려 하시나이까"

여호수아의 짐은 무거웠고, 기가 막혔다. 하나님은 그에게 백성을 인도하는 책임을 맡겼다. 그가 여리고를 바라보면서 서 있을 때, 한 남자가 칼을 들고 서 있는 것을 보았다. 아마도 그 벽을 무너뜨리려고 전략을 꾸미고 있는 것처럼 보였다.

여호수아가 물었다. "당신은 우리의 편인가? 아니면 적군의 편인가?" 그가 하나님으로부터 온 사람임을 여호수아가 알게 되었을 때, 여호수아는 그에게 경배했다. 여호수아의 행위로 보아 그 앞에 나타난 대장은 다름 아닌 예수 그리스도의 현신이라고 결론을 내릴 수 있다. 천사라면 경배를 허락하지 않았을 것이다.

나도 오래 전에 하나님이 적군이 아니라 내편이라는 것을 깨달았다. 내가 깨닫기 전에는 하나님은 내가 실수하기까지 기다렸다가 실수하면 벌을 주시는 분으로 알았었다. 나는 항상 온전하지 못한 나에게 엄하게 벌하시는 하나님으로만 알아왔다.

> 언젠가 당신이 진정으로 하나님을 만날 때, 하나님은 어느 때고 당신 편인 것을 알게 될 것이다.

바울은 "그런즉 이 일에 대하여 하나님이 우리를 위하시면 누가 우리를 대적하리요" (롬 8:31) 증거했다. 하나님이 우리 편이라면, 우리가 어떻게 질 수 있으랴?

하나님 아버지, 하나님이 우리편임을 확인시켜 주시니 감사합니다. 주님, 주님의 이름으로 우리의 문제를 헤쳐 나가겠습니다. 주님의 이름으로, 주님이 우리에게 약속하신 영토를 장악하러 나가겠습니다. 예수님 이름으로 기도합니다. 아멘.

영광스러운 승리

(여호수아 6:2) "여호와께서 여호수아에게 이르시되 보라 내가 여리고와 그 왕과 용사들을 네 손에 붙였으니"

당신이 옛 성품의 요새를 점령하고 싶다면 이스라엘 영토의 정복사를 살펴보라. 여기에서 승리의 원인들을 볼 수 있다.

첫 번째로 하나님께서 여호수아에게 과거 시제로 말씀하셨음을 주목해야 한다. "보라, 내가 ... 네 손에 붙였으니, 내가 그것을 해치웠다. 이제는 끝났다" 그와 마찬가지로 당신의 승리도 예수 그리스도께서 이미 끝내셨다. 예수 그리스도께서 이미 당신을 육신적인 삶에서 승리하게 하셨다. 그러므로 이제 당신이 할 일은 오직 그 사실을 믿기만 하면 된다.

두 번째 원리는 우리에게 이해되지 않더라도 승리하게 하시는 하나님의 계획을 따르기만 하면 된다. 여리고를 정복하는 하나님의 계획이 흥미롭다. 아주 작은 일을 하라고 말씀하신다. 여호수아가 장군들을 모두 불러 모아 여리고 성으로 진군하는 전략을 설명할 때, 아마도 그들은 여호수아를 따르기로 충성된 마음을 모았을 것이다.

> 당신의 상황에 대한 하나님의 계획이 이상하게 보일지 모른다. 또한 당신의 마음에 들지 않을 수도 있다. 그렇더라도, 당신의 마음에 느껴지는 하나님의 감동에 순응하라.

세 번째 원리는 성벽이 굳게 서 있는데도 사람들에게 승리의 큰소리를 외치라는 것이다. 이것은 믿음과 기대를 나타내는 표현이었다. 우리는 하나님의 말씀을 신뢰할 수 있다. 하나님이 역사하시겠다고 하나님께서 약속하셨다.

그러므로 승리를 약속하신 하나님을 찬양하라. 하나님은 당신의 인생을 육신적인 요새가 차지해, 당신이 육신에 지배당하며 사는 것을 원하지 않으신다. 당신의 생활을 하나님께로 향하고 하나님을 의지하라. 그러면 하나님이 그 성벽을 무너뜨릴 것이다.

하나님 아버지, 예수 그리스도를 통한 성령의 능력으로 우리가 하나님을 영광스럽게 할 수 있게 하신 아버지께 감사드립니다. 또한 과거의 죄악에서 풀려나게 하셔서 자유를 누리게 하신 아버지께 감사드립니다. 예수님 이름으로 기도합니다. 아멘.

February 11

불신자와의 동맹

(여호수아 9:14-15) "무리가 그들의 양식을 취하고 어떻게 할 것을 여호와께 묻지 아니하고 여호수아가 곧 그들에게 화친하여 그들을 살리리라는 언약을 맺고 회중 족장들이 그들에게 맹세 하였더라"

하나님은 이스라엘 백성들에게 그 땅에 있는 사람들과 어떤 조약도 맺지 말라고 특별히 말씀하셨다. 오히려 완전히 쫓아내라고 했다. 만약 그 땅의 주민들이 그대로 남아 살게 된다면 그들의 행사가 하나님의 백성을 완전히 망하게 할 것임을 하나님은 아셨기 때문이다. 기브온 백성들은 이스라엘 군대에 맞설 수 없음을 알고 이스라엘 백성과 조약을 맺기 위해 먼 나라에서 온 것처럼 모략을 꾸몄다.

여호수아의 실수는 보이는 증거만 살펴보았지, 여호와께 조언을 구하지 않았다는 것이다. 하나님은 분명히 이런 불신자와의 동맹에 대해 경고했을 것인데 여호수아는 하나님의 조언을 구하지 않았다. 그는 단지 자기 앞에 보이는 상황만을 보았다.

어떤 것들은 우리 눈에 보기에 너무나 분명한 것 같다. 그런 이유로 바쁘신 하나님을 귀찮게해서는 안된다는 생각이 과연 옳은 것인가? 당신은 직감적으로 당신의 상식을 사용할 수도 있다. 그러나 그건 아니다. 잘못되었다.

성경은 분명히 우리에게 "너는 마음을 다하여 여호와를 의뢰하고 네 명철을 의뢰하지 말라 너는 범사에 그를 인정하라 그리하면 네 길을 지도하시리라"(잠 3:5-6) 말씀하셨다.

> 우리는 다음과 같은 것으로 불행을 피할 수 있다.
> 우리의 결정을 지도받기 위해 항상 하나님의 말씀에 비추어 보라.
> 기도를 통해 하나님의 인도를 구하기까지 절대로 결정하지 말라.

하나님의 조언을 얻으며 만사가 유익하게 될 수 있는데도, 나의 생각과 판단을 신뢰한다는 것은 얼마나 어리석은 일인가?

주님, 하나님의 말씀 속에서 우리가 경고의 말씀들에 주의를 기울일 수 있도록 도와주소서. 모든 일을 결정할 때마다 하나님께 구할 수 있도록 도와주십시오. 예수님 이름으로 기도합니다. 아멘.

February 12

하나님의 능력

(여호수아 10:12-13) "여호와께서 아모리 사람을 이스라엘 자손에게 붙이시던 날에 여호수아가 여호와께 고하되 이스라엘 목전에서 가로되 태양아 너는 기브온 위에 머무르라 달아 너도 아얄론 골짜기에 그리할찌어다 하매 태양이 머물고 달이 그치기를 백성이 그 대적에게 원수를 갚도록 하였느니라"

이스라엘 백성들이 열심히 싸워 승리를 바로 눈앞에 두었을 때 밤이 오고 있었다. 여호수아는 밤이 되면 아모리 사람들이 도망갈 것이라는 것을 알았다. 이스라엘에게는 시간이 더 필요했다. 그래서 모든 군대 앞에서 여호수아는 명령했다.

"해야, 너는 기브온 위에서 멈추어 서라. 달아, 너도 아얄론 골짜기에서 그리할찌어다. 움직이지 마라!" 그러자 해도 머물고 달도 그 자리에 머물렀다.

우주를 존재하게 했던 자원들, 땅이 그 축을 두어 태양을 돌게 했던 자원들, 그 같은 자원들이 여호수아에게 통했다. 하나님의 자녀인 당신에게도 똑같이 통할 수 있다.

우리는 종종 하나님이 모든 것을 다 하시기 때문에 우리가 할 것은 아무것도 없다고 생각하는데 그것은 잘못된 생각이다. 성경은 행동하지 않는 믿음은 죽은 것이라고 했다.

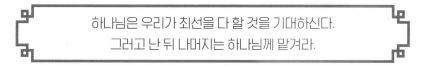

하나님은 우리가 최선을 다 할 것을 기대하신다.
그러고 난 뒤 나머지는 하나님께 맡겨라.

우리가 자신의 한계점에 도달했을 그 때에 이르러서야, 우리에게 하나님의 사역을 완성할 수 있는 무한한 자원이 있음을 발견하게 될 것이다.

하나님 아버지, 무한하시고 다함이 없는 하나님 아버지를 섬기게 하시니 감사합니다. 우리가 구하고 생각하는 것보다 훨씬 부요하게 부어주시는 아버지 하나님, 우리는 약하기 때문에 당신의 능력이 필요합니다. 당신이 우리의 인생을 맡으셔서 주장하시고 인도해 주시옵소서. 예수님 이름으로 기도합니다. 아멘.

February 13

하나님의 신실하심

(여호수아 21:43-45) "여호와께서 이스라엘의 열조에게 맹세하사 주마하신 온 땅을 이와 같이 이스라엘에게 다 주셨으므로 그들이 그것을 얻어 거기 거하였으며 여호와께서 그들의 사방에 안식을 주셨으되 그 열조에게 맹세하신대로 하셨으므로 그 모든 대적이 그들을 당한 자가 하나도 없었으니 이는 여호와께서 그들의 모든 대적을 그들의 손에 붙이셨음이라 여호와께서 이스라엘 족속에게 말씀하신 선한 일이 하나도 남음이 없이 다 응하였더라"

이 얼마나 하나님의 신실하심을 증거하는 힘 있는 증언인가! 사람들은 그렇지 못하다. 하나님은 그의 말씀에 신실하시다. 사람들은 하나님과의 약속을 지키지 못하는 경우가 많았다. 어떤 시점에서는 다른 사람을 지도자로 내세워 다시 애굽으로 돌아가자고 종용하기도 했다. 그리할지라도 하나님은 약속을 지키셨다.

> 하나님의 말씀은 한 말씀도 지켜지지 않은 것이 없다.

우리는 하나님의 말씀이 확실하다는 것을 알아야 한다. 하나님은 그의 아들을 동정녀에게 태어나게 해서 인간의 죄를 대신하여 죽게 하기 위해 보내시겠다고 약속하셨다. 하나님은 약속하신 대로 그 일을 이루셨다.

하나님은 이스라엘을 언젠가 다시 모아 국가를 이루게 하시겠다고 약속하셨다. 그리고 1948년 5월 14일에 이스라엘은 국가를 다시 이루었다. 하나님은 그의 말씀을 반드시 이루셨다. 그리고 하나님은 다시 오셔서 우리를 그에게로 영접하시겠다고 약속하셨다.

만약 하나님이 지금의 시점까지 충실하게 행하셨다면 하나님은 계속 충실하게 행하실 것을 확신할 수 있다. 비록 천지는 없어질지라도 반드시 행하실 것이라고 확신할 수 있다. 당신의 인생을 거기에 걸어도 좋다!

하나님 아버지, 당신께서 말씀하신 것을 모두 다 이루심을 감사합니다. 주님, 오늘날에도 우리가 아버지의 말씀을 확신할 수 있도록 도와주소서. 예수님 이름으로 기도합니다. 아멘.

February 14

성실하게 당신의 것

(여호수아 24:14) "그러므로 이제는 여호와를 경외하며 성실과 진정으로 그를 섬길 것이라 너희의 열조가 강 저편과 애굽에서 섬기던 신들을 제하여 버리고 여호와만 섬기라"

이스라엘 백성들이 다른 신들을 섬기기 시작했다. 하나님이 계시다는 것은 여전히 인정하면서도 그들의 시간이나 정열을 다른 것을 추구하는데 더 쏟았다. 그들은 하나님을 두 번째 자리에 떠밀어 놓았다.

여호수아는 하나님 자녀들의 마음이 하나님으로부터 어떻게 돌아서고 있는가를 보았다. 그래서 그는 도전했다. 여호수아는 백성 앞에 서서 선택하도록 했다. 그들이 계속해서 자신들을 위하든지, 다시 말하면 자신들의 지식이나 쾌락을 추구하든지, 아니면 여호와를 섬기든지 선택하도록 했다.

> 하나님은 말로만 섬기는 것에는 관심이 없다. 그러나 대부분의 사람들이 하나님을 말로만 섬긴다. 만약 우리가 하나님께서 행하신 선하심과 신실하심을 기억한다면, 하나님을 성실함과 진정으로 섬길 수 있을 것이다.

신명기에서 모세는 "하나님이 너희에게 요구하는 것이 무엇이냐?" 질문했다. 두 가지 중에 그 첫 번째는 하나님을 경외하며, 마음을 다해 그를 섬기라는 것이다. 그래서 여호수아는 백성들에게 하나님의 요구를 상기시킨다. 하나님을 경외하며 성실함과 진정으로 그를 섬기라는 것이다. 즉 거짓 없는 진실함으로 섬기라는 것이다.

하나님께서 이스라엘 백성을 축복의 땅으로 인도해 그들의 원수들을 쫓아내고 노예의 속박에서 구원해 주셨다. 하나님이 그들에게 너무나 잘 해주셨으므로 그들은 하나님 섬기기를 원했어야 했다. 하나님을 섬기겠다고 선택하는 것은 당신이 모든 것을 다 갖게 된다는 것을 의미한다. 당신의 인생에 그분을 첫 번째로 모시겠다고 선택할 때, 하나님은 당신 마음속의 소원들을 축복하실 것이다.

하나님 아버지, 우리들에게 늘 기회를 주셔서 감사드립니다. 아버지의 성실함과 진실함으로 섬길 수 있도록 가르쳐 주옵소서. 예수님 이름으로 기도합니다. 아멘.

February 15

오직 현명한 선택

(여호수아 24:15) "만일 여호와를 섬기는 것이 너희에게 좋지 않게 보이거든 너희 열조가 강 저편에 섬기던 신이든지 혹 너희의 거하는 땅 아모리 사람의 신이든지 너희 섬길 자를 오늘날 택하라 오직 나와 내 집은 여호와를 섬기겠노라"

당신이 잘 될 때에는 당신의 눈을 하나님에게서 떼기 쉽다. 이스라엘 백성에게 바로 그런 일이 벌어졌다. 축복의 땅에 정착하면서 부강해지기 시작하자 그들은 다시금 저들의 조상들이 섬기던 신들에게로 돌아가기 시작했다. 그들 앞에 선택이 놓여졌다. 오늘날 우리에게도 마찬가지이다.

> 당신이 무엇을 위해 살고 있는지, 당신의 생활을 좌우하는 열정이 무엇인지, 아침에 그 자리에서 일어나면서 당신을 이끌고 있는 것이 무엇인지, 그것이 바로 당신의 신이다.

당신은 누구를 섬길 것인가? 당신은 누구를 섬기고 있는가? 그것을 알아내기 위해서는 이 문장을 끝내야 한다.

"내가 사는 것은...?"

당신에게 죽음의 시간이 닥쳐왔을 때, 궁극적으로 당신이 영원세계를 맞이할 그 때가 오면 돈이 당신을 구해줄 수 없다. 쾌락이 당신을 구해줄 수 없다. 지식이 당신을 구해줄 수 없다. 만약 그런 것들로 당신의 하나님을 삼았다면 당신은 어려움을 당하게 될 것이다. 오직 예수님만이 당신을 구할 수 있는 능력이 있으시므로 당신의 지혜로운 선택은 오직 예수님뿐이다.

문제는 당신이 이미 어디엔가 무릎 꿇고 경배를 해 왔었다는 사실이다. 혹시 거짓 신에게 꿇었다면 오늘 참되고 살아계신 하나님을 섬기도록 선택하라. 신실하신 하나님! 능력이 많으신 하나님! 그의 백성을 구원하실 수 있는 하나님께!

하나님 아버지, 우리는 아버지를 섬기기로 선택했습니다. 예수 그리스도를 통해 순종하는 종으로서, 우리 인생의 왕으로 맞아 왕관을 씌워 드립니다. 당신의 보좌 앞에 우리의 무릎을 꿇으며, 당신의 홀에 입 맞춥니다. 예수님 이름으로 기도합니다. 아멘.

February 16

피할 수 없는 법칙

(사사기 1:7) "아도니 베섹이 가로되 옛적에 칠십 왕이 그 수족의 엄지가락을 찍히고 내 상 아래서 먹을 것을 줍더니 하나님이 나의 행한 대로 내게 갚으심이로다 하니라 무리가 그를 끌고 예루살렘에 이르렀더니 그가 거기서 죽었더라"

아도니 베섹은 권세 있는 왕이었다. 그는 70왕국을 정복하면서 정복한 왕들의 엄지손가락과 엄지발가락을 잘라버렸다. 마침내 그가 유다 사람들에게 정복당했을 때 그들이 그에게 어떻게 했는가? 그들은 그의 엄지손가락과 엄지발가락을 잘라버렸다. 그때 베섹은 "내가 다른 사람들에게 행한 대로 하나님이 나에게 보복 하시는구나"라고 말했다.

우리는 신약에서 "스스로 속이지 말라 하나님은 만홀히 여김을 받지 아니하시나니 사람이 무엇으로 심든지 그대로 거두리"(갈 6:7) 말씀한 것을 읽을 수 있다.

> 우리는 종종 악행을 하는 사람들이 잘 될 때 화가 난다.
> 그러나 조만간에 그들의 죄가 그들을 삼킬 것이다.

심은 대로 거두는 법칙은 피할 수 없는 법칙이다. 그러나 그것은 아름다운 법칙이기도 하다. 당신이 만약 사랑과 친절과 용서를 심는다면 당신은 사랑과 친절과 용서를 거두게 될 것이다. 당신이 자비를 심는다면 자비를 거둘 것이다.

혹시 당신의 과거가 어둡고 비참하여 나쁜 씨를 심어왔다고 하자. 그래도 걱정하지 마라. 하나님께서 당신이 심은 대로 거두지 않아도 되는 길을 마련해 주셨다. 하나님은 당신의 허물인 모든 죄를 그의 아들 위에 다 얹으셨다.

예수 그리스도께서 당신을 위해 그 모든 열매를 다 거두셨다. 그래서 당신이 하나님의 사랑과 영원한 왕국의 영광을 거둘 수 있게 하신 것이다.

주님, 우리 주변에 있는 사람들의 마음속에서, 삶 속에 선한 씨들을 뿌리게 하옵소서. 주님, 그리하여 우리가 아름다운 열매를 추수할 수 있도록 도와주시옵소서. 예수님 이름으로 기도합니다. 아멘.

February 17

아무것도 하지 않은 죄

(사사기 5:23) "여호와의 사자의 말씀에 메로스를 저주하라 너희가 거듭거듭 그 거민을 저주할 것은 그들이 와서 여호와를 돕지 아니하며 여호와를 도와 용사를 치지 아니함이니이다 하시도다"

여호와의 사자가 메로스에게 아주 심한 저주를 선포했다. 왜냐하면 그들은 위기 때, 즉 아주 필요한 때에 돕지 않았기 때문이다. 전쟁 때에 저들은 여호와를 도우러 오지 않았다. 하나님은 그의 백성을 행동하도록 하기 위해 부르셨다. 당신도 섬기게 하도록 하기 위해 구원을 받았다. "말씀을 행하는 자가 되라."

야고보는 "너희는 도를 행하는 자가 되고 듣기만 하여 자신을 속이는 자 되지 말라" (약 1:22)고 말한다. 하나님의 말씀을 들을 때마다 우리는 "맞습니다. 맞고 말고요 그것은 진리입니다." 답한다. 그렇다면 당신은 하나님을 위해 더 많이 행해야 한다. 그러나 안타깝게도 실제로는 아무것도 하지 않는다.

> 사랑은 우리의 행위로 나타난다.

예수님은 "나의 계명을 가지고 지키는 자라야 나를 사랑하는 자니" (요 14:21) 말씀하셨다. 주일 아침에 교회를 떠나면서 "와, 오늘 설교 너무 좋았어" 그랬던 당신은 지금 무엇을 하고 있는가? 만약 그 말씀을 행동으로 옮기지 못한다면 당신은 모래 위에 집을 짓는 것이다. 안전하지 못한 곳에서 쉼을 누리려하고 있는 것이다. 그러나 폭풍이 올 때 당신의 집이 무너질 것이다. 왜냐하면 당신은 행치 아니하고 듣기만 했기 때문이다. 많은 사람들이 메로스의 부류에 속해 있음을 보고 놀란다.

우리는 우리의 일을 하기에 너무 바빠서 하나님의 부르심에 응답하지 못한다.우리가 하나님의 일을 하지 않을 때, 우리의 삶에는 아무런 증거도 없다. 우리는 아무것도 행하지 않는 죄에 빠져 있는 것이다.

하나님 아버지, 성령께서 우리가 행동에 옮길 수 있도록 강권해 주시기를 기도합니다. 우리가 자원하는 마음으로 아버지의 말씀에 순종하고, 아버지의 계명을 지킬 수 있도록 도와주시옵소서. 예수님 이름으로 기도합니다. 아멘.

* 메로스: 사사 드보라와 군대장관 바락이 가나안 왕 야빈의 군사와 전투할 때 인근에 있으면서도 원병 요청에 불응하고 방관하다 저주받은 도시이다(삿 5:23).

하나님의 군대

(사사기 7:7) "여호와께서 기드온에게 이르시되 내가 이 물을 핥아먹는 삼백 명으로 너희를 구원하며 미디안 사람을 네 손에 붙이리니 남은 백성은 각각 그 처소로 돌아갈 것이니라 하시니"

하나님은 그의 영광을 위해 사용할 수 있는 사람들을 얻기 위해 군대의 숫자를 줄였다. 기드온의 부름에 32,000명의 사람들이 왔지만 결국에는 300명만 남게 한 것이다. 하나님은 두 가지의 방법으로 대다수를 불합격시켰다. 불합격한 자들은 겁이 많고 부주의한 자들이었다.

한창 전쟁 중일 때 겁이 많은 사람들은 자신이 도망하는 것은 물론 다른 사람들에게도 겁을 집어 먹도록 영향을 준다.

> 우리가 어떤 문제나 또는 원수의 능력에 눈을 돌릴 때,
> 우리가 겁을 낸다는 것을 하나님께서도 아신다.

기드온의 군대 삼분의 이가 탈락해서 돌아가고 1만 명이 남았다. 그러나 하나님은 기도온에게 다음과 같이 명령하셨다. "너와 함께 남아 있는 자가 아직도 너무 많구나. 저들을 물가에 데리고 가서 어떻게 물을 먹는지 살펴보아라"

기드온은 그 가운데서 두 손을 모아 컵 모양으로 만들어 눈으로는 사방을 두루 살피며 물을 핥아 먹는 300명을 택했다. 하나님은 그의 군대를 찾으신 것이다.

오늘날에도 하나님은 겁 없고 깨어 있는 자를 찾으신다. 겁이 없다는 것은 그의 눈을 하나님께 돌림으로써 믿음이 생긴 자들이다. 하나님은 자기들을 둘러싸고 있는 싸움터에서 깨어 있는 자들을 찾으신다. 예를 들면 무엇을 먹든지 또는 직장에서 일을 하는 일상생활 속에서 필요한 일들을 해 가면서도 우리 모두가 다 속해 있는 더 큰 문제인 영적 전쟁에 항상 깨어 있는 자들이다.

하나님 아버지, 우리가 아버지 편일 때, 어느 누구도 우리에게 대항할 수 없다는 것을 알고, 염려 없이 믿음으로 나아갈 수 있도록 우리를 도와주소서. 당신의 목적과 당신의 뜻을 성취하는데 우리를 사용하여 주소서. 예수님 이름으로 기도합니다. 아멘.

February 19

돌이키고 섬겨라

(사사기 10:15-16) "이스라엘 자손이 여호와께 여짜오되 우리가 범죄하였사오니 주의 보시기에 좋은 대로 오늘날 우리를 건져 내옵소서 하고 자기 가운데서 이방신들을 제하여 버리고 여호와를 섬기매 여호와께서 이스라엘의 곤고를 인하여 마음에 근심하니라"

이스라엘이 하나님을 버렸다. 또 다시 거짓 신들을 섬김으로써 멸망에 처하게 되었다. 그 때서야 그들은 다시 하나님께 부르짖었다.

하나님의 반응은 "나는 과거에는 너희를 도왔었지만 그러나 이제는 더 이상 구원하지 않겠다" 하나님은 창세기 6장 3절에 "나의 영이 영원히 사람과 함께 하지 아니하리라" 경고하셨다. 그러므로 이 때에도 하나님은 이스라엘 백성을 향하여 "되었다. 너희가 선택한 신들에게 가서 부르짖어라" 말씀하셨다.

그들은 그런 신들이 자기들을 도울 수 없다는 것을 알고 있었다. 사람들이 진짜 어려움을 당했을 때 본능적으로 자기들을 도울 수 있는 분은 오직 참되고 살아계신 하나님뿐임을 안다. 그래서 어려움을 당할 때면 하나님을 대적하는 자들까지도 "오, 나의 하나님 살려주세요" 외친다.

> 요한일서 1장 9절의 말씀처럼,
> "만일 우리가 우리 죄를 자백하면, 저는 미쁘시고 의로우사 우리
> 죄를 사하시며 모든 불의에서 우리를 깨끗케 하실 것이요"

이들은 현명한 사람들이다. 그들은 하나님의 자비에 자신을 맡겼다. 그 결과 하나님은 그들을 원수의 손에서 다시 구해 주셨다. 하나님은 자비로우시다. 그 크신 자비는 오늘날 우리에게도 적용된다.

하나님은 우리에게 빚진 것이 없다. 그러나 자신들의 악한 길을 벗어 버리고 하나님께로 돌이키는 자에게는 자비를 베푸시겠다고 약속하셨다.

주님, 오늘도 우리를 위해 끊임없이 애쓰심에 감사드립니다. 우리의 마음들을 주님께 굴복시킬 수 있도록 도와주시옵소서. 예수님 이름으로 기도합니다. 아멘.

February 20

맹세들

(사사기 11:30-31, 34-35) "그가 여호와께 서원하여 가로되 주께서 과연 암몬 자손을 내 손에 붙이시면 내가 암몬 자손에게서 평안히 돌아올 때에 누구든지 내 집 문에서 나와서 나를 영접하는 그는 여호와께 돌릴 것이니 내가 그를 번제로 드리겠나이다 하니라. 입다가 미스바에서 돌아와 자기 집에 이를 때에 그 딸이 소고를 잡고 춤추며 나와서 영접하니 이는 그의 무남독녀라 입다가 이를 보고 자기 옷을 찢으며 가로되 슬프다 내 딸이여 너는 나로 참담케 하는 자요 너는 나를 괴롭게 하는 자 중의 하나이로다 내가 여호와를 향하여 입을 열었으니 능히 돌이키지 못하리로다"

입다는 무서운 맹세를 했다. 우리도 때로 곤경에 처할 때, "하나님, 이 일만 해결해 주시면 제가 이렇게 하겠습니다" 말한다. 그러나 사람들이 어리석은 맹세를 했을 때, 그 맹세를 지키려고 애쓰는 것보다 어리석은 맹세에 대한 죄를 고백하는 것이 훨씬 낫다. 입다의 경우가 그러했다. 맹세를 깨뜨리는 것보다 맹세를 이행하는 것이 더 큰 죄였다.

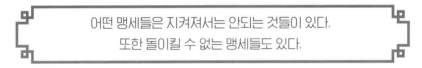

어떤 맹세들은 지켜져서는 안되는 것들이 있다.
또한 돌이킬 수 없는 맹세들도 있다.

나는 하나님 앞에서 입을 열어 예수 그리스도가 나의 구세주임을 고백했다. 때문에 나는 나의 구원되신 그분을 전적으로 의지한다. 그러기에 그분은 내 인생의 주인이시다. 이것 때문에 내가 할 수 없는 확실한 일이 몇 가지 있다.

첫째로 나는 이전의 죄악된 생활과 나 중심의 이기주의로 되돌아 갈 수가 없다. 사도들처럼 나도 선언한다.

- 주님에게만이 영원한 생명의 말씀이 있습니다.
- 내가 주를 떠나 누구에게 가겠습니까?

두 번째로 나는 예수 그리스도께서 나의 삶 속에 가져다주신 사랑과 평강을 부인할 수 없다.

주님, 우리가 만약 첫사랑에서 벗어나 있다면 주의 성령의 말씀에 귀를 기울여 다시금 되돌아 갈 수 있도록 도와주소서. 그리하여 우리가 가진 모든 것으로 주님을 섬길 수 있게 하소서. 예수님 이름으로 기도합니다. 아멘.

February 21

힘의 비밀

(사사기 16:6) "들릴라가 삼손에게 말하되 청컨대 당신의 큰 힘이 무엇으로 말미암아 있으며 어떻게 하면 능히 당신을 결박하여 곤고케 할 수 있을런지 내게 말하라"

삼손의 힘은 전설이 되었다. 하나님의 영이 그를 덮을 때, 그는 놀라운 힘으로 큰 업적을 세웠다. 그의 원수들은 그 힘의 비밀이 무엇인지 찾으려고 애를 썼다. 원수들은 삼손이 팔레스타인 여인 들릴라와 사랑에 빠진 것을 보고 그녀에게 접근하여 "네가 만약 삼손의 힘의 비밀을 알아낸다면 우리가 각각 은 천개를 네게 주겠노라" 말했다. 그래서 들릴라는 삼손에게 "삼손, 나의 사랑, 무엇이 당신을 그렇게 힘이 센 사람으로 만드는가요? 도대체, 당신의 힘의 비밀이 무엇이에요?" 속삭였다.

불행히도 삼손의 약점 중의 하나가 패배를 해 본 적이 없다는 무적의 자신감이었다. 삼손은 그녀와 위험한 모험을 즐기게 되었고 이로 인해 영원히 원수의 아성 속에 들어서게 된 것이다.

마침내 삼손은 들릴라에게 자기의 비밀을 가르쳐 주었다. 삼손은 자기가 하나님께 성결하겠다고 맹세한 "하나님의 성결의 법" 곧 그의 머리에 삭도를 대지 않는 것에 대하여 말해 버렸다. "만약 내 머리를 자르면 나도 다른 사람과 똑같이 힘이 없어진다오" 그러나 사실 삼손의 긴 머리는 단지 상징적일 뿐, 그의 힘의 비밀은 그가 온전히 하나님께 헌신하는데 있었다. 그 헌신을 지키는 한 그는 그 누구도 대적할 수 없는 천하무적이었다. 그러나 그 헌신을 깨뜨린다면 보통 사람과 똑같이 약해지는 것이었다.

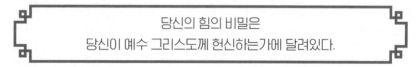

당신의 힘의 비밀은
당신이 예수 그리스도께 헌신하는가에 달려있다.

만약 당신이 예수님께 온전히 헌신한다면 당신 역시 무적자가 될 것이다. 심지어 지옥의 문까지도 당신을 이길 수 없다. 그러나 예수 그리스도께 대한 헌신을 깨뜨린다면 당신 역시 이와 같이 약하게 될 것이다.

주님, 위험한 불장난을 하지 않도록 도와주소서. 또한 우리 자신을 주님께 완전히 던지도록 도와주소서. 예수님 이름으로 기도합니다. 아멘.

구속자

(룻기 4:9-10) "보아스가 장로들과 모든 백성에게 이르되 내가 엘리멜렉과 기룐과 말롱에게 있던 모든 것을 나오미의 손에서 산 일에 너희가 오늘날 증인이 되었고 또 말롱의 아내 모압 여인 룻을 사서 나의 아내로 취하고 그 죽은 자의 기업을 그 이름으로 잇게 하여 그 이름이 그 곳 성문에서 끊어지지 않게 함에 너희가 오늘날 증인이 되었느니라"

유대인의 법에 만일 결혼한 남자가 아이가 없는 채로 죽는다면, 그 죽은 남자의 남자 형제가 죽은 자의 아내와 결혼할 의무가 있었다. 그래서 그의 장자는 죽은 자의 이름을 따서 이스라엘에 죽은 자의 기업이 계속 이어지게 했다. 보아스는 엘리멜렉의 친족으로 그 밭을 도로 사 주었다. 왜냐하면 이방여인 룻과 사랑에 빠졌기 때문이다. 그가 밭을 산 것은 사랑하는 신부를 얻고자 함이었다.

예수님은 "천국은 마치 밭에 감추인 보화와 같으니 사람이 이를 발견한 후 숨겨두고 기뻐하여 돌아가서 자기의 소유를 다 팔아 그 밭을 샀느니라"(마 13:44) 말씀하셨다. 이 비유에서 밭은 세상이다. 예수님은 세상을 사기 위해 그의 모든 것을 다 버리셨다.

> 그렇다면 보화는 누구인가? 놀랍게도 그 보화는 바로 당신과 나이다. 그분을 주님으로, 구세주로 믿는 우리가 바로 보화이다.

보아스가 신부를 얻기 위해 그 밭을 기꺼이 산 것처럼, 예수님도 세상을 사기 위해 구속의 값을 기꺼이 지불하셨다. 예수님이 그렇게 하신 것은 당신을 너무나 사랑하셔서 그의 소유로 삼고 싶었기 때문이다.

주님, 감사드립니다. 우리를 그렇게 고귀하게 여기셔서 기쁨으로 당신 자신을 비어 놓으사 우리를 죄의 얽매임과 종의 신분에서 구속하시어 당신의 신부로 삼아 주심을 감사드립니다. 예수님 이름으로 기도합니다. 아멘.

늦어지는 응답들

(사무엘상 1:11) "서원하여 가로되 만군의 여호와여 만일 주의 여종의 고통을 돌아보시고 나를 생각하시고 주의 여종을 잊지 아니하사 아들을 주시면 내가 그의 평생에 그를 여호와께 드리고 삭도를 그 머리에 대지 않겠나이다"

한나는 자기 남편의 또 다른 부인이 끊임없이 자기를 괴롭히는 것에서 벗어나기 위해 아들을 원했다. 날이 갈수록 한나는 이 여자의 괴롭힘에서 벗어나고 싶었다. 그러나 하나님께서는 더욱 원하는 것이 있었다.

하나님은 그의 온 나라가 도덕적으로 부패한 가운데서 그것을 구원할 수 있는 한 사람이 필요했다. 그래서 하나님은 한나를 빚고 만들기 위해 남편의 또 다른 부인에게 날마다 고통당하는 것을 허락하셨던 것이다. 사실은 하나님의 뜻과 일치되기까지 한나의 기도에 대한 응답을 보류하신 것이다. 마침내 그가 원하셨던, 곧 한나의 아들 사무엘을 통해 영적 부흥의 날이 왔다.

하나님은 때로 당신의 어떤 기도에 대한 응답을 보류하실 때가 있다. 너무나 오래 기다려왔기 때문에 절망을 느낄 때도 있었을 것이다. 그렇게 될 때가 바로 하나님의 개입이 시작되는 시기이다. 하나님께서 당신을 빚으심으로 하나님과 하나 될 수 있게 하신다. 당신도 당신의 변화된 태도에 놀라게 될 것이다.

> 하나님께서 당신의 기도에 대해 응답을 늦추시더라도
> 실망하지 마라.

보통 하나님은 더 많은 것들을 행하시고 싶은데 당신이 아직 거기까지 이해하지 못하는 경우가 많다. 그것을 깨닫는 순간, 당신에게 역사하시는 하나님의 손을 볼 수 있을 것이다.

하나님 아버지, 우리로 하여금 아버지의 목적과 소원에 온전히 일치하게 해 주시옵소서. 주님, 당신의 뜻을 이루실 수 있는 자리까지 이르도록 주께서 역사하셔서, 우리를 변화시켜 주시옵소서. 예수님 이름으로 기도합니다. 아멘.

마음이 하나님께 감동됨

(사무엘상 10:26) "사울도 기브아 자기 집으로 갈 때에 마음이 하나님께 감동된 유력한 자들은 그와 함께 갔어도"

당신의 마음이 하나님께 감동되었다는 것은 무엇을 뜻하는가? 그것은 당신의 뜻과 당신의 마음 중심에 이제는 하나님이 자리를 잡고 계시다는 뜻이다. 즉 당신의 삶을 완전히 그분께 굴복시켰다는 뜻이다.

하나님께서 어떻게 당신의 마음을 감동시킬까? 그의 성령의 온유하신 영향을 통해서 행하신다. 성령은 하나님의 말씀으로 우리를 인도하시고, 그 말씀들을 통해 하나님은 우리의 마음을 감동시키신다. 성령께서 당신의 생각을 조명하기 시작할 때, 성경이 얼마나 흥분되고 기쁘고 놀라운 것인지에 대해 당신이 모른다는 것을 알게 될 것이다.

하나님께서 당신의 마음을 감동시키실 때, 아픔과 염려와 공포는 물러가게 되어 있다. 그런 것들은 하나님께서 감동시키신 마음에 머물러 있을 수가 없다. 당신의 삶을 파괴하는 습관과 나쁜 행동들은 떨어져 나가 버린다. 당신이 소중히 여겼던 것들에 대해 이제는 경멸하게 되고 오히려 당신이 경멸을 느끼던 것들을 소중히 여긴다.

> 하나님이 마음을 감동시키실 때, 당신의 마음에는 사랑과 평강이 충만하게 된다. 비록 인생에 풍랑이 일어날지라도 당신에게는 그러한 환경을 다스리실 수 있는 하나님의 놀라운 능력이 있음을 확신하게 될 것이다.

예수님은 자기 주변에 그에게 감동된 무리들을 두셨다. 그런 사람들이 세상으로 나가서 세상을 뒤집어 버렸다. 하나님께서 당신의 마음을 감동시키실 때, 당신은 전혀 새로운 사고를 갖게 될 것이다. 단지 오늘을 위해 사는 자가 아니라, 영원을 위해 사는 자가 된다는 말이다.

하나님 아버지, 감사합니다. 성령께서 우리의 마음을 감동시키시고 성령께서 말씀을 통해 우리에게 도전하게 하시니 감사드립니다. 오늘도 아버지의 자녀들의 마음을 감동시켜 주소서. 예수님 이름으로 기도합니다. 아멘.

February 25

자비를 보이지 마라

(사무엘상 15:2-3) "만군의 여호와께서 이같이 말씀하시기를 아말렉이 이스라엘에게 행한 일 곧 애굽에서 나올 때에 길에서 대적한 일을 내가 추억하노니 지금 가서 아말렉을 쳐서 그들의 모든 소유를 남기지 말고 진멸하되"

아말렉은 이 지구상에서 존재했던 백성 중에서 가장 사악하고 악한 사람들이었다. 하나님은 이 아말렉 백성들을 멸하라고 명령했다. 그리고 이스라엘 백성을 그 심판의 도구로 삼으셨다.

에스더의 이야기에서 유대인을 멸절하려고 음모를 꾸몄던 하만에 대한 이야기가 나온다. 하만은 아말렉 사람으로 사울이 살려 주었던 아각 왕의 후손이었다. 하나님은 사울에게 아말렉을 "완전히 없애 버려라!" 명령하셨다. 그러나 사울은 이 말씀에 순종하지 않았다. 그 결과 아말렉은 다시 살아나서 오히려 이스라엘을 전멸시키려 하고 있는 것이다.

성경은 말하기를 육신은 성령을 거스르고 성령은 육신을 거스른다고 증거했다. 아말렉이 이스라엘의 가장 약한 곳을 공격했듯이 당신의 육신도 당신의 가장 약한 곳을 공격할 것이다. 전쟁의 정점은 지배권을 잡기위한 것이다.

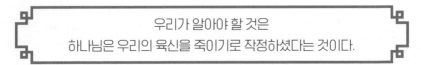

우리가 알아야 할 것은
하나님은 우리의 육신을 죽이기로 작정하셨다는 것이다.

우리는 다시 재생시켜 보려고 애쓰지만 하나님은 아니라고 말씀하신다. 하나님의 명령은 육신을 완전히 멸하라는 것이다.

당신의 생활은 어느 쪽이 다스리고 있는가? 당신은 성령에 정복당하고 있는가? 아니면 육신에 정복당하고 있는가? 당신은 하나님과의 사귐을 즐기고 있는가? 아니면 당신의 육신에게 자비를 보여 육신이 즐기는 것에 종이 되어 마침내 하나님으로부터 떨어져 나가고 있는가? 지혜롭게 선택하라.

하나님 아버지, 성령으로 우리를 강건하게 해 주셔서 성령을 따라 살게 하시고, 성령을 따라 행하게 하시고, 생명과 평강과 기쁨이 되는 성령의 생각을 가지게 하옵소서. 예수님 이름으로 기도합니다. 아멘.

February 26

거인들을 무찌름

(사무엘상 17:45) "다윗이 블레셋 사람에게 이르되 너는 칼과 단창으로 내게 오거니와 나는 만군의 여호와의 이름 곧 네가 모욕하는 이스라엘 군대의 하나님의 이름으로 네게 가노라"

골리앗이라 이름하는 거인이 매일 전쟁터에 나와 이스라엘 백성에게 시합을 하자고 도전해 왔다. 즉 골리앗은 능란한 말과, 갑옷 그리고 큰 몸집으로 위용을 떨며 이스라엘을 협박하였다. 그의 작전은 적중했다.

사울의 군대는 이 거인 앞에 두려움과 공포에 질려 떨고 있었다. 그러나 그때 다윗이 나타나 골리앗 앞에서 자신만만하게 큰 소리를 쳤다.

다윗의 자신감은 자신을 신뢰한 것이 아니라 하나님을 신뢰함에 있었다. 그는 자기를 죽이려는 거인보다도 자기를 구원하려는 하나님의 능력이 더 크심을 보았다. 이것은 저 거인과 나의 대결이 아니라 저 거인과 하나님의 대결이다. "나는 저 거인을 어찌할 수 없으나 그는 절대로 하나님을 이길 수는 없다" 다윗은 그 싸움을 하나님께 영광 돌릴 수 있는 기회로 보았다.

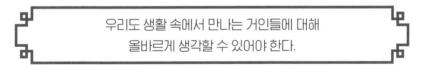

우리도 생활 속에서 만나는 거인들에 대해
올바르게 생각할 수 있어야 한다.

날마다 우리에게 이 거인처럼 다가오는 문제들에게서 눈을 떼고, 대신 주님께로 눈을 돌려야 한다. 하나님이 우리의 편임을 기억해야 한다. 하나님은 모든 만물을 우리가 유용할 수 있도록 만드셨다. 당신의 생활 속에 있는 모든 거인들은 하나님의 능력으로 다 넘어지게 되어 있다. 하지만 그러기 위해서는 당신이 하나님을 의지할 수 있어야 한다.

하나님 아버지, 아버지는 우리가 만나는 어떤 거인보다도 더욱 크심에 감사드립니다. 전쟁을 이기는 데에는 칼이나 창이나 인간의 지혜에 있지 않고 영원하신 하나님의 능력에 있음을 기억하게 하옵소서. 예수님 이름으로 기도합니다. 아멘.

February 27

한걸음

(사무엘상 20:3) "다윗이 또 맹세하여 가로되 내가 네게 은혜 받은 줄을 네 부친이 밝히 알고 스스로 이르기를 요나단이 슬퍼할까 두려운즉 그로 이를 알게 하지 아니하리라 함이니라 그러나 진실로 여호와의 사심과 네 생명으로 맹세하노니 나와 사망의 사이는 한걸음뿐이니라"

다윗은 죽음에 직면해 있었다. 다윗은 사울이 그를 죽이려 했기 때문에 언제든지 자신의 생명을 잃을 수 있다는 것을 알고 있었다. 임박한 부름들은 죽음이 얼마나 가까운가에 대해 알게 한다.

내가 아무리 강하고 건재하다 할지라도 나와 죽음 사이는 한걸음이다. 만약 죽음이 그렇게 가까워서 피할 수 없는 것이라면, 나는 어떻게 살아야 하는가? 나는 이생만을 위해 살아서는 안된다는 것이다.

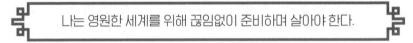

나는 영원한 세계를 위해 끊임없이 준비하며 살아야 한다.

성경은 우리는 육신에 있지 않고 영혼에 있다고 가르친다. 육신은 장막일 뿐이다. 언젠가는 이 장막을 떠나서 하늘의 맨션으로 이사하게 되어 있다. 만약 내가 예수 그리스도를 통해 하나님과 사귐을 가지고 살아간다면, 사망이 아닌 생명의 길일 것이다.

예수께서 "네가 만약 나를 믿으면 너는 결코 죽지 않을 것이다" 말씀하셨으므로 생명의 길로 옮기게 될 것이다. 다시 말해서 이 장막에서 하나님의 빌딩으로 옮길 뿐이라는 것이다. 나는 그 옮김을 기대하고 있다.

우리가 다 알다시피 나는 아직 그분을 보지는 못했지만, 나는 그분을 사랑하고, 말할 수 없는 기쁨으로 기뻐하며, 새 몸을 입고 그분의 영원한 나라에서 영광스럽게 그분 옆에서 서게 될 날을 기대하고 있다.

하나님 아버지, 감사드립니다. 예수 그리스도를 통해 영원한 생명을 선물로 주시니 감사합니다. 예수님 이름으로 기도합니다. 아멘.

February 28

선한 불만족

(사무엘상 22:2) "환란 당한 모든 자와 빚진 자와 마음이 원통한 자가 다 그에게로 모였고 그는 장관이 되었는데 그와 함께 한 자가 사백 명 가량이었더라"

하나님은 다윗을 왕으로 정해 기름을 부으셨다. 그러나 아직도 왕위에는 사울이 있었다. 사울은 이제 더 이상 왕좌가 자기 것이 아닌 줄 알면서도 꼭 쥐고 놓고 싶지 않았다. 그래서 다윗을 죽이려 했고, 다윗은 도망자가 되었다.

다윗에게 모여든 부하들은 그 사회에 적응하지 못하는 삶을 사는 사람들의 무리였다. 다윗의 강한 군대가 되기에는 자격이 없는 후보들이었다. 그러나 하나님은 그들을 일으켜 다윗과 함께 이스라엘 국가를 세우는데 사용하셨다.

그런데 여기에 재미있는 유사점이 있다. 하나님은 그의 아들 예수 그리스도를 왕으로 세워 이 땅을 통치하도록 정하셨다. 그러나 사탄은 여전히 왕좌에 앉아 있다. 그리고 그 사탄은 왕권을 놓지 않으려고 최선을 다하고 있다.

예수님도 사람들을 자신에게로 모으고 계신다. 후보 자격이 되지 않는 사람들이다. 그러나 하나님은 그러한 사람들을 통해 그의 나라를 세워서 이 땅을 다스리려고 계획하신다.

> 하나님은 마음이 열려 있고 자원하는 마음으로 응답하는 사람들을 찾으신다. "주님 제가 여기 있습니다", "주님, 저의 삶을 주께 다 드리기 원합니다", "저는 이런 인생에 만족하지 않습니다."

불만족함이 예수 그리스도께로 완전히 헌신하도록 이끌 때, 그것은 선한 불만족이 된다. 왜냐하면 그것은 우리를 전진하게 만들기 때문이다.

하나님 아버지, 아버지께서 택하신 자들을 아버지께로 모이게 하시니 감사합니다. 우리를 하나님이 원하시는 형상대로 빚으시고 깎으셔서 어느 날엔가 하나님의 영광스러운 나라에서 주님과 함께 다스릴 수 있게 하옵소서. 예수 이름으로 기도합니다. 아멘.

어리석은 자

(사무엘상 26:21) "사울이 가로되 내가 범죄하였도다 내 아들 다윗아 돌아오라 네가 오늘 내 생명을 귀중히 여겼은즉 내가 다시는 너를 해하지 아니하리라 내가 어리석은 일을 하였으니 대단히 잘못되었도다"

사울은 다윗의 인기를 질투해 그를 죽이려 했다. 어느 날 밤 다윗은 사울이 자고 있을 때 그의 진영으로 몰래 들어갔다. 그러나 다윗은 사울을 죽이지 않고 오히려 "이 사람은 하나님이 기름 부으셨으므로 손대지 마라. 하나님이 그 사람을 처리하고 싶으신 대로 하나님께서 하셔야 한다" 말하고 사울의 물병과 창만 가지고 돌아왔다. 그리고 다윗은 멀리 안전한 곳으로 와서 사울의 경비병들에게 그들의 불성실함을 책망하였다.

그때 사울이 깨어 말하기를 "내 아들 다윗아, 이것이 너의 음성이냐?" 이에 다윗은 대답하여 "왜 저를 쫓아다니며 잡으려 하십니까? 보십시오 제가 당신의 창을 가졌습니다. 나와 함께한 자들이 당신을 죽이려 했지만 제가 그러지 못하게 말렸습니다"

그러자 사울은 "내가 어리석은 일을 행하였으니 대단히 잘못했다" 고백했다. 사울은 타고난 장점들이 많았다. 그러나 그것들이 사울을 성공적으로 이끌지는 못했다. 이러한 기록들을 통하여, 사울의 생애는 하나님께서 부르신 사람들도 하나님이 주신 축복들을 헛되게 사용할 수도 있다는 것을 깨우쳐 준다.

우리도 사울처럼 하나님이 부르실 때 숨으려 한다든지, 아니면 다른 사람의 승리를 나의 영광으로 돌리려 한다든지, 또는 약속들을 성급하게 이행하려는 어리석은 일을 행할 때가 있다. 여기서 사람이 어리석은 일을 행한다는 것은 사울처럼 하나님께 온전히 순종하지 않거나, 자기의 실패에 대해 부당한 이유를 대거나, 또는 경건하고 충성된 친구들을 질투하거나 다른 영들을 찾아가 길을 찾는 것이다.

> 사울의 생애에서 진짜 어리석은 것은
> 그의 삶을 전적으로 하나님께 순종하지 못했다는 것에 있다.

당신도 하나님께 전적으로 순종하지 않는 것은 "내가 하나님보다 더 잘 알고 있다" 말하는 것과 같다. 어리석은 자들만이 그렇게 생각한다.

하나님 아버지, 우리도 하나님께 온전히 순복할 수 있도록 도와주시기를 기도합니다. 예수님 이름으로 기도합니다. 아멘.

March 1

활쏘기

(사무엘하 1:18) "명하여 그것을 유다 족속에게 가르치라 하였으니 곧 활 노래라 야살의 책에 기록되었으니"

다윗은 그가 사랑하는 친구 요나단과 또 그가 위대하다고 칭송했던 사울왕의 죽음을 듣고 슬퍼했다. 그러나 그는 슬퍼하고 있지만은 않았다. 다윗은 그 슬픔을 달래는 한 방법으로 온 유다 족속의 아비들에게 명하여 자녀들에게 활쏘기를 가르치도록 했다.

그것이야말로 요나단을 기념하기에 적합한 일이었다. 이 방법은 요나단의 영향력을 계속 이어나갈 수 있게 했다. 우리가 활쏘기의 교훈을 영적으로 바꾸어 생각해 보면, 기도라는 형태의 영적 무기로 볼 수 있다.

> 활을 가지고 있으면 먼 곳의 원수를 쏘아 넘어뜨릴 수 있듯이,
> 주님을 믿는 우리의 기도는 멀리 있는 사람에게 영적인 영향을
> 미칠 수 있는 뛰어난 무기이다.

때때로 우리가 사랑하는 사람들에게 전도를 하면 그들은 우리에게 화를 내기도 한다. 그럴 때 우리는 멀리서 그들을 향해 활(기도)을 쏠 수 있다. 이때 성령은 우리의 기도를 통해 그들의 마음에 역사하기 시작하면서 원수의 역사를 묶으신다.

다윗이 백성들에게 활 쏘는 법을 자녀들에게 가르치라고 명령했듯이, 우리도 기도의 활을 쏘는 법을 배울 필요가 있다. 그것은 우리가 속해 있는 영적 전쟁에서 하나님을 위해 승리하기 위함이다.

하나님, 우리에게 주신 전쟁의 무기인 기도를 능숙하게 사용함으로써 우리의 사랑하는 사람들을 위해 잘 싸울 수 있도록 도와주소서. 예수님 이름으로 기도합니다. 아멘.

March 2

내가 무엇이기에

(사무엘하 7:18) "다윗 왕이 여호와 앞에 들어가 앉아서 가로되 주 여호와여 내 집은 무엇이관대 나로 이에 이르게 하셨나이까"

하나님의 말씀을 다윗에게 일러준 선지자는 나단이었다. 하나님은 다윗에게, "다윗아, 너는 나의 집을 지을 수가 없다. 너의 왕위를 이을 네 아들이 나의 집을 지을 것이다. 그러나 나는 너의 왕위를 영원히 세워 주겠다." 말씀하셨다.

다윗은 이 말씀을 메시야가 그의 후손이 되게 하겠다는 뜻으로 정확히 이해했다. 다윗은 이 말씀에 너무 감격해 나단에게 양해를 구하고 하나님 앞에 들어가 앉았다. 그는 자신이 전적으로 무가치하다는 것을 깨닫고, 그와 같은 풍성함이 자기에게 부어진 것은 전적으로 하나님의 은혜임을 깨달았다.

당신도 다윗처럼 "제가 누구입니까? 저는 잘못만 행할 뿐인데... 저는 쓰레기 같은 인간입니다" 말할 수 있어야 한다.

다윗의 일생을 보자. 사실 이 친구도 천사는 아니었다. 오히려 당신보다 더 나쁜 일을 행하기도 했다. 그런데도 하나님이 그에게 행하신 것을 보라.

> 하나님은 그의 사랑과 그의 선하심을 베풀기 위해
> 가장 못난 자를 찾고 계시는 것처럼 보일 때가 있다.

하나님은 그의 은혜를 받을 수 있는 자를 찾기 위해 종종 시궁창에 가시기도 한다. 하나님은 거기에서 사람을 건져내어 씻기시고 변화시켜 하나님 나라에 알맞은 당신의 자녀로 만드신다. 그것이 곧 하나님의 은혜이다.

하나님 아버지, 당신의 풍성하신 은혜에 감사드립니다. 우리의 모든 것이 잘못됨에도 불구하고 우리를 사랑하사 축복으로 채워 주셨습니다. 그것도 부족하여 우리들에게 앞으로 다가올 영원 세계와 또 우리들에게 나타날 영광을 말씀하셨습니다. 예수님 이름으로 기도합니다. 아멘.

March 3

찾으시는 하나님

(사무엘하 9:7) "다윗이 가로되 무서워 말라 내가 반드시 네 아비 요나단을 인하여 네게 은총을 베풀리라 내가 네 조부 사울의 밭을 다 네게 주겠고 또 너는 항상 내 상에서 먹을지니라"

수년전 다윗은 사울의 아들 요나단과 언약을 맺었다. 다윗은 그가 왕좌에 앉으면 요나단을 인하여 사울의 가족에게 크게 은혜를 베풀 것을 약속했다. 그래서 다윗은 왕위에 올라 하나님으로부터 많은 축복을 받고 번영하게 되었을 때 요나단과의 약속대로 사울의 가족에게 은혜를 베풀기 위해 그 후손을 찾았다.

다윗이 은혜를 베풀기 위해 사울의 후손을 찾는 것과 마찬가지로 하나님도 예수 그리스도를 통하여 잃어버린 자를 찾아 하나님의 말할 수 없는 사랑과 자비를 베풀려고 한다. 이것이 바로 기독교와 다른 종교의 차이점이다. 다른 종교는 인간이 하나님을 찾는다. 그러나 기독교는 하나님이 잃어버린 인간을 찾으신다.

므비보셋을 다윗 앞으로 데리고 갔을 때 그는 사실 무서워서 떨고 있었다. 왜냐하면 므비보셋은 다윗의 의도를 알지 못했기 때문이다. 우리도 하나님을 오해 할 때가 있다. 하나님은 진노하시는 분, 우리의 잘못만 지켜보시는 분으로 생각해 우리가 잘못하면 무서운 벌을 내리는 분이라고 하나님을 오해하고 있다. 그러나 그것은 잘못된 생각이다.

다윗은 요나단과의 연고로 그의 아들 므비보셋을 축복하고 싶어했다. 이와같이 하나님께서도 예수 그리스도로 인해 우리를 축복하고 싶어 하신다.

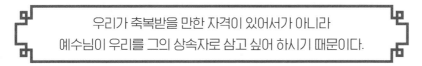

우리가 축복받을 만한 자격이 있어서가 아니라
예수님이 우리를 그의 상속자로 삼고 싶어 하시기 때문이다.

므비보셋이 왕의 식탁에 앉았다는 것으로 그는 왕의 가족이 된 것이다. 우리 역시 하나님의 가족의 일원으로 초대받음으로 그의 식탁에 참여한 것이다.

하나님 아버지, 감사합니다. 예수님 때문에 당신의 상에서 기쁨과 축복과 부요함을 누리게 하시니 감사합니다. 예수님 이름으로 기도 합니다. 아멘.

March 4

고백과 용서

(사무엘하 12:13) "다윗이 나단에게 이르되 내가 여호와께 죄를 범하였노라한대 나단이 다윗에게 대답하되 여호와께서도 당신의 죄를 사하셨나니 당신이 죽지 아니하려니와"

죄에 대한 다윗의 고백은 진실한 고백이었다. 다윗은 사실 하나님을 거역하는 죄를 지은 것이다. 다윗이 죄를 숨기려고 애써 노력하는 것은 오히려 그 일들을 더 복잡하게 만들뿐이었다.

그러나 여기서 중요한 것은 다윗이 죄를 고백하는 즉시 용서되었다는 점이다. 그런데 우리는 얼마나 많은 경우 우리의 죄를 숨기려고 끊임없이 애를 쓰는가. 또 우리의 죄를 얼마나 정당화시키려 하고 있는가! 용서는 죄를 고백할 때에만 받을 수 있는 것이다. 하나님 앞에 당신의 잘못을 인정하고 고백하기 전까지는 하나님이 당신에게 주시고자 하는 깨끗함을 받을 수 없다.

> 하나님은 자비 베풀기를 기뻐하신다.

하나님은 용서하기 원하신다. 그러나 우리의 고백이 있기 전까지는 하나님이 은혜와 자비를 베풀 기회를 갖지 못한다.

무거운 죄의 짐이 사라질 때 얼마나 해방감을 느끼는가! 히브리어의 "blessed"란 말은 "Oh! how happy"이다. 다윗은 시편 32편에서 하나님과 끊어졌던 관계가 회복된 자의 행복에 대하여 "죄의 용서함을 받은 자는 얼마나 행복할까!"라고 기술하였다.

여기서 기억해야 할 사실은 하나님께서 다윗을 용서한 것은 맞지만 그 죄의 흔적은 여전히 남아 있다는 사실이다. 당신의 인생에서 댓가 없이 죄를 지을 수 있다고 생각하지 마라. 그러나 하나님이 용서하시면 '죄의 값'(penalty)은 없어진다. 그러나 벽에 박힌 못은 빼어낼 수 있으나 벽에 남아 있는 구멍의 흔적은 지울 수 없을 것이다.

- 당신의 죄가 깨끗함을 받을 수는 있다.
- 그러나 그 흔적은 남아 있다는 것이다.

하나님 아버지, 죄로 인해 눌려 있는 우리에게 성령께서 말씀해 주시도록 기도합니다. 죄에 대한 우리의 고백이 있게 하시고 그것을 통해 당신의 은혜와 용서가 흐르게 하옵소서. 예수님 이름으로 기도합니다. 아멘.

March 5

더 이상 쫓아내지 않는다

(사무엘하 14:14) "우리는 필경 죽으리니 땅에 쏟아진 물을 모으지 못할 것이오나 하나님은 생명을 빼앗지 아니하시고 방책을 베푸사 내어 쫓긴 자로 하나님께 버린 자가 되지 않게 하시나이다"

다윗에게 말하고 있는 이 여인은 다윗이 쫓아낸 그의 아들인 압살롬과 다윗을 화해시키기 위해 간청하러 온 것이다. 그녀의 말의 전체적인 그림을 보면 이 여인은 다윗에게 죽음의 종말을 상기시키고 있다. 마치 땅에 물을 쏟아버리면 다시 모을 수 없는 것과 같이 죽음에 대한 우리의 처지가 그러하다는 것이다.

그 여인은 다윗 왕에게 그 미움이 계속된 상태에서 다윗이나 압살롬이 모두 죽게 된다면 그 둘의 관계는 영원히 회복될 수 없다는 것을 깨우쳐 주었다.

때로는 아주 사소하고 미묘한 일로 가족이 나뉠 때도 있다. 그리고 우리는 때때로 사랑하는 사람에게 더 심하게 대할 때가 있다.

흥미로운 것은 어떤 사람에게는 다른 누구보다도 더 용서해주고 싶은 마음이 생길 때가 있다. 그러나 하나님은 아무리 중한 죄라도 용서하신다. 하나님은 용서와 관용을 베푸시되 아무런 대가없이 베푸신다.

하나님을 부르는 모든 자에게 용서의 문은 항상 열려 있다.

하나님은 우리를 쫓아냈을 때 우리가 하나님에게서 떨어져 나가지 않게 하기 위해 한 방편을 고안했다. 바로 회복이다. 그것이 바로 복음이다. 하나님의 아들에게 우리의 죄와 부끄러움을 다 짊어지게 함으로써 죄 때문에 하나님에게서 쫓겨난 자들을 그 아들 예수 그리스도를 통해 회복시키셨다.

주님, 죄악된 행위와 잘못 때문에 하나님께로부터 떨어져나간 사람들을 위해 기도합니다. 그들이 돌아와서 자비와 용서와 은혜를 얻게 하여 주옵소서. 예수님 이름으로 기도합니다. 아멘.

March 6

헌신

(사무엘하 15:21) "잇대가 왕께 대답하여 가로되 여호와의 사심과 우리 주 왕의 사심으로 맹세 하옵나니 진실로 내 주 왕께서 어느 곳에 계시든지 무론상생하고 종도 그곳에 있겠나이다"

잇대는 가드에서 방금 온 사람이지만 다윗에게 전적으로 충성하기로 했다. 다윗의 많은 궁중 친구들이 압살롬에게 가담했지만 낯선 사람 잇대는 다윗에게 죽기까지 충성을 맹세했다. 다윗은 잇대에게 어떤 달콤한 제안도 하지 않았다. 그럼에도 불구하고 잇대는 압살롬이 제안하는 최상의 것보다 다윗이 제안하는 최악의 것이 더 낫다고 생각했던 것이다.

오늘날 우리 시대의 비극 중 하나가 온전한 충성이 없다는 것이다.

> 사람들은 입으로는 충성을 맹세하면서도
> 전적으로 헌신하는 것은 꺼려한다.

우리는 결혼에 대해서도 "더 좋거나 더 나쁘거나" 할 수 있다고 생각한다. 그러나 막상 결혼생활이 시작되면 그 굴레를 벗어 버리고 싶어 한다. 그 이유는 그들이 서로에게 헌신하겠다고 약속한 것은 전적인 헌신이 아니었던 것이기 때문이다.

오늘날 교회에도 큰 약점이 있다. 사람들이 주님을 영접했음에도 불구하고 헌신하는 것에 주저한다. 그것은 그들이 주님과 깊은 헌신의 관계가 이루어져 있지 않음을 보여주는 것이다.

하나님은 오늘날 우리에게 잇대가 다윗을 향해 결단한 것과 같은 헌신을 요구하신다. 물론 주님은 우리에게 값싼 복음이나 쉬운 길을 제공하시지는 않는다. 그러나 당신이 그분께 온전히 헌신할 때 당신의 인생은 기쁨과 만족이 충만한 삶으로 채워질 것이다. 왜냐하면 하나님께서 원하시는 바로 그곳에 당신이 거하기 때문이다.

하나님 아버지, 우리도 한때는 이 세상에서 아버지께로부터 떨어져나간 나그네 였음을 깨달았습니다. 그러나 이제는 아버지께서 우리를 당신의 자녀로 선택하셔서 "주님, 나는 주님의 것입니다"라고 말할 수 있는 헌신의 자리에 있게 하시니 감사합니다. 예수님 이름으로 기도합니다. 아멘.

March 7

쉼

(사무엘하 15:25-26) "왕이 사독에게 이르게 하나님의 궤를 성으로 도로 메어가라 만일 내가 여호와 앞에서 은혜를 얻으면 도로 나를 인도하사 내게 그 궤와 그 계신 데를 보이시리라 그러나 저가 말씀하시기를 내가 너를 기뻐하지 아니한다 하시면 종이 여기 있사오니 선히 여기시는 대로 내게 행하시옵소서 하리라"

다윗은 압살롬과 그의 군대를 피해 예루살렘에서 도망치고 있었다. 대제사장 사독은 다윗의 궁중 측근들과 더불어 레위 사람들과 함께 신성한 법궤를 운반하여 나오려 했다.

그때 다윗은 "나는 나를 구하려고 성물에 의존하지 않겠다. 나의 왕권은 전적으로 하나님께 달려있다. 만약 하나님께서 나를 기뻐하사 구원해 주시면 내가 다시 와서 법궤를 보게 될 것이다. 그러나 하나님께서 내가 구원받기에 합당하지 않다고 보시면 내가 여기 있으니 하나님께서 하시는 대로 행하시도록 하라" 명령했다.

이와같이 다윗은 자기의 생명을 전적으로 하나님께서 행하시고자 하는 하나님의 목적과 계획에 다 맡겼다.

> 하나님께서 정해 놓으신 계획을 내가 바꿀 수는 없다. 내가 만약 하나님의 계획을 대적한다면, 그때 나는 모든 것을 다 잃게 된다.

내가 하나님을 대적한다면 내게 오는 것은 염려, 공허, 불안뿐이다. 그 어떤 것도 나 스스로 할 수 있는 것이 없다는 것을 깨달을 그때에야 내가 쉴 곳을 발견하게 될 것이다.

하나님의 방법이 나의 방법보다 훨씬 낫다는 것을 깨닫게 될 때, 하나님이 나를 사랑하심을 알게 될 것이다. 즉 내가 현재 당하고 있는 환경을 완전히 깨닫게 될 때, 나로서는 해결할 길이 전혀 없음을 인정하게 되고, 그때 나는 그 모든 것을 하나님의 손에 맡기게 된다.

하나님 아버지, 우리가 걱정 근심에 눌려 있지 않게 하시고, 하나님께서 나를 사랑하시며 가장 좋은 것으로 채워 주실 것을 믿고 하나님 안에서 쉼을 얻게 하소서. 예수님 이름으로 기도합니다. 아멘

하나님의 약속

(열왕기상 8:56) "여호와를 찬송할지라 저가 무릇 약속하신대로 그 백성 이스라엘에게 태평을 주셨으니 그 종 모세를 빙자하여 무릇 약속하신 그 선한 말씀이 하나도 이루어지지 않음이 없도다"

레위기 26장에서 하나님은 그 종 모세에게 말씀하시기를 그 백성들에게 그 땅과 더불어 평강을 주시겠다고 약속하셨다. 또한 레위기 26장 12절에서 "내가 내 장막을 너희 중에 세우리니" 말씀하셨다.

오늘 본문 열왕기상에서도 솔로몬이 헌당하면서 백성들에게 하나님의 약속을 상기시키고 있다. 490년이 지났지만 하나님께서 이행하겠다고 하신 약속 중에 한 말씀도 이루어지지 않은 것이 없다.

> 하나님은 그의 약속을 반드시 이행하신다.
> 한마디도 이루어지지 않은 것이 없다.

당신도 하나님이 말씀하신 것에 주의를 기울이는 것이 좋다. 하나님께서 그의 말씀을 그렇게 정확히 지킨다는 사실은 당신의 마음에 용기를 줄 수도 있고, 두려움을 줄 수도 있다. 그것은 당신이 하나님과 어떤 관계를 가지고 있느냐에 따라서 그 모두가 달려 있기 때문이다.

나는 하나님께서 그의 말씀을 성실하게 지키는 것에 전율을 느낀다. 왜냐하면 만약 내가 나의 입으로 예수님이 '주'(Lord)이심을 고백하고 마음으로 하나님이 예수 그리스도를 죽음에서 살리신 것을 믿으면 나는 구원을 얻기 때문이다.

하나님은 내가 사람들 앞에서 예수님을 시인하면 예수님도 그의 아버지 앞에서 나를 시인하겠다고 약속하셨다. 또 하나님은 만약 내가 그를 영접하면 나는 영생을 얻게 될 것이라고 약속하셨다.

하나님 아버지, 솔로몬이 하나님의 신실함을 증거 할 수 있었듯이 3천년이 지난 지금의 우리도 하나님의 신실함을 동일하게 증거 할 수 있는 증인이 되게 하소서. 예수님 이름으로 기도합니다. 아멘.

우리가 구한 것보다 더

(열왕기상 9:3) "저에게 이르시되 네가 내 앞에서 기도하며 간구함을 내가 들었은즉 내가 너의 건축한 이 전을 거룩히 구별하여 나의 이름을 영영히 그 곳에 두며 나의 눈과 나의 마음이 항상 거기 있으리니"

이 우주를 창조하신 하나님께서 나를 사랑하신다. 그 분이 나를 생각하시며 내가 기도할 때에 그분이 들으신다. 나의 기도를 들으실 뿐 아니라 하나님은 놀랍게도 나에게 응답하신다. 그렇다고 해서 하나님이 항상 내가 원하는 대로 응답해 주시지는 않는다.

나는 인내심이 부족하다. 나는 하나님께서 나의 편이 되어 내가 기도하는 즉시 응답해 주기를 바란다. 그러나 하나님은 내가 요구하는 것보다 더 좋은 것을 주시고자 원하시기 때문에 나의 계획이 하나님의 계획과 완전하게 일치 될 때까지 기다리신다.

솔로몬은 이 집이 하나님의 백성들이 하나님을 만나기 위해 모이는 곳이 되게 해달라고 기도했다. 또한 하나님의 눈이 늘 이곳에 있게 해달라고 구했다. 그때 하나님은 응답하시기를 "내 눈 뿐만 아니라 내 마음도 거기에 가 있을 것이다" 응답하셨다.

> 하나님은 우리가 구하는 것보다 더 많은 것을 주고 싶어하신다. 사람들은 하나님의 마음보다도 하나님의 축복을 구한다. 그러나 우리를 축복하는 것은 하나님의 마음에 있다.

이제부터 당신도 하나님께서 당신에게 임하시기를 구할 때에 하나님의 눈만 당신에게 임하는 것이 아니라 하나님의 마음까지도 당신에게 함께 임하여서 하나님과 그 어느 때보다 더욱 가까운 관계를 경험하기 원한다. 당신에게 하나님의 사랑과 능력과 현존하심의 감동이 측량할 수 없을 만큼 임하기를 바란다.

하나님 아버지, 우리가 부르짖을 때마다 들어주시니 감사합니다. 우리를 당신 곁으로 이 끌어 주소서. 그래서 당신의 마음이 있는 그 곳에서 우리가 안식을 누리게 하소서. 예수님 이름으로 기도합니다. 아멘.

March 10

쉬운 종교

(열왕기상 12:28-30) "이에 계획하고 두 송아지를 만들고 무리에게 말하기를 너희가 다시는 예루살렘에 올라갈 것이 없도다 이스라엘아 이는 너희를 애굽 땅에서 인도하여 올린 너희 신이라 하고 하나는 벧엘에 두고 하나는 단에 둔지라 이 일이 죄가 되었으니 이는 백성들이 단까지 가서 그 하나에게 경배함이더라"

여로보암 왕은 백성을 위하여 쉬운 신앙을 만들어냈다. 여로보암은 그 이유에 대하여 "여호와를 섬기기 위해 너희가 예루살렘까지 예배하러 올라간다는 것은 너무 힘들고, 제사 드리는데 너무 많은 희생을 하고 있다. 그래서 나는 너희들이 편리하게 예배드리도록 하기 위해 너희 사는 바로 여기에 신들을 모셔 두겠다" 하였다.

쉬운 종교는 항상 육신적인 것에 중점을 둔다. 그것들은 자신을 부인하는 것을 요구하지 않기 때문이다. 어떤 사람이 예수님을 따르고자 할 때에 예수님께서 첫 번째로 요구하셨던 것이 무엇이었던가?

- 네 자신을 부인하라.
- 내가 성령을 따라 살면서 또한 육신을 따라 살 수 없다.
- 그 두 가지는 항상 정반대이기 때문이다.

> 쉬운 종교들은 당신을 절대로
> 참되고 살아계신 영원하신 창조주에게로 이끌어 줄 수 없다.

쉬운 종교들은 내 육신에게는 기쁨을 줄 수 있을지 모르지만 하나님을 기쁘시게 할 수는 없다. 나의 기쁨을 구한다면 하나님을 기쁘게 할 수 없다. 신앙생활을 쉽게 하고 싶어서 당신이 직접 당신의 신을 만들어 낸다면 당신은 참되신 하나님으로부터 떨어져 나가게 된다는 사실을 알게 될 것이다.

영원한 생명으로 인도하는 길은 십자가에서 시작한다. 거기를 벗어날 수 없다. 그것은 곧은 길이다. 그것은 좁은 길이다. 그러나 영원세계로 인도하는 길이다.

하나님 아버지, 만약 우리의 열정이 또는 우리 삶의 동기가 하나님보다 다른 어떤 것에 있다면 우리 자신을 부인하게 해 주시고, 십자가로 이끄시어 전심을 다해 하나님 아버지를 따라가게 하소서. 예수님 이름으로 기도합니다. 아멘.

March 11

흉한 소식

(열왕기상 14:6) "저가 문으로 들어올 때에 아히야가 그 발소리를 듣고 말하되 여로보암의 처여 들어오라 네가 어찌하여 다른 사람인체 하느뇨 내가 명령을 받아 흉한 일로 네게 고하리니"

한때 여로보암은 백성에게 거짓 신들을 만들어 숭배하게 했었다. 그러나 그의 아들이 병들어 죽게 되었을 때 그는 거짓 신들에게 도움을 구하지 않았다. 대신 그의 아내를 시골 아낙네처럼 변장시켜 하나님의 선지자 아히야에게 도움을 청하러 보냈다.

> 하나님은 진실을 아신다. 하나님은 아무리 변장을 해도 바른 것을 꿰뚫어 보신다. 왜냐하면 그분은 우리의 마음을 보시기 때문이다.

우리가 하나님께 진실을 숨길 수 있다고 생각하는 것은 얼마나 어리석은가!

선지자는 눈이 멀었고 분명히 귀도 들리지 않았을 것이다. 그러나 그는 하나님의 음성은 들을 수 있어서 여로보암의 아내에게 하나님의 말씀을 전해주었다. 선지자는 그 여인에게 "나는 흉한 일로 네게 고한다" 경고하였다.

하나님은 은혜로우시고 자비가 많으시기 때문에 만약 여로보암이 진실로 회개하고 신실하게 하나님을 구했다면 하나님께서도 감동하셔서 그의 아들을 낫게 하시고 그의 보좌가 영영하도록 해 주셨을 것이다.

그러나 그렇게 되지 않았다. 이와같이 위선은 멸망으로 이끌 뿐이다. 만약 당신의 마음이 하나님 앞에 정직하지 못하다면, 당신은 지금 위험한 길로 내리 치닫고 있는 것이다. 그러나 당신이 모든 가면을 벗어 버리고 하나님 앞에 진실 되게 나아올 때, 하나님은 당신의 무거운 짐을 즉시 벗겨 주실 것이다. 왜냐하면 하나님은 당신을 사랑하시고 또 당신의 삶을 축복하기를 원하시기 때문이다.

하나님 아버지, 우리에게 주님의 신실하심으로 대해 주시니 감사합니다. 주님,우리의 미래에 대해 하나님께서 우리에게 말씀하고자 하는 것을 우리가 듣기 원합니다. 우리로 하나님의 말씀을 듣고 순종할 수 있도록 도와주소서. 예수님 이름으로 기도합니다. 아멘.

March 12
머뭇거림

(열왕기상 18:21) "엘리야가 모든 백성에게 가까이 나아가 이르되 너희가 어느 때까지 둘 사이에서 머뭇머뭇 하려느냐 여호와가 만일 하나님이면 그를 좇고 바알이 만일 하나님이면 그를 좇을지니라 하니 백성이 한말도 대답하지 아니하는지라"

엘리야는 갈멜산에서 바알과 아스다롯 두 선지자에게 도전하고 있었다. 엘리야는 거짓 선지자 850명 사이에서 망설이는 군중들에게 "너희가 어느 때까지 둘 사이에서 머뭇머뭇 하려느냐 여호와가 만일 하나님이면 그를 좇고 바알이 만일 하나님이면 그를 좇을지니라" 외쳤다. 이와같이 시대는 변했지만 사람들은 변하지 않았다.

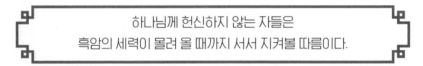

하나님께 헌신하지 않는 자들은
흑암의 세력이 몰려 올 때까지 서서 지켜볼 따름이다.

오늘날에도 우리에게는 세 종류의 사람이 있다. 엘리야처럼 여호와께 그의 인생을 드리고 열심히 하나님을 섬기는 자가 있다. 또한 악에게 자신의 인생을 다 바친 사람들이 있다. 이들은 대중적인 분야에서 하나님을 제거하기 위해 힘쓰고 낙태와 동성연애에 대해서 열심히 주장하고 있다. 이런 사람들은 이 나라를 부도덕한 진흙 속으로 파묻어 버리려는 사람들이다. 그리고 마지막 그룹이 있다. 바로 머뭇거리는 군중이다.

이런 사람들은 그 어느 곳에도 충성하지 않는 자들이다. 계시록에서 예수님은 이런 자들을 미지근하여 토하고 싶은 자들이라고 말씀하셨다. 그들은 악의 물결을 막기 위해 아무것도 하지 않는다. 그들은 그냥 서 있을 따름이며, 무엇이든지 받아들이는 자들이다.

당신도 만약 경계선에 있다면 오늘은 양쪽 중에 어느 한편을 선택하기 좋은 날이다. 부디 당신의 선택이 예수님이 되게 하라. 그 선택은 당신의 인생에 영원토록 좋은 영향을 미칠 것이다.

하나님 아버지, 의로운 편에 설 수 있도록 도와주소서. 우리에게도 악의 일꾼들이 가진 것과 같은 결단과 열정을 주셔서, 예수님 앞에 서서 영광을 돌리게 하소서. 예수님 이름으로 기도합니다. 아멘.

March 13

네가 어찌하여 여기 있느냐?

(열왕기상 19:9) "엘리야가 그곳 굴에 들어가 거기서 유하더니 여호와의 말씀이 저에게 임하여 이르시되 엘리야야 네가 어찌하여 여기 있느냐"

우리는 하나님의 위대한 사람이라고 하면 우리와 같은 부류가 아닌 다른 위대한 성자와 같은 사람일 것이라고 생각하기 쉽다. 또한 우리는 "나는 엘리야와 같은 일은 도무지 할 수 없어" 말한다. 그러나 엘리야도 사람이었다. 그도 우리와 같은 약점과 결점을 가진 사람이었지만 하나님께서 그를 능력 있게 사용하셨다. 그러므로 엘리야에 대한 기록은 우리에게 큰 용기를 준다. 곧 하나님께서 우리 역시 사용하실 수 있다는 뜻이기 때문이다.

그러나 엘리야를 특별하게 사용하고 계신 그 때에 엘리야는 용기를 잃고 죽고 싶었다. 이 사실을 알고 하나님께서 엘리야에게 오셔서 다정하고 세미한 음성으로 "너 지금 무엇을 하고 있느냐" 물으셨다. 그러나 엘리야는 하나님께 "네, 보시는 것처럼 지금 숨어있습니다" 솔직하게 말하지 않고 주절주절 변명을 늘어놓았다.

오늘날 주앞에 부름받은 우리도 엘리야와 똑같은 행동을 하고 있다. 만약 오늘 하나님께서 숨어있는 당신을 보시고 "너는 무엇을 하고 있느냐" 물으신다면, 당신은 "아무것도 하고 있지 않습니다" 말하는 대신 변명을 늘어놓기 시작할 것이다. 사실 딴짓을 하고 있으면서도 변명을 늘어놓을 때는 보시는바와 같이 아무것도 하지 않고 있다는 말이다. 지금 당신은 실의에 빠져 있는가? 그렇다면 한번 물어보자. 당신은 하나님을 위해 진짜 무엇을 하고 있는가? 당신은 영혼을 위한 일에 얼마나 많은 시간과 힘을 투자하고 있는가?

> 낙망이라는 병을 가장 잘 낫게 하는 치료법은
> 바쁘게 하나님의 일을 하는 것이다.

당신이 하나님 때문에 바빠지면 당신 자신의 문제들은 잊어버리게 될 것이다. 그러면서 어떠한 성취감을 느끼게 되는 것을 경험하게 될 것이다. 만약 당신이 오늘날에도 그 세미한 음성에 귀를 기울인다면, 하나님께서 당신에게 하시기를 원하시는 그 부름의 일에 대해 놀랄 것이다.

하나님 아버지, 우리에 대해 인내하심에 감사드립니다. 우리로 하여금 하나님의 세미한 음성을 듣게 하시고, 하나님의 질문에 솔직하게 대답하게 하소서. 예수님 이름으로 기도합니다. 아멘.

March 14

탐욕

(열왕기상 21:5-6) "그 아내 이세벨이 저에게 나아와 가로되 왕의 마음에 무엇을 근심하여 식사를 아니하나이까 왕이 이르되 내가 이스르엘 사람 나봇에게 말하여 이르기를 네 포도원을 내게 주되 돈으로 바꾸거나 만일 네가 좋아하면 내가 그 대신에 포도원을 네게 주리라 한즉 저가 대답하기를 내가 내 포도원을 왕에게 주지 않겠노라 함을 인함이라"

아합은 나봇의 포도원을 탐냈다. 그의 탐심은 이세벨로 하여금 악한 행동을 생각하게 했다. 이세벨은 나봇을 교묘한 술책을 통해서 돌에 맞아 죽게 했다. 그런 후 그는 나봇의 포도원을 빼앗았다. 아합의 탐심은 그를 거짓과 살인과 도적으로 몰아갔다.

사실 감탄하는 것과 탐하는 것에는 큰 차이가 있다. 당신이 가진 것에 대해 나는 얼마든지 칭찬할 수 있다. "정말 대단하군요, 정말 아름답습니다. 당신이 이런 것을 가지고 있다니 너무 훌륭하군요" 그러나 내가 당신이 가진 것을 탐하면서, "저것을 내가 가졌으면" 하고 생각하기 시작하는 때부터 나는 탐욕의 죄를 짓게 되는 것이다.

> 우리가 욕심내어야 할 오직 한 가지는
> 하나님과 더욱 가까운 사귐이다.

성경은 우리에게 탐욕은 우상이라고 말씀한다. 당신에게 욕망을 품게 하는 것이 생기게 되면 당신의 마음과 생각의 중심에 그것이 자리 잡게 된다. 당신이 깨어 있는 동안에는 늘 그것을 당신의 것으로 만들기 위한 계획을 세우는 것에 시간을 보내게 될 것이다.

성경은 말씀하시기를 우리는 오직 한 가지 일에 대해서만 욕심을 내어야 한다고 가르친다. "성령의 가장 좋은 은사들을 사모하라"(고전 12:31). 우리가 탐내어야 할 오직 한 가지는 하나님과의 더 가까운 관계이다. 그러므로 당신이 지금 어떤 일에 욕심을 내고 싶다면 당신의 생활 속에서 하나님의 성령의 능력이 마음껏 자유롭게 역사하시는 것에 대해 갈급함을 가지도록 하라.

하나님 아버지, 우리 마음속에 하나님을 사모하는 욕망을 갖게 하소서. 그리하여 하나님과 사귐으로 누리는 기쁨과 만족을 알게 하소서. 예수님 이름으로 기도합니다. 아멘.

March 15

엘리야의 하나님이 어디 계시뇨?

(열왕기하 2:14) "엘리야의 몸에서 떨어진 그 겉옷을 가지고 물을 치며 가로되 엘리야의 하나님 여호와는 어디 계시니이까 하고 저도 물을 치매 이리저리 갈라지고 엘리사가 건너니라"

엘리사는 엘리야의 생애 속에서 하나님의 능력을 보아 왔다. 실제 그는 불병거가 엘리야 선지자를 싣고 천국으로 가는 것도 보았다. 이제는 백성을 위한 선지자의 책임이 엘리사에게 주어졌고, 그는 하나님으로부터 능력을 받지 않고는 선지자로서 섬길 수 없음을 깨달았다. 그래서 엘리사는 하나님께 도와달라고 부르짖었다.

"엘리야의 하나님이 어디 계시나이까?"

엘리사는 갈멜 산에서 그의 능력을 보여주신 하나님께 도움을 청하였다. 엘리사는 백성 앞에서 그와 같은 능력을 보여주실 것을 간구했다. 그 이유는 백성들이 여호와는 살아계시고 그분이야말로 하나님이심을 알기 원했기 때문이다.

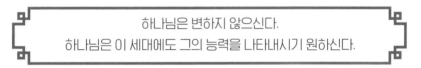

하나님은 변하지 않으신다.
하나님은 이 세대에도 그의 능력을 나타내시기 원하신다.

오늘날과 같은 회의적인 시대에 살고 있는 나도 "오 하나님 제발 나타내시옵소서. 주여 당신을 증거 하게 하소서" 부르짖는다. 나의 부르짖음도 엘리사와 같다. "하나님이 여전히 살아계신다는 증거를 보여주소서. 하나님, 능력을 나타내신 엘리야의 하나님은 어디 계십니까?"

우리는 이 세상을 살면서 하나님의 능력이 나타난 것을 보지 못하고 있다. 잘못은 우리에게 있다. 하나님은 살아계셔서 지금도 다스리고 계신다. 우리도 하나님께 부르짖음으로 우리를 통해 하나님을 세상에 나타내는 자가 되기 바란다.

하나님 아버지, 하나님의 백성 가운데서 역사하시는 하나님의 성령의 능력을 구합니다. 그래서 우리의 입술로 하나님의 이름이 영광 받으시기 원합니다. 우리를 통해 아버지의 사랑과 능력을 드러내는 주님의 도구가 되게 하소서. 예수님 이름으로 기도합니다. 아멘.

March 16

볼 수 있는 눈

(열왕기하 6:17) "기도하여 가로되 여호와여 원컨대 저의 눈을 열어서 보게 하옵소서 하니 여호와께서 그 사환의 눈을 여시매 저가 보니 불말과 불병거가 산에 가득하여 엘리사를 둘렀더라"

엘리사의 종 게하시가 일어나 둘러보니 시리아의 병거 군대가 도단성을 빙 둘러싸고 있는 것이 보였다. 게하시는 안으로 쫓아 들어와 엘리사에게 "나갈 길이 없습니다. 우리는 완전히 포위당했습니다." 고하였다.

엘리사는 그에게 "두려워 말라 그들의 수보다 우리 편의 수가 더 많다." 그러면서 엘리사는 그의 종 게하시의 눈을 열어 영적 세계를 볼 수 있게 해 달라고 하나님께 기도했다. 그러자 게하시의 눈이 열려 하나님의 불병거가 그의 원수들을 둘러싸고 있는 것이 보였다.

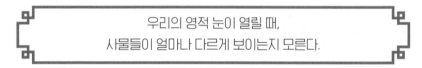

우리의 영적 눈이 열릴 때,
사물들이 얼마나 다르게 보이는지 모른다.

우리가 육신적인 환경만을 볼 때는 낙망할 수밖에 없다. 그러나 영적인 진실을 볼 수만 있다면 당신은 완전히 다른 사고를 하게 될 것이다. 실패가 아닌 승리를 보게 된다는 말이다.

영적인 일에서는 영적인 눈과 하나님의 말씀을 나의 길잡이로 삼을 때, 나는 하나님이 하시는 일을 볼 수 있고 또한 기뻐할 수 있다. 그것은 그리스도께서 이미 흑암과 악한 세력과의 싸움에서 승리하셨기 때문이다.

하나님께서 우리의 눈을 여시사 예수 그리스도와 성령님을 통한 능력을 볼 수 있게 하시며, 우리 삶 속에서 하나님의 완전하고도 온전한 승리를 얻게 하시는 것을 알게 하소서.

하나님 아버지, 우리의 삶 속에서 어떠한 분야에서도 실패할 것이 없음에 감사드립니다. 하나님, 우리의 온전한 눈을 열어 진리와 영적 세계의 실존을 보게 하여 주소서. 예수님 이름으로 기도합니다. 아멘.

March 17

존경보다 더한 것

(열왕기하 13:14) "엘리사가 죽을병이 들매 이스라엘 왕 요아스가 저에게로 내려가서 그 얼굴에 눈물을 흘리며 가로되 내 아버지여 내 아버지여 이스라엘의 병거와 마병이여"

요아스 왕은 비록 우상의 길로 행했지만 하나님의 선지자는 공경했다. 엘리사는 이스라엘의 역사를 바꾸었다. 그를 통해 하나님은 구약에 나오는 그 어떤 사람들 보다 더 많은 기적을 행하셨다. 그래서 왕은 엘리사가 죽게 되었다는 소식을 듣고 병문안을 가서 울고 있는 것이다. 우리는 요아스가 엘리사를 가르켜 "이스라엘의 병거와 마병이여!" 부른 것을 통하여 그가 이스라엘의 능력자임을 인정하고 있었음을 알 수 있다.

그 당시에 병거는 한 나라가 전쟁에 투입할 수 있는 가장 무서운 무기였다. 전쟁에서는 결정적인 무기였던 것이다. 따라서 병거는 국가의 힘과 세력을 나타내는 것이었다. 그래서 요아스는 엘리사 선지자를 보면서 하나님과 사귐을 갖고 있는 이분이야말로 이스라엘의 능력이요, 힘이요, 이스라엘의 마병임을 알았던 것이다.

요아스의 마음 깊은 곳에서는 국가의 소망이 오직 하나님께 있다는 것을 알고 있었다. 그러나 그러면서도 그는 여전히 악한 길을 버리지 못했다. 이것은 오늘날의 믿는 사람들과 동일하다. 하나님을 공경하고 인정은 하지만 하나님을 섬기지는 않는다. 그들은 마치 하나님이 존재하지 않는 것처럼 살고 있다.

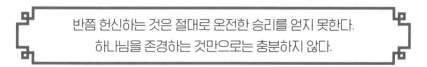

반쯤 헌신하는 것은 절대로 온전한 승리를 얻지 못한다.
하나님을 존경하는 것만으로는 충분하지 않다.

마귀도 하나님을 경외한다. 그러나 존경하고 인정하는 것만으로 구원을 받는 것은 아니다. 완전한 승리는 완전한 헌신을 통해서만 온다.

하나님 아버지, 우리의 인생을 올려 드립니다. 우리를 당신의 종으로, 당신의 도구로 삼으사 우리를 통해 당신의 목적을 이루게 하소서. 예수 그리스도의 이름으로 기도합니다. 아멘.

March 18

쓸데없는 참견

(열왕기하 14:10) "네가 에돔을 쳐서 파하였으므로 마음이 교만하였으니 스스로 영광을 삼아 궁에나 거하라 어찌하여 화를 자취하여 너와 유다가 함께 망하고자 하느냐"

남유다 왕 아마샤는 방금 에돔을 물리쳤다. 그리고는 의기양양해져 이스라엘 왕 요아스에게 싸우자고 도전장을 내밀었다. 이 때 요아스는 젊은 아마샤에게 "왜 쓸데없는 짓을 벌여 다치려고 하느냐?" 충고했다.

그러나 아마샤는 계속해서 요아스가 군대를 이끌고 오도록 도전했다. 그러나 그는 요아스의 군대에게 대패했다. 결국 요아스는 예루살렘 성으로 쳐들어 가서 성벽을 헐고 궁안에 있는 은과 금을 취하고 사람들을 인질로 잡아갔다.

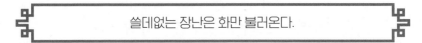

쓸데없는 장난은 화만 불러온다.

영적으로 크게 승리하고 난 후에는 약점이 생길 수 있다. 승리를 체험한 후에는 마치 온 세상을 정복할 수 있을 것 같은 자신감이 생긴다. 그러나 성경은 그 누구도 그리스도를 떠나서는 영적 전쟁에서 도움을 얻지 못한다고 말한다.

아마샤와 같이 여러분 중에서 상관할 일이 아닌데도 상관하고 있을 수도 있다. 마약이나 알코올도 그러하다. 결혼한 사람이 바람을 피운다든지 또는 결혼하지 않은 사람은 포르노를 즐길 수도 있다. 그러나 당신 자신에게 속지 말라. 그런 놀이 후에는 마귀가 기습하여 쉽게 벽을 뚫어 방어를 허물어뜨린다. 상관하지 말아야 할 세상 놀이는 깨끗함과 순수함을 상실하게 한다.

그러나 하나님은 회복시키시는 분이다. 오늘에라도 당신이 하나님께 돌아온다면 주님은 당신의 방어벽을 재건하고 당신의 순수성을 회복시킬 것이다.

사랑하는 주님, 우리가 타락했지만 다시 일으켜 주시니 감사합니다. 세상에 부딪혀 쪼개어졌던 보화들을 다시금 회복시켜 주시니 감사합니다. 예수님 이름으로 기도합니다. 아멘.

왜 국가가 망하는가?

(열왕기하 17:18) "여호와께서 이스라엘을 심히 노하사 그 앞에서 제하시니 유다 지파 외에는 남은 자가 없으리라"

이 짧은 구절에서 우리는 이스라엘 국가의 말소 기록을 볼 수 있다. 하나님은 아주 오래 인내하시다가 이스라엘이라는 나라를 이 지구상에서 없애 버리셨다.

하나님께서 이스라엘을 애굽으로 이끌어내실 때 그들과 언약을 맺으셨다. 하나님은 그들이 하나님의 율법을 준수하기만 하면 그들을 축복하고 보호하여 국가로서 번영시키겠다고 하셨다.

그때 이스라엘 백성들은 언약을 따르겠다고 동의했다. 그러나 그들은 그것을 지키지는 못했다. 오히려 그들은 하나님으로부터 돌아서서 우상을 섬겼다. 그 이유로 하나님은 그들을 제거시키셨다.

> 헛된 것을 따르면 당신도 헛된 것이 될 뿐이다.

나는 간혹 하나님의 인내를 생각할 때 놀랄 때가 있다. 하나님은 240년 동안이나 그들과 함께 거하시면서 그들이 어리석은 짓을 할 때마다 선지자들을 보내어 계속 경고하셨다. 우리 하나님의 인내의 고통이 얼마나 컸을까!

살아계신 하나님에게 등을 돌리는 사람이 얼마나 어리석은지 모른다. 당신이 하나님에게서 돌아설 때부터 당신의 인생에는 공허(허무)가 생긴다는 것을 아는가! 사실 우리의 본능은 공허를 싫어한다. 그때 사람들에게 내적 공허에 무엇인가를 채우려는 것은 불가피하다.

그것이 이스라엘에게 일어난 것이다. 그들은 내적인 공허를 채우기 위해 이방 신들을 구했으나 돌아오는 것은 절대적인 허무였다. 그 이유는 하나님의 자리는 아무것으로도 채워질 수 없기 때문이다.

하나님 아버지, 당신의 인내와 자비에 감사드립니다. 하나님만이 우리 인생의 빈자리를 채울 수 있음을 인정합니다. 예수님 이름으로 기도합니다. 아멘.

March 20

우상을 깨뜨림

(열왕기하 18:4) "여러 산당을 제하며 주상을 깨뜨리며 아세라 목상을 찍으며 모세가 만들었던 놋뱀을 이스라엘 자손이 이때까지 향하여 분향하므로 그것을 부수고 느후스단이라 일컬었더라"

이스라엘은 광야를 통과하면서 하나님과 모세에게 불평했다. 그래서 하나님은 독뱀들을 보내어 그들을 물어 죽이기 시작하셨다. 그때서야 백성들은 하나님께 범죄한 것을 깨닫고 모세에게 자기들을 위해 기도해 달라고 간구했다. 이에 하나님은 모세에게 놋뱀을 만든 뒤에 장대에 매달아 진 가운데 세우라고 하셨다. 그리고 뱀에게 물린 사람들에게 장대 위의 놋뱀을 믿음으로 쳐다보게 하셨다. 그렇게 하는 자마다 살 수 있었다.

그때 하나님의 말씀을 믿는 믿음이 물린 자들을 낫게 했다. 그러나 문제는 그 후에도 이스라엘 백성들은 모세가 만든 그 놋뱀을 계속 숭배했던 것이다. 히스기야 왕은 그것을 보고 놋뱀을 산산이 부순 뒤 그것을 '느후스단'이라고 일컬었다. 이 말은 히브리어로 '놋 제품'이라는 뜻이다. 히스기야는 백성들에게 그 놋뱀은 예배 할 물건이 아니라는 것을 알리고 싶었다. 그것은 단지 놋 제품일 뿐이었다.

오늘날에도 사람들은 종교적인 행위에서 우상을 만든다. 그것은 저들의 생활 속에서 하나님의 현존을 의식하지 못하는데서 기인한다. 하나님을 인식하지 못하니 다른 것을 찾는다는 뜻이다.

> 하나님과 동행하는 우리의 걸음은 항상 앞을 향해 전진해야 한다.

만약 당신이 오늘보다 과거에 하나님과 더 가까웠던 기억이 있다면 지금의 당신은 타락 상태에 있다는 것이다. 그렇다면 지금 바로 당신은 눈에 보이는 과거의 놋뱀을 깨뜨리고 당신의 믿음을 다시금 예수님께 두어야 할 때이다.

하나님 아버지, 이 세상에서 예수님보다 더 귀한 것은 없음을 깨달음으로 하나님 아버지와 더 가까운 관계가 되게 하여 주소서. 예수님 이름으로 기도합니다. 아멘.

March 21

육신의 장막을 정리하자

(열왕기하 20:1) "그 때에 히스기야가 병들어 죽게 되매 아모스의 아들 선지자 이사야가 저에게 나아와서 이르되 여호와의 말씀이 너는 집을 처치하라 네가 죽고 살지 못하리라 하셨나이다"

나는 내가 죽기 전에 해야 할 일이 너무 많다. 내가 전화해야 할 사람도 있고 편지를 써야 할 사람도 있고 말을 해야 할 사람도 있다. 나도 히스기야와 같이 하나님으로부터 그런 통보를 받는다면, 나의 첫반응이 히스기야와 동일할 것이다. "하나님, 조금만 더 기다려 주실 수 없나요?"

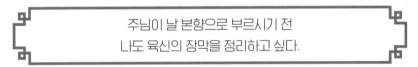

주님이 날 본향으로 부르시기 전
나도 육신의 장막을 정리하고 싶다.

나도 하나님 앞에 설 때에 바울이 말한 것처럼 "내가 선한 싸움을 싸우고 나의 달려갈 길을 마치고 믿음을 지켰으니"(딤후 4:7)라고 말할 수 있으면 좋겠다. 머지않아 모두 우리 하나님 앞에 서게 될 터인데 죄를 짓다가 죄인으로 서든지, 아니면 그리스도 안에서 무죄한 자로 서게 되든지 할 것이다.

당신의 영적인 집은 정리되어 있는가? 당신은 준비되어 있는가? 준비되어 있지 않다면, 당신은 하나님과 바른 관계를 가짐으로써 당신의 집을 바르게 세울 수 있다. 당신의 가족과 친구들이 하나님과 바른 관계를 가질 수 있도록 만드는 것은 오직 하나님을 통해서만 가능하다.

기억하라. 내일을 보장할 수 없음을! 하나님께서 나를 부르실 때 미처 다 하지 못한 일을 뒤에 남겨둔 채 떠나지 않도록 나는 기도한다.

하나님 아버지, 우리의 생활과 계획들을 잘 조정하여 하나님 보시기에 가장 중요한 일들은 모두 마칠 수 있도록 도와주소서. 우리가 사랑과 사과의 말을 꼭 들려주어야 할 사람들에게 모두 말할 수 있도록 도와주소서. 예수님 이름으로 기도합니다. 아멘.

March 22

야베스의 기도

(역대상 4:10) "야베스가 이스라엘 하나님께 아뢰어 가로되 원컨대 주께서 내게 복에 복을 더하사 나의 지경을 넓히시고 주의 손으로 나를 도우사 나로 환란을 벗어나 근심이 없게 하소서 하였더니 하나님이 그 구하는 것을 허락하셨더라"

많은 사람들이 야베스의 기도를 잘못 이해하고 있다. 그들은 이 기도를 자기들이 원하는 것을 갖게 해 주는 하나의 수단으로 생각하고 있다. 그러나 그것이 아니다. 하나님은 우리의 쾌락을 위해 존재하시는 것도 아니요, 우리가 원하는 것을 이루어 주시기 위해 계시는 것도 아니다. 나의 마음이 하나님의 마음과 일치할 때, 나의 기도는 내 소원이 아니라 하나님의 소원을 위한 것이 된다.

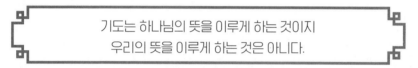

기도는 하나님의 뜻을 이루게 하는 것이지
우리의 뜻을 이루게 하는 것은 아니다.

야베스는 하나님께서 그를 축복하기 원하심을 알았다. 하나님은 당신도 역시 축복하기 원하신다. 그러나 그러한 축복을 받기 위해 당신이 해야만 하는 일들이 있다. 당신은 부지런히 하나님의 뜻이 무엇인지 들어야 한다. 당신은 하나님의 방법대로 행하여야 한다. 당신은 하나님이 당신에게 행하라고 명령하신 일들을 행하여야 한다.

만약 당신도 이스라엘처럼 하나님의 음성을 무시하고 자기의 방법대로 행하고 하나님의 명령에 불순종하고 있다면 당신은 하나님의 축복의 반열 밖에 놓여 있다. 그러나 당신이 하나님의 명령에 귀를 기울이고 하나님의 방법대로 행하고 하나님께서 명령하신 일들을 잘 지킨다면 축복은 당신의 것이 될 것이다.

하나님 아버지, 기도의 목적을 바로 깨닫도록 도와주소서. 기도를 우리의 욕망을 위한 수단으로 사용하지 않게 하소서. 우리가 하나님의 방법으로 행하고 하나님께서 명령하신 일들을 잘 지켜서 우리 인생에 하나님의 축복이 임하도록 기도합니다. 예수님 이름으로 기도합니다. 아멘.

March 23

나누이지 않는 마음

(역대상 12:33) "스불론 중에는 모든 군기를 가지고 전열을 갖추고 두 마음을 품지 아니하고 능히 진영에 나아가서 싸움을 잘하는 자가 오만명이요"

다윗에게 모여든 자는 전술에 능한 자들이었다. 하지만 더 강력한 세력은 그들의 마음이 나누이지 않는데 있었다. 다윗은 "내가 주의 진리에 행하오리니 주의 이름을 경외하게 하소서"(시 86:11) 기도했다.

다윗은 인간 마음의 버릇을 알고 있었다. 사람들은 "네 아버지, 저는 주님을 사랑합니다. 하지만 세상적인 일에 끌리기도 합니다." 말한다. 이 말은 내 마음의 일부분만으로 주님을 섬기려 할 때 마음의 나머지 반은 육신을 섬기고 싶어 한다는 뜻이다.

두 마음은 하나님을 섬기는 일을 방해한다.

많은 사람들이 자기는 하나님의 종이라고 생각하지만 실상은 세상적인 것에도 마음을 가지고 있다. 그들은 세상적인 활동에 사로잡혀 있다. 그들의 마음을 주님께 드리기는 하지만 그 마음이 온전히 드려져 있지는 않다. 그들은 성령을 따라 주님의 일을 행하기도 하지만 육신을 따라 세상의 일들에도 이끌리고 있다.

그러한 사람들은 주일날 오후 큰 경기가 있으면 주일 오전 1부 예배에서 그들을 볼 수 있다. 그런 사람들의 주중의 생활 속에서는 하나님을 위한 자리는 극히 드물다. 그들은 하나님과 거의 교통하지 않는다.

당신은 어떤가? 당신의 마음도 나누이거나 찢어지지 않았는가? 당신은 뜨겁게 예수님을 따르고 있는가? 아니면 세상의 것들을 따르고 있는가? 그분이 정말 당신 삶의 주인이신가? 그렇지 않다면 지금 속히 도움을 청하라. 하나님께 헌신할 수 있는 유일한 마음을 달라고 구하라.

주님, 오늘 우리 마음속에 오셔서 말로만 사랑하지 않고 행동과 진심으로 사랑하게 하소서. 우리의 마음속에 올바른 자리를 하나님께 내어드릴 수 있도록 도와주소서. 예수님 이름으로 기도합니다. 아멘.

March 24

주님을 불러라

(역대상 16:8) "그 이름을 불러 아뢰며"

우리의 창조주의 이름은 무엇인가? '하나님'은 이름이 아니다. 그것은 존칭이다. 하나님에 대한 히브리 이름이 영어로 번역될 때 대문자 'L-O-R-D'로 번역되었다. 그러므로 사람들은 'LORD' 역시 이름으로 혼동했던 것이다.

사람들은 '주'(LORD)는 존칭이고 '하나님'은 이름인 줄 알았다. 그러나 그의 이름은 실제로 '야훼'(YAHW) 또는 '제호바'(Jehovah)이다. 히브리어의 '제호바'는 '~이되다'(to be) 또는 '~되시는 분'(becoming one)이다. 그것은 하나님께서 우리에게 자신을 나타내실 때의 이름이다. '나는 ~ 되시는 분'(I am becoming one)이다. 그러므로 당신에게 필요한 것이 무엇이든지 하나님은 되게 해 주신다.

- 나는 너의 치료자: 여호와 라파(Jehovah rapha)
- 나는 너의 공급자: 여호와 이레(Jehovah jireh)
- 나는 너의 평화: 여호와 샬롬(Jehovah shalom)
- 나는 너의 구원자: 여호와 슈아(Jehovah shua)

나는 너의 '구원자'(Jehovah shua)라는 이름은 '여호수아'(Jehosua)인데, 줄여서 '여호와'(Jehovah)가 되었다. 헬라어로 '예슈아'(Yashua)는 '예수'(Jesus)이다. 그러므로 '예수'(Jesus)는 곧 하나님의 이름이며 '예수'는 '여호와 슈아'(Jehovah-shua)이다. 그는 우리를 우리의 죄 가운데서 구원하신 분이시다. 그는 우리의 구원자가 되셨다.

> 하나님은 그에게 모든 이름 위에 뛰어난 이름을 주셨고
> 그 이름은 '예수' 곧 '예슈아'이며, 모든 무릎이 그에게 경배할
> 것이며 모든 혀가 '그는 주'(He is Lord)라고 고백할 것이다.

그의 이름을 불러라. 그러나 꼭 필요할 때만 부르지 마라! 그의 이름을 매일 매일 계속 불러라. 그는 당신의 인생의 주이시다. 당신은 그분의 뜻을 행하기 원하기 때문이다. 무엇보다도 당신이 그분을 사랑하기 때문이다.

하나님 아버지, 우리를 불러주셔서 당신과 언약의 관계를 맺게 하여 주시니 감사합니다. 당신의 존귀한 이름에 영광을 돌리게 하소서. 예수님 이름으로 기도합니다. 아멘.

March 25

최선을 다하고 나머지는 맡겨라

(역대상 19:13) "너는 담대하라 우리가 우리 백성과 하나님의 성읍들을 위하여 담대히 하자 여호와께서 선히 여기시는대로 행하시기를 원하노라 하시고"

요압과 이스라엘 군대가 암몬과 싸우려고 준비할 때 뒤에는 아람(시리아) 군대가 진을 치고 있었다. 요압은 그들이 함정에 빠졌음을 알았다. 앞에도 적군이요, 뒤에도 적군이었다. 요압은 그의 형제 아비새와 군대를 두 진영으로 나누었다.

본문은 그 때 요압이 아비새를 격려한 말이었다. 그의 말의 본뜻은 "용기를 가져라. 결과는 여호와께 맡기자. 우리가 최선을 다하고 나머지는 하나님께 맡기자"이다.

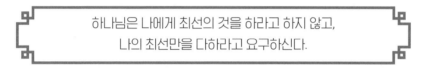

하나님은 나에게 최선의 것을 하라고 하지 않고,
나의 최선만을 다하라고 요구하신다.

우리는 때로 하나님을 섬기는 일에 있어서 우리의 부족함을 변명한다. 우리는 다른 사람이 더 잘 갖추고, 더 재능이 있어 보여 일을 더 잘해낼 것이라는 이유로 싸워보지도 않는다. 그러나 하나님은 그의 일을 시키실 때 항상 자격을 잘 갖춘 사람을 부르시지는 않는다. 하나님은 항상 능력 있고 잘 해낼만한 자를 찾지도 않는다.

우리가 아주 힘겨운 일을 만났을 때 요압이 그의 동생에게 했던 말을 기억할 필요가 있다.

- 너는 담대하라.
- 우리가 우리 백성과 우리 하나님의 성읍들을 위하여 담대히 하자.
- 여호와께서 선히 여기시는 대로 행하시도록 맡기자.
- 당신의 최선을 다하고, 나머지는 하나님께 맡겨라.

주님, 부딪혀 보지도 않고 그만두었던 많은 일들을 용서해 주소서. 하나님을 위해 최선을 다하여 하나님의 사랑에 보답할 수 있게 하소서. 예수님 이름으로 기도합니다. 아멘.

하나님이 너와 함께 하시기를

(역대상 22:11) "내 아들아 여호와께서 너와 함께 하시기를 원하며 네가 형통하여 여호와께서 네게 대하여 말씀하신대로 여호와의 전을 건축하며"

솔로몬이 하나님을 위하여 이 웅장한 성전 건축을 시작할 때, 그의 아버지 다윗이 그를 격려 했다. 그러면서 다윗이 제일 첫 번째로 한 말은 "하나님이 너와 함께 하시기를 원합니다" 였다. 이것은 대단히 중요하다.

오랫동안 교회는 하나님의 일을 인간의 지혜로 해보려고 애를 썼다. 하나님으로부터 독립하려는 인간의 욕망은 보편적인 욕망이지만, 교회 안에서는 절대로 해서 안된다. 우리가 무슨 일을 행하든지 주님이 함께 하셔야 한다. 하나님이 이루시기 원하는 것이 '무엇'인가를 아는 것만으로는 부족하다. 하나님이 그것을 '어떻게' 이루시고자 하는지 그것을 아는 것이 중요하다.

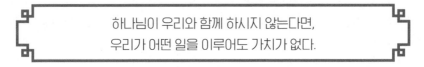

> 하나님이 우리와 함께 하시지 않는다면,
> 우리가 어떤 일을 이루어도 가치가 없다.

하나님께서 당신을 무엇 때문에 부르셨는지 나는 알지 못한다. 때문에 당신이 하는 사역이나 일을 볼 때에 당황스러울 수도 있다. 그래서 "주님, 나는 정말 그런 일을 할 수 없습니다. 주님, 분명히 말씀드리는데 사람을 잘못 선택하셨습니다." 말하기도 한다.

모세가 말한 것을 기억해 보라. "주님, 나는 말을 잘 하지 못합니다. 말할 때 머뭇거리고 더듬거리므로 사람들이 내 말에 집중하지 않을 것입니다.", 그 때 주님의 대답이 무엇이었던가? "내가 너와 함께 하리라" 그것이 다였다.

하나님의 응답은 항상 "내가 너와 함께 하겠다"이다. 그것은 하나님께서 당신 앞서 가시겠다는 것이다. 하나님께서 인도하실 때는 하나님이 당신의 마음속에 부어주신 부르심을 이루기 위해 당신에게 필요한 모든 지혜를 다 공급해 주시고, 모든 일을 다 지시해 주실 것이다.

하나님, 주께서 우리와 함께 하시니 너무나 감사합니다. 우리는 그것만 의지합니다. 주님, 우리는 주님 없이는 아무것도 할 수 없음을 잘 압니다. 예수님 이름으로 기도합니다. 아멘.

하나님께 드림

(역대상 29:9) "백성들이 자기의 즐거이 드림으로 기뻐하였으니 다윗왕도 기쁨을 이기지 못하여 하니라"

백성들이 자원해서 드리되 기쁨으로 드렸다. 그들은 하나님께 드리면서 기뻐하며 하나님을 찬양했다. 하나님께 드릴 때는 바로 그렇게 해야 한다. 그것은 당신의 시간을 드릴 때에도, 당신의 힘을 드릴 때에도, 당신의 돈을 드릴 때에도, 당신의 재산을 드릴 때에도 동일하다.

하나님께 드린다는 것은 최상의 기쁨이요, 당신이 알고 있는 행복 중에 최상의 행복이어야 한다. 하나님께 드리는 것은 어떤 것이든지, 어떤 가치가 있던지, 자원하는 마음으로 드려야 한다. 기쁨으로 드릴 수 없다면 드리지 않는 것이 더 낫다.

> 하나님께 드릴 때에는 마음으로부터 즐거이 드려야 한다.

바울은 고린도 교회를 방문하기 이전에 예루살렘 성도들이 기근으로 너무나 고통 받았으므로 그들을 위해 헌금을 부탁하는 편지를 쓰며 그는 이렇게 붙였다. "각각 그 마음에 정한대로 할 것이요 인색함이나 억지로 하지 말찌니 하나님은 즐겨내는 자를 사랑하시느니라"(고후 9:7).

- 'Cheerful'은 헬라어로 'Hilarious'이다.
- 다른 말로, 하나님은 즐겁게 주는 자를 사랑하신다는 말이다.

하나님은 우리가 즐겁게 드릴 때, 다시 말해서 우리가 기뻐하는 마음으로 드릴 때 우리를 축복하신다. 우리는 우리의 모든 것이 하나님께로부터 온 것임을 잊지 말아야 한다. 우리가 가진 모든 것이 다 그분의 것이다. 그분께 모든 것이 다 속해 있다. 그러나 우리에게는 기쁨으로 자원하여 그에게 돌려 드릴 수 있는 특권이 있다. 우리의 마음에서 우러나오는 사랑과 감사의 표현으로!

하나님 아버지, 아버지께 드릴 수 있는 특권과 축복과 기쁨을 주심을 감사합니다. 우리의 삶을 받으시옵소서. 주님이 보실 때 합당하게 사용하실 수 있도록 우리의 인생을 주님께 드립니다. 예수님 이름으로 기도합니다. 아멘.

March 28

모든 신보다 더 크심

(역대하 2:5-6) "내가 건축하고자 하는 전은 크니 우리 하나님은 모든 신보다 크심이라 누가 능히 하나님을 위하여 전을 건축하리요 하늘과 하늘들의 하늘이라도 주를 용납지 못하겠거든 내가 누구관대 어찌 능히 위하여 전을 건축하리요 그 앞에 분향하려 할 따름이니라"

우주가 얼마나 큰가! 우주 공간이 무한대가 아니라면 우리는 "여기가 우주의 마지막이다"라는 팻말을 볼 수 있었을 것이다. 우리가 우주의 광대함을 생각해 본다면 우리가 섬기는 하나님의 위대하심을 볼 수 있다. 우리의 제한된 마음 때문에 우주의 광대함도 이해하지 못하는데, 어떻게 우주를 창조하신 하나님을 이해할 수 있겠는가?

다윗은 이교도들이 그들을 위해 나무, 돌, 은, 금을 가지고 작은 신들을 만드는 것을 보고 깨달았다. 그것들은 볼 수 없는 눈, 들을 수 없는 귀, 말할 수 없는 입, 걸을 수 없는 다리를 가진 신들이었다. 그러나 우리의 신은 위대한 하나님이시다. 그분은 사랑의 하나님이시며 살아계신 하나님이시다.

> "우리가 하나님은 어떤 분이며, 하나님이 우리를 위해 행하신 일들을 생각한다면, 우리가 어떻게 하나님께 최상의 것을 드리지 않을 수 있겠는가!"

이러한 이유로 우리가 하나님을 위해 무엇을 하든지 하나님이 최상이 되어야 한다. 우리가 어찌 하나님을 위해 온전히 행하지 않겠는가?

아주 미세한 세포에서부터 광대한 우주에 이르기까지 우리의 위대하신 하나님은 그 모든 것을 다 통치하신다.

- 스스로 질문해 보자.
"그분이 당신을 다스리시고 당신의 인생을 통치하시는가?"
"당신은 작은 신들 중에 하나를 섬기고 있는가?"

주님, 우리가 당신을 알고 섬길 수 있는 특권과 축복을 주심을 감사드립니다. 우리의 주 예수님 이름으로 기도합니다. 아멘.

March 29

조심스레 너희의 길을 택하라

(역대하 12:8) "그러나 저희가 시삭의 종이 되어 나를 섬기는 것이 어떠한지 알게 되리라"

르호보암이 백성들에게 하나님을 버리고 다른 신들을 섬기게 했을때, 그에 대한 하나님의 반응은 "너희가 나를 섬기기 싫다고? 좋다. 너희가 너희 주변의 나라들을 섬기는 것이 어떠한 것인지 내가 알게 해주겠다. 다른 신을 섬기는 것이 얼마나 무거운 짐이 되는지 경험하게 하겠다" 말씀하셨다.

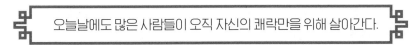

오늘날에도 많은 사람들이 오직 자신의 쾌락만을 위해 살아간다.

사람들은 변하지 않았다. 그들은 순간을 위해 살면서 육체의 정욕에 노예가 되고 있다. 그들이 만약 자기들이 선택한 길이 어디로 가는 길인가를 알았더라면, 절대로 그 길을 선택하지 않았을 것이다. 예수님께서 우리를 따르게 하시려고 부르실 때, "내 짐은 쉽고 내 멍에는 가벼우니라" 말씀하셨다. 그 말씀은 육신을 따라 사는 길을 택한 자들에게 지워진 짐에 대한 것이 아니다.

하나님은 한 번도 나에게 해가 되는 것은 조그만 일 한 가지도 요구하신 적이 없다. 또한 나에게 유익이 되는 어떤 일도 그만두라고 말씀하신 적도 없다. 하나님이 나에게 포기하라고 하신 일은 나를 망하게 하는 일들이었다. 하나님은 또한 어떤 일을 이루기 위해 능력과 힘을 주시지 않으면서 하라고 요구하신 적도 없다. 당신이 섬기는 신은 당신이 선택해야 한다.

- 당신이 가고 있는 길의 끝을 보라.
- 그것이 생명으로 가는 길인지, 멸망으로 가는 길인지.

하나님 아버지, 내가 가고 있는 길의 마지막을 볼 수 있는 지혜를 주시고, 우리가 여행을 떠나기 전에 그 길을 보게 하소서. 예수님 이름으로 기도합니다. 아멘

March 30

하나님의 승리

(역대하 20:17) "이 전쟁에는 너희가 싸울 것이 없나니 항오를 이루고 서서 너희와 함께한 여호와가 구원하는 것을 보라"

세 나라가 연합하여 유다를 공격하였다. 여호사밧은 유다가 이 연합군을 도무지 상대할 수 없음을 알았다. 인간적으로 말해서 이미 끝난 것이었다. 이와같이 조만간 우리도 우리의 능력이 미치지 못하는 상황에 부딪힐 때가 있을 것이다.

성경은 우리 그리스도인에게 만만치 않은 세 원수가 있다고 경고했다. 바로 세상과 육신과 마귀이다. 이 중에 하나라도 우리에게는 진짜 문제가 되는데, 연합해 온다면 인간적인 방법으로는 도무지 승산이 없다.

> 우리가 가만히 서서 하나님이 역사하심을 보고 있노라면,
> 그가 전쟁에서 승리하셔서 모든 영광을 얻게 하실 것이다.

그런데 그런 엄청난 문제가 발생될 때 우리는 하나님이 그 문제를 다룰 수 있는 방법을 우리에게 주시기 원한다. 그러나 만약 우리가 그 해결 방법을 가지게 된다면 우리는 그것으로 문제를 해결하고 싶어 할 것이다. 그리고는 자신이 그 문제를 얼마나 잘 해결했는가에 대해 뽐내며 돌아다닐 것이다.

하나님에게는 우리의 문제를 해결할 수 있는 많은 방법이 있다. 그러므로 우리는 우리가 궁지에 몰릴 때 그 문제를 하나님께 가지고 가야한다는 것을 기억해야 한다. 우리는 전지전능한 창조주, 참되고 살아계신 하나님께 기도해야 한다. 하나님은 우리가 구하거나 생각하는 것 이상으로 훨씬 더 풍성하게 행하실 수 있다. 전쟁은 결국 하나님의 것이기 때문이다.

하나님 아버지, 우리의 한계를 깨닫고 고백하게 하소서. 주님, 우리는 우리를 도우시겠다는 하나님의 약속을 기뻐합니다. 예수님 이름으로 기도합니다. 아멘.

March 31

영적인 영광

(역대하 21:6) "저가 이스라엘 왕들의 길로 행하여 아합의 집과 같이 하였으니 이는 아합의 딸이 그 아내가 되었음이라 저가 여호와 보시기에 악을 행하였으나"

여호사밧은 선한 왕으로 백성들이 하나님을 섬기도록 이끌었다. 그러나 그의 아들 여호람은 유다 역사상 가장 극악한 왕이었다. 어떻게 그런 경건한 왕에게서 그렇게 악한 아들이 나올 수 있었을까?

여호사밧은 경건한 사람이었으나, 악을 향해 강한 호기심으로 끌리고 있었다. 그 호기심은 그를 북으로 북으로 이끌었고, 결국 아합 왕과 연합하게 만들었다. 물론 여호사밧 자체는 아합왕의 악행에는 가담하지 않았다. 그러나 정략 결혼을 한 그의 아들에게 그런 행위를 모두 보여주었다. 때문에 하나님에 대한 강한 신앙이 없는 여호람은 그러한 악에 빠질 수밖에 없었다.

> 오늘날도 그리스도인이라고 자처하는 많은 사람들이
> 호기심으로 인해 세상 사람들과 동일하게 악에 매료되고 있다.

물론 자기는 그런 일들을 하지 않을 것이라고 생각하지만, 다른 사람들이 그런 일을 행하는 것들을 읽거나 텔레비전을 통해 보는 것을 즐겨한다. 그러면서 "그냥 보는 것은 해롭지 않아"라고 스스로를 합리화 한다.

당신도 아마 세상의 더러운 것들을 보는 것이 하나님과의 관계에 영향을 미치지 않는다고 주장할 것이다. 그러나 나는 의심이 간다. 이것을 생각해 보라. 그렇게 주장하는 것이 당신의 자녀들에게 어떤 영향을 미치는가에 대해서..

나는 하나님 앞에 설 때 예수님의 의로 거룩하고 깨끗하게 서고 싶다. 그리고 나의 자녀들도 그 분 앞에 완전한 상태로 같이 서고 싶다.

하나님 아버지, 우리의 삶이 이 세상에 빛이 되어 당신의 거룩함, 당신의 아름다움, 당신의 은혜, 당신의 사랑을 비추게 하소서. 예수님 이름으로 기도합니다. 아멘.

April 1

성공의 비밀

(역대하 26:5) "하나님의 묵시를 밝히 아는 스가랴의 사는 날에 하나님을 구하였고 저가 여호와를 구할 동안에는 하나님이 형통케 하셨더라"

축복된 인생을 사는 비결은 하나님을 구하는데 있다. 예수님은 "너희는 먼저 그의 나라와 의를 구하라 그리하면 이 모든 것을 너희에게 더하시리라"(마 6:33) 말씀하셨다. 다른 말로 하면 당신이 하나님과 관계를 잘 맺고 있으면 하나님께서 당신의 모든 일을 다 돌봐 주신다는 뜻이다.

웃시야 왕은 하나님과의 관계에 초점을 두었다. 그는 하나님의 묵시를 밝히 아는 스가랴 시대에는 하나님을 찾았다. 이것은 스가랴가 웃시야에게 영적 모델이 되었다는 것을 나타낸다. 그래서 실제로 스가랴가 사는 동안에는 웃시야가 하나님을 찾았다.

> 내가 하나님을 찾는 동안은 나를 번영하게 하셨다.
> 내가 하나님을 찾지 않는 순간, 나 역시 다른 사람처럼 약하게 된다.

그런데 '번영'이라는 목표는 반드시 위험을 동반한다. 그 이유는 자신이 성공한 것이 자기의 기술과 재능 때문이라고 생각하면서 하나님을 떠나게 된다. 웃시야 왕도 자기 왕국의 번영과 부귀를 돌아 보기 시작했을 때, 그의 마음이 교만해 졌다.

- 나의 강성함의 비밀은 항상 하나님과의 관계에 있다는 것을 기억하라.
  "저가 강성하여지매 그 마음이 교만하여"(마 26:6)

사랑하는 예수님, 우리가 하나님과 싸우지 않게 하소서. 성령의 음성에 예민하게 하시고 항상 마음을 열게 하소서. 예수님 이름으로 기도 합니다. 아멘.

April 2

마지막 경고

(역대하 30:6) "보발꾼들이 왕과 방백들의 편지를 받아 가지고 왕의 명령을 따라 온 이스라엘과 유다에 두루 다니며 전하니 일렀으되 이스라엘 자손들아 너희는 아브라함과 이삭과 이스라엘의 하나님 여호와께로 돌아오라 그리하면 저가 너희 남은 자 곧 앗수르 왕의 손에서 벗어난 자에게로 돌아오시리라"

히스기야가 왕이 되었을 때 그는 백성들에게 영적 부활을 되찾게 하고 여호와 하나님이 그 국가의 하나님이심을 알게 하려고 애를 썼다. 그래서 그는 온 나라에 공고를 보내어 백성들에게 하나님께로 돌아와 유월절을 지키라고 명령했다.

앗수르가 북왕국을 점령한 후 많은 사람을 노예로 잡았다. 그러나 포로된 사람들 중 많은 사람들이 도망쳐 나왔다. 이때 히스기야는 남은 자들을 돌이키기 위해 편지를 보낸 것이다. 그들은 비록 하나님을 버렸지만 하나님은 그들에게 돌아오라고 부르셨다. 이것은 이스라엘에 대한 하나님의 마지막 부르심이 되었다. 그러나 북왕국은 하나님의 부르심을 경홀히 여김으로써 3년 후에 완전히 망하고 말았다.

> 하나님은 반역하는 자들에게
> 하나님의 길로 돌아오라고 끊임없이 경고하지만,
> 계속 반역을 고집한다면 하나님의 마지막 날이 올 것이다.

그러나 남유다는 그 부름에 응했다. 히스기야의 통치 때 유다는 한 마음으로 하나님께 돌아옴으로 강하고 번성할 수 있었다. 이와같이 우리 하나님은 자비가 많으시고 은혜가 풍성한 분이다. 당신이 언제고 그에게 돌아오기만 하면 마귀의 손아귀에 잡혀 어둠의 권세와 원수의 포로 된 당신을 구원해 주신다.

하나님 아버지, 우리가 살고 있는 이 시대가 얼마나 어려운지 알고 늘 깨어 있게 하소서. 한마음으로 하나님을 섬기고 예배하도록 언약하게 하소서. 그리하여 우리가 예수 그리스도를 주님으로 모시고 순종하게 하소서. 예수님 이름으로 기도합니다. 아멘.

April 3

초점을 재조정 하라

(역대하 32:7-8) "너희는 마음을 강하게 하며 담대히 하고 앗수르 왕과 그 좇는 온 무리로 인하여 두려워 말며 놀라지 말라 이는 우리와 함께 하는 자가 저와 함께 하는 자보다 크니 저와 함께 하는 자는 육신의 팔이요 우리와 함께 하는 자는 우리의 하나님 여호와시라 반드시 우리를 도우시고 우리를 대신하여 싸우시리라 하매 백성이 유다와 히스기야의 말로 인하여 안심하니라"

앗수르는 예루살렘을 공격하기 위해 전진해 왔다. 이에 히스기야는 지혜롭게 준비했다. 그는 백성에게 그 성벽을 건축하도록 지시하고, 성 밖으로 흐르는 물의 근원을 막아버리게 했다. 그리고 창과 방패를 비축했다. 그러나 그렇게 했음에도 불구하고 백성들은 앗수르의 용맹스러움에 대한 소문을 듣고는 두려워하고 위축되어 있었다. 그래서 히스기야는 백성들을 모두 모이게 하여 용기를 북돋아 주었다.

그러나 히스기야는 무조건 무서워하지 말라고 말만 하는 것이 아니라 무서워하지 말아야 할 이유에 대해 말해 주었다. 히스기야는 초점을 원수에게 두지 말고 하나님께 두라고 재지시 했다. 그는 백성들에게 하나님은 우리의 편이며, 능히 그들의 전쟁을 대신 싸워주실 것임을 상기시켰다.

> 하나님은 우리의 싸움을 대신 싸워 줄 것이다.

불가능한 상황이 전개될 때, 우리는 하나님께서는 우리가 구하는 것이나 생각하는 것 이상으로 훨씬 더한 일을 이루실 수 있는 분이심을 기억해야 한다. 이러한 전쟁은 우리를 대적하는 전쟁이 아니라, 하나님을 대적하는 전쟁이다.

만약 당신도 어떤 문제 때문에 근심걱정하고 있다면 당신은 아직도 하나님을 온전히 신뢰하지 않고 있는 것이다. 그러나 당신의 마음이 하나님을 향하면 염려는 사라지게 될 것이다. 모든 두려움과 걱정이 없어진다는 말이다. 그러므로 하나님 앞에 쉼을 가져라. 그의 손 안에 모든 것이 다 있다.

하나님 아버지, 너무나 감사드립니다. 주님, 우리가 싸움에 나갈 때에도 승리자로 나갈 수 있게 하시니 감사드립니다. 우리의 눈을 하나님께 접목하면 강하고 용맹스럽게 되도록 도와주소서. 예수님 이름으로 기도합니다. 아멘.

April 4

다른 처방은 없다

(역대하 36:15-16) "그 열조의 하나님 여호와께서 그 백성과 그 거하시는 곳을 아끼사 부지런히 그 사자들을 그 백성에게 보내어 이르셨으나 그 백성이 하나님의 사자를 비웃고 말씀을 멸시하며 그 선지자를 욕하여 여호와의 진노로 그 백성에게 미쳐서 만회할 수 없게 하였으므로"

하나님이 치료할 방법이 전혀 없다고, 고칠 길이 없다고 선언해 버리시는 것은 무서운 일이다. 바로 유다가 그 경우에 해당한다. 그들은 이방신을 숭배했고 하나님의 음성을 듣지 않았다. 그들이 하나님으로부터 등을 돌리자 마침내 하나님께서도 그들에게 등을 돌리시고 원수에게 패배하는 것을 허락하셨다.

하나님의 치료를 거절하면 다른 처방은 없다.

하나님은 유다를 긍휼히 여기시고 인내하시며 많은 선지자들을 보내어 경고하셨다. 예레미야도 그 선지자 중에 하나였다. 예레미야가 하나님께서 유다를 바벨론으로 넘기시겠다고 결정하신 뜻을 전하면서, 차라리 대항하지 말고 바벨론에게 굴복하는 것이 더 좋을 길이라고 선언했을 때, 시드기야 왕은 그를 반역자로 몰아 가두었다. 이렇게 하나님의 처방이 거절당하자 하나님의 진노가 유다에 내렸다.

 - 문제가 발생했을 때 하나님은 항상 치료법을 가지고 계신다.

죄의 문제에 대해서도 하나님은 치료법과 처방을 써 주셨다. 그것은 예수 그리스도 곧 하나님의 어린양의 희생에 근거한 것이다. 성경은 그리스도의 피가 모든 죄에서 깨끗하게 한다고 말씀하신다. 그러나 경계하라. 만약 하나님의 처방을 거절하면, 아무것으로도 치료해 낼 수 없다.

하나님 아버지, 우리에게 그렇게도 인내하심에 감사드립니다. 우리에게 여러 번의 기회를 주셔서 세상에서 돌아서서 하나님을 따라 살게 하심을 감사드립니다. 하나님을 기쁘시게 하는 방법으로 하나님 앞에서 살아갈 수 있도록 도와주소서. 예수님 이름으로 기도합니다. 아멘.

April 5

왕의 녹을 받음

(에스라 4:14) "우리가 이제 궁의 소금을 먹는 고로 왕의 수치 당함을 차마 보지 못하여 왕에게 고하오니"

이스라엘이 성전을 재건하는 동안 이스라엘과 인근에 거주하는 이방인들이 바사왕 아닥사스다에게 글을 올렸다. 이는 이스라엘의 성전 건축에 도움을 주겠다는 그들의 말이 거절을 당하자 결국 성전 재건의 역사를 방해하기 위함이다. 그들은 서기관을 고용해서 성전 건축을 방해하는 조서를 꾸며 바사왕 아닥사스다에게 보냈다.

그들은 "이 사람들이 왕을 반역할 것입니다. 우리는 그런 일이 일어나는 것을 그냥 보고 있지는 못하겠습니다. 그래서 이 사실을 왕에게 반드시 알려야 한다고 생각했습니다."라고 조서를 꾸몄다.

이 구절은 오늘 우리에게도 적용된다. 우리에게도 그와 같은 왕이 있으며 그 왕으로부터 녹을 먹고 있다. 어떤 사람들은 예수님을 단지 약한 자의 지팡이로만 말한다. 물론 그 말도 옳다. 나도 그분에게 항상 기대고 있다. 그분이 나를 살펴 주시지 않았다면 나는 이미 옛날에 쓰러졌을 것이다. 그런데 그분은 절대로 나를 쓰러지거나 넘어지게 하지 않는다.

당신도 왕이신 예수 그리스도에게 녹을 받는다면 절대로 염려하지 않아도 된다. 그러나 내 주변의 세상은 나의 왕 예수 그리스도를 무시한다. 사람들이 나의 왕이신 하나님의 이름을 망령되이 부를 때마다 나의 마음은 위축된다.

나는 나의 왕이 무시당하는 것을 보고 싶지 않다.

이스라엘 주변의 사람들이 이스라엘에서 일어나고 있는 일들에 대해 자기 왕에게 보고 하듯이 우리도 우리의 것을 보고 할 필요가 있다. 우리도 우리의 무릎을 하나님 앞에 꿇고 우리 국가의 상황이나 주변에 일어나고 있는 일들에 대해 주께 알리고 그분이 일하시도록 기도해야 할 것이다.

하나님 아버지, 오늘도 우리의 왕 되신 아버지께 영광과 존귀를 돌릴 수 있도록 도와주소서. 또한 우리가 올바르고 거룩하고 순전한 것을 지킬 수 있도록 용기를 주소서. 예수님 이름으로 기도합니다. 아멘.

April 6

무슨 말을 하리오

(에스라 9:10) "우리 하나님이여 이렇게 하신 후에도 우리가 주의 계명을 배반하였사오니 이제 무슨 말씀을 하오리이까"

57년 후, 하나님은 고레스를 통해 이스라엘 사람들을 포로에서 풀려나게 하셨다. 그로 인해 그들은 예루살렘으로 돌아와 성전을 재건하고 하나님께 예배할 수 있었다. 그런데도 이스라엘 백성들은 과거 하나님이 그들을 심판했던 것과 동일한 가증스런 일들로 다시 돌아간 것이다.

에스라가 그 소식을 듣자 그의 마음은 녹아 가라앉아 버렸다. 포로에서 돌아 온 백성들이 그 주변 국가의 행위들에서 구별되지 못하고 오히려 그들의 가증스러운 행위를 따라하고 있었기 때문이다.

 에스라는 백성들이 그렇게 빨리 하나님을 잊어버렸다는 사실을 믿을 수 없었다. 그것은 에스라에게 충격적이었고 너무나 황당해 하나님 앞에 할 말을 잊어버리게 했다. 그래서 "주여 어떤 변명도 할 수가 없습니다. 제가 무슨 말을 하오리까?" 기도했다. 에스라는 비록 하나님께는 할 말을 찾지 못했지만 백성들에게는 엄한 경고와 근본적인 개혁을 할것을 경고했다.

에스라는 그들이 하나님의 증거를 더럽히는 세상의 가증스럽고 더러운 세속적인 일에서 벗어나 하나님의 백성된 자로서 완전하게 분리될 것을 요구했다. 마찬가지로 그리스도인으로서 우리도 세상에서 구별되어야 한다.

> 우리도 세상과 세속적인 더러움에서 분리되어야 하는
> 어떤 근본적인 결단을 해야 한다.

원수는 하나님을 대적하는 공중 전쟁을 선포했다. 우리는 그냥 앉아서 우리의 주님이 모독을 당하는 것을 보고만 있을 것인가? 아니면 우리 자신을 세상과 분리하고 일어나 예수님 편에 설 것인가?

주님, 우리가 침묵함으로서 원수에게 용기를 주었습니다. 우리로 하여금 주님을 대적하는 저 원수의 전쟁에서 당신의 능력으로 설 수 있도록 도와주소서. 주님, 우리의 능력이 되시고, 요새가 되시고, 도움이 되어 주소서. 예수님 이름으로 기도합니다. 아멘.

April 7

즉각적인 기도

(느헤미야 2:4) "왕이 내게 이르시되 그러면 네가 무엇을 원하느냐 하시기로 내가 곧 하늘의 하나님께 묵도하고"

느헤미야는 여러 달 동안 예루살렘 성전을 재건하는 일에 자신이 쓰임 받을 수 있는 기회를 달라고 기도해 왔다. 왕은 평소와는 달리 느헤미야의 안색이 좋지 않음을 보고 "왜 무슨 일이 있느냐?" 물었다. 이에 느헤미야는 예루살렘의 상황을 설명했다.

느헤미야는 "성벽은 무너지고 성문은 불타고 사람들은 부패했습니다. 제가 그 소식을 들었으니 어찌 기쁘겠습니까?" 그러자 왕은 "그러면 네가 원하는 것이 무엇이냐?" 이것이 바로 느헤미야가 구해왔던 절호의 기회였다. 왕은 느헤미야가 잠시 침묵하는 것을 눈치 채지 못했다. 그러나 하나님은 아셨다.

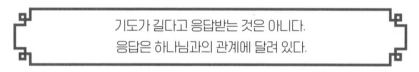

기도가 길다고 응답받는 것은 아니다.
응답은 하나님과의 관계에 달려 있다.

"의인의 간구는 역사하는 힘이 많으니라"(약 5:16)

느헤미야의 기도는 아주 짧은 묵상이었지만 응답받는 기도였다. 하나님은 그 기도를 들으시고 바로 응답하셨다. 우리의 짧은 묵상 기도도 하나님이 들으신다니 얼마나 위로가 되는지 모른다.

당신이 하나님과 사귐이 없다면 하나님이 당신에게 관심을 가지고 계시는 단 한가지의 기도는 "하나님, 죄인인 저에게 자비를 베풀어 주십시오"이다. 그러나 이런 기도를 한번 했다면 이제 하나님의 자녀로서 필요할 때마다 즉각적인 기도를 할 수 있다. 당신이 하나님과 바른 관계를 가지고만 있다면 마음 속의 짧은 기도라도 폭발적인 응답을 받을 수 있다.

하나님 아버지, 우리가 약하거나 혼란스러울 때 그와 같은 짧은 기도를 드릴 때에라도 그 기도에 항상 응답해 주시니 감사합니다. 예수님 이름으로 기도합니다. 아멘.

April 8

반대 세력이 일어날 때

(느헤미야 4:1) "산발랏이 우리가 성을 건축한다함을 듣고 크게 분노하여 유다 사람을 비웃으며"

느헤미야가 예루살렘으로 돌아와 성벽 건축을 시작하자마자 바로 반발이 일어났다. 또한 산발랏과 도비야가 그 일을 중단시키기 위해 느헤미야를 조롱했다. 그러나 그들의 농락에 대한 느헤미야의 대응은 기도였다.

그들은 그들의 그러한 조롱에도 효력이 없자 그 다음 단계를 시도했다. 그것은 비밀리에 성벽을 공격하는 것이었다. 느헤미야는 그들을 계속 경계하기 위해 일꾼들에게 경비를 배치하도록 명했다. 이와같이 느헤미야의 첫 번째 단계는 항상 기도였다. 그리고 행동하는 것이었다. 기도가 실제 행위의 대용물이 될 수는 없기 때문이다.

당신은 아마 이렇게 말할 수도 있을 것이다. "글쎄 아마도 내가 그 문제에 대해 계속 기도해 왔으니 하나님이 그 일을 돌봐주시리라 믿습니다." 그러나 성경은 행동 없는 믿음은 죽은 믿음이라고 했다.

> 믿음을 증명하려면 행동이 뒤따라야 한다.

바울은 디도에게 예수 그리스도 안에서 경건하게 살려고 하면 핍박을 받을 것이라고 경고했다. 당신도 하나님 편에 서거나 또는 하나님의 일을 하려다 보면 당신을 반대하고 넘어뜨리려는 세력이 일어날 것이다. 그러한 일들이 일어날 때 우리는 하나님께 기도해야 하고 어떻게 행동을 취해야 할지에 대해 하나님의 인도를 구해야 한다. 우리의 성벽 재건을 위해 순서를 정하고 주변을 경계해야 한다.

- 이제 일어나 깨어 우리의 허리띠를 묶어야 할 때이다.

사랑하는 하나님 아버지, 우리 마음의 벽돌이 무너졌습니다. 우리에게 조소와 비방을 이길 수 있는 용기를 주소서. 주님, 우리의 마음속에 무너진 벽을 재건해야겠다는 결단을 하게 하소서. 예수님 이름으로 기도합니다. 아멘.

April 9

하나님의 본성

(느헤미야 9:17) "오직 주는 사유하시는 하나님이시라 은혜로우시며 긍휼히 여기시며 더디 노하시며 인자가 풍부하시므로 저희를 버리지 아니하셨나이다"

이 짧은 구절에서 느헤미야는 하나님의 성품 몇 가지를 나열했다. 제일 처음 그가 말한 것은 하나님은 즐겨 용서하신다는 것이다. 비록 그의 백성은 하나님께 온전히 신실하지 못했어도 하나님은 그의 백성에게 온전하게 신실하셨다는 것이다. 우리가 타락해 그의 영광에 이르지 못했어도 예수 그리스도의 피가 우리의 모든 불의를 말끔히 씻겨주셨다.

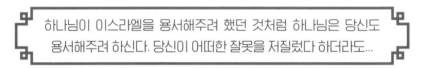

하나님이 이스라엘을 용서해주려 했던 것처럼 하나님은 당신도 용서해주려 하신다. 당신이 어떠한 잘못을 저질렀다 하더라도…

다윗은 정말 하나님의 자비가 필요했던 자이다. 지적했던 것처럼 하나님은 우리의 죄대로 갚으시지는 않는다. 오히려 그를 경외하는 자에게 그의 자비를 한없이 베푸신다. 그것은 마치 하늘이 땅보다 높은 만큼의 자비이다.

하나님은 화를 더디 내신다. 나는 간혹 하나님의 이 성품 때문에 화가 날 때도 있다. 나도 야고보와 요한처럼 예수님을 모욕했던 사마리아 사람들에게 하늘에서 불이 내려와 저들을 태워 죽였으면 하는 성품이 있다. 그러나 하나님은 노하기를 더디 하신다. 곧 하나님은 인내하고 오래 참으신다.

하나님은 인자가 풍부하시다. 하나님은 이스라엘에게 인자하셨고 우리나라에도 인자하셨다. 그리고 분명 나에게도 인자하셨다. 하나님은 우리의 실패와 우리의 약점과 연약함을 보고 계신다. 그러나 그것은 우리의 죄를 용서해 주시려고 기다리고 계시는 것이다. 우리가 그분을 부를 때 그는 우리를 용서하시고, 씻어주시고, 새롭게 해주신다.

- 하나님은 은혜로우시다.
- 하나님은 받을 만한 자격이 없는 자들에게도 축복하신다.
- 하나님은 자비로우시다.

하나님 아버지, 당신의 자비로움에 감사드립니다. 우리가 악한 길을 버리고 당신의 용서와 깨끗함을 얻도록 도와주소서. 예수님 이름으로 기도합니다. 아멘.

우리 삶 속의 하만

(에스더 3:5-6) "하만이 모르드개가 꿇지도 아니하고 절하지도 아니함을 보고 심히 노하더니 저희가 모르드개의 민족을 하만에게 고한 고로 하만이 모르드개만 죽이는 것이 경하다 하고 아하수에로의 온 나라에 있는 유다인, 곧 모르드개의 민족을 다 멸하고자 하더라"

하만은 아각 사람이었다. 즉 아말렉의 후손이었다. 하나님은 사울에게 이 아말렉을 완전히 멸하라고 명령하셨는데 그는 하나님의 명령에 불순종하여 그 왕을 살려 주었다. 그 결과 아말렉은 끊임없이 이스라엘을 대적하며 수시로 싸움을 걸어왔다.

성경적인 유형에서 보면 하만은 육신의 대표적 모형이다. 즉 하나님이 미워하시는 그것이다. 마치 아말렉이 끊임없이 이스라엘을 공격하듯이 육신도 끊임없이 성령을 대적해 싸움을 걸어온다. 아말렉이 이스라엘의 가장 약한 곳을 공격하듯이 육신도 당신의 가장 약한 곳을 공격한다.

아말렉이 이스라엘을 약속의 땅에 들어가지 못하도록 방해 하듯이, 우리의 육신도 우리가 성령 안에서 약속된 삶을 누리지 못하도록 끊임없이 방해한다. 하나님은 이스라엘이 아말렉과 자손대로 싸울 것이라고 맹세하면서, 또한 언젠가는 아말렉을 완전히 멸절시켜 기억조차 못하게 하시겠다고 약속하셨다.

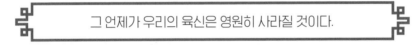

그 언제가 우리의 육신은 영원히 사라질 것이다.

우리의 삶 속에는 각자의 하만이 있다. 그것은 아직도 정복되지 않은 우리의 육신적인 부분이다. 그러나 그것은 예수 그리스도와 더불어 십자가에 못 박혔다고 생각하자. 우리가 성령을 따라 행할 때 예수 그리스도의 완전한 승리를 취할 수 있다.

"육신의 생각은 사망이요 영의 생각은 생명과 평안이니라"(롬 8:6)
"육체의 소욕은 성령을 거스리고 성령의 소욕은 육체를 거스리나니 이 둘이 서로 대적함으로 너희의 원하는 것을 하지 못하게 하려 함이니라"(갈 5:17)

하나님 아버지, 우리의 옛 성품으로 예수 그리스도를 통해 승리할 수 있게 하신 주님 감사합니다. 성령으로 승리하게 하셔서 육신을 이기는 능력의 주를 깨닫게 하소서. 예수님 이름으로 기도합니다. 아멘.

April 11

두려움을 정복함

(에스더 4:16) "당신은 가서 수산에 있는 유다인을 다 모으고 나를 위하여 금식하되 밤낮 삼일을 먹지도 말고 마시지도 마소서 나도 나의 시녀로 더불어 이렇게 금식한 후에 규례를 어기고 왕에게 나아가리니 죽으면 죽으리이다"

하만의 요청에 따라 페르시아 왕은 그 나라에 있는 모든 유대인들을 다 죽이라는 조서를 내렸다. 그는 왕비 에스더가 유대인임을 알지 못했다. 그러나 에스더의 사촌 모르드개는 에스더에게 남편 왕에게 가서 자기의 백성을 구해 달라고 간청하라고 말했지만 그 일은 에스더로 하여금 죽음을 자초하는 일이다.

하나님의 목적은 우리가 하나님의 뜻을 행하든지 행하지 않든지 그것과 관계없이 항상 이루어진다. 그러나 그의 목적을 이루는데 있어 우리를 쓰임 받는 도구가 되게 하신다. 에스더는 그 도구가 될 것을 선택했다. 에스더는 하나님께서 자기를 지금의 특별한 상황까지 오게 하심을 깨닫고 두려움을 극복하기로 했다. "내 생명을 바쳐서라도... 죽으면 죽으리이다" 고백하면서..

예수님은 내일 일을 염려하지 말라고 하셨다. 왜냐하면 내일의 일은 내일이 다스릴 것이기 때문이다. 그러나 많은 그리스도인들이 내일을 염려한다. 그들이 염려하는 것은 아직도 하나님의 뜻에 자신을 완전히 맡기지 못했기 때문이다.

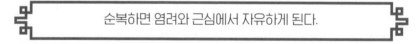

순복하면 염려와 근심에서 자유하게 된다.

하나님이 보좌를 물리신다면 우리 모두 큰 문제 속에 갇히게 될 것이다. 그러나 하나님께서 보좌에 계시는 한 우리는 아무것도 겁낼 필요가 없다. 이와같이 우리의 영원한 생명을 위해 주님을 신뢰한다면 우리가 주님을 의지하지 못할 이유가 있겠는가?

주님, 당신에게 속한 사람들이 미래에 대한 걱정에서 벗어나게 하소서. 우리가 우리 주 예수 그리스도를 통해 우리의 모든 길을 주님께 맡길 때, 당신께서 당신의 영원한 목적을 위해 일하실 것을 우리로 하여금 믿게 하소서. 예수님 이름으로 기도합니다. 아멘.

April 12

내가 왜 태어났는가?

(욥기 3:11) "어찌하여 내가 태에서 죽어 나오지 아니하였었던가 어찌하여 내 어미가 해산할 때 내가 숨지지 아니하였던가"

순식간에 욥은 그의 자녀들과 자신의 건강, 그리고 이 땅에서 가졌던 모든 재산을 다 잃었다. 그야말로 욥은 오직 자신의 목숨만 남았고 그 어떤 것도 도움을 받을 곳이나 버팀목이 없는 존재가 되고 말았다.

모든 것에서 벌거숭이가 된 인간이 하는 질문들은 무엇인가?

욥은 자기가 왜 태어났는지 알고 싶었다. 욥은 하나님을 저주하지는 않았지만 자기의 태어난 날을 저주했다. "내가 왜 태어났던고?", "내 인생의 목적이 무엇인가?"

진화론적 관점에서 이야기를 한다면 대답은 분명하다. 당신 인생에는 아무런 목적이 없다. 그 이유는 당신은 우연히 존재하게 되었기 때문이다. 당신은 수억년 동안 우연한 환경에서 우연히 생겨난 존재이기 때문이다. 그러나 성경은 죽음 이후에도 생명이 있다고 가르친다. 그곳은 바로 하나님과 내가 영원토록 함께 살 수 있는 곳으로 하나님께서 준비하고 계신 곳이다.

여러 가지 시험과 환란, 고난, 실망들은 나에게 이 땅의 것들이 얼마나 잠시 잠깐인지를 알게 해 주기 위해 보여지는 안개와 같은 것이다. 또한 그것들은 나에게 현재를 위해 살 것이 아니라 영원세계를 위해 살도록 가르쳐 주는 것이다.

나는 왜 태어났을까? 당신은 왜 태어났을까? 하나님은 우리가 하나님을 알고 하나님을 신뢰하게 하여 우리가 영광스러운 하나님의 나라에서 영원토록 하나님과 함께 살게 하기 위해 우리를 창조하셨다.

하나님 아버지, 우리의 일생이 하나님의 손 안에 있음을 알게 하시고 하나님을 의지하도록 가르쳐 주소서. 우리의 원수는 아버지께서 허락하신 것보다 우리를 더 해할 수 없음을 압니다. 우리가 시험에 넘어지거나 흔들리는 것은 우리가 얼마나 약한가를 보게 하는 것뿐 아니라, 그것으로 인해 우리가 더욱더 아버지를 의지하게 하소서. 예수님 이름으로 기도합니다. 아멘.

April 13

사람이 무엇입니까?

(욥기 7:17) "사람이 무엇이관대 주께서 크게 여기사 그에게 마음을 두시고"

우리는 모두 먼지 한 점과 같다. 즉 은하계의 아주 작은 한 구성에서 태양을 맴도는 지구라는 점에 불과한 거기서도 지구의 한 티끌에 지나지 않는다. 그러나 성경에는 우리를 향한 하나님의 생각들이 너무 크셔서 우리가 그것을 헤아린다면 바다의 모래보다 더 많다고 했다.

하나님이 우리를 생각하시다니 놀랍다. 그러나 더욱 놀라운 사실은 그분이 우리를 모든 위성보다 모든 동물보다 심지어 모든 천사들보다 더욱 크게 보신다는 것이다. 욥은 하나님이 왜 우리를 더 사랑하시는지 이유를 알고 싶었다. 그래서 그는 "사람이 무엇이관대 주께서 그를 높이십니까?" 물었다. 그것이 곧 하나님의 방법이다.

그의 삶을 하나님께 맡기는 자마다 하나님은 그를 높이신다.

하나님의 역사하심을 벗어나 자기 힘으로 할 수 있다고 생각하는 그 어떤 사람보다도 하나님은 더욱 위대한 사람으로 만드신다. 하나님이 왜 그러시는가 하면, 하나님은 우리를 사랑하시기 때문이다.

우리를 너무나 사랑하셔서 그의 독생자를 우리에게 주셨다. 그의 아들을 우리와 같이 되게 하신 것은 우리로 하여금 그 아들과 같이 되도록 하기 위함이셨다. 때문에 하나님은 우리를 개발시키고 훈련시키신다.

하나님은 우리에게 시련과 절망을 허락하신다. 왜냐하면 그것만이 우리가 영원한 세계를 준비하도록 만드는 오직 한 방법이심을 알고 계시기 때문이다. 욥이 그가 가진 모든 것을 잃어버리게 되는 고난의 시련을 겪게 하신 것과 같이 우리에게도 역시 모든 것을 잃게 하고 절망을 겪게 하신다. 그러나 우리가 잃어버리는 모든 것은 하나님의 영원한 계획의 한 부분이다.

- 하나님은 우리가 하나님 자신과 영원토록 함께 지낼 수 있도록 준비시키는 것이다.

하나님 아버지, 하나님의 성실하심으로 우리를 하나님의 원하시는 모양으로 빚으시고 우리를 망하게 하고 더럽히는 모든 것들을 없이하시니 감사합니다. 하나님의 마음을 우리 마음속에 심어주시니 얼마나 감사한지요. 우리가 그 사랑으로 행하게 하소서. 예수님 이름으로 기도합니다. 아멘.

April 14

중보자를 구하는 부르짖음

(욥기 9:33-34) "하나님은 나처럼 사람이 아니신즉 내가 그에게 대답함도 불가하고 대질하여 재판할 수도 없고 양척 사이에 손을 얹을 판결자도 없구나"

욥의 친구들은 고난 속의 욥에게 다가와 "네가 만약 하나님과 바른 관계만 되어 있다면 모든 것이 잘 될텐데"라고 충고했다. 그러나 욥은 어떻게 해야 그렇게 될 수 있는지 알지 못했다. 그는 자신의 왜소함과 하나님의 위대함을 비교할 때, 무한하신 하나님이 유한한 피조물인 자신과의 차이가 너무 커서 그 자신을 하나님께로 연결시켜주는 다리를 놓을 수가 없음을 깨달았다.

욥은 자신이 궁지에 처한 것을 깨닫고 중보자를 찾아 부르짖고 있다. 신약에서 우리는 그 부분에 대해 이야기 한 것을 읽을 수 있다. "하나님은 한분이시요 또 하나님과 사람 사이에 중보도 한분이시니 곧 사람이신 그리스도 예수시라"(딤전 2:5).

예수님은 하나님과 사람 사이의 다리이시다.

예수님과 하나님 아버지는 하나이시다(요 10:30). 때문에 예수님은 하나님과 교제하신다. 또한 "말씀이 육신이 되어 우리 가운데 거하시매"(요 1:14) 하셨으므로 예수님은 우리와도 교제할 수 있으시다. 그리고 예수님은 우리의 연약함과 우리의 두려움, 우리의 시험들을 이해하신다. 그러므로 예수님은 하나님 아버지께로 우리를 데려다 놓을 수 있는 다리인 것이다. 그러나 사람을 하나님께로 데려갈 수 있는 이 다리는 사람이 만든 것이 아니다.

다른 종교와 달리 기독교는 사람이 하나님께로 도달하기 위해 애쓰는 것이 아니다. 반대로 하나님이 사람에게 내려오시는 것이다. 만약 당신이 영원한 진리이시며 살아계신 하나님을 발견하기 원한다면 하나님께서 예수 그리스도를 통하여 당신을 접할 수 있게 해야 한다. 왜냐하면 그렇게 함으로써만이 그분을 접할 수 있기 때문이다.

하나님 아버지, 당신께서 우리를 의롭게 하시되, 우리의 의가 아닌 우리의 중보자 되신 예수 그리스도께서 우리를 위해 중보하게 하셔서 단순히 그를 믿고 의지할 수 있게 하는 방법을 제공해 주심을 감사드립니다. 예수님 이름으로 기도합니다. 아멘.

April 15

허망+허망=허망

(욥기 15:31) "그는 스스로 속아 허망한 것을 믿지 말 것은 허망한 것이 그의 보응이 될 것임이라"

욥의 친구 엘리바스는 욥이 어리석게도 자기 소유를 의지했기 때문에 하나님께서 욥의 모든 소유를 다 없애 버리신 것을 깨닫게 하기 위한 것이라 말했다. 물론 욥은 그렇게 하지는 않았지만 엘리바스는 재물로서 평안을 누리려는 사탄의 유혹에 속고 있는 자들에 대해서는 맞는 말을 한 것이다.

성경은 속임수에 대해 우리에게 되풀이해서 경고하였다. 하와에게도 사탄은 하나님의 말씀을 의심하게 함으로써 자신(사탄)의 헛된 성취를 믿게 했다. 오늘날에도 사탄은 여전히 하나님의 법들은 공평하지 못하며 우리 삶 속에는 적용할 수 없다는 생각이 들도록 속임수를 쓰고 있다.

사탄은 많은 사람들이 헛된 것을 의지하게끔 속여오고 있다.

이것은 사실이다. 우리가 무엇을 심든지 심은대로 거둔다. 우리의 마음은 비옥한 밭인데 거기에다 우리는 매일 씨를 심는다. 우리가 육신적인 것을 심으면서 영적인 것의 수확을 기대할 수는 없다.

- 쓰레기가 들어가면 쓰레기가 나온다.
- 수학적으로 말한다면 아무것도 더하지 않으면 아무것도 나오지 않는다.

어떤 사람은 안정과 만족을 위해 재물을 의지한다. 또 어떤 사람은 종교적인 활동이나 종교적인 의식 같은 헛된 것을 의지한다. 또 어떤 사람은 자신의 의로움을 의지한다. 그러나 당신이 그런 헛된 것을 의지하면 그 보상은 오직 헛된 것으로 돌아올 뿐이다. 하나님의 은혜를 당신의 방법으로 살 수 있다는 당신의 생각에 속지 말라. 당신의 소망을 길이요 진리요 생명이신 예수님께 두라.

하나님 아버지, 우리가 우리의 비옥한 마음속에 당신의 말씀을 심어 성령으로 예수 그리스도를 통한 영생을 거두게 하소서. 예수님 이름으로 기도합니다. 아멘.

믿음의 승리자

(욥기 19:25-27) "내가 알기에는 나의 구속자가 살아계시니 후일에 그가 땅위에 서실 것이라 나의 이 가죽, 이것이 썩은 후에 내가 육체 밖에서 하나님을 보리라 내가 친히 그를 보리니 내 눈으로 그를 보기를 외인처럼 하지 않을 것이라 내 마음이 초급하구나"

욥이 알 수 없었던 많은 일들이 있었다. 자신이 왜 모든 것을 잃어야 했었는지, 또 왜 이러한 비참한 환경에 처해 있는 것인지 또 자신이 무엇 때문에 그와 같은 아픔을 겪어야 하는지... 그러나 욥이 알고 있는 오직 한 가지 사실은 "나의 구속자가 살아계신다"이다. 그는 이것에 매달렸다.

모든 사람들은 욥이 인내로 그의 고통을 참았다는 것을 안다. 욥의 인내의 비밀은 바로 믿음이었다. 욥이 이해할 수 없는 그 모든 고통을 끈기 있게 참을 수 있었던 것은 그가 믿고 있었던 것 때문이었다.

 당신이 모른다는 것으로 어떤 사실을 그냥 흘러보내지 마라.

- 무엇이 욥을 그렇게 큰 고통에서 참게 했을까?
- 첫째, 욥은 자신의 삶 속에서 일어나는 모든 경우들이 하나님의 주장 아래 있음을 믿었다.
- 둘째, 그는 하나님은 자기편임을 알고 있었다.

비록 자신의 아내가 자기를 대적하고, 그의 친구들이 그를 정죄하고, 극악한 죄로 고소하고 있을 때에도 하나님만은 자기편임을 알고 있었다. 이와 같이 모든 일들이 혼란스럽고 이해가 되지 않을 때 이것을 기억하라!

- 주님이 주시고, 주님이 거두어 가신다.
- 하나님은 당신 편이시다.

하나님 아버지, 우리를 영화롭게 하는 믿음의 승리에 대해 감사드립니다. 욥이 행한 것처럼 당신을 의지하도록 가르쳐 주시사 어두운 밤을 끝까지 잘 인내하여 새 날의 새벽이 오기까지 기다리게 하시고 마침내 당신의 영광스러운 왕국에 이르는 그 날까지 잘 견디게 하소서. 예수님 이름으로 기도합니다. 아멘.

하나님을 탐구함

(욥기 23:3) "내가 어찌하면 하나님을 발견하고 그의 처소에 나아갈꼬"

엘리바스는 욥에게 "네가 하나님만 만날 수 있다면 모든 일은 다 잘 될 것"이라고 했다. 그러나 욥은 하나님을 어디서 만나야 하는지 알 수 없었다. 어떤 사람은 하나님을 볼 수 없기 때문에 하나님을 믿을 수 없다고 한다. 하지만 당신은 바람을 볼 수 있는가? 전기를 볼 수 있는가? 그 영향을 주는 느낌은 있는데 볼 수는 없다.

당신이 콘센트에 손가락을 대어 감전되어 나자빠질 그때 급히 믿게 될 것이다. 나도 하나님을 본 적은 없다. 그러나 나의 삶 속에서 하나님의 임재와 영향을 느낀다. 나는 하나님의 고요한 음성을 듣고 내 삶속에 역사하시는 것을 보았다.

> 당신이 예수님께 나아올 때 당신의 갈구는 끝이 난다.
> 그 때 당신이 하나님을 발견하기 때문이다.

- 하나님을 찾아본 적이 있는가?
- 예수님은 "나와 아버지는 하나이니라"(요 10:30) 말씀하셨다.
- 당신은 하나님과 뜻있는 사귐을 갈구하고 있는가?
- 예수님은 무리들에게 "누구든지 목마른 자는 내게 와서 마시게 하라"(요 7:37) 외치셨다.

만약 당신의 영이 하나님을 갈구한다면, 다시 말해서 당신도 하나님과의 사귐을 목말라 한다면, 예수님이 바로 그 해답이다.

하나님 아버지, 당신의 사랑을 알게 해 주시니 감사합니다. 우리가 당신의 임재를 느끼며, 당신의 음성을 들으며, 세상에서 당신의 손이 역사하시는 것을 보게 하심을 감사드립니다. 예수님 이름으로 기도합니다. 아멘.

April 18

하나님과 대면하면서

(욥기 42:5-6) "내가 주께 대하여 귀로 듣기만 하였삽더니 이제는 눈으로 주를 보옵나이다 그러므로 내가 스스로 한하고 티끌과 재 가운데서 회개 하나이다"

욥의 이야기에서 보면 이 시점까지 그의 친구들에게 자기 자신을 항변해 왔다. 욥의 친구들이 욥의 뒷면에 분명히 어두운 무엇인가가 있었을 것이라고 넌지시 비췄을 때 욥은 부인했다. "나는 정직했고, 공평했으며, 나는 사회에도 봉사해 왔고, 정직히 행해 왔었다." 욥이 자기 자신을 다른 사람에 비추어 보았을 때는 제법 잘해 왔던 것이다. 이와같이 우리는 다른 사람들과 비교하기를 좋아한다.

우리가 우리의 의의 수준을 다른 사람들과 비교했을 때는 제법 괜찮다는 생각이 들 때가 있다. "내가 완전하지는 않지만 그 사람보다는 훨씬 더 낫지" 그러나 마지막에 우리가 심판받는 것은 다른 사람들의 기준이 아니다. 우리가 심판 받을 기준은 예수 그리스도이시다.

욥이 그의 눈을 하나님께로 돌렸을 때 자신을 보는 그의 안목이 바뀌었다. 욥은 "자신을 경멸하고 먼지와 재 가운데서 회개한다" 증거했다. 자신이 정결하다고 생각해 왔던 욥은 거룩함과 순결함 속에서 갑자기 자신의 더러움을 본 것이다. 욥은 자신의 더러움을 보면서 회개했다.

> 당신도 자신이 이룬 업적과 성공에 교만할 수 있다. 그러나 이것을 알아야 한다. 당신이 어떤 교만한 사람을 볼 때 당신은 아직도 하나님을 만나지 못한 사람을 보고 있는 것이다.

진짜 하나님을 본다면 교만이 자리할 곳은 없다. 당신이 목사이건, 사장이건, 또는 교황이라고 할지라도 사람이 하나님을 한번이라도 본다면 그 결과는 깊은 회개와 겸손뿐이다. 그 결과는 오직 회개하는 마음뿐이다. "하나님! 이 죄인에게 자비를 베풀어 주소서"라고 외칠 뿐이다.

하나님 아버지, 우리의 마음이 진실로 하나님 아버지를 뵈옴으로 우리 자신을 알게 하시고 변화되게 하여 주소서. 하나님, 우리가 하나님 아버지를 닮아가게 하여 주소서. 예수님 이름으로 기도합니다. 아멘

April 19

십자가

(시편 22:1) "내 하나님이여 내 하나님이여 어찌하여 나를 버리시나이까"

시편 22편은 모든 사건들을 미리 아시는 하나님의 전지하심에 대해 나타낸다. 본문에서 하나님은 인간을 구원하기 위한 그의 계획을 미리 알려 주시는데, 그것은 그의 아들을 십자가 위에서 수치스럽게 죽게 하실 것이라는 것이다.

복음은 우리에게 예수께서 십자가 위에서 정오 즈음(3시간 정도) 매달려 있을 때 하늘이 캄캄해졌다고 전한다. 그 흑암 중에서 십자가 위에 달린 예수께서 소리쳤다. "나의 하나님, 나의 하나님, 어찌하여 나를 버리시나이까"(마 27:46). 이 예수님의 부르짖음은 우리를 시편 22편으로 데려다 놓는다. 그러나 의문되는 것은 이런 결정적인 순간에 왜 하나님은 그의 아들을 버리셨을까?

> 하나님은 절대적인 거룩자이다.
> 그러므로 하나님이 죄와 사귐을 갖는다는 것은 불가능하다.

하나님께서 나의 죄 그리고 온 세상의 죄를 예수 그리스도 위에 놓았을 때, 피할 수 없는 결과가 발생했다. 하나님으로부터 예수님이 단절된 것이다. 예수님은 하나님 아버지로부터 잠시 동안 버림받았다. 그리하여 당신이 영원토록 하나님으로부터 버림받지 않도록 하신 것이다.

당신의 삶 속에서 예수님이 주가 되심을 깨달을 때보다 더한 평강과 확신을 주는 때는 없다. 이제 하나님의 주권 아래 당신의 모든 것을 맡기고, 그의 손에 당신의 모든 것을 맡길 때이다. 그러한 결단은 당신에게 평강과 확신을 줄 뿐 아니라 능력과 인내도 준다.

하나님 아버지, 십자가와 또 십자가의 소망을 우리에게 주심을 너무나 감사드립니다. 아버지께서 당신의 아들을 잠시잠깐 기꺼이 버리심으로 우리를 버릴 필요가 영원히 없게 하심을 무한 감사드립니다. 우리가 예수님의 다스리심에 순복할 수 있게 하시고 당신의 성령으로 인도함을 받게 하소서. 예수님 이름으로 기도합니다. 아멘.

April 20

여호와는 나의 목자시다

(시편 23:1) "여호와는 나의 목자시니 내가 부족함이 없으리로다"

우리가 잘 이해하지 못하는 이 말씀을 다윗은 잘 이해했다. 왜냐하면 목자였기 때문에 목자와 양의 관계에 대해 잘 알고 있었다. 다윗은 무방비 상태인 양을 어떻게 해야 약탈들로부터 보호할 수 있는지 알고 있었다. 또한 먹을 것과 마실 것이 있는 곳으로 양들을 인도하는 것이 목자의 일임을 잘 알고 있었다. 그는 양을 떠돌아다니지 못하게 해 보호하지 않으면 쉽게 잃어버린다는 것도 알고 있었다.

이 시편의 4절에서 다윗은 "주의 지팡이와 막대기가 나를 안위하시나이다"라고 말했다. 막대기는 목자가 양의 옆구리를 때릴 때 사용하는 반면에, 지팡이는 그 끝부분이 구부러져 있어 양을 끄집어 낼 때 쓰기도 한다.

양은 아주 고집이 세다. 우리는 더 세다.

양이 자기 마음대로 가려고 하면 목자는 막대기를 가지고 옆구리를 때리면서 무리 속으로 들어가게 한다. 때때로 하나님은 우리를 때려야 할 필요가 있으시다. 성경은 "또 아들들에게 권하는 것 같이 너희에게 권면하신 말씀을 잊었도다 일렀으되 내 아들아 주의 경계하심을 경히 여기지 말며 그에게 꾸지람을 받을 때에 낙심하지 말라 주께서 그 사랑하시는 자를 징계하시고 그의 받으시는 아들마다 채찍질하심이니라 하였으니"(히 12:5-6) 증거하고 있다.

당신이 만약 하나님의 자녀이면 하나님은 당신이 악으로 인해 망하도록 내버려 두시지 않는다. 모든 사람이 악으로 망한다 할지라도 당신은 분명히 하나님의 손에 잡히게 될 것이다. 왜냐하면 하나님은 자신이 받으신 아들마다 채찍질을 하시기 때문에 그의 막대기는 당신이 선을 벗어나지 못하게 할 것이다. 그리고 그의 지팡이는 당신을 위험에서 끄집어내기 위해 있다.

하나님 아버지, 우리를 보호하시고, 인도해 주시고, 우리의 필요를 공급해 주시니 감사합니다. 필요할 때마다 우리를 바로 고쳐주시는 하나님의 사랑에 감사드립니다. 예수님 이름으로 기도합니다. 아멘.

April 21

주님의 누르시는 손

(시편 32:3-4) "내가 토설치 아니할 때에 종일 신음함으로 내 뼈가 쇠하나이다 주의 손이 주야로 나를 누르시오니 내 진액이 화하여 여름 가물에 마름같이 되었나이다(셀라)"

다윗이 저질렀던 간음관계의 죄가 결국은 살인까지 하게 만들었다. 다윗은 죄를 숨겨보려고 했지만 그의 비밀은 그를 갉아먹고 있었다. 왜냐하면 자신이 행했던 그것을 그의 생각에서 지울 수가 없었기 때문이다. 하나님께서 당신의 삶 속에서 손으로 무겁게 누르고 계신다면 쉴 곳을 찾을 수가 없을 것이다. 왜냐하면 밤낮으로 당신의 양심이 당신을 괴롭힐 것이기 때문이다.

> 죄는 잠시잠깐의 쾌락으로 아주 짧은 순간이다.
> 한순간의 쾌락이 수년간의 슬픔, 고통, 짓누름의 원인이 된다.

아마 당신도 다윗이 나열한 죄를 경험하고 있는 중일 것이다. 당신의 죄가 당신을 좀먹게 한다. 당신은 지금 그 결과를 보고 있으며, 그것은 당신 속에서 당신을 찢고 있다. 물론 당신은 절대 깊이 들어갈 생각은 없었을 것이다. 하지만 당신도 모르는 사이에 이끌려 들어가 지금은 비참한 처지가 되어 있다. 하나님의 손이 당신을 무겁게 누르고 있다.

당신에게 기쁜 소식을 가르쳐 주겠다. 다윗이 "내 허물을 여호와께 자복하리라"(시 32:5) 고백하는 순간, 하나님은 그를 용서해 주셨다. 다시 말하면 당신도 용서 받을 수 있다는 말이다.

요한일서 1장 9절에는 "만일 우리가 우리 죄를 자백하면 저는 미쁘시고 의로우사 우리 죄를 사하시며 모든 불의에서 우리를 깨끗케 하실 것이요" 기록되었다. 이와같이 용서가 우리를 해방시킨다. 죄에서의 해방, 부끄러움에서의 해방, 그리고 하나님의 짓누르시는 손에서 우리를 풀려나게 한다.

주님, 우리로 용서의 기쁨을 경험하게 하소서. 우리가 죄책감에서 벗어날 수 있음은 당신의 아들 예수 그리스도를 통하여 당신의 사랑으로 그 모든 것들이 깨끗하게 씻기어졌기 때문입니다. 예수님 이름으로 기도합니다. 아멘.

April 22

염려하지 말라

(시편 37:1) "행악자를 인하여 불평하지 말며 불의를 행하는 자를 투기하지 말지어다"

지금의 삶에서 우리는 많은 일들로 걱정하기 쉽다. 다윗은 시편 37편에서 그 치료법을 알려준다. "너의 길을 여호와께 맡기라 저를 의지하면 저가 이루시고 네 의를 빛같이 나타내시며 네 공의를 정오의 빛 같이 하시리로다 여호와 앞에 잠잠하고 참아 기다리라"(시 37:5-7).

우리가 만약 문제에 초점을 두면 문제는 더욱 커진다. 그 문제가 더욱 커져 나를 삼켜 버리면 우리는 하나님을 볼 수가 없다. 그러나 우리가 우리의 초점을 하나님께 두면 하나님의 사랑과 은혜와 능력과 영광과 권능으로 인해 우리의 문제는 점점 작아져서 그 문제가 거의 보이지 않게 된다.

우리가 어디에 집중을 해야 할지 조심해야 한다.

다윗은 우리가 하나님께 우리의 문제를 맡길 때 두 가지 역사가 일어난다고 가르쳐 주고 있다. 첫째, 하나님께서 일을 이루신다. 이 말의 뜻은 하나님께서 우리에게 향한 그의 뜻을 이루신다는 것이다. 둘째, 우리가 그리워하는 쉼을 얻게 된다. 시편 기자는 하나님을 의지하는 자는 나쁜 소식을 듣는 날에도 두려워하지 않는다고 했다. 그러나 금주에도 당신은 아마 걱정거리가 되는 흉한 소식을 듣게 될 것이다.

"기억하라!"
- 첫째, 하나님께 맡겨라.
- 둘째, 하나님 안에서 쉼을 가져라.
- 셋째, 인내하며 기다리라.

그분의 손에 맡겨 버리라. 염려는 당신의 문제를 해결하는데 아무런 도움이 되지 않는다. 그러나 하나님을 의지하면 평강과 쉼을 얻게 된다. 하나님께서 당신을 축복하셔서, 당신을 믿음과 의지와 맡김과 쉼을 얻는 자리에까지 이르게 하신다.

주님, 모든 것을 다 주님께로 가져갈 수 있는 방법을 가르쳐 주소서. 염려가 나를 뒤덮으려 할 때, 그 문제를 당신의 손에 맡겨 당신께서 전능하신 통치자이심을 알게 하여 그 속에서 쉼을 얻게 하소서. 예수님 이름으로 기도합니다. 아멘.

우울증의 치료

(시편 43:5) "내 영혼아 네가 어찌하여 낙망하며 어찌하여 내 속에서 불안하여 하는고 너는 하나님을 바라라 나는 내 얼굴을 도우시는 내 하나님을 오히려 찬송하리로다"

세상은 우리에게 수 없이 많은 압력을 가하고 있다. 우리는 경제적인 문제, 사람과의 관계, 일의 문제로 늘 투쟁하고 있다. 그리고 미래가 불확실함을 느낀다. 또한 그런 압력들에 잘 대처하지 못하면 그 결과는 우울증 아니면 불안증으로 나타난다. 그러한 불안증과 낙망은 우리의 환경에서 길이 보이지 않을 때 더욱 커진다. 이런 감정은 캄캄한 미궁에서 덫에 걸려 도무지 빠져나갈 길을 찾지 못할 때 느끼는 것이다.

다윗의 영도 낙망이 되었다. 그를 둘러싼 불신 국가들이 다윗을 눌렀다. 또 거짓된 자들이 그를 공의로 대하지 않는 것에 고통당하고 있었다. 그러나 이렇게 깊은 고뇌의 한 가운데서 다윗은 스스로 문제의 해결점을 찾았다.

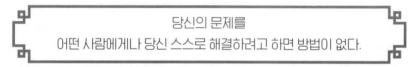

당신의 문제를
어떤 사람에게나 당신 스스로 해결하려고 하면 방법이 없다.

당신의 생각들을 문제에서 떠나 하나님께 두라. 당신의 연약함에서 떠나 하나님의 능력에 두라는 말이다. 당신이 기억해야 할 것은 하나님께서 당신을 사랑하신다는 것과 당신의 삶을 둘러싸고 있는 모든 환경을 주관하고 계시는 이가 바로 하나님이라는 사실이다.

"너는 하나님만 바라라"(시 43:5)

하나님 아버지, 우리에게 염려를 생기게 하고 낙망하고 우울증에 빠지게 하는 일들에 관심을 가져 주시니 감사합니다. 아버지께 구하옵나니 우리의 이러한 환경들을 가지고 아버지의 계획을 이루시기 원합니다. 예수님 이름으로 기도합니다. 아멘.

April 24

구원의 기쁨

(시편 51:12) "주의 구원의 기쁨을 내게 회복시키시고 자원하는 심령을 주사 나를 붙드소서"

기쁨은 기독교인이 되었다는 생활의 표시 중 하나이다. 그런데 기쁨을 행복과 혼동해서는 안된다. 행복은 내 생활의 외적인 환경에 좌우되는 감정이다. 그래서 한순간 행복한 후 바로 그 다음 순간 슬퍼할 수도 있다.

반면에 기쁨은 내적인 상태에서 솟아나오는 감정이다. 곧 하나님과 나와의 사귐에서 나온다. 때문에 기쁨은 아주 지속적인 경험이다. 그 이유는 나와 하나님과의 사귐 때문에 아무리 어렵고 힘든 가운데 있더라도 나는 그 속에서 기쁨을 누릴 수 있기 때문이다.

다윗이 범죄 했을 때 그 간음죄가 살인죄로 몰고 갔다. 그것은 가장 나쁜 종류의 죄였다. 이로 인해 다윗은 구원의 기쁨을 잃어 버렸다. 왜냐하면 죄는 하나님과의 관계를 단절시켜 버리기 때문이다. 다윗은 더 이상 하나님의 임재를 느낄 수 없었다.

> 죄는 사람을 아주 비참하게 만든다.

어떤 사람이 구원 받았을지라도 그의 죄가 그의 기쁨을 빼앗아 갈 수 있다. 성령이 당신을 깨우쳐 당신이 당신의 죄를 고백하고 회개할 때까지 무겁게 누르실 것이다. 우리가 죄를 버리고 하나님께로 돌아갈 때 하나님은 우리에게 구원의 기쁨을 회복시키고 하나님과 다시금 사귐을 갖게 한다. 오늘 당신 역시 죄책감에 시달릴 수 있다.

다윗처럼 당신의 죄악이 기쁨을 빼앗아 갈 수도 있다. 해답은 간단하다. 하나님께 부르짖어라. 하나님 아버지는 자비로우셔서 당신의 죄를 깨끗하게 하여 구원의 기쁨을 회복시킬 준비가 되어 있으시다.

하나님 아버지, 누구든지 아버지의 이름을 부르는 자에게 기꺼이 용서해 주시는 하나님 아버지의 자비로움에 감사드립니다. 하나님 아버지께서 우리와 함께 동행 하여 주시고, 아버지가 우리 가까이 계심을 알게 하시니 얼마나 감사한지요. 오늘 우리에게 주신 구원의 기쁨을 즐거워합니다. 예수님 이름으로 기도합니다. 아멘.

April 25

너의 짐을 여호와께 맡겨라

(시편 55:23) "네 짐을 여호와께 맡겨버리라 너를 붙드시고 의인의 요동함을 영영히 허락치 아니하시리로다"

다윗이 이 시를 쓴 때는 그의 아들 압살롬이 그를 배반했을 때였다. 동시에 그와 가장 친했던 아히도벨도 함께 배반했을 때였다. 마음이 상하고 두려움이 극심했던 다윗의 첫 번째 행동은 도망치는 것이었다. 그러나 그때 그는 바로 멈추고 말하기를 "너의 짐을 여호와께 맡기라. 그가 너를 돌보실 것이다"라고 했다.

> 우리를 억누르는 문제들에 대해서 그 추이를 스스로 직시하지 않고 하나님께로 돌릴 때 비로소 우리에게 평강이 찾아온다.

다윗은 그의 문제를 하나님께로 돌림으로써 그의 지혜를 보였다. 이사야 선지자도 "주께서 심지가 견고한 자를 평강에 평강으로 지키시리니 이는 그가 주를 의지함이니라"(사 26:3) 증거했다. 그러나 당신이 원하는 대로의 결과를 얻기 위해 당신이 그 상황을 교묘하게 조정하려고 애를 쓴다면 당신은 고민에 빠지게 될 것이다.

우리가 하나님 아버지께서 자기의 자식들을 사랑하고 돌보시며 지키신다는 것을 기억할 때 우리에게 힘이 생겨나는 것을 알 수 있다. 하나님 아버지는 당신의 인생이 망하게 하는 것은 허락하지 않으신다. 하나님의 의도는 당신과 관계를 가짐으로써 당신에게 예기치 못한 손실과 실망스러운 일들이 올 때 당신이 하나님을 신뢰하게 하기 위함이다.

당신의 모든 염려를 아버지께 던져 버리고 완전히 맡겨라. 주님을 의지하라. 당신이 무슨 짐을 지고 가든지, 그분이 돌보실 것이다.

하나님 아버지, 인생의 가장 혼란스럽고, 피롭고, 관계성에서 실망하고, 고통스러운 손들이 나를 누를 때, 아버지께서 나를 도우시려 거기에 함께 계심을 갑사드립니다. 아버지의 발 앞에 우리의 모든 근심들을 다 쏟아놓을 수 있도록 가르쳐 주소서. 예수 그리스도의 이름으로 기도합니다. 아멘.

April 26

짓눌릴 때

(시편 61:2) "내 마음이 눌릴 때에 땅 끝에서부터 주께 부르짖으오리니 나보다 높은 바위에 나를 인도하소서"

다윗은 많은 영광을 누렸지만 그에 따른 문제도 많았다. 다윗이 십대 때에는 사울 왕이 그를 질투해 죽이려 했다. 인생 후반기에도 그는 결혼과 자녀 문제로 고통당했다. 시편은 그의 인생이 괴로움을 당할 때 쓴 기도들이다. 다윗에게 많은 문제가 있었기 때문에 지금 우리에게 많은 시편이 남아 있는 것이다.

다윗은 그의 문제들을 항상 그의 무릎으로 가져갔다.

다윗은 그의 능력이 한계에 도달했을 때 능력과 힘이 무한하신 하나님께 부르짖었다. 우리역시 동일한 그분, 반석 되신 예수 그리스도께 부르짖을 수 있다.

- 우리의 건짐의 반석이 되신 예수 그리스도.
- 우리의 방어의 반석이 되신 예수 그리스도.
- 우리의 구원의 반석이 되신 예수 그리스도.
- 우리의 능력의 반석이 되신 예수 그리스도.

우리는 반석 되신 예수님에게 이끌려져야 한다. 우리가 할 일은 부르짖는 것이다. 성령이 하시는 일은 우리를 예수님께로 인도하는 일이다.

오늘 당신이 눌려 있다면, 당신의 환경을 도무지 이겨낼 수 없다면, 예수님께 나아가서 부르짖도록 하라. 당신보다 높고, 당신의 모든 문제보다 높으신 반석 되신 그분께 맡겨라. 예수님께서 당신을 구원하실 것이다. 예수님이 당신을 능력과 승리의 자리로 데려다 놓을 것이다.

하나님 아버지, 오늘날 많은 사람들이 이해할 수 없고 또 우리들의 능력 밖의 문제들과 상황에 부딪혀 있습니다. 기도하옵건데 오늘 당신의 성령께서 우리를 당신의 아들 예수 그리스도께로 이끄시어 우리가 그리스도 안에서 힘을 얻고 건짐을 받고 건강을 얻고 평강을 얻게 하옵소서. 예수님 이름으로 기도합니다. 아멘

April 27

하나님은 선하시다

(시편 73:1) "하나님이 참으로 이스라엘 중 마음이 정결한 자에게 선을 행하시나"

조만간에 우리 모두는 이해할 수 없는 어떤 일에 부딪히게 될 것이다. 그러한 일이 일어날 때 우리를 둘러싸고 있는 세상이 타락해 우리가 혼란과 짓눌림을 당할 때 이 근본적인 진리를 반드시 기억해야 한다. 바로 하나님은 선하시다는 사실이다.

우리가 극심한 고통 속에 있을 때 우리는 종종 우리는 건강하고 튼튼하고 고통이 없는 사람들을 보면서 "나는 내 일생을 하나님께 다 바치고 선한 일만 하려 애써왔는데 내가 왜 고통당해야 하는가? 그리고 저렇게 악한 사람들은 왜 고통 없이 살고 있는가?"라고 생각한다.

사탄은 우리가 연약할 때 그곳에서 항상 공격해 우리로 하여금 하나님께 도전하도록 만든다. 또한 사탄은 다음과 같이 속삭이면서 하나님의 선하심과 하나님의 능력을 믿는 우리의 믿음을 뒤흔든다. "하나님이 정말 전능하시고 선하시다면 왜 이런 일들이 나에게 일어나게 하겠는가?"라고 말이다.

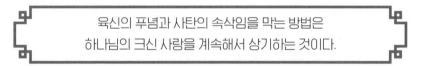

육신의 푸념과 사탄의 속삭임을 막는 방법은
하나님의 크신 사랑을 계속해서 상기하는 것이다.

본 시편을 읽어보면 시편 기자는 아마도 심한 고통이나 육체적인 질병 속에 있는지도 모른다. 우리도 그런 상황 속에 있을 때 연약해진다. 그러나 그는 하나님에 대한 진리를 알았다. 시편의 뒷부분을 보면 "내 육체와 마음은 쇠잔하나 하나님은 내 마음의 반석이시요, 영원한 분깃이라"라고 말씀하신다.

- 기억하라. 하나님께서 당신의 삶을 다스리고 계심을.
- 기억하라. 그분은 당신의 모든 것을 협력하여 유익되게 하고 계심을.

하나님 아버지, 우리가 아버지의 진리를 받아들이게 하시고, 아버지의 말씀에 비추어 행하게 하시며, 그 말씀이 우리 주 예수 그리스도를 아는 지식으로 인도하게 하소서. 우리가 사탄의 거짓을 물리치고 아버지의 진리에 꼭 붙어 있도록 가르쳐 주소서. 예수님 이름으로 기도합니다. 아멘.

April 28

일심으로

(시편 86:11) "여호와여 주의 도로 내게 가르치소서 내가 주의 진리에 행하오리니 일심으로 주의 이름을 경외하게 하소서"

예수님께서 "어떤 계명이 가장 크니이까?"라는 질문을 받았을 때, "네 마음을 다하고 목숨을 다하고 뜻을 다하여 주 너의 하나님을 사랑하라"(마 22:37) 대답하셨다.

지난 주간 당신은 무엇에 몰두했는가? 당신이 하나님보다 더 집중했던 시간, 생각, 열정이 무엇이든지간에 그것이 진짜 당신이 몰두한 일들이다.

전적인 헌신, 전적인 사랑, 하나님이 원하는 것은 바로 그것이다.

예수님은 에베소 교회에 "그러나 너를 책망할 것이 있나니 너의 처음 사랑을 버렸느니라"(계 2:4) 말씀하셨다. 그들의 마음이 나뉘어졌다. 예수님은 다음 구절에서 그것에 대한 처방을 내려주셨다. "네가 어디서 떨어졌는가를 기억해라" 이 말은 네가 예수 그리스도 안에서 하나님의 놀라운 사랑을 처음 발견했던 그런 날들을 기억하라는 말씀이다.

그 다음에 예수님은 말씀하신다. 회개하라, 돌아서라, 하나님과 당신의 관계가 식어진 것에 대해 하나님께 용서를 구하라, 그리고 예수님은 "처음 행위를 가지라" 말씀하셨다. 되돌아가서 네가 그 분과 사랑에 빠져 처음 행했던 그 일들을 다시 회복하라는 말이다. 기억하라. 회개하라. 다시 행하라. 그분과 관계를 회복했을 때 다윗을 본받아 행동하라. 이와같은 고백이 완전한 전적 헌신이다. 하나님은 덜 받으실만한 분이 아니시다.

"주 나의 하나님이여 내가 전심으로 주를 찬송하고 영영토록 주의 이름에 영화를 돌리오리니"(시 86:12)

하나님 아버지, 우리의 마음을 살피셔서 한때 아버지께 가졌던 전적 헌신에서 멀어지게 하는 매력적인 것들을 보아 알게 하소서. 우리 속에 있는 불과 열정을 새로이 지펴주소서. 예수님 이름으로 기도합니다. 아멘.

April 29

인내하시는 하나님

(시편 94:9-10) "귀를 지으신 자가 듣지 아니하시랴 눈을 만드신 자가 보지 아니하시랴 열방을 징벌하는 자 곧 지식으로 사람을 교훈하시는 자가 징치 아니하시랴"

사람들은 자기들이 죄를 지을 때 하나님이 보시지도 않고 알지도 못하실 것이라는 태도를 취한다. 하나님의 심판이 있다는 것을 모르는 것은 얼마나 어리석은가.

> 하나님께서 악인에 대하여 인내하고 오래 참으시는 것은 하나님의 사랑 때문이다. 악인이 돌아서도록 회개하여 변화될 수 있는 기회를 주고 또 주고 또 주신다.

그러나 악인은 하나님이 그렇게 오래 참으시는 것을 능력이 없는 것으로 잘못 해석한다. 그들은 하나님을 대적하여 불경스럽게 말한다. "하나님이 아실까? 그가 보실까? 그가 들으실까?" 만약 하나님께서 아신다면 분명히 벌을 내렸을 것이라고 가정하기 때문이다. 인간 역사를 보고도 우리는 우리의 눈이 얼마나 멀었는지 모른다. 하나님은 소돔성의 반역이 계속되도록 내버려 두셨다. 그래서 버젓이 거리에서 동성연애를 하고 강간을 하는 것이다.

하나님은 노아 시대 때에도 그런 짓을 행하는 자들을 내버려 두셨다. 그들은 도덕적 규범을 깨뜨리고 각 사람이 자기 소견에 좋을 대로 행했다. 그러나 하나님은 마침내 그 시대를 심판하시고 그들을 멸하셨다. 하나님께서 언제까지 우리가 하나님에게 등을 돌린 채 지내는 것을 허락하실까! 하나님은 우리로 어디까지 가게 하실까?

하나님은 내가 생각하는 것보다 훨씬 더 인내하신다. 그러나 그러한 하나님의 인내를 약하시거나, 관대하시거나, 또는 동의하신다고 오해하지는 말아라. 왜냐하면 하나님의 의의 심판 날은 올 것이기 때문이다.

하나님 아버지, 우리에게 얼마나 절실히 아버지가 필요한지요. 우리 세상은 사악하고 반항적입니다. 우리는 하나님께서 직접 개입하셔서 우리가 우리를 멸망시키는 일들을 막아주시기를 원합니다. 당신의 나라가 임하옵시며, 당신의 뜻이 하늘에서 이루어진 것처럼 이 땅에 이루어지기를 원합니다. 예수님 이름으로 기도합니다. 아멘.

April 30

들으라

(시편 95:7-8) "그는 우리 하나님이시요 우리는 그가 기르시는 백성이며 그 손이 돌보시는 양이기 때문이라 너희가 오늘 그의 음성을 듣거든 너희는 므리바에서와 같이 또 광야 맛사에서 지냈던 날과 같이 너희 마음을 완악하게 하지 말지어다"

내가 고백하지 않을 수 없는 일이 있는데, 그것은 내가 넘어지기 전에 하나님은 여러 번 나에게 말씀하시고 경고하셨다. 문제는 내가 그 경고를 따르지 않았다는 것이다. 내가 하나님의 음성을 듣지 않았던 것이다. 때때로 하나님의 음성이 꿰뚫어 들려질 때는 내가 하고자 하는 것에 대해 경고를 주시는 것이다.

"주님 감사합니다. 하지만 그 일에는 아무런 도움이 필요 없습니다. 그 일은 제가 잘 알고 있거든요." 그러나 사실 우리가 하고 있는 것을 우리도 모른다는 것이다. 때문에 우리에게는 하나님의 도움이 진짜 필요하다. 예수님께서 요한계시록 2장과 3장에서 일곱 교회에게 같은 경고를 되풀이해서 하셨다.

"귀 있는 자는 성령이 교회들에게 하시는 말씀을 들을 지어다"

> 주의를 기울이는 것의 반대는 완악함이다.

만약 하나님의 음성에 귀를 기울이지 않는다면 하나님의 음성을 듣지 않는 완악한 사람으로 인생을 끝내게 될 것이다.

우리는 때때로 하나님의 음성을 듣는 마음이 굳어 있다. 왜냐하면 우리 자신이 처해 있는 고통스럽고 어려운 환경을 우리가 이해하지 못하기 때문이다. 쓰디쓴 고통의 문제 때문에 밤새 잠 못 이루는 대신에 하나님께서 그 고통을 통해 우리를 정결하게 하고, 예수 그리스도의 형상으로 빚으신다는 것을 기억하라. 우리는 그런 문제를 하나님께 돌리고 신뢰함으로써 하나님이 그의 완전한 계획대로 역사하실 것을 믿어야 한다. 한 가지 선택만이 하나님을 기쁘게 한다.

- 바로 하나님께 귀 기울이고 신뢰하는 것이다.

하나님 아버지, 아버지의 음성에 우리가 집중하게 하소서. 우리에게 어려움이 올 때에 아버지께서 모든 것을 주장하신다는 것을 기억하게 하소서. 우리의 상황을 통해 아버지의 뜻을 이루고 계심을 알게 하소서. 하나님 아버지 우리가 아버지를 기쁘게 하기를 원합니다. 예수님 이름으로 기도합니다. 아멘.

May 1

하나님의 놀라운 세계

(시편 104:24) "여호와여 주의 하신 일이 어찌 그리 많은지요 주께서 지혜로 저희를 다 지으셨으니 주의 부요가 땅에 가득하니이다"

시편 저자는 하나님이 창조하신 아름다움에 압도되어, 하나님의 솜씨를 최상의 그림과 같은 언어로 묘사하려고 애를 쓴다. 그는 비가 내리는 순환에 대해 묘사하고 있다.

하나님께서 물을 어떻게 산꼭대기로 올려 시내가 되게 하는지, 또 샘물이 계곡에서 어떻게 터져 나와 야생동물들의 갈증을 해소시켜 주고, 그 물이 어떻게 해서 바다로 흘러 들어가는가에 대해서이다. 그러나 바다는 절대로 넘치지 않는다. 이 모든 것을 시편저자는 하나님의 지혜로 본다.

하나님이 창조하신 만물의 아름다움과 장대한 설계를 깊이 사색할수록 경배만이 터져 나온다. 그러나 시편저자가 본 것과 같은 자연의 설계와 우주의 아름다움을 동일하게 바라보면서도 하나님을 경배하기보다 오히려 하나님이 창조하신 피조물을 섬기는 사람들이 있다. 바로 자연을 숭배하는 자들이다.

장미의 향기를 맡고 부드러운 꽃잎을 만지고 미묘하게 생긴 모양과 아름다운 색깔에 감탄하면서도, "장미는 하나님이다" 라고 말하니 얼마나 우스꽝스러운 일인가!

> 장미의 아름다움을 보고 그 향기를 맡으면서 할 수 있는 오직 한마디 감탄의 말은, "이것이 바로 나의 하나님의 창조물이구나!!"

우리 역시 시편 저자와 같이 구름과 산과 시내와 바다와 장미의 그 모든 아름다움을 보고 하나님을 경배함이 마땅하다.

하나님 아버지, 우리는 하나님 아버지께서 창조하신 것들의 아름다움을 보면서 하나님 아버지의 지혜와 선하심과 아버지의 놀라운 솜씨에 경배와 찬양을 드립니다. 우리들 속에도 하나님 아버지께서 아름다운 어떤 것들을 만들어 주시기 원합니다. 예수님 이름으로 기도합니다. 아멘.

May 2

주린 영혼을 만족케 하심

(시편 107:8-9) "여호와의 인자하심과 인생에게 행하신 기이한 일을 인하여 그를 찬송할지로다 저가 사모하는 영혼을 만족케 하시며 주린 영혼에게 좋은 것으로 채워 주심이로다"

당신은 추수 감사절의 만찬식탁에서 상위에 차려진 음식들을 거부해 본 적이 있는가? "이 제부터는 절대로 먹지 않겠다"라고 말하는 그 순간에는 정말 진지한 결단을 한 것이다. 그러나 저녁이 되면 어느새 부엌에서 호박 파이 위에 휘핑크림을 가득 뿌려 입 안에 한가득 넣고 있는 자신을 볼 것이다. 이와같이 우리의 육체는 끊임없이 먹을 것을 요구한다.

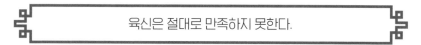

육신은 절대로 만족하지 못한다.

육신은 아무리 먹어도 항상 더 많은 것을 원한다. 당신이 만약 육신적인 어떤 부분의 요구에 모두 응해 주게 되면, 당신의 육신은 만족하기보다 오히려 더욱 많은 것들을 요구할 것이다. 그리고는 마침내 그것에 사로잡히게 되는 것이 사실이다. 사람에게는 육신적인 배고픔과 목마름이 있듯이 영적인 배고픔과 목마름도 있다. 문제는 영적인 필요를 육신적인 것으로 채우려고 애를 쓰는데 있다.

애쓰지 마라. 절대로 해결되지 않는다. 당신은 하나님에 대해 더 많은 배고픔을 느끼는가? 영광과 의에 대한 갈급함이 있는가?

- 예수님이 곧 당신의 모든 소원의 해답이시다.
  "예수께서 가라사대 내가 곧 생명의 떡이니 내게 오는 자는 결코 주리지 아니할 터이요
    나를 믿는 자는 영원히 목마르지 아니하리라"(요 6:35)

하나님 아버지, 아버지의 아들 예수 그리스도를 통해 우리의 배고픔과 갈급함을 채워 주심에 감사드립니다. 아직도 영적인 것을 육신적인 것으로 채우려는 사람들을 성령님이 예수님께로 이끌어 나아오게 해 주소서. 예수님 이름으로 기도합니다. 아멘.

May 3

하나님께 무엇을 드리리요?

(시편 116:12) "여호와께서 내게 주신 모든 은혜를 무엇으로 보답할꼬"

나의 손자들은 할머니가 꽃을 좋아한다는 것을 알고 때때로 우리 정원에서 꽃을 꺾어 할머니께 가져다 드린다. 그런데 아이들은 꽃을 조심스럽게 꺾지 않는다. 그래서 때로는 줄기조차 남겨두지 않는다. 또 아이들은 꽃을 따느라고 온 꽃밭을 밟아 망가뜨려 놓기도 한다.

정원은 그들의 것이 아니다. 우리의 정원이다. 내 아내인 저희 할머니에게 꽃을 주기 위해 우리 정원에서 꺾어 가지고 간다. 그런데도 우리는 꽃 선물받기를 좋아한다. 하나님도 우리에게 선물 받으시는 마음이 그와 같을 것이다.

사실 하나님은 필요한 것이 하나도 없으신 분이시다. 성경은 "이는 땅과 거기 충만한 것이 주의 것임이니라"(고전 10:26) 기록하였다. 그러므로 우리가 드리는 어떠한 것도 다 하나님의 것이다.

때로 우리도 하나님께 드리기 위해 꽃을 꺾으려고 그분의 정원을 찾아 헤맨다. 그러다 그 자리의 다른 것들을 망가뜨린다. 그래도 하나님은 우리가 그에게 갖다 드리는 것을 자비로운 사랑으로 받으신다. 하나님께서 당신에게 베푸신 구원이나 죄 씻음, 그리고 천국의 소망 등을 생각하면 당신도 하나님께 무엇인가 돌려 드리고 싶어질 것이다.

> 우리가 하나님께 어떤 귀한 것을 드릴 수 있겠는가?

- 하나님이 원하시는 오직 한 가지가 있다.
- 하나님이 정말 원하시는 한 가지이다.
- 그것은 바로 당신의 마음이다.

하나님 아버지, 아버지께서 우리에게 베풀어주신 모든 것, 구원, 영원한 생명, 매일의 양식을 생각해 볼 때, 우리는 아버지께 무엇을 드릴 수 있을까하고 생각해 봅니다. 아버지께 우리의 마음과 우리의 삶을 드립니다. 예수님 이름으로 기도합니다. 아멘.

May 4
죽느냐 사느냐

(시편 119:37) "내 눈을 돌이켜 허탄한 것을 보지 말게 하시고 주의 도에 나를 소성케 하소서"

세상의 헛된 것들이 우리에게 얼마나 매력적으로 보이는지 모른다. 하나님께서 아담과 하와를 에덴동산에 두시면서 말씀하시기를 "동산 각종 나무의 실과는 네가 임의로 먹되 선악을 알게 하는 나무의 실과는 먹지 말라 네가 먹는 날에는 정녕 죽으리라 하시니라"(창 2:16-17). 악은 아주 매력적으로 우리를 유혹하지만 사실 그것은 우리를 완전히 속이는 것이다.

사람들이 하지 못하게 금지된 것에 이끌리는 이유는 그것들이 진짜 만족과 기쁨을 줄 것처럼 보이기 때문이다. "내가 저것만 가지면 정말 행복하겠는데..." 그러나 실상은 금지된 것을 추구하고 따라갈 때, 이전보다 더 큰 공허를 느끼게 될 뿐이다.

순간적인 즐거움은 절대로 오래가지 않는다.

하나님은 우리의 선택을 존중하신다. 우리가 만약 육신적인 것에 만족이 있을 것이라는 소망으로 육신을 따를 것을 선택한다면 하나님께서도 우리의 결정을 존중하신다. 지혜로운 사람은 다윗처럼 하나님의 도움을 구하는 기도를 하는 자이다.

- 내 눈을 인도해 주소서. 주님.
- 육신적인 유혹에는 나를 죽게 하시고 당신의 길에 내가 살게 하소서.

하나님 아버지, 거짓 만족을 약속하는 허무한 일들에서 우리가 돌아서게 하소서. 육신적으로는 죽게 하시고 아버지로만 살게 하소서. 그리하여 아버지와는 늘 사귐을 갖게 하시고 별처럼 영원토록 빛나게 하옵소서. 예수님 이름으로 기도합니다. 아멘.

May 5

죄의 결박

(시편 119:133) "나의 행보를 주의 말씀에 굳게 세우시고 아무 죄악이 나를 주장치 못하게 하소서"

바로 눈앞에 거미줄이 있는 것을 볼 수 없었던 파리가 거미줄에 걸렸다. 처음에는 빠져나가려고 힘을 다해 몸부림을 친다. 그러나 몸부림을 치면 칠수록 거미줄에 더 감기게 된다. 그러다 마침내는 완전히 결박을 당하게 된다.

그 파리와 같이 우리도 죄에 결박을 당할 때가 있다. 그것이 알코올이든지, 마약이든지, 도박이든지, 음란물이든지, 외설이든지, 간음이든지, 죄의 능력은 마치 달라붙는 거미줄과 같아서 우리를 점점 더 옭아매어 마침내 망할 수밖에 없도록 결박해 버린다.

> 당신을 죄에 내어 주는 순간, 당신은 사탄의 능력 아래 있게 된다.

"모든 것이 내게 가하나 다 유익한 것이 아니요 모든 것이 가하나 내가 아무에게든지 제재를 받지 아니하리라"(고전 6:12)

예수님은 이 세상에서 사탄이 지배하는 능력을 폐하려고 오셨다. 예수님은 당신을 해방시키러 오셨고, "포로들에게 자유를 선포"(눅 4:18) 하시기 위해 오셨다.

지혜로운 사람은 그의 자유를 악의 그물을 피하면서 사용하는 사람이다. 그러나 어느 순간 당신이 사로잡혔다면, 오직 예수님을 통해서만 자유 할 수 있음을 알아야 한다. 당신을 망하게 하려는 죄의 노예가 되어서는 안된다.

그리스도께서 당신을 자유롭게 하실 수 있다. 당신의 죄를 고백하여 예수님께서 당신을 주장하고 있는 사탄의 굴레를 깨뜨리게 하도록 하라.

주님, 주님께서 흑암을 다스리는 능력을 가지고 계심을 감사드립니다. 우리를 강건케 하사 죄의 그물에 걸리지 않게 하소서. 또한 우리의 걸음을 당신의 말씀을 따라 걸어가게 하소서. 예수님 이름으로 기도합니다. 아멘.

May 6
하나님을 기쁘시게 함

(시편 149:4) "여호와께서는 자기 백성을 기뻐하시며 겸손한 자를 구원으로 아름답게 하심이로다"

어떤 사람이 못쓰게 된 물건을 새것처럼 만들어서 쓰는 것을 볼 때 우리가 기쁘듯이, 아마 그 마음은 하나님이 우리를 바라보는 마음과 동일할 것이다. 하나님께서도 죄로 상하게 된 인생들을 다시금 그의 아들의 형상대로 회복시키시는 것을 기뻐하신다.

하나님께서 당신을 볼 때 그것은 당신 속에서 일하시는 하나님의 은혜의 역사를 보는 것이다. 하나님은 실패한 인생의 잿더미 가운데서 가치 있고 아름다운 어떤 것을 만드셨다. 하나님은 또한 당신이 성령을 따라 살겠다고 선택하는 것을 볼 때 기뻐하신다. 당신의 삶을 하나님께 굴복함으로 성령을 통해 당신을 하나님의 형상으로 만드시는 것을 기뻐하신다.

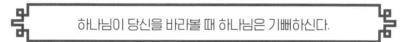
하나님이 당신을 바라볼 때 하나님은 기뻐하신다.

그러나 어떤 광경은 하나님을 기쁘시게 하지 못한다. "주는 죄악을 기뻐하는 신이 아니시며 악이 주와 함께 유하지 못하시며"(시 5:4), "오직 나의 의인은 믿음으로 말미암아 살리라 또한 뒤로 물러나면 내 마음이 저를 기뻐하지 아니하리라"(히 10:38), "육신에 있는 자들은 하나님을 기쁘시게 할 수 없느니라"(롬 8:8).

당신이 육신을 따라 살겠다고 선택하는 순간 하나님은 기뻐하지 않으신다. 왜냐하면 하나님은 당신이 망할 것을 아시기 때문이다. 당신 자신에게 정직하게 물어보라. 나는 나 자신을 기쁘게 하고 있는가? 아니면 하나님을 기쁘시게 하고 있는가? 당신이 몰두하고 있는 행위는 하나님을 기쁘시게 하고 있는 것일까? 아니면 당신을 기쁘게 하고 있는 것인가?

예수님의 말씀을 기억하라. 예수님은 아버지에 대해서 말씀하시면서, "나를 보내신 이가 나와 함께 하시도다 내가 항상 그의 기뻐하시는 일을 행하므로 나를 혼자 두지 아니하셨느니라"(요 8:29). 당신이 이와 같은 것을 선택할 때, 당신의 삶은 상급이 있을 것이고 더 뜻있는 삶이 될 것이다. 하나님을 기쁘시게 하는 삶을 살아라.

하나님 아버지, 아버지께 영광이 되는 삶을 살도록 도와주소서. 주님, 우리 자신을 주님께 드려 아버지를 기쁘시게 하옵소서. 예수님 이름으로 기도합니다. 아멘.

May 7

하나님의 뜻 발견하기

(잠언 3:5-6) "너는 마음을 다하여 여호와를 의뢰하고 네 명철을 의지하지 말라 너는 범사에 그를 인정하라 그리하면 네 길을 지도하시리라"

우리가 존재하는 것은 하나님을 영화롭게 하고, 또 하나님의 뜻을 행하기 위해서이다. 그렇다면 하나님이 우리에게 원하시는 것이 무엇인가를 어떻게 알 수 있을까? 본문에서 솔로몬은 우리의 인생을 향한 하나님의 뜻을 발견하는 3가지 단계에 대해 알려주고 있다.

첫째, "네 마음을 다하여 여호와를 의뢰하라"

당신은 하나님께서 행하시는 것을, 또는 왜 그것을 행하시는지에 대해 항상 이해 할 수는 없다. 그러기에 당신은 하나님을 온전히 의뢰해야 한다.

둘째, "네 명철을 의지하지 말라"

교회 상담부에서 전도 계획을 할 때 논리적으로 뛰어나게 잘 계획하여 전략을 세우는 것을 보고 놀랄 때가 있다. 그러나 하나님의 뜻은 전략을 잘 세움으로써 발견되어 지는 것이 아니라, 기도 모임에서 발견할 수 있는 것이다.

셋째, "네 모든 것을 하나님께 아뢰라"

> 하나님은 아주 단순하고 자연스러운 방법으로 우리를 인도하신다.

우리는 하나님의 뜻을 먼저 듣는다고 하면서도 우리가 좋아하는 것으로 결정을 하든지, 또는 결정하지 않든지 할 때가 있다. 그것은 하나님이 인도하시는 것이 아니다. 우리는 천사가 노래하거나 또는 어떤 방향으로 오라고 손짓하며 부르는 소리를 들을 수 없다. 그냥 하나님께 맡기는 삶을 살아라.

하나님께 구하기 전에 먼저 결정하지 마라. 하나님을 신뢰하고, 이쪽이나 저쪽으로 옮기고 싶은 마음이 생길 때 하나님께 아뢰어라. 이렇게 행할 때 "그분이 당신의 길을 인도하실 것이다."

사랑하는 예수님, 당신의 뜻을 이 땅에서 이루실 수 있도록 우리의 몸과 삶을 도구로 쓰시도록 내어놓습니다. 예수님 이름으로 기도합니다. 아멘.

May 8
의로운 길

(잠언 12:28) "의로운 길에 생명이 있나니 그 길에는 사망이 없느니라"

무엇이 의로운지를 우리에게 알게 하기 위해 하나님은 모세에게 십계명을 주셨다. 처음의 4계명은 사람과 하나님과의 바른 관계가 무엇인지에 대해 말한다. 그리고 다음 6계명은 사람과 사람과의 바른 관계에서 필요한 것들에 대해 열거하고 있다.

만약 이야기가 거기에서 그친다면 우리는 어려움에 빠질 것이다. 왜냐하면 어느 누구도 그렇게 모든 면에서 다 의로울 수 없기 때문이다. 사람이 그와 같은 의의 수준으로 살 수 없기 때문에 하나님은 다른 표준을 주셨다. 우리가 만약 하나님을 믿으면 하나님은 그 믿음을 우리의 의로 여기신다는 것이다.

당신은 무엇을 믿는가? 이 우주를 창조한 영원한 하나님, 창조주 하나님, 이 세상을 너무나 사랑하셔서 (당신도 포함된다) 그의 오직 하나뿐인 아들을 보내어 당신의 죄를 대신하고, 당신의 허물을 지고 죽게 하셨다. 당신은 그 같은 창조주 하나님을 의지하는가?

> 예수님은 자기를 믿는 자는 절대 죽지 않을 것이라고 약속하셨다.

예수님은 또한 이 육신으로 영원히 살지 않고 새로운 육신으로 하나님 앞에서 영원히 살 것을 약속하셨다. 그러므로 우리는 하나님과 절대 떨어질 수 없다. 바울은 에베소 교인에게 편지하기를,

"그 때에 너희가 그 가운데서 행하여 이 세상 풍속을 쫓고 공중의 권세 잡은 자를 따랐으니 곧 지금 불순종의 아들들 가운데서 역사하는 영이라"(엡 2:1)

예수 그리스도를 믿음으로써 오늘 당신은 영적으로 다시 살게 되었다. 그럼으로써 당신은 하나님을 인식하고, 당신을 향한 하나님의 사랑과 또 당신을 위한 하나님의 계획과 목적에 대해서도 알게 되는 것이다.

사랑하는 하나님 아버지, 우리를 의롭다고 여겨주시는 하나님의 섭리에 감사드립니다. 주님, 우리를 죽지 않고 의롭게 살아갈 수 있는 길로 인도해 주옵소서. 우리 주 예수님 이름으로 기도합니다. 아멘.

May 9

잘못된 길

(잠언 14:12) "어떤 길은 사람이 보기에 바르나 필경은 사망의 길이라"

인생에는 궁극적으로 두 가지 목적이 있을 뿐이다. 천국으로 가는 길에 있든지 아니면 지옥으로 가는 길에 있는 것이다. 예수님은 두 길에 대해, "좁은 문으로 들어가라 멸망으로 인도하는 문은 크고 그 길이 넓어 그리로 들어가는 자가 많고"(마 7:13)라고 말씀하셨다.

지혜로운 사람은 목적을 가지고 간다.

지혜로운 사람은 앞을 내다보고 그들의 인생 목적을 정한다. 그것은 인생길의 마지막에 도달할 때까지 이루고자 소원하는 일들이다. 그들은 머리되신 예수님 앞에 서는 순간까지 그 인생의 목적을 생각한다. 그리고 그들은 승리의 말을 들을 것을 생각하며 행한다. "잘하였도다 착하고 충성된 종아"(마 25:21).

어리석은 사람은 목적 없이 살아간다. "모든 길이 다 하나님께로 가는 길이야"라는 사탄의 말을 그대로 믿는다. 그리고 그 길에 대해 경고하는 말은 듣지 않는다.

- 모든 길이 다 참되고 살아계신 하나님께로 가는 길은 아니다.
- 어떤 길들은 죽음으로 끝나게 되기도 한다.
- 오직 한 분이신 하나님께서 영원히 떨어져 나가게 하는 길도 있다.

잠시 당신의 인생을 보라. 당신 발밑의 길을 살펴보라. 예수님께로 이끄는 길을 선택 했는가? 그렇다면 당신은 무엇을 믿고 이 길을 결정했는가? 사람의 말인가 아니면 하나님의 말씀인가?

하나님 아버지, 성령께서 우리를 아버지가 계신 곳으로 인도해 주시기를 간구합니다. 당신의 아들 예수 그리스도께서 우리를 위하여 분명하게 닦아 놓으심에 감사드립니다. 왜냐하면 우리가 그 길을 통해 하나님 아버지께로 갈 수 있으니까요. 우리로 하여금 예수님의 길과 예수님의 진리와 예수님의 빛 안에서 걸어가게 하옵소서. 예수님 이름으로 기도합니다. 아멘.

우리의 망대

(잠언 18:10) "여호와의 이름은 견고한 망대라 의인은 그리로 달려가서 안전함을 얻느니라"

고대에는 사람들이 그 성을 빙 돌아가면서 벽을 쌓고 높은 망대를 세웠다. 이 망대에서 사람이 먼 곳을 살펴보고, 또 적들이 쳐들어오는 지점을 쉽게 볼 수 있다. 전쟁이 터질 때 망대는 높은 곳에 있음으로 해서 유익한 점이 많았다. 적이 던지는 창이 망대까지 올라와 찌를 수 없는 반면, 망대위에서는 원수를 향해서 쉽게 창을 떨어뜨릴 수 있었기 때문이다. 우리에게도 역시 견고한 망대가 있다. 생명이 위태로울 때 바로 도망갈 수 있는 피난처이다.

우리의 피난처는 여호와의 이름이다.

나에게 그 분이 가장 필요할 때, 나는 아무런 계산 없이 오직 예수님의 이름으로 뛰어가면 안전하게 된다. 나는 우울할 때나 두려울 때, 불확실할 때, 소망이 없을 때, 아무런 도움이 없고 약할 때, 가기만 하면 위로가 있고 안전한 그곳으로 달려간다. 바로 예수님에게로 달려가는 것이다.

- 여호와 이레(Jehovah Jireh) - 그는 구원의 필요를 제공했다.
- 여호와 닛시(Jehovah Nissi) - 나의 깃발. 나에게 대한 그의 깃발은 사랑이다.
- 여호와 샬롬(Jehovah Shalom) - 그는 나의 평화.
- 여호와 치드케누(Jehovah Tsidkenu) - 그는 나의 의.
- 여호와 삼마(Jehovah Shammah) - 그는 내가 어디 있든지 거기 계신다.

예수님은 우리의 구주, 우리의 반석, 우리의 피난처시다. 예수님은 우리의 강력한 망대이다. 당신은 오늘 눌리고 있는가? 불안하고 불확실한가? 예수님에게로 달려가라.

사랑하는 나의 하나님 아버지, 예수님의 이름을 통해 능력과 믿음을 얻게 하시니 감사드립니다. 모든 이름 위에 뛰어난 이름 우리 주 예수 그리스도께 감사드리며, 구원자 예수 그리스도의 이름으로 기도합니다. 아멘.

May 11

완전한 친구

(잠언 18:24) "많은 친구를 얻는 자는 해를 당하게 되거니와 어떤 친구는 형제보다 친밀하니라"

우리는 항상 사랑할 수는 없다. 왜냐하면 우리는 그때그때 우리의 기분에 젖어 있기 때문이다. 때문에 어떤 경우에는 사랑할 수 있으나, 반대로 어떤 경우에는 사랑할 수 없다.

> 좋은 친구는 당신의 기분에 상관없이 당신을 사랑하는 사람이다.

그런 친구를 찾기는 어렵다. 그러나 나에게는 나의 기분에 상관없이 사랑해 주는 한 사람이 있다. 그는 나의 모든 성격을 다 알고 있다. 좋은 것 뿐 아니라 나쁜 것까지 모두 다 알고 있다. 그래서 우리 사이에는 비밀이 없다. 그는 나의 모든 약점과 결점을 다 알고 있다. 그래도 그는 나를 여전히 사랑한다.

그는 우리의 우정을 먼저 시작하신 분이다. 우리의 우정을 꾸준히 지키는 것도 그분이다. 굵든지, 가늘든지, 그는 나에게 꼭 붙어 계신다. 다른 사람들은 나를 버리고 떠날지라도 그분은 나의 곁에 계신다. 그는 절대로 나를 떠나지 않고, 나를 저버리지도 않겠다고 약속했다.

"그가 친히 말씀하시거늘 내가 과연 너희를 버리지 아니하고 과연 너희를 떠나지 아니하리라 하셨느니라"(히 13:5)

나는 친구의 의리를 수도 없이 어기고 지키지 못했다. 그러나 그는 절대 그렇지 않았다. 내가 대적할 때도 그는 용서해 주셨다. 나에게 충고가 필요할 때는 상담을 해 주셨다. 그리고 그분의 상담이 잘못된 적은 결코 한 번도 없었다. 그는 자신의 부요에 대해서는 생각하지 않는다. 오히려 내가 잘 되는 것에 항상 관심이 있으시다. 그는 나를 너무나 사랑하여 나를 위해 그의 생명을 내어놓았다. 그는 당신을 위해서도 그렇게 하셨다.

하나님 아버지, 아버지의 아들 독생자 예수 그리스도를 우리에게 보내주심에 감사드립니다. 그가 우리와 친구 되기 위해 생명을 내어 놓으셨음에 또한 감사드립니다. 주님, 아브라함을 당신의 친구라 부르셨듯이 우리도 하나님의 친구라고 불려 지기를 원합니다. 예수님 이름으로 기도합니다. 아멘.

May 12

여호와를 경외하라

(잠언 23:17) "네 마음으로 죄인의 형통을 부러워하지 말고 항상 여호와를 경외하라"

사탄은 항상 죄악 된 생활을 짜릿하고 즐거운 것처럼 가장한다. 때문에 겉으로 볼 때에는 죄의 쾌락에 빠져들고 싶은 욕구에 사로잡히기 쉽다. 그러나 우리는 좀 더 멀리 보아야 한다.

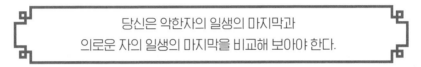

당신은 악한자의 일생의 마지막과
의로운 자의 일생의 마지막을 비교해 보아야 한다.

우리의 인생은 하나님과 영원히 떨어져 나가버리는 죽음으로 끝 날 수도 있다. 아니면 천국에서 하나님께서 주시는 영생의 선물을 받을 수도 있다. 오늘 이 본문에서는 죄인들을 부러워하지 말고, 종일토록 하나님을 경외하고, 또 하나님과 동행하라고 한다.

하나님을 경외함이란 두려워한다는 뜻이다. 어떤 사람들은 하나님을 경외함(두려움)에 대해 잘못 생각한다. 예를 들어 우리가 교차로를 돌다가 갑자기 파란불이 빨간불로 바뀌어 백미러에 경찰차가 뒤따라 오는 것이 비춰졌을 때 느끼는 두려움 같은 것으로 생각한다. 그러나 그렇지 않다.

올바른 두려움은 내가 대통령 앞에서 연설을 할 때 "내 옷이 괜찮은가?, 내 연설이 잘못된 것은 없었나?" 느끼는 두려움 같은 것이다. 우리가 대통령 앞에 설 때도 두려운데 하물며 우주를 창조하신 하나님 앞에서 두렵지 않겠는가?

하나님을 경외하는 자는 남자이거나 여자이거나 다 지혜롭다. 지혜로운 자는 그와 같은 두려움을 하나님을 기쁘시게 하는데 사용한다.

하나님 아버지, 우리를 인도하는 길이 어디에 있는지 정확하게 볼 수 있는 지혜를 주소서. 죄에서 돌이켜 예수님을 따르는데 우리의 생애를 바칠 수 있는 지혜를 주소서. 예수님 이름으로 기도합니다. 아멘.

May 13

내일의 불확실

(잠언 27:1) "너는 내일 일을 자랑하지 말라 하루 동안에 무슨 일이 날는지 네가 알 수 없음이니라"

우리는 미래에 대해서 정말 많은 것을 모르고 있다. 우리가 미래에 대해 아는 오직 한 가지가 있다면, 바로 미래가 불확실하다는 것이다. 그러나 그리스도인들은 사실 어떤 것에 대해서는 확실하게 알고 있다.

그것은 내일 어떤 일이 일어난다 할지라도 하나님께서는 거기에도 반드시 계실 것이라는 사실이다. 예수님께서 그렇게 약속하셨다.

"내가 과연 너희를 버리지 아니하고 과연 너희를 떠나지 아니하리라 하셨느니라"(히 13:5)

이 말은 비록 내일 어떤 고통이나 슬픔, 비극이 찾아올지라도 그것이 어떻게 해결되어 가는 가에 대해 보게 될 것은, 주님이 당신과 함께 하실 것이기 때문이다.

하나님의 뜻만이 알지 못하는 내일의 답이다.

야고보는 계획하는 것이 나쁜 것은 아니지만 우리가 계획을 세울 때에는 돌발적인 요소를 함께 세워야 한다고 했다.

"들으라 너희 중에 말하기를 오늘이나 내일이나 우리가 아무 도시에 가서 거기서 일 년을 유하 며 장사하며 이를 보리라 하는 자들아 내일 일을 너희가 알지 못하는도다 너희 생명이 무엇이 뇨 너희는 잠깐 보이다가 없어지는 안개니라 너희가 도리어 말하기를 주의 뜻이면 우리가 살 기도 하고 이것저것을 하리라 할 것거늘"(약 4:13-15)

내일의 불확실한 것에서 벗어나는 방법은 그것을 하나님께 맡겨버리고 난 뒤 하나님을 신 뢰함으로써만이 확실하게 된다. 하나님은 당신을 사랑하고, 당신의 인생에 대한 계획이 있 으시다는 것을 믿어라. 어떤 일이 생기더라도 하나님이 당신과 함께 하신다는 것을 믿어라. 그리고 하나님이 지도하고 인도하시도록 당신 자신을 열어두라.

하나님 아버지, 아버지의 손이 우리의 삶을 둘러싼 환경 위에 놓여 있음에 감사드립니다. 우리가 계획하는 모든 것들에 아버지를 깊이 생각할 수 있도록 도와주소서. 예수님 이름으로 기도합니다. 아멘.

아들 안에 있는 생명

(전도서 1:14) "내가 해 아래서 행하는 모든 일을 본즉 다 헛되어 바람을 잡으려는 것이로다"

솔로몬은 지식을 위해, 쾌락을 위해, 부를 위해, 권력을 위해, 명예를 위해 살았다. 그러나 그 마지막 생은 불안, 공허, 불만족만 남았다. 해 아래의 모든 인생은 공허하다. 그러나 그의 아들 안에 사는 인생은 부요하고 성공적이다. 왜냐하면 주님을 위해 행하는 당신의 모든 수고는 결코 헛되지 않기 때문이다.

자신을 위한 인생의 이기적인 욕망, 목적, 대망들과는 정반대이다. 그렇게 이기적으로 이루었던 성공들은 당신이 이 땅을 떠나는 즉시 사라지고 잊혀지게 된다.

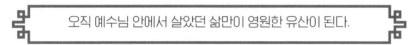

오직 예수님 안에서 살았던 삶만이 영원한 유산이 된다.

사도 바울은 인생의 마지막에 다음과 같이 증거하였다.

"내가 선한 싸움을 싸우고 나의 달려갈 길을 마치고 믿음을 지켰으니 이제 후로는 나를 위하여 의의 면류관이 예비 되었으므로 주 곧 의로우신 재판장이 그 날에 내게 주실 것이니 내게만 아니라 주의 나타나심을 사모하는 모든 자에게니라"(딤후 4:7-8)

"또 증거는 이것이니 하나님이 우리에게 영생을 주신 것과 이 생명이 그의 아들 안에 있는 그것 이니라 아들이 있는 자에게는 생명이 있고 하나님의 아들이 없는 자에게는 생명이 없느니라"(요일 5:11-12).

당신의 인생에 마지막이 온다는 것이 얼마나 영광스러운가! 썩지 않고 더럽혀지지 않은 유산들이 하나님의 나라에서 기다리고 있다. 하나님의 아들 예수 그리스도 안에서 그의 인생을 살았던 사람들은 인생길의 마지막이 공허하지 않고 슬픔이나 후회가 없다. 그 마지막은 새로운 시작일 뿐이다.

하나님 아버지, 우리의 잔이 넘치나이다. 하나님의 아들 예수 그리스도 안에서의 삶이 얼마나 기쁘고 축복이 되는지 우리의 잔에 다 채울 수가 없나이다. 우리를 향한 당신의 은혜를 감사드립니다. 예수님 이름으로 기도합니다. 아멘.

May 15

누가 알리요?

(전도서 6:12) "헛된 생명의 모든 날을 그림자 같이 보내는 일평생에 사람에게 무엇이 낙인지 누가 알며 그 신후에 해 아래서 무슨 일이 있을 것을 누가 능히 그에게 고하리요"

인생은 짧고, 인생의 미래는 불확실하며, 육신을 따라 살았던 인생에게는 만족이 없다. 우리는 이것을 잘 알고 있다. 그러나 그 이후의 삶에 대해서는 모르는 것이 더 많다.

만약 우리가 부요함과 가난함 중에서 선택할 수 있다면 압도적으로 많은 사람들이 부요함을 선택할 것이다. 그러나 무엇이 최상인가? 성경은 부에 대해 많은 경고를 한다. 그 부가 우리의 인생에서 하나님에 대한 우리의 자세에 어떤 역할을 하는지에 대해서도 모른다.

> 우리에게 가장 좋은 것이 무엇인지 누가 아는가?
> 아무도 모른다. 오직 하나님만이 아신다.

또 우리에게 병에 걸리거나 건강함에 대해 선택권이 주어진다면 우리는 병보다는 건강을 선택할 것이다. 그러나 무엇이 가장 최상가? 질병이 나를 하나님과 더 가깝게 하여 하나님과 더 친밀한 관계를 맺게 하는가? 아니면 질병 때문에 하나님을 더 원망하게 되는가?

무엇이 최상인가, 무엇이 성공인가, 무엇이 실패인가, 얼마나 많은 사람들이 그들의 인생에서의 실패 때문에 예수님께로 오는가! 그들의 실패와 좌절의 시점에서 십자가로 나아온 사람들이 많이 있다.

우리의 미래를 모르기 때문에 우리의 미래를 알고 계시는 그분의 손에 내일을 맡기는 것이 지혜롭지 않은가? 우리에게 무엇이 최상인지 모르기 때문에 우리의 인생을 하나님께 드리는 것이 어리석다고 할 수는 없지 않은가? 지혜로운 자는 하나님께 자신을 굴복시키는 자이다. 하나님께서 자신에게 최상의 것을 주실 것을 믿고 맡기는 자이다.

하나님 아버지, 아버지의 무한하신 지혜를 의지하면서 아버지의 손에 우리의 미래를 맡깁니다. 오직 아버지만이 나의 내일을 알고 계시나이다. 예수님 이름으로 기도합니다. 아멘.

May 16

심어라

(전도서 11:4) "풍세를 살펴보는 자는 파종하지 아니할 것이요 구름을 바라보는 자는 거두지 아니하리라"

인생을 살아가면서 행하는 모든 일에는 항상 위험과 어려움이 동반된다. 때문에 목적을 달성하는데 있어서도 대부분의 잠재적인 위험을 막지는 못한다. 그래서 그러한 위험을 예상하고 위험에 대비하여 미리 계획을 세우기도 한다. 그렇게 하지 않으면 우리가 일생 동안 이룰 수 있는 것들이 제한된다.

솔로몬은 바람이 부는 것을 보고 씨를 심지 않는 자들과 비가 올까하여 거두지 못하는 자들에 대해 말하고 있다. 두려워서 추수를 망설이는 자가 있다면 영적인 일에 대해서는 얼마나 더 그러하겠는가?

하나님의 말씀이 뿌려질 때도 각기 다른 종류의 흙속에 떨어진다. 모든 사람에게 다 받아들여 지지는 않는다. 때때로 우리가 볼 때는 복음을 받아들일 기미가 전혀 보이지 않는 사람들도 있다. 그러나 그것은 잘못된 생각이다. 하나님의 말씀을 뿌리기에 어려운 현실이거나 또는 우리가 어렵다고 상상해서 뿌리지 않는 것은 예수님이 온 세상에 그의 복음을 전하라는 평범한 명령에 불순종하는 것이다. 불순종에는 이유가 없다.

> 우리는 받아들일 것 같지 않은 곳에서도 씨를 뿌리라는 부름을 받았다. 그 결과는 하나님께 맡겨라. 흙의 조건을 판단하라는 부름을 받지 않았다.

시편 저자는 다음과 같이 증거했다.

"울며 씨를 뿌리러 나가는 자는 정녕 기쁨으로 그 단을 가지고 돌아오리로다"(시 126:6)

추수해 주기를 기다리고 있다. 바람과 비를 무시하라. 당신이 일하지 못하게 하는 논리적인 것들은 무시해 버려라. 당신이 돌봐야 할 맡겨진 씨들을 심어라.

하나님 아버지, 우리를 둘러싸고 있는 영혼들에게 아버지의 말씀과 아버지의 사랑을 심는데 충성할 수 있도록 도와주소서. 예수님 이름으로 기도합니다. 아멘.

May 17

그의 깃발은 사랑

(아가서 2:4) "그가 나를 인도하여 잔치집에 들어갔으니 그 사람이 내 위에 기로구나"

구혼 기간에는 자신의 진짜 모습을 숨기려고 애쓴다. 왜냐하면 상대방이 나의 참 모습을 알면 나를 사랑하지 않을 것 같아서이다. 상대방이 아는 나는 항상 부드럽고 절대로 화내지 않는 사람으로 생각해 주기 바란다. 그러다가 결혼하여 참 나의 모습을 알게 될 때는 충격적이다. 그것이 바로 예수님에 대한 놀라운 사실들 중의 하나이다. 예수님은 당신에 대해 모든 것을 다 아신다. 심지어 당신 자신이 모르는 것까지도 다 아신다.

예수님은 당신의 나약함과 약점들, 과거와 미래, 내면까지도 거꾸로 뒤집어서까지 고스란히 다 아신다. 그래도 당신을 사랑하신다. 그는 당신을 자기 집의 연회장에 초대하면서 당신 위에 꽂으신 그의 깃발은 사랑이다. 그렇다면 여기서 깃발은 무엇을 뜻하는가? 그것은 하나님이 온 세상에 "이 사람은 내가 사랑하는 사람" 이라고 선포하신 것이다.

하나님의 사랑은 내가 최악의 상태에 있을 때 찾아오실 때가 많다. 내가 비참하고, 무가치하고, 완전히 보잘 것 없을 때, 하나님은 나에게 찾아 오셔서 나에 대한 그의 사랑이 얼마나 위대하고 무조건적인가를 보여주신다. 예수님은 나에게 그의 사랑은 변치 않는다는 것을 알게 하셔셔 나로 하여금 그의 품에서 쉬게 하신다.

> 당신의 생애를 통해 볼 때, 하나님께서 당신을 사랑하는 그만한 사랑을 당신은 경험해 본 적이 없을 것이다.

하나님의 사랑은 당신이 최선을 다해 줄 것만을 구할 뿐이다. 그의 사랑은 당신의 실패와 당신의 연약함을 얼마든지 극복할 만큼 순수하시다. 또한 하나님의 사랑은 영원하시다.

하나님 아버지, 하나님 아버지의 무조건적인 사랑에 우리가 의지할 수 있게 하시니 감사합니다. 아직도 아버지께 자기 자신을 내어 드리지 못하는 이들을 위해 기도합니다. 인간의 지식을 뛰어 넘는 당신의 사랑을 저들도 알게 하소서. 예수님 이름으로 기도합니다. 아멘.

초청

(아가서 7:11-12) "나의 사랑하는 자야 우리가 함께 들로 가서 동네에 유숙하자 우리가 일찍 일어나서 포도원으로 가서 포도 움이 돋았는지 꽃술이 퍼졌는지 석류꽃이 피었는지 보자 거기서 내가 나의 사랑을 네게 주리라"

솔로몬의 신부는 솔로몬과 더 가까워지고 싶은 소망에 초청꺼리를 만든다. 그녀는 포도밭에 함께 가서 열매가 열렸는지 보기를 그에게 구했다.

당신도 이런 방법으로 주님을 초청하여 당신의 삶을 함께 살펴 본적이 있는가? 만약 예수님께서 당신의 삶을 보신다면, 당신이 성령의 열매를 맺고 있음을 보실 수 있는가? 당신의 삶을 예수님께 내어놓을 때, 성령의 열매인 인내, 자비, 양선, 오래 참음, 그리고 온유함으로 나타난다.

> 당신의 삶을 살펴보기 위해 주님을 초청하라.

때로 우리가 우리 인생의 정원을 조사하기 위해 주님을 초청할 때, 우리가 얼마나 소홀했는가를 깨닫는다.

생활의 염려와 바쁘다는 이유로 우리가 마땅히 돌보아야 할 정원을 내버려 둔 것이다. 그래서 정말 예쁘고 아름다운 것이 있어야 할 그곳에 가시가 자라 막히게 한 것이다. 그래서 그것은 열매를 맺을 수 없다. 그때서야 우리는 우리에게 주님이 얼마나 필요한지를 깨닫는다.

주님에게 우리의 마음과 우리의 생각을 살피시게 해야 한다. 당신의 삶을 점검 받기 위해 주님을 불러라. 그분의 발아래 앉아서 당신의 마음을 쏟아 놓아라. 그리할 때 주시는 그분의 사랑을 받아들여라. 당신을 사랑하시는 하나님을 소홀히 여기지 말아라. 하나님과 더불어 보내는 시간이 하나님을 위해 행하는 어떤 일보다 훨씬 더 중요하다.

주님, 당신이 우리의 정원에 오셔서 우리 삶의 열매를 살펴보기 원합니다. 거기에 있는 열매를 보시고 기뻐하시기를 원합니다. 주님, 우리와 더불어 달콤한 교제를 하고 사랑을 나누는 시간을 더 갖기 원합니다. 예수님 이름으로 기도합니다. 아멘.

May 19

왕국의 도래

(이사야 9:6-7) "이는 한 아기가 우리에게서 났고 한 아들을 우리에게 주신 바 되었는데 그 어깨에는 정사를 메었고 그 이름은 기묘자라, 모사라, 전능하신 하나님이라, 영존하시는 아버지라, 평강의 왕이라 할 것임이라 그 정사와 평강의 더함이 무궁하며 또 다윗의 위에 앉아서 그 나라를 굳게 세우고 지금 이후 영원토록 공평과 정의로 그것을 보존하실 것이라 만군의 여호와의 열심이 이를 이루시리라"

우리가 앞으로 올 하나님의 나라를 간절히 고대하는 것이 이상한가? 사람의 나라는 전쟁과 고통, 아픔과 상처로 가득하다. 이 모든 것이 다 하나님의 사랑을 거절한 결과이다.

> 예수님께서 통치하실 때는 세상도 기뻐할 것이다.

오늘날의 세상은 사탄과 사탄이 영감을 주어 하나님께 대적하는 자들에 의해 지배되고 있다. 그러나 미래에 "기묘자, 모사, 전능하신 하나님, 영존하시는 아버지, 평강의 왕"이라 부르는 그분이 다스리실 때는 완전히 다른 세상을 경험하게 될 것이다.

다시 전쟁이 없는 평화와 기쁨의 세상이 될 것이다(사 2:4). 그때에는 이 땅의 동물들도 더 이상 공격하지 않을 것이다(사 11:6-9). 이 땅에 사망이 없을 것이다(사25:8). 평화와 기쁨이 있을 것이다(사 25:8). 그리고 육신적인 장애도 더 이상 없을 것이다(사 29:18).

모두가 하나님의 나라가 도래하기를 기다리고 있다. 그러나 사실 하나님이 다스리는 곳은 어디나 하나님의 나라이다. 만약 하나님이 나의 삶을 다스리신다면 나는 하나님의 나라 안에 이미 살고 있는 셈이다. 비록 나는 이 세상에 살고 있다 하더라도 나는 이미 하나님의 나라를 경험하고 있다. 나는 하나님의 평강으로 위로를 받고 있으며, 하나님의 사랑을 누리고 있으며, 하나님의 구원의 기쁨이 나를 사로잡고 있다.

나는 주님께서 빨리 오시기를 바란다. 또한 우리가 그의 나라를 기다리는 동안 그분의 뜻을 행할 수 있기를 바란다.

하나님 아버지, 우리는 예수님께서 이 땅을 통치하실 그 날을 고대합니다. 또한 우리가 기다리는 동안 우리에게 소망을 주심에 감사드립니다. 예수 그리스도의 이름으로 기도합니다. 아멘.

May 20

불경건한 야망들

(이사야 14:12-15) "너 아침의 아들 계명성이여 어찌 그리 하늘에서 떨어졌으며 너 열국을 얻은 자여 어찌 그리 땅에 찍혔는고 네가 네 마음에 이르기를 내가 하늘에 올라 하나님의 뭇별 위에 나의 보좌를 높이리라 내가 북극 집회의 산 위에 좌정하리라 가장 높은 구름에 올라 지극히 높은 자와 비기리라 하도다 그러나 이제 네가 음부 곧 구덩이의 맨 밑에 빠치우리라"

우리 모두 두 부류 중 한 곳에 속해 있다. 당신이 하나님께 영광을 돌리려 하는 편에 속해 있든지, 아니면 당신이 하나님이 되어 당신 스스로 영광을 받는 편에 속해 있든지 할 것이다. 사탄은 자신이 예배와 찬사를 받기 원했다. 그의 욕망이 그를 떨어지게 만들었다. 누구든지 사탄처럼 하나님의 영광을 취하려는 자는 낮아지게 될 것이다.

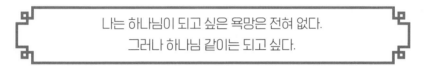

나는 하나님이 되고 싶은 욕망은 전혀 없다.
그러나 하나님 같이는 되고 싶다.

나는 내 삶이 하나님의 발광체가 되었으면 좋겠다. 나는 그의 성령에 의해 하나님의 형상으로 빚어졌으면 좋겠다. 그것은 내가 영광을 받기 위해서가 아니라, 나를 통해 나타내신 하나님의 사랑을 다른 사람이 보면서, 하나님께서 영광을 받으시게 하기 위함이다. 나의 소원은 예수님께서 마태복음 5장 16절에서 "너희 빛을 사람 앞에 비취게 하여 저희로 너희 착한 행실을 보고 하늘에 계신 너희 아버지께 영광을 돌리게 하라" 말씀하신 것처럼 그렇게 살고 싶다.

하나님은 오직 한분만 계신다. 예배도 그분의 것이다. 어리석은 피조물들이 하나님을 보좌에서 끌어내리고, 그분의 영광을 도둑질 한다. 나로서는 천지의 창조주로서, 참되고 살아 계신 하나님을 사랑하고 섬기는 것만으로도 족하다.

하나님 아버지, 아버지께서 우리를 부르시고 택해 주시니 감사합니다. 아버지의 자녀로서 우리의 태도, 행동, 생각, 행위가 모두 아버지를 닮아가게 하소서. 아버지의 성령께서 우리를 꾸준히 빚어 주시옵소서. 예수님 이름으로 기도합니다. 아멘.

May 21

치료하기 위해 깨뜨리심

(이사야 19:22) "여호와께서 애굽을 치실 것이라도 치시고는 고치실 것인 고로 그들이 여호와께로 돌아올 것이며 여호와께서 그 간구함을 들으시고 그를 고쳐 주시리라"

여러분들 가운데는 지금 고통 가운데 있는 사람이 있을 것이다. 애굽처럼 문제 위에 문제가 계속 쌓여가는 것처럼 보이고, 다음에는 어떤 일이 일어날지 몰라 겁에 질려 있을 수도 있다. 또 여러분들 가운데는 지금 내적 갈등 가운데 있는 사람도 있을 것이다. 다시 말하면, 영과 육이 전쟁 중이라는 말이다. 육신이 승리하고 있는 중일수도 있다.

당신이 당신을 볼 때에도 하나님이 싫어하는 일을 하고 있는 당신이 미울 것이다. 그러나 그것에 대항할 만한 힘이 없다. 아무런 소망이 없는 것 같다. 하나님께 완전히 두드려 맞고 있는 것 같다.

> 하나님께서 우리를 때리는 것은 항상 우리를 고치기 위함이다.
> 절대로 망하게 하고자 함이 아니다.

하나님은 당신이, 당신에게 해가 되고, 당신을 망하게 하는 일들을 하고 있는 것을 보고 계신다. 때문에 사랑이 많은 아버지처럼 당신을 채찍질 하시는 것이다. 하나님께서 그렇게 하시는 것은 당신이 하나님의 것이고, 하나님께서 당신을 사랑하시므로, 당신을 고치기 위함이다.

하나님은 당신을 망하게 하는 것으로부터 벗어나게 하려 하신다. 하나님께서 이미 채찍질을 하셨는데도 당신이 반응을 하지 않으면 하나님은 다시 채찍질을 하신다. 아마 더 고통스러운 채찍질을 할 수도 있다.

오늘 당신의 삶이 큰 혼란 속에 있어 지금 내가 하나님의 징계 속에 있구나 하는 것이 느껴진다면 지금 즉시 회개하고 돌아옴으로써 치료의 과정 속으로 들어올 수 있다. 당신이 하나님께 부르짖으면 당신이 불러들여 스스로 뒤집어 쓴 재난들을 하나님께서 고쳐주실 것이다.

하나님 아버지, 우리가 옆길로 갈 때나, 우리를 망하게 하는 일을 할 때, 아버지께서 우리를 비참한 상태가 되도록 내버려두지 않음에 감사드립니다. 우리를 고치기 위해 사랑으로 징계하심 또한 감사드립니다. 오늘도 괴로워하는 자들을 도와주소서. 예수님 이름으로 기도합니다. 아멘.

문제가 생길 때 가야할 곳

(이사야 37:1) "히스기야 왕이 듣고 그 옷을 찢고 굵은 베를 입고 여호와의 전으로 갔고"

막강한 앗수르 군대가 예루살렘 성을 포위하여 그 안에 있던 거민이 다 굶어 죽게 되었을 때이다. 그 위기 때에 히스기야는 하나님의 성전으로 달려가는 반응을 보였다.

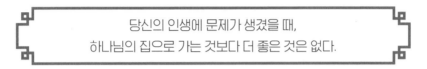

당신의 인생에 문제가 생겼을 때,
하나님의 집으로 가는 것보다 더 좋은 것은 없다.

또한 시편 기자 아삽은 다음과 같이 고백하였다.

"내 발이 거의 실족하고 실족할 뻔하였노라 내가 악인의 형통함을 보고 교만한 자를 시기하였노라… 내가 하나님의 성소에 들어갈 때 그제야 그들의 종말을 깨달았도다"(시편 73편)

하나님의 임재, 하나님의 집에 있는 것은 아삽에게 영원한 관점을 주었다. 이와같이 우리의 문제를 하나님의 관점에서 바라볼 때 놀라운 변화가 일어난다. 우리 인간의 관점에서 보면 그동안 거대하고 희망 없어 보이는 문제들이 갑자기 아무 것도 아닌 것처럼 보일 것이다. 왜냐하면 우리는 우주를 다스리는 하나님이 그 문제를 처리하실 수 있다는 것을 알기 때문이다.

- 하나님은 그의 이름을 부르는 자에게 약속하셨다.
  "환란 날에 나를 부르라 내가 너를 건지리니"(시50:15)

하나님 아버지, 우리의 시각(vision)을 고치시어 우리 삶의 균형을 잡을 수 있도록 영원한 관점을 보게 하옵소서. 예수님의 이름으로 기도드립니다. 아멘.

May 23

강 같은 평화

(이사야 48:18) "슬프다 네가 나의 명령을 듣지 아니하였도다 만일 들었더면 네 평강이 강과 같았겠고 네 의가 바다 물결 같았을 것이며"

이스라엘은 하나님 따르기를 멈추었다. 그들은 하나님의 명령을 등 뒤로 하고, 하나님의 음성을 듣지 않았다. 그러면서도 그들은 여전히 하나님의 백성이라고 주장했고, 하나님의 이름으로 여전히 맹세했다.

하나님은 그들이 선택한 길이 고통이 될 것이라는 것을 알고 계셨다. 그래서 하나님은 선지자들을 통해 경고하고 타일렀다. 그러나 백성들은 하나님을 무시하고, 그의 계명을 소홀히 여겼다. 그 결과 그들의 인생은 비참함과 고통, 재난으로 가득했다.

하나님은 그들의 고통을 보시고 "너희들이 듣기만 했으면 평화가 강물같이 흘렀을 것이다" 말씀하셨다. 그러나 지금 그들에게 평화는커녕 걱정, 근심, 끊임없는 격변, 불안의 연속일 뿐이었다.

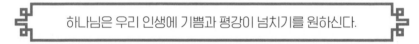

하나님은 우리 인생에 기쁨과 평강이 넘치기를 원하신다.

부모들은 자녀들을 너무나 사랑하기 때문에 자녀들이 잘못되지 않도록 애를 쓴다. 우리도 우리의 자녀가 잘되고 즐겁게 사는 것을 원한다. 그들이 평탄한 인생을 걷기 원한다.

하나님은 우리의 부모이다. 하나님 역시 우리에게 그런 소원을 갖고 계신다. 왜냐하면 우리를 사랑하시기 때문에 우리가 잘 되기 원하고, 축복된 삶을 살기 원하신다.

- 하나님은 오늘도 우리에게 상기시키신다.
- 나의 명령을 따라라.
- 나의 음성에 귀를 기울여라.

하나님 아버지, 아버지의 변치 않는 사랑으로 우리를 사랑해 주시니 감사합니다. 주님, 하나님 아버지의 음성에 귀를 기울여 아버지의 계명을 들을 수 있도록 가르쳐주소서. 그리하여 우리도 강물 같은 평화를 누릴 수 있도록, 우리를 하나님의 평강과 의의 길로 행하게 하소서. 예수님 이름으로 기도합니다. 아멘.

하나님께서 "NO" 하실 때

(이사야 55:8-9) "여호와의 말씀에 내 생각은 너희 생각과 다르며 내 길은 너희 길과 달라서 하늘이 땅보다 높음 같이 내 길은 너희 길보다 높으며 내 생각은 너희 생각보다 높으니라"

자녀들이 원하는 것을 모두 다 주는 것이 자녀를 사랑하는 것일까? "아빠, 사탕 한 통을 다 주세요. 정말 나를 사랑한다면 그것을 나에게 주세요." 하지만 당신은 자녀를 진심으로 사랑하기 때문에 그 작은 치아들이 다 썩어 뽑히는 것을 원하지 않는다. 때문에 사탕 한 통을 한꺼번에 다 주지 않는다.

그러나 아이들은 치아가 썩는 것과 그 증상들에 대해서는 모르기 때문에 그냥 자기들을 사랑하지 않아서 주지 않는다고 생각한다. 그러나 당신의 사랑은 아이들이 실망하더라도 "안 돼"라고 하는 것이다. 이것을 하나님과 인간 사이에 존재하는 조건들로 크게 확대해보자.

> 하나님께서는 그것이 가지고 있는 이점을 이미 알고 계신다.

하나님께서 "아니"라고 한다고 해서 우리에 대한 사랑이나 관심이 부족하다는 것을 나타내는 것은 아니다. 때때로 하나님께서 "아니"라고 하시는 것은 우리를 보호하기 위해서이다. 또 하나님께서 "아니"라고 하시거나 우리가 가지고 있는 것을 빼앗아 가시는 것은, 우리에게 온전히 하나님만 믿고 의지하도록 가르치기 위해서이다.

하나님은 우리의 미래를 아시고 모든 행동의 결과에 대해서도 다 알고 계신다. 지금 나에게 아주 축복된 것으로 보이는 것들이 실제로 오랜 시간 뒤에 보면 저주가 될 수 있다. 반대로 지금은 나에게 저주처럼 보여도 시간이 지난 후에는 놀라운 축복이 될 수도 있다. 우리는 현재의 위로에 관심을 두지만 하나님은 영원한 축복에 관심을 두신다. 다음에 하나님께서 "아니"라고 하실 때 이것을 기억하라.

하나님 아버지, 우리가 아버지의 사랑에 대해 도전하고 의심했던 것을 용서해 주옵소서. 주님, 우리가 처해 있는 삶의 환경 속에서 하나님 아버지를 신뢰할 수 있도록 도와주시옵소서. 예수님 이름으로 기도합니다. 아멘.

May 25

두려워 말라

(이사야 57:19-20) "입술의 열매를 짓는 나 여호와가 말하노라 먼 데 있는 자에게든 지 가까운데 있는 자에게든지 평강이 있을지어다 평강이 있을지어다 내가 그를 고치 리라 하셨느니라 오직 악인은 안정치 못하고 그 물이 더러운 것을 늘 솟구쳐내는 요 동하는 바다와 같으니라"

하나님께서 이사야 선지자에게 영감을 주었을 때 그는 "주께서 심지가 견고한 자를 평강에 서 평강으로 지키시리니 이는 그가 주를 의뢰함이니라"(사 26:3) 기록하였다.

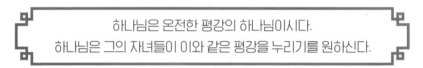

하나님은 온전한 평강의 하나님이시다.
하나님은 그의 자녀들이 이와 같은 평강을 누리기를 원하신다.

예수님께서 이 땅의 사역이 끝나 갈 때 "평안을 너희에게 끼치노니 곧 나의 평안을 너희에 게 주노라 내가 너희에게 주는 것은 세상이 주는 것 같지 아니하니라 너희는 마음에 근심 도 말고 두려워하지도 말라"(요 14:27) 약속하셨다.

바울은 하나님의 평강은 인간이 이해할 수 없음에 대하여 "그리하면 모든 지각에 뛰어난 하 나님의 평강이 그리스도 예수 안에서 너희 마음과 생각을 지키시리라"(빌 4:7) 증거하였다.

세상은 말할 수 없는 불안과 고통, 압박으로 가득 차 있다. 그런 가운데서 이 말씀은 얼마 나 위로가 되는가! 사탄은 다음과 같이 나에게 속삭이면서 하나님의 평강을 빼앗아 간다. "그렇지만 만약 무슨 일이 일어난다면...?" 만약 당신이 이와 같은 사탄의 도전적인 속삭임 에 귀를 기울이게 된다면 그 즉시 하나님의 평강을 잃어버리게 될 것이다. "나의 문제가 어 떻게 해결될까?" 의심하면서 말이다. 이사야 선지자는 "두려워 말라", "네 마음을 하나님께 두어라." 권고했다.

말씀 속에 있는 지혜를 기억하라. 또한 답이 없을 때에는 하나님께서 이미 다 알고 계신다 는 것을 기억하라. 그를 의지하라.

하나님 아버지, 평강의 선물을 주심에 감사드립니다. 우리의 인생을 드리오니 우리 마음 속에서 우리를 주장하시고, 다스려 주옵소서. 우리가 우리의 심령을 예수 그리스도에게 만 둘 수 있는 방법을 가르쳐 주옵소서. 예수님 이름으로 기도합니다. 아멘.

May 26

하나님은 당신을 정해 놓으셨다

(예레미야 1:4-5) "여호와의 말씀이 내게 임하니라 이르시되 내가 너를 복중에 짓기 전에 너를 알았고 네가 태에서 나오기도 전에 너를 구별하였고 너를 열방의 선지자로 세웠노라 하시기로"

예레미야의 일생과 사역은 예레미야가 태어나기도 전에 하나님의 마음에서부터 시작되었다. 이것은 우리 모두 다 마찬가지다. 하나님은 우리가 임신되어지기도 전에 우리 각각에 대해 다 알고 계시며, 또 완전한 계획으로 준비해 두셨다.

그 목적은 우리가 하나님의 영광을 이루는 것이다. 나이가 들어갈수록 뒤를 돌아보면 하나님이 우리에게 하시고자 원하시던 사역을 어떻게 준비시켜 오셨는가 하는 것을 볼 수 있다. 그러나 우리에게는 여전히 자유 의지(free will)가 있고, 하나님은 그것을 거스르지 않으신다. 때문에 우리 모두가 우리 인생을 하나님의 목적대로 다 이루어 드리지는 않는다. 많은 사람들이 자신의 욕망을 따르기 위해 하나님의 뜻대로 자신의 인생을 드리지 못했다.

> 하나님께서는 여러분 각자마다 하나님의 영광을 위해 이루어야 할 사역에 대한 계획을 갖고 계시다.

성경은 이미 "주의 약속은 어떤 이의 더디다고 생각하는 것 같이 더딘 것이 아니라 오직 너희를 대하여 오래 참으사 아무도 멸망치 않고 다 회개하기에 이르기를 원하시느니라"(벧후 3:9) 말씀하셨다. 그러나 모두가 다 회개하지는 않는다. 그것이 하나님의 뜻인데 많은 사람들이 그것을 대적하다가 망해 버린다. 그러므로 하나님께서 비록 작정하고 구별한 자라 하더라도 그 사람이 하나님께 자신을 드리고, 하나님의 계획을 이루기 위한 하나님의 뜻에 순복해야 한다.

주님은 우리 각자에게 하나님을 위한 일을 이루게 하기 위한 부르심의 계획이 있다. 하나님께서는 그 계획을 완수하기 위해 하나님의 능력을 당신에게 부어주실 수 있다. 그런데 왜 하나님의 뜻에 굴복하지 않는가?

하나님 아버지, 우리의 인생에 부여하신 하나님의 부름에 충성할 수 있도록 도와주소서. 하나님 아버지께서 원하시는 대로 우리를 쓰시도록 우리 자신을 비워 드릴 수 있도록 도와주소서. 하나님의 뜻을 이루게 하시고, 궁핍한 이 세상에 하나님의 사랑과 진리를 전하게 하옵소서. 예수님 이름으로 기도 합니다. 아멘.

May 27

가식 떨지 마라

(예레미야 3:10) "이 모든 일이 있어도 그 패역한 자매 유다가 진심으로 내게 돌아오지 아니하고 거짓으로 할 뿐이니라 여호와의 말이니라"

유다는 북이스라엘 왕국이 하나님께 등을 돌리고, 우상을 섬김으로써 망하는 것을 목격했다. 요시아 왕이 영적 회복을 시도했지만 그것이 온전한 개혁이 되지는 못했다. 왜냐하면, 외적으로는 종교적인 것 같았으나 내적으로는 그들의 마음이 변화되지 않았기 때문이다.

오늘날에도 많은 사람들이 교회에 가기는 하지만, 자기네들이 편리한 대로 또는 특별한 날에만 간다. 또 어떤 사람은 습관적으로 교회에 충실하게 출석한다. 때문에 예배에 앉아 있으면서도 그들의 마음이 골프 코스나 점심 약속에 가 있는 경우도 있다. 몸은 교회에 있으나 마음은 딴 곳에 있는 것이다.

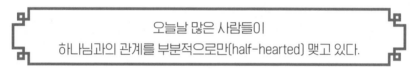

오늘날 많은 사람들이
하나님과의 관계를 부분적으로만(half-hearted) 맺고 있다.

예수님은 에베소 교회에게 첫사랑을 잃어버렸다고 말씀하셨다. 예수님은 또한 라오디게아 교회에게 "네가 이같이 미지근하여 더웁지도 아니하고 차지도 아니하니 내 입에서 너를 토하여 내치리라"(계 3:16) 책망했다.

당신도 하나님과의 관계를 평가해 보라. 지금 차가운 관계인가? 아니면 뜨거운 관계인가? 그것도 아니면 미지근한 관계인가? 당신이 한때 하나님을 뜨겁게 모셨던 그때와 같은가? 아니면 그 감정들은 다 사라지고 이제는 단지 책임감이나 습관적으로 행하고 있지는 않은가? 당신의 예배가 순전히 마음에서 우러나오는 찬양인가? 아니면 그냥 그렇게 하는 척 하는 것인가?

만약 성령께서 당신도 하는 척 하는 사람이거나 마음이 나누인 자로 당신을 보여주신다면, 회개하고 당신의 신앙을 다시 새롭게 해야 한다. 하나님은 당신에게서 참된 예배를 받으실 만한 분이시다. 하나님은 당신의 전심을 받으실 만한 분이시다.

하나님 아버지, 저에게 순전한 마음을 주시옵소서. 전적으로 아버지께 바쳐진 자가 되게 하옵소서. 다시금 우리를 축복의 자리로 돌이켜 주시고, 우리 아버지께 복이 되게 하여 주시옵소서. 예수님 이름으로 기도합니다. 아멘.

옛적 길

(예레미야 6:16) "여호와께서 이같이 말씀하시되 너희는 길에 서서 보며 옛적 길 곧 선한 길이 어디인지 알아보고 그리로 행하라 너희 심령이 평강을 얻으리라 하나 그들의 대답은 우리는 그리로 행치 않겠노라 하였으며"

이스라엘에 혼란이 왔다. 그들의 선지자들은 거짓으로 백성들에게 "평화로다, 평화"라고 말하고 있었다. 그러나 실제로는 전쟁과 멸망이 다가오고 있었다. 이제 이스라엘은 더 이상 하나님 알기를 거부했다. 대신 그들은 물질, 쾌락, 지식을 신들로 여겼다. 탐욕이 판을 쳤다. 심지어 제사장들까지도 부패했다. 사회의 기초가 부패되어 갔다.

하나님께서는 그들의 미래를 보시면서 "멸망으로 치닫는 너희는 잠깐 중단해서 그 길이 너희를 어디로 이끄는지 보라" 경고하셨다. 그리고 하나님은 저들에게 "옛적 길을 구하라" 충고하셨다. '옛적 길'이란 무엇인가? 하나님을 믿는 믿음과 하나님의 말씀의 무오성을 믿는 믿음이다.

> 옛적 길이란 하나님을 온전히 의지하는 것의 하나이다.

하나님께서 우리에게 내어놓으시는 길에만 참된 안식이 있다. 당신도 하나님을 온전히 의지하면서 모든 것을 그분의 손에 다 쏟아 놓을 때, 당신의 영혼이 갈구하는 안식을 얻을 수 있을 것이다.

아마 당신도 이 세상에서 쉼이 없는 고달픈 삶에 시달리고 있을 것이다. 또 인생살이가 염려와 근심으로 눌려 있을 것이다. 지금 당신이 걷고 있는 길을 바라보기 바란다. 당신의 길을 옛적 길로 옮겨라. 하나님 앞에 당신의 무릎을 꿇는 것이 오히려 쉬울 것이다. 하나님께 당신이 하나님에게서 멀어졌던 것을 용서해 달라고 구하고, 하나님을 의지하고 신뢰하는 자리로 돌아오라.

하나님 아버지, 방황했던 우리를 용서해 주시옵소서. 그리고 우리를 하나님을 온전히 의지하는 자리로 옮겨주소서. 또 우리를 믿음의 옛적 길로 돌이키게 도와주소서. 예수님 이름으로 기도합니다. 아멘.

솜씨 좋은 토기장이

(예레미야 18:3-6) "내가 토기장이의 집으로 내려가서 본즉 그가 녹로로 일을 하는데 진흙으로 만든 그릇이 토기장이의 손에서 터지매 그가 그것으로 자기 의견에 좋은 대로 다른 그릇을 만들더라 그 때에 여호와의 말씀이 내게 임하니라 이르시되 여호와의 말씀이니라 이스라엘 족속아 이 토기장이가 하는 것 같이 내가 능히 너희에게 행하지 못하겠느냐 이스라엘 족속아 진흙이 토기장이의 손에 있음 같이 너희가 내 손에 있느니라"

진흙은 이 땅에서 가장 흔한 물질의 하나이다. 그 원재료의 가치는 거의 없다. 그 잠재적 가치는 오직 토기장이의 손에 있다. 만약 솜씨 좋은 토기장이가 그 한줌의 진흙으로 아름답고 비싼 병을 만든다면 수천달러의 가치를 가지게 된다. 진흙의 잠재력을 최대한 발휘하기 위해서는 진흙이 온전히 토기장이의 손놀림에 자신을 전적으로 맡기기만 하면 된다.

> 당신도 하나님께 전적으로 순복하기만 하면, 하나님이 만들고 계시는 당신의 형태가 점점 나타나는 것을 보게 될 것이다.

토기장이가 반죽을 시작하면, 진흙에서 이물질을 떼어 버리고 탄력이 붙도록 반죽한다. 그리고 그 다음 그 진흙덩이는 토기장이의 손놀림에 따라 모양이 만들어진다. 때로 하나님께서 우리의 삶속에서 그의 일을 시작하실 때에 우리는 인내하지 못한다. 우리는 금방 변화되는 것을 보고 싶어 한다. 그러나 진흙을 알맞게 준비하는데도 시간이 필요하다. 그렇지 않으면 절대로 가치 있는 그릇을 만들 수 없다.

하나님은 이미 당신이라는 진흙을 어떻게 만드시겠다는 하나님의 뜻을 그의 마음에 담아두고 계신다. 그냥 물레위에 가만히 있기만 하라. 그리고 그분의 손놀림에 순복하기만 하라. 그리고는 하나님이 당신 속에서 만드신 그 아름다움을 지켜보아라.

하나님 아버지, 우리는 아버지를 기쁘시게 하는 그릇이 되기를 원합니다. 아버지가 우리를 빚으실 때 고집 피우고 대항했던 것을 용서해 주옵소서. 이제는 아버지께 온전히 맡기게 하옵소서. 예수님 이름으로 기도합니다. 아멘.

당신에 대한 하나님의 생각

(예레미야 29:11) "여호와가 말하노라 너희를 향한 나의 생각은 내가 아나니 재앙이 아니라 곧 평안이요 너희 장래에 소망을 주려는 생각이라"

때때로 우리가 하나님께 불순종하여 그리스도인다운 삶을 살지 못한다든지 또는 육신적인 충동으로 사는 나 자신이 싫어질 때가 있다. 그러면서 "하나님도 분명 진노하시고 싫어하시 겠지", "분명 더 이상 나를 사랑하지 않으실꺼야"라고 스스로 생각할 때가 있다.

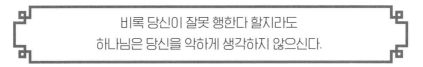

비록 당신이 잘못 행한다 할지라도
하나님은 당신을 악하게 생각하지 않으신다.

예레미야가 편지를 썼던 이스라엘 백성들에게는 하나님께서 분명히 진노하실만한 이유가 있었다. 그들은 범죄의 결과로 인해 바벨론에서 포로로 살고 있었다. 하나님을 등지고 거짓을 믿었던 그들이었다. 그들은 또 멸망으로 이끄는 길을 스스로 선택 했었다. 그래서 그들은 지금 징벌을 받고 있는 중이다. 그러므로 여러분들도 지금 하나님께서 저들을 어떻게 생각하고 계시는지에 대해 상상할 수 있을 것이다.

그러나 예레미야 선지자는 백성들에게 자기 자녀들을 향한 하나님의 생각은 항상 평강이지, 악한 것이 아니라고 확신시키고 있다. 이것은 당신에 대해서도 마찬가지이다. 하나님은 당신을 사랑하신다.

당신을 향한 하나님의 생각은 평강이며, 오히려 그런 환경을 이용해서 하나님은 당신 안에서 하나님의 영원하신 계획을 이루어가고 계신다.

오늘 당신은 하나님과의 관계에서 실패했는가? 그러나 하나님은 당신을 그렇게 여기시지 않는다. 하나님의 사랑은 어제나 내일이나 동일하시다. 그 사랑은 바로 당신이 의지할 만한 사랑이다.

하나님 아버지, 감사합니다. 우리에 대한 하나님의 관심이 평강과 사랑이시기에 더욱 감사합니다. 우리의 눈을 항상 영원 세계에 두게 하시고, 우리의 환경으로 눈을 돌리지 않게 하여 주시옵소서. 예수님 이름으로 기도합니다. 아멘.

May 31

사랑의 깨뜨림

(예레미야 48:11) "모압은 예로부터 평안하고 포로도 되지 아니하였으므로 마치 술이 그 찌끼 위에 있고 이 그릇에서 저 그릇으로 옮기지 않음 같아서 그 맛이 남아있고 냄새가 변치 아니하도다"

모압은 포도주의 산유국으로 이 예화가 아주 적절하다. 포도주를 만들 때 포도의 즙을 큰 통에 붓는다. 포도즙이 발효 될 때쯤 밑바닥에는 찌끼가 가라앉는다. 그러면 포도주를 이 통에서 다른 통으로 부을 때, 바닥에 가라앉은 이전의 통속에 있던 찌끼가 새로운 통으로 넘어가지 않도록 조심해서 붓는다. 이렇게 해서 순수한 포도주를 만들어 낸다.

그러나 포도주를 새 통으로 옮겨 붓지 않고, 그대로 두면 통밑의 찌끼가 위로 스며들어 서서히 부패하기 시작한다. 그리고 결국에는 찌끼의 썩은 맛과 냄새가 온 포도주 통의 풍미를 망쳐버린다.

이와같이 하나님은 우리가 찌끼 위에 안주하고, 악에 관용하며 타협하는 것을 보실 때 우리를 이 그릇에서 저 그릇으로 옮기신다.

또한 하나님은 우리가 안주하지 못하도록 깨뜨려서 우리의 삶이 세상의 맛을 내지 않도록 하신다. 그러나 우리는 이 그릇에서 저 그릇으로 옮겨 붓는 것을 싫어한다. 우리는 세상의 달콤함 속에 안주하기를 바란다. 썩은 냄새에 취해 가면서 말이다.

> 깨뜨려 버리면 정착할 수 없고, 편안할 수도 없다.
> 그러나 그것은 아주 중요한 목적을 이루게 한다.

깨뜨리는 것은 우리를 순결하게 할 뿐 아니라, 다시금 우리에게 무릎 꿇는 곳으로 돌이키게 한다. 그러면 우리는 그곳에서 우리 하나님 아버지와 더 가까운 관계를 맺는 것이다.

하나님 아버지, 우리를 사랑해 주시니 너무나 감사합니다. 우리를 이 그릇에서 저 그릇으로 계속 옮겨 부으소서. 그 소용돌이의 과정을 통해 하나님께서 원하시는 우리가 되게 하시옵소서. 또 하나님의 영광을 위하여 순결한 자가 되게 하여 주시옵소서. 예수님 이름으로 기도합니다. 아멘.

June 1

어미들을 부르심

(애가 2:18-19) "저희 마음이 주를 향하여 부르짖기를 처녀 시온의 성곽아 너는 밤낮으로 눈물을 강처럼 흘릴지어다 스스로 쉬지 말고 네 눈동자로 쉬게 하지 말지어다 밤 초경에 일어나 부르짖을지어다 네 마음을 주의 얼굴 앞에 물 쏟듯 할지어다 각 길머리에서 주려 혼미한 네 어린 자녀의 생명을 위하여 주를 향하여 손을 들지어다 하였도다"

이스라엘은 타락하여 스스로 강하다고 생각하면서 민족의 역사에서 하나님을 제거했다. 그들은 이제 더 이상 하나님이 필요 없다고 생각했다. 그 결과 바벨론이 이스라엘을 몰락시켰다. 이제 이스라엘은 몰락된 성읍에서 통곡하고 있다. 예레미야는 이 황폐한 시대를 보면서 이스라엘의 모든 어미들을 부르고 있다.

> 어머니의 영향력은 측량할 수가 없다. 자녀들이 흔들릴 때 어머니에게는 이 자녀들을 의의 길로 인도할 수 있는 능력이 있다.

지금 우리도 재난 속에 있어 그러한 영향력이 절대적으로 필요하다. 지금 미국의 공립학교 제도를 보라. 1963년에 미국 대법원은 모든 학교에서 기도하는 것과 성경 읽는 것이 불법이라고 결정했다. 그렇게 결정하고 난 후 무슨 일이 일어났는가? 미국 전역의 평균을 내보면, SAT(scholastic aptitude test_대학수능시험) 점수가 꾸준히 하락하고 있으며, 폭력과 범죄는 더욱 빈번해졌다. 그리고 마약 복용율은 하늘로 치솟고 있다.

불신에 대한 오직 한가지의 답은 경건한 원리로 돌아가는 것이다. 미국을 세웠던 바로 그 원리이다. 어머니 뿐 아니라 아버지들도 하나님의 관점에서 무엇이 옳고 그릇된 것인가를 가르쳐야 한다. 우리는 다음 세대들에게 기도를 통해 하나님을 찾도록 가르쳐야 한다. 여기에 근본적인 제안을 하겠다. 이번 주에는 텔레비전을 끄고 하나님께로 우리의 얼굴을 향해 보자. 우리나라를 위해, 그리고 우리의 후손을 위해 기도하자.

하나님 아버지, 우리를 흔들어 아버지의 이름을 부르게 하소서. 우리로 하여금 우리의 자녀를 위해, 우리의 학교를 위해, 그리고 우리의 나라를 위해 기도하게 하소서. 예수님 이름으로 기도합니다. 아멘.

June 2

낙망에서 소망으로

(애가 3:21-26) "중심에 회상한즉 오히려 소망이 있사옴은 여호와의 자비와 긍휼이 무궁하시므로 우리가 진멸되지 아니함이니이다 이것이 아침마다 새로우니 주의 성실이 크도소이다 내 심령에 이르기를 여호와는 나의 기업이시니 그러므로 내가 저를 바라리라 하도다 무릇 기다리는 자에게나 구하는 영혼에게 여호와께서 선을 베푸시는도다 사람이 여호와의 구원을 바라고 잠잠히 기다림이 좋도다"

모든 경우가 그렇듯이 예레미야도 자기 자신을 바라볼 때 어쩔 수 없이 실의에 빠져 버렸다. 그러나 그는 생각의 방향을 자신에게서 하나님께로 돌렸다. 그럴 때 낙망은 떠나갔다. 예레미야가 하나님을 기억하고 하나님의 성품을 묵상할 때 평강과 소망이 그의 마음을 가득 채웠다.

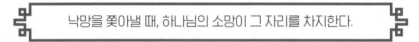

낙망을 쫓아낼 때, 하나님의 소망이 그 자리를 차지한다.

예레미야는 자신을 생각하는 대신 하나님의 성품에 대해 생각했다. 또 예레미야는 하나님의 자비에 대해서도 생각했다. 하나님의 자비 때문에 우리가 소멸되지 않은 것이다. 예레미야는 하나님의 성실하심에 대해서도 생각했다. 하나님은 항상 그가 하실 것이라고 말씀하신 것은 반드시 행하신다. 하나님은 깊은 쓰레기더미 속에서도 선을 이루어 내신다.

예레미야는 또한 하나님은 우리의 분깃이라는 것에 대해 생각했다. 하나님이 우리의 분깃이라면 우리에게 더 이상 무엇이 필요한가? 예레미야는 또한 하나님의 선하심에 대해 생각했다. 하나님은 모든 일을 협력하여 우리에게 유익되게 역사하신다. 결국 예레미야는 "잠잠히 하나님의 구원을 바라고 기다리는 것이 좋겠다"는 결론을 내린다.

당신도 오늘 걱정거리가 있는가? 당신의 생각을 바꾸어라. 당신의 고충을 곱씹지 말라. 오히려 당신의 구세주를 묵상하라. 당신의 눈을 예수님께 고정하고, 그의 성품을 기억하라. 당신을 사랑하는 예수님의 사랑은 절대로 변하지 않는다. 예수님의 자비는 아침마다 새롭다.

하나님 아버지, 우리의 눈을 나에게로 돌리지 말고 아버지께로 고정하게 하옵소서. 오늘 우리의 마음을 하나님에 대한 소망과 사랑으로 채워지게 하여 주시옵소서. 예수그리스도의 이름으로 기도합니다. 아멘.

June 3

하나님의 부르심

(에스겔 3:11) "사로잡힌 네 민족에게로 가서 그들이 듣든지 아니 듣든지 그들에게 고하여 이르기를 주 여호와의 말씀이 이러하시다 하라 하시더라"

하나님은 그리스도의 몸 안에 있는 사역자로 우리 각자를 부르셨다. 우리 모두가 다 사도가 아니며 모두가 다 선지자가 아니고 모두가 다 전도자가 아니다. 또 모두가 다 목사가 아니고 모두가 다 선생이 아닐지라도 우리 모두는 다 섬김의 자리에 서 있다.

하나님은 당신에 대해서도 할 일이 있으시고, 목적이 있으시다. 만약 하나님께서 당신을 사역자로 부르셨다면 하나님이 당신을 그 일에 맞게 준비시킬 것이라는 것을 믿어라.

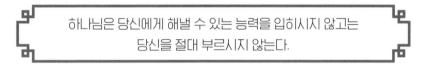

하나님은 당신에게 해낼 수 있는 능력을 입히시지 않고는
당신을 절대 부르시지 않는다.

에스겔은 백성들에게 "그들이 듣던지 아니 듣던지" 외치라는 명령을 받았다. 사역은 쉽지 않다. 때로는 매우 낙망하기도 한다.

사람들이 당신이 말하는 것에 항상 반응하지도 않는다. 오히려 당신이 하나님의 일들을 말하면 화를 낼 수도 있다. 그러나 당신의 생애가 끝날 때 계산되는 것은 오직 한 가지이다. 그것은 바로 하나님의 뜻에 대한 당신의 순종이다.

당신 자신을 위해 행했던 모든 일들, 평생 쌓아왔던 모든 재산, 약력에 쓰여 있는 모든 명예직들은 모두 다 아무런 의미가 없다. 당신의 인생을 진실하게 계산할 수 있는 곳에 바쳐라. 곧 영원한 것에! 당신의 인생을 그분을 위해 살아보아라.

하나님 아버지, 우리를 당신의 부르심에 합당하게 쓰일 수 있도록 능력을 입혀주신 예수님께 감사드립니다. 항상 자비와 이해와 사랑의 위치에서 사역하게 하옵소서. 또한 주님, 아버지께서 말씀하신 모든 것을 사람들에게 경고하지 않는 죄를 범하지 말게 하옵소서. 예수님 이름으로 기도합니다. 아멘.

June 4

거짓 소망

(에스겔 13:14) "회칠한 담을 내가 이렇게 훼파하여 땅에 넘어뜨리고 그 기초를 드러낼 것이라 담이 무너진즉 너희가 그 가운데서 망하리니 나를 여호와인 줄 알리라"

선지자들이 백성들에게 거짓을 말하고 있었다. 사실 이스라엘은 멸망을 눈앞에 두고 있었다. 그런데도 선지자들은 백성들이 듣기 좋아하는 평화의 메시지만을 전하고 있었다. 이러한 선지자들은 백성들의 마음속의 원수에 대해서도 안전하고 괜찮다고 말함으로써 잘못 믿게 하는 벽을 쌓은 것이다. 그러나 때가 되자 백성들은 선지자들의 말이 거짓임을 알게 되었다. 시험이 폭풍처럼 몰려오자 그 벽은 더 이상 서 있을 수 없게 된 것이다.

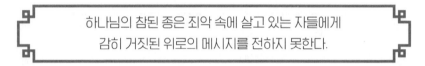

하나님의 참된 종은 죄악 속에 살고 있는 자들에게 감히 거짓된 위로의 메시지를 전하지 못한다.

사람들은 위로의 메시지를 듣기 원한다. 그들은 당신의 마음이 선한 자세로 되어 있다든지 또는 당신이 보기에 옳다고 생각된다면 사실 하나님께는 아무런 문제가 되지 않는다고 사람들에게 전한다. 그러나 당신이 범죄하고 있는데도 당신을 위로하는 자는 거짓 선지자이다.

그들은 보호막이 되지 못하는 회칠한 벽을 세우는 자들이다. 나는 죄의 길을 선택한 자들에게 진실하고 성실하게 경고하라는 부름을 받았다. 또한 예수 그리스도께 그의 삶을 드리는 자들에게는 축복의 말도 외쳐야 한다.

예수 그리스도는 잘 반죽되어 단단하게 세워진 벽이시다. 당신의 믿음을 예수 그리스도께 두라. 그러면 폭풍이 올 때 당신은 참된 안식처를 얻게 될 것이다.

주님, 우리의 소망이 헛되지 않은 줄 압니다. 주님은 인생의 폭풍 속에서도 우리를 지켜 주시고, 언젠가 주님 앞에 서게 될 때 우리로 하여금 흠 없는 자로 서게 하셔서 우리에게 기쁨이 넘치게 하실 것을 믿습니다. 예수님 이름으로 기도합니다. 아멘.

June 5

남을 탓하는 잘못

(에스겔 18:30) "나 주 여호와가 말하노라 이스라엘 족속아 내가 너희 각 사람의 행한 대로 국문할찌라 너희는 돌이켜 회개하고 모든 죄에서 떠날찌어다 그리한즉 죄악이 너희를 패망케 아니하리라"

이스라엘 백성들은 포로 생활로 인한 고통이 자기 조상들의 죄 때문이라고 탓하고 있었다. 그러나 하나님은 이스라엘 백성들의 그런 마음가짐에 대해 도전하셨다. 하나님은 이스라엘 백성들에게 자신들의 죄악에 대해서는 자기 스스로 책임질 것을 요구하셨다. 당신도 현재의 당신이 된 것과 또 당신이 행한 모든 일들에 대해 당신 스스로 책임을 져야 한다. 모든 사람마다 자기가 행한 대로 심판을 받는다. 당신이 하나님 앞에 설 때 답을 할 수 있는 오직 한 사람이 있는데, 그 사람이 바로 당신이다.

> 당신이 범한 죄를 다른 사람의 탓으로 돌리지 마라.

혹시 당신에게 고통스러운 과거가 있는가? 무시당하며 자랐거나, 부모와 성향이 맞지 않아서 비참한 어린 시절을 보냈거나, 또는 상상할 수 없는 폭력을 당했을 수도 있다. 그러나 예수 그리스도 안에서는 그 모든 상처들이 치유 받을 수 있다. 당신의 과거를 지울 수도 있고, 하나님께서 원하시는 당신이 될 수도 있다.

만약 당신이 누군가를 탓하는 한 당신은 절대로 당신이 행했던 일들에 대해 회개할 필요를 느끼지 못한다. 만약 당신이 불의를 행하면서 그 죄에 대한 탓을 계속해서 타인에게 돌리면 당신의 죄가 결국에는 당신을 망하게 할 것이다.

하나님은 당신을 축복하기 원하시고, 당신이 현재의 존재보다 더 잘 되기를 원하신다. 예수님은 말씀하시기를 "내가 온 것은 저들이 양으로 생명을 얻게 하고 더 풍성히 얻게 하려는 것이라"(요 10:10) 하셨다. 당신의 죄를 다른 사람의 탓으로 돌리지 마라. 회개하라. 그리고 예수님께 돌아와서 그분이 당신에게 주시고자 원하시는 생명을 받도록 하라.

하나님 아버지, 주께서 우리에게 주신 새 생명과 새 마음을 가질 수 있게 하시니 감사합니다. 나의 죄에 대한 책임을 나 스스로가 지고, 돌이켜 예수 그리스도 안에서 새롭고 축복받는 삶을 살게 하여 주시옵소서. 예수님 이름으로 기도합니다. 아멘.

June 6

너희는 알리라

(에스겔 24:14, 17) "나 여호와가 말하였은즉 그 일이 이룰지라 내가 돌이키지도 아니하며 아끼지도 아니하며 뉘우치지도 아니하고 행하리니 그들이 그 네 모든 행위대로 너를 심문하리라 나 주 여호와의 말이니라. 죽은 자들을 위하여 슬퍼하지 말고 종용히 탄식하며 수건으로 머리를 동이고 발에 신을 신고 입술을 가리우지 말고 사람의 부의하는 식물을 먹지 말라 하신지라"

하나님은 에스겔에게 예루살렘을 완전히 멸망시키겠다고 말씀하셨다. 또 하나님께서는 "나 여호와가 말했으니 반드시 이루어지리라" 말씀하셨다. 이때 에스겔은 달력에다 마지막이자 시작인 그날, 곧 바벨론이 예루살렘 성을 포위하는 그 날에 표시를 했다. 하나님은 그의 말씀을 이루신 것이다.

> 하나님께서 마지막 때에 관한 그의 말씀을 이루시고자 이 땅에 심판을 퍼부으시기 시작할 그때서야 사람들은 비로소 그가 하나님이심을 알게 될 것이다.

오늘날 많은 사람들이 하나님의 말씀에 도전한다. 그들은 예수님의 약속에 대해 비아냥거리고 있지만, 사실은 베드로가 예언한 그대로 이루어지고 있다.

"먼저 이것을 알지니 말세에 기롱하는 자들이 와서 자기의 정욕을 좇아 행하며 기롱하며 가로되 주의 강림하신다는 약속이 어디 있느뇨 조상들이 잔 후로부터 만물이 처음 창조할 때와 같이 그냥 있다 하니"(벧후 3:3-4)

이렇게 비아냥거리는 사람들은 성경에 대해 말하기를, 무엇인가 믿어야 겠다고 생각한 사람들이 가상으로 만들어낸 책이라고 한다. 그러나 그들은 성경이 얼마나 정확하게 예언되어졌는지와 그 이유에 대해서는 결코 설명하지 못한다. 우리가 하나님을 인정하고 우리의 인생을 그분께 순복하는 것이 얼마나 중요한가! 하나님의 심판이 다가오고 있다. 오직 하나님의 뜻을 행하는 자들만이 하나님의 진노를 피할 수 있을 것이다.

하나님 아버지, 아버지의 말씀을 통해 우리의 마음에 말씀해 주소서. 그리하여 아버지께서 선포하신 일들이 확실하게 이루어질 것을 우리로 하여금 깨닫게 하소서. 우리가 하나님 아버지를 뒤따라 걸어가게 하시며 또 우리 자신을 온전히 그리고 완전하게 아버지께 맡기게 하옵소서. 예수님 이름으로 기도합니다. 아멘.

June 7

교만

(에스겔 31:10-11) "나 주 여호와가 말하노라 내가 또 바벨론 왕 느부갓네살의 손으로 애굽 무리들을 끊으리니 그가 열국 중에 강포한 자기 군대를 거느리고 와서 그 땅을 멸할 때에 칼을 빼어 애굽을 쳐서 살육 당한 자로 땅에 가득 차게 하리라"

앗시리아를 물가에 심어 그 뿌리가 많은 영양을 섭취할 수 있도록 하신 이는 바로 하나님이셨다. 그들을 위대한 하나님의 나라로 만드신 이가 바로 하나님이시다. 그런데 그들은 자신들의 세력을 과시하고, 그 이루어진 것들이 마치 자기들이 잘해서 이루어진 것처럼 자랑했던 것이다.

> 하나님께서 이루신 것을 자기의 명예로 삼는 것은 항상 위험하다.

너무나 많은 사람들이 종종 말하기를, 하나님께서 사용하셨거나 또는 하나님께서 특별한 재능을 주심으로 인해 성공할 수 있었던 것을 마치 자신이 잘나서 성공한 것처럼 자랑한다. 그들은 진실로 하나님께 속한 영광을 자기가 취하는 것이다. 그러나 하나님은 어느 육신에게도 하나님의 영광을 취하는 것을 허락하지 않았다고 말씀하셨다. 오히려 "자기를 높이는 자는 낮아지게 될 것이다" 말씀하셨다.

사역이 큰 성공을 거두게 될 때는 항상 위험이 도사리고 있다. 왜냐하면 갑자기 많은 사람들이 성공의 비결에 대해 알고 싶어 하며 당신에게로 몰려들기 때문이다. 시험은 하나님이 이루신 일을 마치 자기가 고안해 낸 것처럼 하기 때문에 오는 것이다.

어떤 고귀한 일이나, 잘한 일들은 모두 다 하나님께로부터 주어진 일이다. 우리에게 재능이나 능력, 명철을 주신 이는 하나님이시다. 하나님께서 하신 일들에 대해서는 하나님께로 영광을 돌려야 한다. 하나님께 영광이 있을지어다. 그분이 하신 위대한 일들에!

하나님 아버지, 우리에게 생명과 능력을 주신 이가 아버지이심을 알게 하여 주시옵소서. 또한 우리가 항상 끊임없이 충만하게 영광을 받으실만한 하나님 아버지께 영광을 돌릴 수 있게 하옵소서. 예수님 이름으로 기도합니다. 아멘.

June 8

공평

(에스겔 33:17) "그래도 네 민족은 말하기를 주의 길이 공평치 않다 하는도다 그러나 실상은 그들의 길이 공평치 아니하니라"

본문에 나오는 이 사람들은 하나님의 은혜에 대해 하나님께 화를 내고 있다. 하나님은 선포하시기를, 어떤 사람이 자기의 악함 때문에 죽게 되어 있을 지라도, 그가 만약 죄에서 돌이켜 하나님의 법도 안에서 다시 행한다면, 용서함을 받을 수 있다고 하셨다. 또 하나님은 약속하시기를, 사람이 회개하기만 하면, 아무도 그의 지나간 죄악에 대해 다시 물을 자가 없다고 하셨다. 그러자 사람들은 화가 났다. 그들은 하나님께서 그렇게 쉽게 죄에 대해 용서해 주는 것이 싫었다.

거기에 무슨 공평이 있단 말인가? 사람들의 생각에는 하나님의 용서를 얻기 위해서는 분명히, 무엇인가를 행해야 했다. 우리는 아직도 하나님과 그의 공의에 대해 모르는 것들이 많이 있다.

아주 먼 곳에 살기 때문에, 예수 그리스도를 통한 하나님의 구원의 섭리에 대해 아직도 들어보지 못한 사람들의 최후에 대해서, 하나님께서는 어떻게 처리하실까? 아무도 모른다. 그러나 그 사람이 하나님 앞에 섰을 때, 그에게 내려진 판결을 듣고, 우리는 확실하게 말할 것이다.

"또 내가 들으니 제단이 말하기를 그러하다 주 하나님 곧 전능하신 이시여 심판하시는 것이 참되고 의로우시도다 하더라"(계 16:7)

> 우리는 하나님을 비판하기보다 하나님에게서 배워야 한다.
> 하나님처럼 동일한 사랑과 자비와 용서의 마음을 가져야 한다.

우리 인생의 사악했던 오점들이 한 순간에 없어지다니, 얼마나 아름다운 일인가! 그러나 사람들은 머리를 흔들며, "공평하지 않아" 말한다. 하지만 하나님께서는 "내 길은 너희 길보다 높다" 말씀하신다.

하나님 아버지, 하나님께서 베풀어 주신 은혜와 자비에 무한한 감사를 드립니다. 우리를 대적했던 자들의 허물을 우리가 용서했듯이, 우리의 허물도 용서해 주소서. 예수님 이름으로 기도합니다. 아멘.

June 9

영감 VS 땀

(에스겔 44:18) "가는 베 관을 머리에 쓰며 가는 베 바지를 입고 땀나게 하는 것으로 허리를 동이지 말 것이며"

우리가 흘리는 땀은 우리의 육체적인 활동에 대한 결과이다. 따라서 우리가 하나님께 땀 흘려 봉사하는 것은 집을 짓는 것 같은 일들처럼 생각할 수 있을 것이다. 그러나 하나님은 우리가 하나님을 예배할 때, 즉 찬양과 경배와 감사를 표현 할 때 우리 몸을 힘들게 하고 땀을 흘리는 것이라면 그 어떤 것이라도 원하지 않으신다고 말씀하셨다.

> 하나님은 당신의 예배와 봉사가 억지로 하거나 감정이 격양되어 미친 듯이 열광하는 행동을 하는 것은 원하지 않으신다.

하나님은 당신이 주의 뜻을 이루는 것에 대해 큰 짐으로 여기고, 힘들어 견딜 수 없게 만드는 것도 원하지 않으신다. 어떤 사람은 주님의 일에 자신이 그렇게 봉사하는 것에 대해 말하기를, 자신이 큰 희생을 하고 있다고 말하고 다닌다.

하나님은 당신이 예수님을 따르는데 있어서, 당신의 생활을 혼란스럽게 하는 잡다한 일들에 대해서는 포기하라고 하셨다. 하나님은 당신의 마음속에서 하나님을 사랑하는 사랑이 흘러나오는 마음으로 예배하기를 소원하신다. 왜냐하면 그것이 하나님이 당신에게 보여주신 그 사랑에 반응하는 사랑이기 때문이다.

하나님은 우리가 하나님께 감사하다고 표현할 때 땀이나 거짓된 자극적인 모습이 아니라, 순수하면서도 자연스러운 모습으로 표현할 때 기뻐하신다. 우리의 예배도 순전한 마음에서 우러나오는 감격이 되기를 원하신다.

하나님이 나의 일생에 행하신 일들을 감사하고 그의 영광과 그의 능력과 그의 아름다움을 찬양하는 예배를 드리도록 하라.

하나님 아버지,우리도 기쁨과 감사로 하나님께 예배하기를 원합니다. 예수 그리스도이름으로 기도합니다. 아멘.

June 10
그가 거기 계신다

(에스겔 48:35) "그 사면의 도합이 일만 팔천척이라 그 날 후로는 그 성읍의 이름을 여호와 삼마라 하리라"

에스겔은 이스라엘의 미래의 영광을 묘사할 때, "여호와 삼마(여호와께서 거기 계시다)로 불려 질 것이다"라고 했다. 에스겔은 '여호와께서 거기 계시다'는 것보다 더 영광스러운 것은 어떤 것도 생각해 낼 수가 없었다.

어떤 사람은 하나님의 임재를 벗어나고 싶어 한다. 그들은 미국의 국가적인 행사에서도 하나님을 제거하려고 한다. 공립학교에서 하나님에 대해 말하지 못하게 하고, 공공장소에서 하나님을 상기하지 못하게 한다. 그들은 하나님이 없는 곳이라야 즐길 수 있다고 생각한다. 그래야만 아무런 규제도 없을 것이기 때문이다. 그렇게 했을 때 자기들이 좋아하는 것을 다 할 수 있다고 생각한다. 그러나 기억해야 할 것은 자유는 누구에게나 있다. 하지만 그것이 그렇게 오래가지 않는다는 것이다.

> 우리가 하나님의 임재에서 벗어날 수 없음을 감사하자!

하나님께서 그곳에 계시기 때문에 우리에게 소망과 능력과 순결이 있다. 만약 하나님이 없다면 우리에게는 어둠뿐이다. 하나님은 항상 거기에 계시는데, 우리는 그 사실을 때때로 잊어버린다.

바로 우리가 죄를 지을 때 그 사실을 잊어버린다. 우리가 죄를 지을 때 그런 경향이 있다. 또 우리의 환경에 대해 낙망할 때 그런 경향이 있다. 그러나 사실 바로 그 때가 하나님의 임재를 가장 많이 의식해야 할 때이다.

우리가 하나님의 임재를 의식하게 되면 죄를 지을 수 없다. 또 하나님의 임재는 우리의 절망을 쫓아낸다. 그러면 우리는 우리의 어두운 인생길 속에서도 기뻐할 수 있게 된다.

하나님의 임재 의식을 훈련하라. 산꼭대기에서도, 골짜기에서도, 그 어느 곳이라도 우리와 함께 하시겠다고 약속하신 그분을 기억하라.

하나님 아버지, 하나님 아버지의 임재 선물을 우리에게 주심에 감사드립니다. 아버지께서 거기에 계심을 기억하게 하시고, 절망 속의 우리 마음을 감사로 바꾸게 하여 주시옵소서. 예수님 이름으로 기도합니다. 아멘.

June 11

불 속에서도 당신과 함께

(다니엘 3:25) "왕이 또 말하여 가로되 내가 보니 결박되지 아니한 네 사람이 불 가운데로 다니는데 상하지도 아니하였고 그 넷째의 모양은 신들의 아들과 같도다 하고"

다니엘의 친구인 사드락, 메삭, 아벳느고는 느부갓네살 왕이 세운 그의 신상에 절하는 것을 거부했다. 그러자 왕은 불같이 성을 내며 그 세 사람을 불타는 용광로에 집어넣으라고 명령했다. 용광로 안에서 그 사람들은 불꽃에 그을리지도 않았다. 왕이 용광로를 열었을 때 그 안에 세 사람이 아니라, 네 사람이 있는 것을 보고 깜짝 놀랐다. 왕이 보기에 그 네 번째 사람은 "하나님의 아들" 같았다. 이 이야기는 예수 그리스도가 자기 자녀와 함께 거하심을 보여준다.

예수님은 흑암 속에서도, 불 속에서도, 시험을 당하는 자기 자녀를 보존해 주신다. 우리의 소원은 하나님이 우리를 불같은 시험 속에 넣지 않는 것이다. 그러나 하나님은 우리가 원하는 대로 해주시지 않을 때가 많다.

> 하나님은 우리를 불 속에 집어넣지 않는 것이 아니라 불길 속에서 우리를 구해내는 방법을 택하시는 것 같다.

불은 불순물을 제거해서 순수한 상태로 정화시킨다. 하나님은 그의 백성의 순결을 소원하신다. 그래서 하나님은 때때로 자기 백성을 얼마동안 용광로에 집어넣어서 그 속에 있는 불순물을 다 태워 버리신다.

오늘 당신도 용광로 속을 지나고 있을지 모른다. 그러나 이것만은 알아야 한다. 당신 홀로 불 속에 있는 것이 아니라는 사실이다. 주님께서 그곳에 당신과 함께 계신다. 그 시련의 목적을 이루실 때, 하나님은 당신을 그 속에서 건져낼 것이다.

하나님 아버지, 우리가 결코 혼자가 아님을 아버지께 감사드립니다. 깊은 고통 중에 있거나 깊은 흑암 중에 있을지라도 고난의 한가운데 주님이 함께 계시니 너무나 감사드립니다. 우리가 고난당할 때 하나님 아버지께서 함께 하신다니 얼마나 축복인지요. 예수님 이름으로 기도합니다. 아멘.

June 12

쉬운 길이냐 어려운 길이냐

(다니엘 4:37) "그러므로 지금 나 느부갓네살이 하늘의 왕을 찬양하며 칭송하며 존경하노니 그의 일이 다 진실하고 그의 행하심이 의로우시므로 무릇 교만하게 행하는 자를 그가 능히 낮추심이니라"

느부갓네살은 최고의 축복을 받은 사람이었다. 그러나 아마도 너무나 많은 축복으로 인해 그의 교만과 우쭐함은 극에 달했다. 느부갓네살은 그 자신의 모든 영화가 자기가 잘났기 때문에 된 줄 알았다. 하나님은 느부갓네살에게 위험한 길을 가고 있다고 경고했다. 그러나 느부갓네살은 하나님의 경고를 무시했다.

성경은 우리에게 "교만은 패망의 선봉이요"(잠 16:18)라고 경고한다.

> 하나님은 신실하시다.
> 하나님은 우리가 위험한 곳으로 향하고 있을 때 항상 경고하신다.

하나님이 우리에게 경고 하실 때는 우리로 하여금 두 가지 길 중에서 하나를 선택하여 배우기 원하시는 것이다. 그 두 가지 길이란, 어려운 길이냐 쉬운 길이냐이다. 쉬운 길은 하나님의 경고만 따라가면 된다. 그러나 어려운 길은 고난 속을 계속 걸어야 한다.

느부갓네살은 어려운 길을 택했다. 느부갓네살이 다시 교만해지자, 그와 동시에 그는 정신병자가 되었다. 느부갓네살이 하나님께서 통치하신다는 것을 깨닫기까지는 7년이 걸렸다. 하나님은 우리를 망하게 하는 일들을 가만히 보고 계실만큼 우리를 사랑하지 않는 분이 아니다.

우리는 하나님의 자녀이기 때문에 어려움을 당하지 않도록 항상 미리 경고와 교훈을 주신다. 우리가 쉬운 길을 가는 법을 배우느냐, 아니면 어려운 길을 가는 법을 배우느냐는 전적으로 우리에게 달려있다.

하나님 아버지, 우리로 하여금 어리석은 일에 빠지지 않게 하려는 하나님의 사랑에 감사드립니다. 우리에게 하나님의 말씀에 대한 배고픔을 주시옵소서. 그리하여 그 안에 우리에게 필요한 모든 지혜와 생명과 신앙이 있음을 알게 하여 주시옵소서. 예수님 이름으로 기도합니다. 아멘.

June 13

왕의 일을 행함

(다니엘 8:27) "이에 나 다니엘이 혼절하여 수일을 앓다가 일어나서 왕의 일을 보았느니라 내가 그 이상을 인하여 놀랐고 그 뜻을 깨닫는 사람도 없었느니라"

본문에서 보면 다니엘은 바벨론에서 벨사살 왕을 위해 일하는 정부의 고관이었다. 다니엘은 왕의 일을 위탁받아 성실하게 이행했다. 우리 역시 왕의 일을 위탁받아 어디를 가든지 그를 대리하도록 부름을 받았다. 그러나 우리의 왕국은 땅의 왕국과 다르게 영원히 계속되어지는 왕국이다. 왜냐하면 우리의 나라는 영원한 나라이기 때문이다.

당신의 왕이 오늘 당신에게 하라고 주신 업무가 있다.

바울은 "오직 우리의 시민권은 하늘에 있는지라 거기로서 구원하는 자 곧 주 예수 그리스도를 기다리노니"(빌 3:20) 증거하였다. 우리가 이 세상에서 예수님의 대리자가 되다니 얼마나 놀라운 특권인가!

예수님은 우리에게 그를 대신하여 말할 수 있는 권세를 주셨다. 또한 그의 이름으로 말하는 특권도 주셨다. 그러나 그러한 특권이 있는 반면에 책임도 크다. 우리가 어디를 가든지 사람들은 우리를 보면서 예수님을 판단할 것이다.

우리가 섬기는 왕은 잘못 나타내어지는 것을 싫어하신다.
- 예수님께서 사랑하시는 것처럼, 우리도 사랑해야 한다.
- 예수님께서 우리를 용서해 주시는 것처럼, 우리도 용서해야 한다.
- 예수님께서 주셨던 것처럼, 우리도 주어야 한다.

우리가 대리하는 그 왕은 자비롭고, 사랑이 많으며, 인자와 은혜가 풍성하시다. 예수님은 자기와 같은 방법으로 우리가 그분을 대리하기를 부탁하셨다. 오늘날 당신은 당신의 왕인 예수님을 위해 해야 할 일이 있다. 예수님은 당신이 그분을 섬길 때, 기쁨과 성실함으로 하기 원하신다.

하나님 아버지, 우리에게 아버지를 대리할 수 있는 권위와 특권을 주심에 감사드립니다. 주님, 우리의 행동과 언어를 통해 우리의 놀라우신 왕의 대리자로서의 자격을 잘 감당할 수 있게 도와주시옵소서. 예수님 이름으로 기도합니다. 아멘.

June 14
기도의 무기

(다니엘 10:12) "그가 내게 이르되 다니엘아 두려워하지 말라 네가 깨달으려 하여 네 하나님 앞에 스스로 겸비케 하기로 결심하던 첫날부터 네 말이 들으신바 되었으므로 내가 네 말로 인하여 왔느니라"

다니엘은 하나님께 구하는 기도를 21일 동안 계속했다. 마침내 천국의 사자가 다니엘에게 와서 말하기를, 하나님께서 다니엘의 기도를 들으셨고, 그 기도에 대한 응답을 하시기 위해 자신을 보내셨다고 했다.

그 하나님의 사자가 다니엘에게 와서 말하기를, 바사 나라를 주장하는 흑암의 세력에 잡혀 싸우느라 늦었다고 했다. 그 사자가 21일 동안 계속해서 싸우고 있을 때, 군대장관 미카엘이 와서 자신을 도와줌으로 마침내 풀려날 수 있었다는 것이다. 그때서야 하나님의 사자는 자기 임무를 온전히 수행할 수 있었다.

> 우리를 둘러싸고 있는 우주에는 영적 싸움이 일어나고 있다.

당신이 알든지 모르든지 또는 당신이 좋아하든지 싫어하든지 간에 지금 당신은 싸움 속에 있다. 또 강한 세력이 당신의 마음을 주장하기 위해 싸우고 있다. 오직 성령의 능력만이 당신을 파멸시키려는 영적 세력에 대항해 바로 설 수 있도록 도와줄 수 있다.

에베소서에서 이 같은 전쟁의 성격에 대해 설명하고 있다.

"우리의 씨름은 혈과 육에 대한 것이 아니요 정사와 권세와 이 어두움의 세상 주관자들과 하늘에 있는 악의 영들에 대함이라"(엡 6:12)

에베소서 6장은 하나님이 당신을 보호하기 위해 제공하신 영적 무장에 대해 기술하고 있다. 당신이 할 일은 그 무장된 옷을 입고 기도하는 것이다. 진짜 싸움은 당신의 무릎에 있다. 또한 승리를 발견할 수 있는 곳도 바로 거기다.

주님, 우리를 얽어매려고 협박하는 우리의 무거운 것과 죄들을 벗어버리게 하옵시고, 당신의 영광을 위해 이 경주를 달릴 수 있게 하소서. 예수 그리스도의 이름으로 기도드립니다. 아멘

June 15

심고 거둠

(호세아 8:7) "저희가 바람을 심고 광풍을 거둘 것이라 심은 것이 줄기가 없으며 이 삭은 열매를 맺지 못할 것이요 설혹 맺힐지라도 이방 사람이 삼키리라"

하나님께서 이스라엘을 탄생시키셨음에도 그들은 하나님을 저버렸다. 그리고는 바람을 심기 시작했다. 그 결과 하나님은 그들을 보호하지 않고, 그들이 그들의 생각대로 행하는 것을 내버려 두셨다. 그리고 이제 하나님은 경고하시기를 그들이 심었던 바람을 북쪽에서부터 회오리바람으로 거둘 것이라고 말씀하셨다. 즉 다시 말하면 앗수르라는 나라가 이스라엘을 쓸어버려 흩어 버릴 것이라는 말씀이다.

콩심은데 콩나고 팥심은데 팥난다. 조심스럽게 심어라!

성경은 "사람이 무엇으로 심든지 그대로 거두리라"(갈6:7)고 우리에게 말씀하고 있다. 자연의 원리가 이 말씀이 진리임을 증명하고 있다. 우리는 심은 대로 거둔다. 옥수수를 심으면 옥수수를 거두지 콩을 거두지는 않는다. 만약 자비를 심으면 자비를 거두게 될 것이다. 만약 용서를 심으면 용서를 받게 될 것이다. 만약 들 밀을 심으면 그 들 밀을 거두게 될 것이다. 문제는 우리가 충분히 가려서 심지 않는다는 것이다. 우리는 너무나 종종 아무거나 심는다.

우리는 교회에 가서 하나님의 말씀을 우리 마음에 심지만 집으로 돌아가는 즉시 텔레비전에 모두 날려버리고 육신을 심기 시작한다. 때문에 잡다한 곡식이 자라면서, 혼란만 가중된다.

당신이 만약 당신의 육체를 심는다면 당신이 거두고자 하는 것은 희망이 없는 오직 썩어질 것을 거둘 뿐이다. 그러나 성령으로 심는다면 당신은 성령의 열매와 영원한 생명을 거두게 될 것이다.

하나님 아버지, 우리가 심고 싶은 것들을 심어 놓고, 훗날 그 결과로 인해 고통을 거두게 되지 않는다는 거짓된 생각에 속지 않게 해주시옵소서. 오늘 우리가 의를 심을 수 있도록 도와주시옵소서. 예수님 이름으로 기도합니다. 아멘.

June 16

마음 상태

(호세아 10:2) "저희가 두 마음을 품었으니 이제 죄를 받을 것이라 하나님이 그 제단을 쳐서 깨치시며 그 주상을 헐으시리라"

이스라엘은 그들의 마음속에 하나님을 모셨으나 아주 적은 부분만 드렸다. 그들은 그들의 마음 전부를 드리지 못했다. 그 이유는 그들이 또 다른 신들을 섬겼기 때문이다. 예수님은 두 주인을 섬기는 것이 불가능하다고 말씀하셨다.

"한 사람이 두 주인을 섬기지 못할 것이니 혹 이를 미워하며 저를 사랑하거나 혹 이를 중히 여기며 저를 경히 여김이라 너희가 하나님과 재물을 겸하여 섬기지 못하느니라"(마 6:24).

그런데도 많은 사람들은 그렇게 두 주인을 섬기려 한다. 하나님께 온전한 헌신을 하기보다는 한 번의 인사치레만 하려는 것은 예나 지금이나 동일하다.

> 하나님은 당신 삶의 한 부분이 되는 것으로는 만족하지 않으신다. 또한 하나님 자신이 다른 신들과 함께 거하게 되는 것도 기뻐하지 않으신다.

하나님은 당신의 마음 전부를, 당신의 영혼 전부를, 당신의 생각 전부를 원하신다. 하나님은 그렇게 받으실만한 분이시다. 오늘 당신의 마음은 어떠한가? 하나님께 전부를 다 드렸는가? 아니면 나뉘어 있는가? 당신의 마음을 정확하게 평가하기가 어려울 것이다. 예레미야가 지적한 것처럼, "만물보다 거짓되고, 심히 부패한 것은 마음이라 누가 능히 이를 알리요"(렘 17:9).

당신의 참된 마음 속 상태를 알 수 있는 오직 한 가지 방법은 하나님께 당신의 마음을 살펴보아달라고 구하는 것이다. 만약 당신의 마음이 나뉘어 있다고 하나님이 밝히신다면 당신은 무엇을 할 수 있는가? 다윗의 본을 따르라. 그는 마음이 하나가 되게 해달라고 기도했다. 아니면 여호수아처럼 도전하라.

"만일 여호와를 섬기는 것이 너희에게 좋지 않게 보이거든 너희 열조가 강 저편에서 섬기던 신이든지 혹 너희의 거하는 땅 아모리 사람의 신이든지 너희 섬길 자를 오늘날 택하라 오직 나와 내 집은 여호와를 섬기겠노라"(수 24:15)

하나님 아버지, 진심으로 하나님께 헌신된 삶을 살 수 있도록 도와주소서. 우리의 마음을 나뉘게 하는 그 어떤 것도 제거해 주시옵소서. 예수님 이름으로 기도합니다. 아멘.

하나님과 씨름

(호세아 12:3-4) "야곱은 태에서 그 형의 발뒤꿈치를 잡았고 또 장년에 하나님과 힘을 겨루되 천사와 힘을 겨루어 이기고 울며 그에게 간구하였으며 하나님은 벧엘에서 저를 만나셨고 거기서 우리에게 말씀하셨나니"

어떻게 사람이 하나님과 씨름할 수 있을까? 또는 하나님의 천사와 씨름할 수 있을까? 그리고 그렇게 싸워서 이길 수 있을까? 가능할 것 같지 않다! 그러나 호세아는 그런 일이 일어났다고 했다. 그 설명이 본문의 마지막에 나온다. "야곱은 복을 달라고 울며 빌었다." 다른 말로 하면, "야곱은 당신이 나를 축복하기 전에는 절대 떠날 수가 없습니다"라고 한 것이다.

야곱은 그 형 에서가 400명의 군사를 데리고 오는 전날 밤에 이런 씨름을 하고 있었다. 이번에는 어떤 간교나 모사도 통하지 않았다. 야곱은 더이상 도망갈 수 있는 길이 없음을 알았다. 그래서 그는 천사와 씨름했고, 그 천사에게 매달려 축복해 달라고 간구했다.

> 지금은 하나님께 항복하여 울 때이다.

나는 때로 사람들이 하나님과 씨름하는 것을 보면서, "무릎 꿇는 일로 무슨 일이 일어날 것인가?" 궁금하게 생각한다. 야곱이 이미 절름발이가 되지 않았는가? 야곱은 이제 더 이상 도망칠 수 없고, 더 이상 계략을 꾸밀 수 없고, 그와 같은 환경을 벗어나기 위해 더 이상 묘책이 없었다. 마침내 야곱은 하나님께 굴복하지 않을 수 없었다.

당신도 아마 지금 야곱처럼 어찌해야 될지 모르는 자리에 있을 수도 있다. 그러나 당신의 능력이 한계에 이르렀을 때 즉시 하나님께 굴복하라. 그 때가 곧 당신의 인생에서 하나님의 능력의 역사를 발견할 수 있는 시점이다.

하나님 아버지, 우리가 아버지께 굴복할 때 승리하게 될 줄을 압니다. 주님, 우리가 우리를 아버지께 완전히 맡길 수 있을 때가 비록 절름발이가 되었을 때라면 우리로 하여금 절름발이가 되게 하옵소서. 예수님 이름으로 기도합니다. 아멘.

June 18

금식

(요엘 2:12) "여호와의 말씀에 너희는 이제라도 금식하며 울며 애통하고 마음을 다하여 내게로 돌아오라 하셨나니"

우리의 본성에는 두 가지 면이 있다. 곧 육신적인 면과 영적인 면이다. 우리는 우리의 육신적인 면은 아주 꾸준히 잘 먹인다. 보통 적어도 하루에 세 번씩 먹이고, 그 사이사이에 간식도 먹인다. 그러나 영적인 면에 대해서는 그렇게 꾸준히 먹이지 못한다. 금식이란, 육을 부인하고 영을 강하게 하는 것이다. 만약 우리가 영을 먹이는 것에 대해 육을 먹이듯이 꾸준하게 먹인다면 당신은 영적으로 강건해질 것이다. 금식은 평상시의 과정을 뒤집는 것이다. 즉 육을 죽이고 영을 먹이는 것이다.

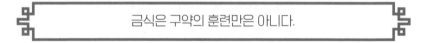

금식은 구약의 훈련만은 아니다.

이사야는 백성들에게 "보라 너희가 금식하는 날에 오락을 찾아 얻으며"(사 58:3) 증거하며 너희들이 하는 금식은 하나님께서 원하시는 금식이 아니라고 말했다. 다른 말로 하자면 이스라엘 백성들이 하나님께 집중해야 할 때에 쾌락을 추구했다는 것이다. 마치 하루를 금식하기로 해놓고 하루 종일 텔레비전을 보면서 시간을 보내는 것과 같다. 우리의 육체는 오락을 갈망한다.

금식의 목적은 그러한 육체의 소욕을 내려놓고 하나님을 구하는 것이다. 당신이 금식을 한다면 기도와 하나님의 말씀을 읽는 것으로 시간을 보내야 한다. 그러면 당신의 영혼은 더욱더 강건해지고, 육신은 약해질 것이다. 그럴 때 우리 자신이 영적인 전쟁에서 승리하게 된다는 것을 알게 될 것이다.

금식은 구약의 교회에만 적용되는 것은 아니다. 하나님은 오늘도 당신의 자녀들에게 금식하도록 요구하신다. 이 세상은 너무나 많은 어려움 속에 있다. 하나님을 사랑하는 우리는 육신을 부인하고 하나님의 얼굴을 구해야 한다. 그리고 전쟁에 임하는 우리의 영들을 강하게 해야 할 것이다.

하나님 아버지, 우리를 죄악에서 돌이키셔서 하나님 아버지의 은혜와 자비를 우리에게 보여주시기를 소원합니다. 우리의 전심을 다하여 하나님 아버지를 구하도록 도와주시옵소서. 우리나라와 가족을 위해 하나님 앞에 금식하며 슬퍼하게 하옵소서. 예수님 이름으로 기도합니다. 아멘.

June 19

선택됨

(아모스 3:2-3) "내가 땅의 모든 족속 중에 너희만 알았나니 그러므로 내가 너희 모든 죄악을 너희에게 보응하리라 하셨나니 두 사람이 의합지 못하고서야 어찌 동행하겠으며"

하나님께서 이스라엘을 선택하신 것은 그들이 선하고 능력이 있어서가 아니다. 단지 하나님께서 이스라엘을 사랑하시기 때문이었다. 또한 그렇게 하신 것은 이스라엘이라는 나라를 통해 세상에 구세주를 보내려고 택하셨기 때문이다.

우리도 이스라엘처럼 우리가 착해서 또는 우리에게 하나님이 필요로 하는 어떤 것이 있어서 택함을 받은 것은 아니다. 하나님이 우리를 택하신 것은 그가 우리를 사랑하심으로 우리와 사귐을 가지기 원하시기 때문이다.

> 사귐이란 하나가 되었다는 의미를 내포한다.

당신이 하나님과 사귐을 갖기 위해서는 하나님의 뜻에 동감해야 한다. 이 말은 하나님께서 세우신 법들을 당신이 따라야 한다는 뜻이다. 우리는 "하나님께서 나에게 이렇게 해 주시면 나는 하나님을 위해 이렇게 하겠습니다." 말하며 하나님과 거래를 하려 한다. 그러나 당신은 하나님과 거래를 할 수 있는 위치가 아니다.

우리는 하나님 앞에 만신창이가 되어 아무도 도와줄 자가 없는 죄인으로 서 있다. 그럴 때 하나님은 우리를 불쌍히 보시고 "내가 너를 택했다" 말씀하셨다.

- 하나님께 택함을 받은 자들은 대단히 큰 책임이 생긴다.
- 우리는 하나님의 길들을 알고 있다. 우리는 하나님의 요구들도 알고 있다.
- 우리는 빛 안에서 걸으며, 하나님의 말씀의 명철을 가지고 있다.

따라서 우리는 더 높은 수준의 심판을 받을 것이다. 만약 우리가 범죄하면, 하나님께서 우리를 징벌하실 것이다. 왜냐하면 우리가 하나님의 것이기 때문이다.

하나님 아버지, 우리가 하나님 아버지의 것임을 감사드립니다. 우리로 진리에서 떠나지 않게 하시며, 하나님 아버지께 순종하면서 행하게 하여 주시옵소서. 예수님 이름으로 기도합니다. 아멘.

June 20

하나님 만나기를 예비하라

(아모스 4:12) "그러므로 이스라엘아 내가 이와 같이 네게 행하리라 내가 이것을 네게 행하리니 이스라엘아 네 하나님 만나기를 예비하라"

하나님은 계속해서 이스라엘에게 경고하고 또 이스라엘 위에 재앙을 내리셨다. 이와같이 하나님은 이스라엘이 선택한 멸망의 길에서 돌아서도록 하기 위해 애를 쓰셨다. 그러나 아무리 그렇게 해도 이스라엘은 돌아오지 않았다. 결국 심판의 때가 임박했다. 아모스 선지자는 백성들에게 "네 하나님 만나기를 예비하라" 경고했다. 이번에는 사랑과 사귐으로 하나되는 것이 목적이 아니라, 그와 정반대이다.

하나님의 적수로 만난다는 것은 아주 어리석은 짓이다.

성경은 밝히 "질그릇 조각 중 한 조각 같은 자가 자신을 지으신 자로 더불어 다툴진대 화 있을진저"(사 45:9)라고 말씀하였다. 감히 하나님과 더불어 싸우면서 어떻게 이기기를 바라겠는가? 그런데도 여러분 중에는 아직도 하나님과 싸우고 있는 자들이 있다.

하나님은 당신의 삶 속에서 정직하지 못하고, 부패하고, 하나님을 기쁘시게 하지 못하는 일들에 대해 계속해서 말씀하고 계신다. 성령께서 당신에게 깨닫게 하시는데도 당신은 여전히 그 음성을 무시하고 하나님을 대적하고 있다.

어느 날엔가 당신은 하나님을 만나게 될 것이다. 때문에 하나님을 만날 준비를 해야 한다. 하나님의 눈에는 아무것도 숨길 수가 없다. 하나님은 모든 생각을 아시고, 모든 사람들의 마음과 동기를 환히 아신다.

우리는 죄인이다. 하지만 축복받은 죄인이다. 왜냐하면 아버지 앞에서 우리를 대변해 주실 분이 있기 때문이다. 그러므로 성경은 우리에게 "누가 정죄하리요 죽으실 뿐 아니라 다시 살아나신 이는 그리스도 예수시니 그는 하나님 우편에 계신 자요 우리를 위하여 간구하시는 자니라 누가 우리를 그리스도의 사랑에서 끊으리요 환란이나 곤고나 핍박이나 기근이나 적신이나 위협이나 칼이랴"(롬 8:34-35) 경고하였다.

- 오직 그의 아들을 주신 하나님을 찬양하라!

주님, 매일 주님을 만나는 기쁨을 체험하게 하소서. 주님이 함께 하는 기쁨, 성령님의 능력, 하나님과 동행하는 영광을 누리게 하소서. 예수님 이름으로 기도합니다. 아멘.

June 21

당신의 것을 소유하다

(오바댜 1:17) "오직 시온 산에서 피할 자가 있으리니 그 산은 거룩할 것이요 야곱 족속은 자기 기업을 누릴 것이며"

하나님은 이스라엘에게 지중해와 걸쳐있는 모든 땅을 다 주시겠다고 약속하셨다. 그렇기 때문에 그들은 온 땅을 다니며 땅을 밟고, 내 것이라고 주장하기만 하면 되는 것이었다. 그런데 슬프게도 그들은 그것을 하지 못했다.

그러므로 바울은 하나님의 능력을 설명하여 "우리 가운데서 역사하시는 능력대로 우리의 온갖 구하는 것이나 생각하는 것에 더 넘치도록 능히 하실 이에게"(엡 3:20)라고 기록했다. 이와 같이 하나님께서 하실 수 있는 것은 무한하다.

우리의 축복을 제한하는 장본인은 다름아닌 바로 우리다.

당신은 하나님이 약속하신 기쁨과 평강과 안식을 누리고 있는가? 그렇지 않다면 당신은 하나님께서 허락하신 모든 것을 다 소유하지 못하고 있는 것이다. 다시 말해 당신은 당신에게 속한 모든 영토를 다 소유하지 못한 것이다.

많은 그리스도인들이 하나님께서 그의 자녀들이 누리기 원하시는 기쁨을 충만하게 누리지 못하고 있다. 대신 실망과 좌절, 패배와 근심이 가득한 생활을 하고 있다. 만약 당신이 말로 형용할 수 없는 기쁨을 누리지 못한다면 당신도 하나님이 허락하신 당신의 소유를 다 소유하지 못하고 있는 것이다.

아직도 당신의 소유는 있다. 그리고 지금도 그것을 취할 수 있다. 단지 지금 당신이 그것을 소유하지 못하고 있는 것이다. 주님은 야곱이 그 소유를 다 취할 날이 올 것이라고 말씀하셨다. 그러므로 우리는 오늘이라도 우리의 소유를 다 소유할 수 있다. 그러니 당신은 하나님께서 원하시는 수준보다 낮은 삶을 살지 마라.

- 하나님께서 원하시는 일들을 추구하자.
- 하나님의 능력을 추구하자. 하나님의 성령의 기름 부음을 추구하자.
- 믿어라. 그리고 당신의 것을 취하도록 하라.

사랑하는 주님, 당신의 소중한 약속에 감사드립니다. 우리로 당신의 능력에 의지하여 우리에게 주신 승리의 영역을 취할 수 있도록 도와주시옵소서. 예수님 이름으로 기도합니다. 아멘.

June 22

거짓되고 헛된 것

(요나 2:8) "무릇 거짓되고 헛된 것을 숭상하는 자는 자기에게 베푸신 은혜를 버렸사오나"

요나는 극도로 처참한 삼일 밤낮이 지난 후에야 정신을 차릴 수 있었다. 고래가 뱃속의 요나를 육지에 토해 내자 요나는 그때에서야 하나님을 찾으며 고래 뱃속에서 배웠던 진리를 선포하여 "거짓되고 헛된 것을 숭상하는 모든 자는 자기에게 베푸신 하나님의 은혜를 저버리는도다" 외쳤다.

요나가 선포했던 거짓되고 헛된 것이란 무엇일까? 첫째, 요나는 하나님의 부르심에서 도망칠 수 있을 것이라고 믿었다. 둘째, 요나는 하나님이 계시지 않는 곳이 있으리라고 믿고, 하나님이 계시지 않는 곳에 숨으려고 했다. 셋째, 마지막으로 요나는 하나님의 길보다 자신의 길이 더 낫다고 믿었다.

> 거짓되고 헛된 것들을 구하는 자들은 결국 비참함으로 끝난다.
> "절대로 그렇게 하지 마라!"

하나님의 자비는 크고 지혜로우신 분이시다. 하나님의 길은 항상 최상의 길이며 또한 하나님은 당신의 인생이 오직 잘 되기만을 바라신다.

"나 여호와가 말하노라 너희를 향한 나의 생각은 내가 아나니 재앙이 아니라 곧 평안이요 너희 장래에 소망을 주려 하는 생각이라"(렘 29:11)

당신이 하나님의 뜻을 발견하고 그 뜻대로 행하는 것보다 더 좋은 것은 없다. 당신은 결코 그것보다 더 잘 할 수 없다. 그것이 최고의 인생이다. 거기에는 인생의 만족과 안식이 있다. 그 외의 어떤 곳에도 완전한 만족과 안식은 없다. 당신 스스로 문제를 만들지 마라. 대신 당신을 사랑하는 하나님께 순복하라. 그렇게 하면 하나님이 당신을 하나님이 원하시는 곳으로 데리고 갈 것이다.

하나님 아버지, 우리 일생에 대한 아버지의 뜻에 우리가 순복함으로 얻는 만족함에 감사드립니다. 기쁨과 평강을 얻게 하시고 이로 인해 하나님 아버지가 모든 것을 다스리심을 알게 하시니 감사드립니다. 예수님 이름으로 기도합니다. 아멘.

June 23

무제한

(미가 2:7) "너희 야곱의 족속아 어찌 이르기를 여호와의 신이 편급하시다 하겠느냐 그의 행위가 이러하시다 하겠느냐 나의 말이 행위 정직한 자에게 유익되지 아니하냐"

하나님의 영이 제한되었다는 말인가? 성령께서 말해주어야 할 사람이나 또는 말씀하실 것을 제한하셨다는 말인가? 오늘날 각 나라에 일어나는 일이나 또는 교회가 약화되고 있는 것이 성령님의 탓이란 말인가? 그 대답은 "아니다"이다.

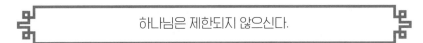

하나님은 제한되지 않으신다.

하나님의 영은 제한받지 않으신다. 우리가 약하고 무력한 것이지 성령님은 그렇지 않다. 성령님은 우리 마음에 밝히 "이는 힘으로 되지 아니하며 능으로 되지 아니하고 오직 나의 신으로 되느니라"(슥 4:6) 말씀하셨다.

나는 세상의 환경 때문에 좌절할지라도 성령님은 그렇지 않다. 성령님은 여전히 세상을 향해 잃어버린 자들이 예수 그리스도께로 나아오도록 바라고 계신다.

당신은 당신의 능력과는 상관없이 그의 손의 도구가 될 수 있다. 하나님은 당신이 신학교 졸업장이나 학사 학위가 없어도 사용하실 수 있으시다. 당신이 그분께 순복하기만 하면 예수 그리스도의 진리를 죽어가는 세상에 전하는데 당신을 사용할 것이다.

우리가 하나님의 영에게 우리 자신을 순복하고 우리 삶 속에서 성령님이 그의 계획을 이룰 수 있도록 일하시게 하면 우리는 세상의 빛과 이 땅의 소금이 될 수 있다.

- 하나님께서 우리를 통해 이 세상을 그의 무릎 앞에 옮겨 놓기를 원합니다.

하나님 아버지, 성령께서 우리의 인생들과 사회를 변화시킬 수 있는 능력이 있음에 감사드립니다. 하나님, 우리나라에 성령의 기름 부음과 능력을 부어주심으로 영적인 각성이 일어나도록 기도합니다. 예수님 이름으로 기도합니다. 아멘.

June 24

우리 하나님과 같은 신이 어디 있나?

(미가 7:18) "주와 같은 신이 어디 있으리이까 주께서는 죄악을 사유하시며 그 기업의 남은 자의 허물을 넘기시며 인애를 기뻐하심으로 노를 항상 품지 아니하시나이다"

시편 기자는 하나님에 대하여 "여호와는 자비로우시며 은혜로우시며 노하기를 더디 하시며 인자하심이 풍부하시도다"(시 103:8) 묘사하며, 또한 "하나님은 우리의 죄를 따라 처치하지 아니하시며 우리의 죄악을 따라 갚지 아니하셨으니"(시 103:10) 증거했다.

하나님의 사랑이 너무나 커서 하나님은 에스겔을 통해 백성들에게 "주 여호와의 말씀에 나의 삶을 두고 맹세하노니 나는 악인의 죽는 것을 기뻐하지 아니하고 악인이 그 길에서 돌이켜 떠나서 사는 것을 기뻐하노라 이스라엘 족속아 돌이키고 돌이키라 너희 악한 길에서 떠나라 어찌 죽고자 하느냐 하셨다 하라"(겔 33:11) 경고하였다.

우리 하나님 같은 신은 없다.

우리 하나님과 같은 신이 어디 있는가? 어떤 신이 그렇게 자비롭고 우리의 죄악을 기꺼이 용서해 주시겠는가? 우리 하나님 같은 신이 어디 있는가? 우리를 의의 길로 인도하시고 우리 죄악을 바다 깊은 곳에 던져 버리시는 이가 어디 있는가? 우리 하나님과 같은 신은 없다. 하나님은 고아의 하나님이시다. 자비의 하나님을 섬기는 것이 얼마나 축복된 일인지!

- 하나님은 죄와 죽음을 정복하신 분이시다.
- 하나님은 우리가 피난처 삼아 달려갈 수 있는 바위이시다.
- 하나님은 우리의 모든 죄악을 용서해 주시는 사면자(Pardoner)이시다.

하나님 아버지, 아버지의 성품에 감사드립니다. 당신의 사랑에, 당신의 애정에, 당신의 자비에, 당신의 용서에, 당신의 의와 능력에 감사드립니다. 오! 주님, 우리는 당신을 사랑합니다. 우리를 이끌어 주시고, 우리를 인도해 주시옵소서. 예수님 이름으로 기도합니다. 아멘.

June 25

하나님을 의지하라

(나훔 1:7) "여호와는 선하시며 환란 날에 산성이시라 그는 자기에게 의뢰하는 자들을 아시느니라"

하나님은 당신이 예수님께 헌신된 삶을 산다고 해서 절대 고통이나 문제가 없는 삶을 살게 해주시겠다는 약속은 하지 않으셨다. 하나님은 "당신이 시련을 당할 때"(When)라고 하셨지, 만약 시련을 당한다면"(if)이라고 말씀하지 않으셨다.

어려운 일이 닥쳐 올 때, 당신은 어디에 도움을 청하는가?

당신은 당신 내면에서 능력을 찾을 수 있다는 소망을 품고 당신 자신에게로 향하는가? 아니면 다른 사람에게 도움을 청하려고 사람을 찾아다니는가? 그것도 아니면 어떤 좌우명으로 그 시련을 이기려고 애를 쓰고 있는 중인가? 그것도 아니면 "만약 치유할 수 없다면 견뎌 내야 한다"라든지, "한번 웃고 그냥 참아 내라"라든지, "나는 할 수 있다. 나는 할 수 있다. 나는 할수 있다..." 라고 외치고 있는가?

누구에게나 어려움은 있다. 어느 누구도 어려움이라는 인생살이에서 벗어날 수가 없다. 지금 우리는 하나님을 대적하는 세상에 살고 있기 때문에 그 결과로 우리가 사는 세상은 혼란으로 가득하다. 어려움을 당하는 날에 당신이 달려갈 수 있는 안전한 요새는 오직 주 예수 그리스도 뿐이다.

사람에게로 향하지 마라. 내 안의 능력으로 이겨내 보겠다고 하지 마라. 낙천적인 몇 마디의 금언도 절대 도움이 되지 못한다. 대신 주님을 의지해라. 주님은 당신과 함께 고난을 지나고 계신다. 그리하여 그 고난의 늪에서 벗어나 저편에 이를 때에 당신은 하나님의 계획에 대한 지혜를 보게 될 것이다.

하나님 아버지, 우리를 둘러싼 광풍들이 일어날 때, 우리를 아버지께로 이끌어 주옵소서. 아버지는 선하시고 사랑이 많으신 분이신줄 압니다. 혼란의 한 가운데 있을 때, 아버지를 의지할 수 있도록 가르쳐 주시옵소서. 예수님 이름으로 기도합니다. 아멘.

June 26

하나님께서 침묵하실 때

(하박국 1:2) "여호와여 내가 부르짖어도 주께서 듣지 아니하시니 어느 때까지이리까 내가 강포를 인하여 외쳐도 주께서 구원치 아니하시나이다"

하나님의 침묵을 참아낸다는 것은 대단히 어렵다. 아무리 기도를 해도 상황이 변하지 않을 때는, 하나님께서 듣지 않으시는 것 같다. 바로 그것이 하박국의 좌절이었다. 이스라엘이 하나님으로부터 등을 돌렸고 나라는 도덕적으로 혼란스러웠다. 비상사태에 이른 하박국은 하나님께 부르짖었다. "하나님, 아무런 일도 하지 않는 군요" 그러자 하나님께서 대답하셨다. "여호와께서 가라사대 너희는 열국을 보고 또 보고 놀라고 또 놀랄지어다 너희 생전에 내가 한 일을 행할 것이라 혹이 너희에게 고할지라도 너희가 믿지 아니하리라"(합 1:5).

하나님의 방법은 우리의 방법과 다르다.

때때로 우리는 하나님께서 냉담하여 침묵하신다고 잘못 해석할 때에도 하나님은 항상 일하고 계신다는 이 사실은 진리이다. 하나님은 하박국에게 앞으로 험난한 날들이 찾아 올 것이라고 예언하셨다. 바로 갈대아인들의 손을 통해 심판하시겠다고 설명하신다. 하나님은 그 목적을 위해 갈대아를 일으키고 계셨다. 그리고 하나님은 하박국에게 하나님을 의뢰하는 것을 꼭 지키라고 하시면서 수 세기 동안 믿는 자들에게 용기를 주는 말씀을 하셨다.

"의인은 그 믿음으로 말미암아 살리라"(합 2:4)

오늘날 당신 역시 하나님께서 듣지 않으신다고 느낄지 모른다. 상황이 악화될수록 하나님께서 돌보지 않는다고 생각할 것이다. 그러나 당신에게 확신시키고 싶은 것은 하나님의 말씀에 의하면 하나님께서 침묵하시는 것 같을지라도 하나님은 들으시고 돌보시고 당신 편에서 역사하고 계신다는 사실이다.

당신의 문제를 보지마라. 환경을 무시하라. 대신 당신의 염려를 당신의 필요에 따라 공급해주시겠다고 약속하신 그분께 모두 다 던져 버려라.

하나님 아버지, 우리가 아버지께서 행하시는 모든 일들이 이해되지 않을 지라도 아버지 의 선하심을 믿는 온전한 믿음을 주시옵소서. 예수님 이름으로 기도합니다. 아멘.

June 27

하나님은 당신을 기뻐하신다

(스바냐 3:17) "너의 하나님 여호와가 너희 가운데 계시니 그는 구원을 베푸실 전능자시라 그가 너로 인하여 기쁨을 이기지 못하여 하시며 너를 잠잠히 사랑하시며 너로 인하여 즐거이 부르며 기뻐하시리라"

부모가 된 우리는 자녀를 보고 기뻐하는 것이 무엇인지 안다. 하나님께서도 똑같이 느끼신다. 하나님은 예수 그리스도를 믿는 믿음으로 당신의 자녀가 된 우리를 보고 기뻐하신다. 스바냐는 우리에게 "하나님께서 너를 보고 기뻐하고 즐거워하신다", "너를 잠잠히 사랑하신다" 증거하였다. 이 얼마나 놀라운 메시지인가!

성경은 우리에게 하나님께서 우리를 너무나 사랑하셔서 우리를 위해 그의 생명을 바쳤다고 말한다. 우리를 향한 예수님의 사랑은 영원히 지속되고, 변하지 않는 영원한 사랑이다. 환란과 고난과 시련 속에서도 예수님의 사랑은 움직이지 않는다. 당신은 이 진리를 마음에 새겨라. 우리는 우리를 향한 하나님의 열정의 깊이를 묵상해 보아야 한다.

> 우리를 향한 하나님 아버지의 큰사랑을 깨달을 때,
> 우리의 마음은 잠잠해지고 그 진리 안에서 안식을 누리게 된다.

또한 스바냐는 하나님께서 "너로 말미암아 즐거이 부르며 기뻐하신다" 증거하였다. 하나님께서 천국의 오케스트라에 맞추어 당신을 향한 사랑의 송가를 부르시는 것을 상상할 수 있겠는가!

인생은 불확실하다. 우리가 모르는 일이 너무나 많다. 그러나 하나님의 말씀으로 인해 우리가 알 수 있는 오직 한 가지는 하나님께서 우리를 사랑하신다는 사실이다. 폭풍아 몰아쳐라. 화살아 날아오너라. 무엇이든 오너라. 하지만 우리는 사랑받는 자들이다.

하나님 아버지, 아버지의 사랑에 감격합니다. 왕 중의 왕이시고 능력의 하나님 되시는 아버지께서 우리 가운데 계시는 그 날을 우리가 얼마나 사모하는지요. 예수님 이름으로 기도합니다. 아멘.

June 28
나라들의 갈구

(학개 2:6-7) "나 만군의 여호와가 말하노라 조금 있으면 내가 하늘과 땅과 바다와 육지를 진동시킬 것이요 또한 만국을 진동시킬 것이며 만국의 보배가 이르리니 내가 영광으로 이 전에 충만케 하리라 만군의 여호와의 말이니라"

바벨론 포로 생활에서 돌아온 사람들은 성전 건축에 대한 용기를 잃어버렸다. 대신 자기들의 집을 짓기 시작했다. 학개는 그들을 꾸짖으며 "너희들이 이러하기 때문에 번영하지 못하는 것이다" 경고했다. 하지만 백성들은 솔로몬의 찬란했던 성전과 비교하면서 초라한 새 성전에 대해 불평하고, 성전 건축을 그렇게 중요하지 않은 것처럼 여겼다. 그 때 학개는 백성들에게 이 성전이 다시금 하나님의 영광으로 가득 차게 될 것이라고 용기를 주었다.

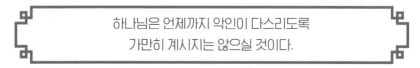

하나님은 언제까지 악인이 다스리도록
가만히 계시지는 않으실 것이다.

성경은 하늘과 땅과 바다가 흔들리는 하나님의 심판 날, 곧 대환란이 올 것이라고 설명한다. 그리고 그 뒤에 "만국의 보배"가 올 것이라고 했다.

예수님은 유대인들에게, "내가 너희에게 이르노니 이제부터 너희는 찬송하리로다 주의 이름으로 오시는 이여 할 때까지 나를 보지 못하리라 하시니라"(마 23:39) 말씀하셨다. 성경은 이스라엘을 향해 너희로 만국의 보배, 의와 평강과 기쁨의 나라로 세우겠다고 약속하였으나 유대인들은 초림의 예수님을 거절했다. 그들은 예수님에 대해 아무런 소망을 가지지 않았다.

- 당신은 어떠한가?
- 오늘 당신의 마음은 예수님을 열망하는가?
- 당신은 예수님의 나라가 이루어지기를 고대하는가?

하나님 아버지, 당신의 나라가 올 것이라는 약속을 주심에 감사드립니다. 지금 세상은 죄악과 혼란이 난무합니다. 그러나 우리는 당신의 말씀을 붙들고 "한국의 보배"되신 예수 그리스도께서 오셔서 당신의 의의 왕국을 세우실 것을 고대합니다. 예수님 이름으로 기도합니다. 아멘.

June 29

노래하며 즐거워하라

(스가랴 2:10-11) "여호와의 말씀에 시온의 딸아 노래하고 기뻐하라 이는 내가 임하여 네 가운데 거할 것임이니라 그 날에 많은 나라가 여호와께 속하여 내 백성이 될 것이요 나는 네 가운데서 거하리라 네가 만군의 여호와께서 나를 네게 보내신 줄 알리라"

백성들이 바벨론의 포로생활에서 돌아왔을 때, 예루살렘은 폐허가 되어 있었다. 그러나 스가랴는 하나님께서 예루살렘을 다시 택하실 것이라고 백성들을 설득하여 영들의 주께서 유다에서 자기 분깃을 차지하고 자기 백성 가운데서 함께 살게 될 것이라고 했다.

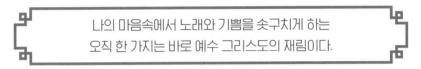

나의 마음속에서 노래와 기쁨을 솟구치게 하는
오직 한 가지는 바로 예수 그리스도의 재림이다.

주님이 다시 오실 것이라는 소망이 우리 마음속에서 노래와 기쁨을 용솟음치게 한다. 오늘날의 세상을 볼 때 노래하거나 기뻐할 일이 없다. 이 세상의 그 어떤 것에도 본문에서 선지자 스가랴가 예언한 기쁨은 존재하지 않는다. 우리 주변은 악한 일만 많아져서 나의 마음은 슬플 뿐이다.

하루하루가 지나갈 때마다 우리에게는 영광의 그 날이 가까워지고 있다. 곧 주께서 오셔서 백성들 가운데 거하실 때 노래하며 기뻐하는 그 날이다.

우리는 지금 예수님의 재림을 알리는 사건들이 터지고 있는 순간순간들 속에 살고있다. 하나님께서 우리에게 호흡을 주시는 한, 우리는 다른 이들에게 다가오는 악한 날들에 대해 경고해야 하지만 또한 영광의 그 날에 대해서도 알려 주어야 한다. 주님이 다시 오실 그 날을!

주님, 당신의 나라가 임하시오며, 당신의 뜻이 하늘에서 이루어지듯이, 이 땅에서 이루어지기를 원합니다. 우리의 마음들은 주님께서 우리 가운데 거하셔서, 평화롭고, 의롭게 하실 그 날을 사모하며 기다립니다. 예수님 이름으로 기도합니다. 아멘.

June 30

없어지는 산들

(스가랴 4:6-7) "그가 네게 일러 가로되 여호와께서 스룹바벨에게 하신 말씀이 이러하니라 만군의 여호와께서 말씀하시되 이는 힘으로 되지 아니하며 능으로 되지 아니하고 오직 나의 신으로 되느니라 큰 산아 네가 무엇이냐 네가 스룹바벨 앞에서 평지가 되리라 그가 머릿돌을 내어 놓을 때에 무리가 외치기를 은총 은총이 그에게 있을지어다"

백성들이 포로에서 돌아왔을 때, 아무것도 준비되어 있지 않았다. 오직 황폐화된 폐허뿐이었다. 한때 하나님의 성전이 서 있던 곳은 큰 자갈 산으로 변해 있었다. 어떻게 이런 자갈 산을 이루었을까! 백성들은 그 자갈을 옮기면서 실의에 빠졌다. 그러나 하나님의 말씀이 스가랴를 통해 성전 재건축의 지도자인 스룹바벨에게 임하였다. "큰 산아, 네가 누구냐? 너는 평지가 될 것이니라!"

때때로 우리는 하나님께서 우리에게 맡기신 일에 눌릴 때가 있다. "이런 세상에서 어떻게 이 일을 이룰 수 있단 말인가?" 그러나 하나님의 대답은 스룹바벨에게 주셨던 것과 동일한 말씀으로 우리에게 "이 산은 네 힘으로 옮겨지지 않는다. 오직 내 영으로만 이 일을 할 수 있다" 말씀하신다.

오늘도 당신은 산을 만날 수 있다. 재정적인 산, 건강의 산, 인간관계의 산, 그래서 당신은 그 자갈들을 없애기 위해 더욱 열심히 노력하지만, 마침내 피곤에 지쳐 포기하려 한다.

> 당신의 힘으로 할 수 있는 것은 모두 다 해보는 것이 좋다.
> 그 때가 마침내 당신이 하나님을 만날 때이기 때문이다.

성령님께 도움을 구하라. 하나님이 당신 편에서 강한 능력을 나타내게 하라. 당신의 삽을 내려놓고 뒤로 물러서서 하나님께서 그 산을 어떻게 옮기는지 지켜보라.

주님, 오늘 우리는 우리의 일을 하느라 모든 힘을 다 빼버리고 당신께로 나아옵니다. 우리는 당신의 도움이 필요합니다. 이 문제를 해결하는데 당신의 성령의 능력이 필요합니다. 주님, 오늘 우리에게 성령으로 충만하게 하셔서 우리의 능력이 되게 하옵소서. 예수님 이름으로 기도합니다. 아멘.

July 1

소망을 품은 갇힌 자들

(스가랴 9:12) "갇혀 있으나 소망을 품은 자들아 너희는 요새로 돌아올지니라 내가 오늘날 이르노라 내가 네게 갑절이나 갚으리라"

스가랴는 앞의 11절에서 물이 없는 구덩이에 갇혀 있는 자들에게 메시지를 전하고 있다. 그러나 지금은 갇혀 있지만 소망을 품은 자들에게 전하고 있다. 우리 믿는 자들은 메시아의 재림 소망을 품은 자들이다. 혹은 그 생각으로 사로잡혀 있다. 우리는 그 소망을 벗어날 수 없다. 또한 우리 스스로도 벗어나고 싶어 하지 않는다. 그것은 우리가 고대하고 기다리는 바이다.

우리가 확신하는 것은, 예수님께서 다시 오실 때에는 사람들의 고통이 끝날 것이다. 전쟁도 끝나고 마음의 고통도 끝날 것이다. 주께서 평강과 의로 다스릴 것이다. 또한 주께서 우리가 갇혀 있는 흑암의 구덩이에서 자유롭게 해 주실 것이다.

> 우리는 주님이 곧 오신다는 소망에 사로 잡혀 있다.
> 주께서 그의 나라를 세우셔서 이 땅이 부르짖는
> 평강과 의를 이루어 주실 것이다.

오! 이 소망이 얼마나 필요한가! 이 소망이 우리에게 얼마나 큰 위로가 되는지... 갈수록 타락하는 세상에서 우리가 두려움으로 낙심하고 있을 때, 예수 그리스도의 다시 오심에 대한 소망은 얼마나 놀라운 일인가! 주님은 이 소망을 가진 자들에게 충만한 기쁨으로 갚아 주시겠다고 약속하셨다.

"어서 오시옵소서. 주 예수여!"

본장의 뒷부분에서 주님은 어떻게 정복할 것이며, 그의 백성들을 어떻게 영화롭게 할 것이고, 또 어떻게 그들을 면류관의 보석처럼 만드실 것인가에 대해 말씀하고 계신다.

"이 날에 그들의 하나님 여호와께서 그들을 자기 백성의 양떼 같이 구원하시리니 그들이 면류관의 보석같이 여호와의 땅에 빛나리라"(슥 9:16)

하나님 아버지, 우리의 눈과 소망을 아버지께 고정합니다. 주님께서 다시 오시기를 고대합니다. 주님께서 오셔서 주님의 나라를 세우실 그 날을 우리는 고대합니다. 예수님 이름으로 기도합니다. 아멘.

July 2

하나님 앞에서의 언약

(말라기 2:14) "너희는 이르기를 어찜이니이까 하는도다 이는 너와 어려서 취한 아내 사이에 여호와께서 일찍이 증거 하셨음을 인함이라 그는 네 짝이요 너와 맹약한 아내로되 네가 그에게 궤사를 행하도다"

이스라엘 백성들은 노력했다. 그들이 눈물로 제사를 드렸지만 하나님은 받지 않았다. 그러자 그들은 "왜 제물을 받지 않으십니까?"라고 하나님께 물었다. 하나님은 "너희가 너희 아내들을 어떻게 대했는가가 바로 그 이유"라고 말씀하셨다.

그들은 너무나 쉽게 이혼했다. 어떤 남자가 한 예쁜 여자에게 반해서 결혼을 한 후 그 아내에게 "나는 너와 이혼할꺼야"라고 세 번 선언하면 그 아내를 쉽게 버릴 수 있었다. 그의 젊은 시절 아내는 어려운 시절을 함께 하면서 그를 도우며 희생해 왔었고, 그의 자녀를 낳았고, 그의 가정을 지켜왔었다. 하지만 지금 그녀에게는 떠나는 것 외에는 아무런 선택권이 없었다.

하나님은 이혼을 싫어하신다.

하나님은 그때나 지금이나 이혼을 싫어하신다. 내가 배운 바로는 하나님께서 무엇을 싫어 하면 나도 그것을 싫어하는 것이 훨씬 낫다. 성경은 남편들에게 아내를 자기 자신보다 더 사랑하라고 말씀하셨다.

"남편들아 아내 사랑하기를 그리스도께서 교회를 사랑하시고 위하여 자신을 주심같이 하라"(엡 5:25)

오늘날 결혼 생활을 깨뜨리려는 많은 문제들이 있다는 것은 심각한 문제이다. 이혼한 사람들은 각자가 하나님 앞에서 서약한 것을 기억하기 바란다.

"기쁠 때나, 슬플 때나, 부요할 때나, 가난할 때나, 병들 때나, 건강할 때나, 죽음이 갈라놓을 때까지, 사랑하고 소중히 여길지니라!!"

하나님 아버지, 당신이 우리를 사랑하셨던 것처럼 우리도 서로서로 그렇게 사랑하게 하시고, 서로 간에 사랑과 자비로 대하게 하소서. 예수님 이름으로 기도합니다. 아멘.

July 3

기억의 책

(말라기 3:16) "그 때에 여호와를 경외하는 자들이 피차에 말하매 여호와께서 그것을 분명히 들으시고 여호와를 경외하는 자와 그 이름을 존중히 생각하는 자를 위하여 여호와 앞에 있는 기념책에 기록하셨느니라"

당신은 당신 속에서 당신 자신의 이름을 얼마나 중요하게 여기고 있는지에 대해 생각해 본 적이 있는가? 당신의 뒤에서 어떤 두 사람이 대화 하는 중에 당신의 이름이 나온다면 자동적으로 당신의 귀를 기울이며 들으려고 하지 않겠는가?

그리고 "도대체 저 사람들이 나에 대해 무엇을 이야기하지?" 궁금해 할 것이다. 이와 같이 주님도 자신의 이름에 관심이 있으시다. 주님께서도 우리의 대화 속에 나타나는 예수의 이야기를 들으실 때마다, "저들이 나에 대해 뭐라고 말하고 있을까?" 궁금해 하실 것이다.

불행하게도 하나님은 때때로 그렇게 유쾌하지 않은 이야기도 들으신다. 이스라엘은 하나님께 불평하는 습관이 있었다. 하나님은 이스라엘을 축복의 곳으로 데려다 놓으셨는데, 이스라엘은 하나님께서 허락하신 일들에 대해 대적하는 습관이 있었다. 하나님의 약속에 대해 서로가 용기를 주는 것이 아니라 오히려 불만을 토로하면서 하나님께 대적했다. 우리도 하나님께 그런 죄를 많이 범했다.

하나님은 침묵하는 책이시다.

하나님은 자신을 경외하는 자들이 서로 간에 하나님에 대해 이야기하는 것을 기록하신다. 나의 이름이 하나님의 기억 책에 기록되다니 놀랍지 않은가! 기도하건대, 당신도 하나님의 사랑과 선하심에 대해 이야기하기 바란다. 또한 하나님이 당신에게 어떻게 행하셨는지에 대해 다른 사람들에게 간증하기 바란다. 하나님의 기억 책을 기록하는 천사를 바쁘게 만들자.

- 하나님의 선하심과 축복하신 일들에 대해 서로 간증하여,
- 기록하는 천사로 하여금 쓸 것이 많게 하도록 하자.

주님, 하나님의 영광에 대해 서로 간에 더 많은 이야기들을 하게 하옵소서. 우리를 구원하시고, 보배롭게 여겨 주심을 감사드립니다. 예수님 이름으로 기도합니다. 아멘.

July 4

회개하라

(마태복음 3:1-2) "그 때에 세례 요한이 이르러 유대 광야에서 전파하여 가로되 회개하라 천국이 가까웠느니라 하였으니"

회개한다는 것은 무슨 뜻인가? 그것은 그냥 "미안하다"라고 말하는 것보다 더 깊은 뜻이 있다. 진짜 회개는 너무 미안하고 너무 후회스러워서 다시는 그 죄를 되풀이하지 않는 것이다. 어떤 사람이 어떤 범죄 행위에 대해 회개한다고 선포한 후에도 같은 행위를 계속한다면 그의 회개에 대한 진의를 의심해 보아야 한다.

삶 속에서 하나님이 일 하시는 첫 번째 단계가 죄에서 돌아서는 것이다. 이러한 일은 하나님의 자비하심과 선하심에 우리가 부딪힐 때 일어난다. 바울은 "혹 네가 하나님의 인자하심이 너를 인도하여 회개케 하심을 알지 못하여"(롬 2:4)라고 경고했다. 우리가 하나님은 자비와 은혜와 사랑으로 우리의 허물을 용서해 주시는 분임을 깨달을 때, 우리의 마음이 회개에 이르도록 열려지는 것이다.

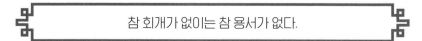

참 회개가 없이는 참 용서가 없다.

당신의 삶 속에서 아직도 은밀한 죄를 품고 있다면 당신은 진실로 죄에서 돌이켰다고 할 수 없다. 오히려 지금 당신이 당신의 죄를 더 숨기고, 덮으려고 조심하고 있다면 당신 자신을 속이지 말라. 하나님은 당신의 마음을 알고 계신다.

하나님은 당신의 죄도 알고 계신다. 하나님은 만홀히 여김을 받지 않으실 것이다. 하나님의 선하심을 깊이 생각하라. 당신을 용서해 주실 뿐 아니라, 당신을 변화시키고, 당신을 망하게 하려고 하는 정욕까지도 정복할 수 있도록 도와주시는 당신을 향한 하나님의 사랑과 그의 풍성하신 자비를 생각해 보라.

- 죄를 버려라. 죄에서 돌이키고, 끝내버려라.
- 그리고 용서와 깨끗함을 받으라.

하나님 아버지, 성령께서 우리가 진실로 회개해야 할 것들에 대해 말씀하여 주시옵소서. 진실로 악에서 돌아서게 하옵시고, 우리의 인생을 망하게 하는 일들을 우리가 정말로 버리게 하옵소서. 그리하여 참 회개를 했음을 드러내는 열매를 맺게 하옵소서. 예수님 이름으로 기도합니다. 아멘.

July 5

시험

(마태복음 4:1) "그 때에 예수께서 성령에게 이끌리어 마귀에게 시험을 받으러 광야로 가사"

성경은 우리가 당하는 시험은 주로 세 가지 영역 중의 하나라고 가르친다. 그 세 가지란 육신의 정욕, 안목의 정욕, 이생의 자랑이다. 예수님도 이 세 가지의 영역에서 모두 다 시험을 당하셨다. 예수님은 40일 동안 금식하신 후, 배가 몹시 고프셨다. 배고픔 그 자체는 죄가 아니다. 그러나 사탄은 그것을 시험으로 돌렸다. "당신은 하나님의 아들인데, 왜 이 돌로 떡을 만들지 않습니까?" 다른 말로 하자면, 사탄은 예수님에게 그의 영을 육신의 식욕으로 다스리라는 것이었다.

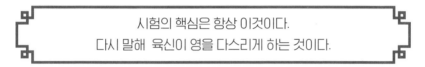

시험의 핵심은 항상 이것이다.
다시 말해 육신이 영을 다스리게 하는 것이다.

그러므로 모든 상황마다 나의 육신의 소욕에 순복할 것인가, 아니면 나의 영의 소욕에 순복할 것인가를 결정해야 한다.

예수님은 사탄이 시험하는 것마다 하나님의 말씀을 사용해서 대답하셨다. 마음속에 하나님의 말씀을 항상 저장해 두는 것이 그렇게도 중요한 이유가 바로 이것이다. 당신 속에 하나님의 말씀을 항상 거하게 하는 것이 사탄이 당신에게 시험거리를 가져올 때 이길 수 있는 비결이다. 시험에 대비하여 지금 자신을 준비시켜라. 시험은 반드시 온다.

선택해야 할 문제에 부딪히기 전에 단계별로 계획하라. 하나님께서 이렇게 말씀하실 때 사탄은 저렇게 말한다. 그럴 때 당신은 어떻게 할 것인가? 당신은 하나님의 말씀에 순복하고 그의 말씀을 따를 것인가? 아니면 사탄의 말에 순복하여 당신의 육신이 당신의 영을 지배하게 할 것인가?

하나님 아버지, 우리는 시험에 넘어질 때가 너무나 많습니다. 또 우리의 육신이 우리의 영을 지배하게 했습니다. 주님, 우리를 용서해 주시고, 깨끗하게 하여 주시옵소서. 성령님과 주님의 영원하신 진리의 말씀이 우리를 다스리게 하옵소서. 예수님 이름으로 기도합니다. 아멘.

July 6

염려하지 말라

(마태복음 6:25) "그러므로 내가 너희에게 이르노니 목숨을 위하여 무엇을 먹을까 무 엇을 마실까 몸을 위하여 무엇을 입을까 염려하지 말라 목숨이 음식보다 중하지 아니 하며 몸이 의복보다 중하지 아니하냐"

믿음과 걱정은 상호 배타적이다. 당신이 정말 하나님께서 공급하시고 돌보신다는 믿음만 있으면 당신의 환경이 어떠하든지 걱정하지 않을 것이다. 당신이 걱정한다는 것은 바로 당 신의 믿음이 부족하다는 것을 나타낸다.

당신이 예수 그리스도를 믿는 믿음 때문에 지금 당신은 하나님의 자녀인 것이다. 예수님 이 당신의 하늘 아버지인 것을 알게 되면 그 어떤 생활의 염려도 다 쫓아버릴 것이다. 당신 의 아버지는 당신에게 필요한 음식과 옷을 알고 있기 때문에 당신은 그런 것들에 대해 걱 정할 필요가 없다.

예수님은 우리에게 하나님이 우리를 너무나 사랑하셔서 우리 생활 속의 사소한 부분까지 지켜보고 계신다고 말씀하신다. 심지어 우리 자신이 알기도 전에 우리의 필요한 것까지 다 아신다고 했다.

문제는 우선순위이다. 다시 말해 당신이 무엇을 우선으로 두느냐이다. 음식이냐, 옷이냐, 만약 당신의 우선순위가 그렇다면 당신은 이방인과 다를 바가 없다. 그러나 당신이 그의 나라와 의를 먼저 구한다면 하나님은 당신의 다른 모든 것까지도 다 돌보아 주실 것이다.

당신의 우선순위에 다른 것을 제일 위에 두지 마라!

자신의 인생을 생산적이지 못하고 순간적인 일들에 낭비하는 자들은 인생길의 마지막에 도 달했을 때 자신의 인생에서 영원한 것이 아무것도 없음을 알게 될 것이다. 그러므로 사람 들마다 자신을 살펴보게 하자.

- 당신 자신의 마음도 돌아보라.
- 그리하여 하나님을 첫 번째에 두도록 결단하라.

하나님 아버지, 우리 생활의 제일 처음에 하나님 아버지를 모시게 하옵소서. 주님, 우리 의 시간을 지나가 버리면 사라지고 마는 육신적인 일들을 생각하면서 보냈던 것을 용서 하여 주시옵소서. 예수님 이름으로 기도합니다. 아멘.

July 7

당신의 것을 잃어라

(마태복음 10:39) "자기 목숨을 얻는 자는 잃을 것이요 나를 위하여 자기 목숨을 잃는 자는 얻으리라"

나는 오늘날 많은 사람들이 '자아 발견'이라고 말하는 소리를 종종 듣는다. 그러나 예수님은 "당신이 할 수 있는 가장 좋은 일은 바로 네 자신을 버리는 것이다" 말씀하셨다.

어느 날 예수님께서 그를 따르는 자들에게, 제자로서 갖추어야 할 첫 번째 자격을 설명하시면서 "아무든지 나를 따라오려거든 자기를 부인하고 날마다 제 십자가를 지고 나를 좇을 것이니라"(눅 9:23) 말씀하셨다.

예수님을 따르기 위해서는 자신을 부인해야 한다. 다시 말하면, 자기중심적인 습관을 포기해야 한다는 것이다. 세상이 눈으로 볼 수 있었던 가장 큰 이타주의의 본보기가 바로 십자가 사건이다.

예수님께서도 처음에는 내 잔(십자가)이 지나가게 해 달라고 하나님께 엎드렸다. 조금 나아가사 얼굴을 땅에 대시고 엎드려서 "내 아버지여 만일 할 만하시거든 이 잔을 내게서 지나가게 하옵소서 그러나 나의 원대로 마옵시고 아버지의 원대로 하옵소서 하시고"(마 26:39) 기도하셨다. 이와같이 예수님은 오직 아버지의 뜻에 순종하기 위해 자기의 뜻을 굽히셨다.

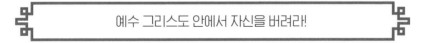

예수 그리스도 안에서 자신을 버려라!

오직 자기 자신만을 생각하고, 자신만을 위해서 사는 사람들은 인생의 마지막에 가서 모든 것을 다 잃어버리게 된다. 그 이유는 자신만을 위해 하는 모든 일들 중 그 어떤 것도 끝까지 지키고 보존할 수 없기 때문이다. 모든 성공과 승리의 트로피도, 우리를 시험하는 불들을 지날 때 모두 다 타버릴 것이다. 오직 당신이 영원히 가지고 갈 수 있는 것들은 예수 그리스도를 위해서 한 일들 뿐이다.

당신을 찾고 싶은가? 인생의 깊은 의미를 알고 싶은가? 그렇다면 자신을 부인하라. 예수 그리스도 안에서 자신을 버려라. 그렇게 할 때에 기쁨과 평안을 얻게 될 것이다. 그리고 그것은 또한 영원히 지속될 것이다.

하나님 아버지, 아버지께서 우리에게 밝혀 보여주신 이러한 영적 원리대로 살아갈 수 있도록 도와 주시옵소서. 예수님 이름으로 기도합니다. 아멘.

July 8

가벼운 짐

(마태복음 11:28-30) "수고하고 무거운 짐 진 자들아 다 내게로 오라 내가 너희를 쉬게 하리라 나는 마음이 온유하고 겸손하니 나의 멍에를 메고 내게 배우라 그러면 너희 마음이 쉼을 얻으리니 이는 내 멍에는 쉽고 내 짐은 가벼움이니라 하시니라"

인생은 짐들로 가득하다. 책임의 짐, 기대의 짐, 자신의 소원들, 재산을 모아야 하는 짐, 또 쾌락을 누려야 하는 짐 등... 그래서 예수님은 무거운 짐에 눌려 있는 자들에게 두 가지의 초청을 하셨다.

"나의 멍에를 메라. 그리고 내게 배우라"

멍에란 농사를 지을 때 쓰는 도구이다. 그것은 나무로 만든 구부러진 막대로 소에게 씌워 쟁기를 끌게 하는 것이다. 예수님은 이 용어를 사용하시면서, "네가 해야 할 일이 나에게 있다. 너의 인생의 고삐를 내가 쥐고 너를 인도하기 원한다" 말씀하셨다.

> 하나님을 위해 사는 것이 당신 자신을 위해 사는 것보다 쉽다.

그리고 예수님은 "내게 배우라" 말씀하셨다. 이는 멍에에 대한 말씀을 자세히 알게 하신 것이다. 우리가 예수님에 대해 더 많은 것을 공부 할수록 당신은 당신을 향한 주님의 그 큰 사랑을 깨달아 알게 될 것이다. 그러므로써 당신은 예수님을 더욱 사랑하게 될 것이다.

과연 예수님의 짐은 무엇이었을까? 성경에 기록된 예수님의 첫 번째 말씀을 보면 "나는 내 아버지의 일을 하는 것"이다. 이와 같이 예수님은 아버지의 뜻을 행하기 위해 사셨다.

"내 짐은 가볍다" 이 말씀은 당신 자신을 기쁘게 하는 것보다 하나님 아버지를 기쁘시게 하는 것이 훨씬 쉽다는 것을 밝히 말씀하신 것이다. 평강과 안식의 삶을 누리는 사람들을 찾아보라. 당신이 그를 만나게 되면 그가 예수 그리스도께 헌신된 자임을 발견하게 될 것이다.

주님, 많은 사람들이 인생의 어려운 짐에 눌려 피로움을 당하고 있습니다. 그러나 주님께 감사드림은, 우리 자신을 주님께 맡김으로 우리의 영혼이 쉼을 얻을 수 있게 되었기 때문입니다. 예수님 이름으로 기도합니다. 아멘.

July 9

용서 받을 수 없는 죄

(마태복음 12:31) "그러므로 내가 너희에게 이르노니 사람의 모든 죄와 훼방은 사하심을 얻되 성령을 훼방하는 것은 사하심을 얻지 못하겠고"

만약 당신이 용서받을 수 없는 죄를 지었다고 염려하고 있다면, 나는 당신이 그것을 염려할 필요가 전혀 없다고 확신한다. 다시 말해 용서받을 수 없는 죄를 한번 지었다고 해서 그것에 대해 당신이 걱정할 필요가 전혀 없다는 말이다.

> '용서받을 수 없는 죄'란 성령을 계속해서 거부하는 것이다.

당신이 범죄할 때 하나님의 성령은 당신에게 그 죄에 대한 가책을 느끼게 하면서 당신과 싸우고 있다. 우리는 그것을 '양심의 소리'라고 말한다. 그때 우리가 그 음성을 따라 죄를 고백하고 죄에서 돌아선다면, 성경은 이미 "만일 우리가 우리 죄를 자백하면 저는 미쁘시고 의로우사 우리 죄를 사하시며 모든 불의에서 우리를 깨끗케 하실 것이요"(요일 1:9)라고 약속하였다. 그러나 하나님은 그의 영이 사람들과 항상 싸우지는 않겠다고 말씀하셨다.

어떤 사람의 삶 속에서 성령께서 죄를 깨닫게 하는 음성을 더 이상 듣지 않아도 될 때가 온다. 그 때란 바로 당신의 마음속에 성령이 증거 하는 것을 거부할 때이다. (여기서 '성령이 증거 하는 것'이란 곧 "예수님은 당신의 죄를 위해 죽으셨고 다시 살아나셨다"는 사실이다.) 그 때는 용서받지 못할 죄의 길에 들어서는 것이다.

당신이 예수님께서 당신의 구세주임을 계속해서 거부하면, 성령께서도 더 이상 당신과 다투지 않을 때가 이를 것이다. 그렇게 되면 당신은 예수를 믿을 수 없게 된다. 때문에 당신이 예수 그리스도께서 당신의 구세주 되심을 거절하다가 죽으면, 이 세상에서도 용서받을 수 없고, 저 세상에서도 용서 받을 수 없다.

하나님 아버지, 우리의 생애 속에 계속 "No"라고 말하는 사람들이 있습니다. 빛보다 어두움을 더 사랑하는 자들입니다. 그러나 하나님 아버지는 저들의 반역에도 불구하고 저들을 사랑하십니다. 저들이 더 늦기 전에 성령의 음성을 듣고 응답하게 하소서. 예수님 이름으로 기도합니다. 아멘.

July 10

눈을 예수님께 고정하라

(마태복음 14:29-31) "오라 하시니 베드로가 배에서 내려 물 위로 걸어서 예수께로 가되 바람을 보고 무서워 빠져 가는지라 소리 질러 가로되 주여 나를 구원하소서 하니 예수께서 즉시 손을 내밀어 저를 붙잡으시며 가라사대 믿음이 적은 자여 왜 의심하였느냐 하시고"

제자들이 밤새도록 노를 저었지만 바다 한가운데까지 밖에 가지 못했다. 그런데 이제는 큰 파도가 치면서 거센 비가 그들을 때리기 시작했다. 그리고 갑자기 폭풍의 한가운데서 한 물체가 자기들을 향해 물 위로 걸어오는 모습이 보였다. 제자들은 공포에 떨며 소리쳤다. 그러자 그 때 예수님께서 세미한 음성으로 그들에게 응답하셨다.

"두려워 말라. 내니라"

이때 용감한 베드로가 손을 내밀며 "주여, 정말 주님이시라면 저에게 물 위로 걸어오라고 하소서" 청했다. 이에 예수께서 오라고 말씀하시자 베드로는 배에서 내려 물 위를 걸어 예수님께로 향했다. 그러나 베드로는 얼마 걷지 못하고 예수님에게서 눈을 떼고 자기 발밑의 거센 파도를 바라보았다. 그 순간 물 밑으로 빠져들기 시작했다.

믿음과 두려움은 상호 배타적이다.

우리를 억누르는 환경들이 우리의 눈을 예수님에게서 떼어내는 요인이 될 수 있다. 그러나 그렇게 되면 우리는 좌절에 빠지게 된다. 그러나 우리가 지혜롭다면 베드로처럼 오직 우리를 도우실 수 있는 능력의 예수님께 부르짖어야 한다는 것을 기억하라.

"주님! 살려 주세요"

당신의 눈을 예수님께 고정하면 당신의 믿음이 당신을 물 위로 걷게 하는데 도움이 될 것이다. 그리고 인생의 어떤 어려움도 극복할 수 있을 것이다.

- 두려움과 믿음은 상호 배타적이다.
- 믿음은 두려움을 몰아내고, 두려움은 믿음을 몰아낸다.

주님, 오늘도 우리의 눈을 주님께 고정하도록 가르쳐 주소서. 억눌림으로 인해 가라앉고 있다는 두려움에 떨고 있는 사람들에게 주님께서 항상 곁에 계신다는 것을 알게 하소서. 또 주님의 사랑과 우리를 구원하기 원하시는 주님의 뜻을 생각하게 하소서. 예수님 이름으로 기도합니다. 아멘.

July 11

한마디도 않으심

(마태복음 15:22-23) "가나안 여자 하나가 그 지경에서 나와서 소리 질러 가로되 주 다윗의 자손이여 나를 불쌍히 여기소서 내 딸이 흉악히 귀신 들렸나이다 하되 예수는 한 말씀도 대답지 아니하시니 제자들이 와서 청하여 말하되 그 여자가 우리 뒤에서 소리를 지르오니 보내소서"

그 여인의 간청은 열정적이었다. 하지만 예수님은 한마디도 대답하지 않으셨다. 마침내 예수님께서 말씀하셨지만 그것은 제자들에게 말씀하신 것이다. 그 내용은 그 여인이 하나님께서 언약하신 이스라엘 사람이 아니라 이방인이라는 것이었다. 그러나 그 여인은 실망하지 않았다. 오히려 그 여인은 예수님의 말씀에 동의했다. "옳습니다. 주님, 저는 자격이 없습니다. 그래서 저는 빵을 달라고 하지 않습니다. 단지 상에서 떨어지는 부스러기만을 구합니다."

> 하나님께서 침묵하신다고 해서 항상 "No"는 아니다.

예수님은 처음부터 그 여인의 딸을 고칠 것이라는 것을 알고 계셨다. 그러나 예수님은 그 여인이 자신의 믿음을 밖으로 완전히 표출하기 원하셨다. 예수님이 뒤로 한 걸음 물러설 때 그 여인은 두 걸음 더 가까이 나아갔다. 그녀는 예수님께 거절을 당하면서도 실망하지 않고 "여자야 네 믿음이 크도다 네 소원대로 되리라"(마 15:28)는 말씀을 들을 때까지 예수님을 놓지 않았다.

때때로 하나님은 그냥 기다리고 계신다. 하나님은 당신의 마음속에서 일하시거나, 또는 당신의 믿음을 강하게 하기 위해 지체할지도 모른다.

응답이 즉시 오지 않는다고 해서 실망하지 마라. 계속 붙들어라. 계속 구하라. 당신의 믿음을 보여라. 그리고는 당신이 듣고 싶어 하는 말씀이 올 때까지 기다려라.

"네 소원대로 될지어다"

하나님 아버지, 우리로 하여금 하나님 아버지께로 더 가까이, 더 친밀하고 온전한 관계를 가지도록 이끌어 주시옵소서. 우리의 요청에 주님이 응답하실 때까지 기다릴 수가 있는 인내를 가르쳐 주시옵소서. 우리의 믿음을 강하게 하사 하나님 아버지께 우리의 믿음을 증명할 수 있는 기회를 주소서. 아버지의 사랑 안에서 쉼을 얻게 하소서. 예수님 이름으로 기도합니다. 아멘.

July 12

참된 용서

(마태복음 18:21-22) "그 때에 베드로가 나아와 가로되 주여 형제가 내게 죄를 범하면 몇 번이나 용서하여 주리이까 일곱 번까지 하오리이까 예수께서 가라사대 네게 이르노니 일곱 번뿐 아니라 일흔 번씩 일곱 번이라도 할지니라"

나는 베드로가 이 질문을 함으로써 예수님께 강한 인상을 주려고 하지 않았을까 하는 의심이 든다. 베드로의 생각에 한껏 늘인 것이 일곱 번일 것이다. 그런데 예수님께서 '칠십 번씩 일곱 번'이라고 말씀하시자 베드로는 속으로 "아이구"했을 것이다.

용서란 우리의 죄를 용서받고 싶다면, 선행되어져야 하는 것이다. 예수님께서 '주기도문'을 가르치실 때도 그 진리에 대해 강조하셨다. "우리가 우리에게 죄 지은 자를 사하여 준 것 같이 우리 죄를 사하여 주옵시고"(마 6:12) 말씀하시고, 며칠 후에 "너희가 사람의 과실을 용서하지 아니하면 너희 아버지께서도 너희 과실을 용서하지 아니하시리라"(마 6:15) 말씀하셨다.

> 용서는 숫자적인 문제가 아니라 영(spirit)의 문제이다.

하나님께서는 용서하실 때 잊어버리신다. 그리고 절대로 다시 거론하지 않으신다. 우리도 주님을 닮으려면 그렇게 해야 한다. 주님은 우리의 그렇게도 큰 빚을 갚아 주셨는데, 우리는 아직도 다른 사람이 나에게 행한 작은 일들 때문에 마음이 상하고, 화를 내고, 불쾌하게 생각한다는 것이 놀랍다.

우리의 태도는 "그래, 용서는 해줄게. 하지만 절대로 잊지는 않겠어"라고 말한다. 그러나 예수님은 "그것은 용서가 아니란다" 말씀하신다. 믿는 자에게 용서는 해도 되고 하지 않아도 되는 것이 아니다. 왜냐하면 그것은 믿는 자의 필수 조건이기 때문이다.

하나님은 예수님이 우리에게 요구하는 것이 무엇이든지 우리가 할 수 있도록 우리에게 능력을 주신다. 만약 당신에게 용서할 힘이 없다면 당신이 해야 할 전부는 성령님께서 당신을 통해 일 하시도록 구하는 것이다. 다시 말해 성령님의 용서가 당신을 통해 이루어질 수 있도록 구하는 것이다. 하나님의 사랑이 당신을 통해 흘러내려 다른 사람을 치유 할 수 있다니 이 얼마나 영광스러운 일인가!

주님, 우리의 마음을 살피시고 아시는 주님. 우리에게 용서할 것이 있다면 성령으로 그렇게 할 수 있도록 도와주시옵소서. 예수님 이름으로 기도합니다. 아멘.

July 13

사랑이 식어질 때

(마태복음 24:12) "불법이 성하므로 많은 사람의 사랑이 식어지리라"

한때는 주님을 향해 뜨겁고 거룩한 열정을 불태웠던 사람들이 있다. 정말 깊이 있는 신앙생활을 했고, 말씀과 기도로만 시간을 보냈었다. 그런데 그들의 열정이 식어버렸다. 사탄이 살금살금 기어 들어와 그들의 간증과 그들과 하나님의 관계를 깨뜨려 버린 것이다.

한때 그들은 수렁과 더러운 세상에서 구원받았음을 그렇게도 기뻐했다. 하지만 이제는 돼지처럼 더러운 세상으로 다시 돌아간 것이다. 예수님께서 마태복음 24장에서 이미 예언하셨듯이, 그들의 사랑이 식어진 것이다.

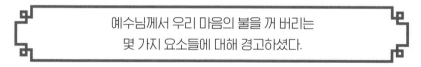

예수님께서 우리 마음의 불을 꺼 버리는
몇 가지 요소들에 대해 경고하셨다.

"너희는 스스로 조심하라 그렇지 않으면 방탕함과 술 취함과 생활의 염려로 마음이 둔하여지고 뜻밖의 그 날이 덫과 같이 너희에게 임하리라"(눅 21:34)

'방탕'(Carousing)이란 육신의 쾌락에 빠지는 것이다. '술 취함'(Drunkenness)이란 술, 마약, 심지어 텔레비전을 지나치게 시청하는 것도 포함된다. 이런 것들은 당신의 두뇌를 흐릿하게 하고 마비시켜 더 이상 숫자나 생각을 명확하게 하지 못하게 만든다.

'생활의 염려'(the cares of this life)란 당신을 너무 바쁘게 하는 일들 때문에 성령을 위한 일들에 대해 더 이상 시간을 가지지 못하게 하는 것들이다.

오늘날 당신의 심령은 어떠한가? 주님을 위한 사랑이 밝게 불타고 있는가? 아니면, 주님을 위한 사랑이 식어져 굳어 버렸는가?

하나님 아버지, 주님을 사랑하는 마음이 식어지지 않기를 원합니다. 우리의 마음속에서 그 사랑이 계속 불타게 하옵소서. 주님을 향한 우리의 열정이 세상을 밝게 비추는 증인이 되게 하옵소서. 예수 그리스도 이름으로 기도합니다. 아멘.

July 14

노아의 시대

(마태복음 24:37) "노아의 때와 같이 인자의 임함도 그러하리라"

노아 시대 때, 하나님은 땅 위에 있는 사람들의 사악함을 보셨다. 또 사람들이 마음속으로 생각하는 모든 것이 항상 악함을 보셨다. 그때와 오늘날을 비교하는 것은 어렵지 않다.

지금 우리의 세상도 광포와 부패로 가득하다. 텔레비전과 영화 산업은 사람들의 마음이 계속 악해지도록 그 생각과 상상을 오염시키고 있다. 그리고 사람들은 노아 시대처럼 마시고 즐기고 있다. 또한 주님이 곧 오실 것이라고 생각하지 않고 그들의 사업을 하고 있다.

> 세상은 이대로 계속 더 길게 갈 수 없다. 마침내 아래로 치닫고 있다.

계산할 그 날이 임박했을 때 세상의 어떤 병기도 우리를 구원해 줄 수 없다. 과학도 안된다. 정부도 안된다. 유엔도 안된다. 거대한 평화봉사단(Green Peace)도 우리가 살고 있는 지구를 구원해 낼 수 없다. 오직 미래의 한 가지 확실한 소망은 주님이 재림하시는 것뿐이다. 주님만이 우리를 그곳에서 건져내고, 구원할 수 있는 능력을 가지고 계신다.

우리 주변을 둘러싸고 있는 세상의 환경들이 타락하고 있는 것을 보더라도 우리는 낙망하지 말아야 한다. 대신 그러한 일들이 우리에게 동기 부여를 하게 해야 한다. 우리로 하여금 도전하게 하고 일어나게 해서 경건하고 의롭고 또 더욱 거룩하게 살면서 주님의 다시 오심을 기다리는 자가 되어야 할 것이다.

하나님 아버지, 지금 우리의 세상을 볼 때 노아의 때와 동일함을 봅니다. 이로 인해 심판이 멀지 않았다는 것을 깨닫습니다. 우리 자신을 겸비케 하시고 기도하며 주님의 얼굴을 구하게 하소서. 또한 우리로 하여금 모든 악에서 돌아서게 하옵소서. 예수님 이름으로 기도합니다. 아멘.

신실한 종

(마태복음 25:21) "그 주인이 이르되 잘 하였도다 착하고 충성된 종아 네가 작은 일에 충성하였으매 내가 많은 것으로 네게 맡기리니 네 주인의 즐거움에 참여할 지어다 하고"

우리 모두 자신의 개인 목록을 보면서 스스로에게 물어보아야 할 것은 "하나님께서 나에게 위임하신 것이 무엇인가?"하는 것이다. 우리가 그리스도의 심판대 앞에 설 때 우리 모두는 하나님께서 주셨던 우리의 삶과 우리의 재능과 우리의 자원을 가지고 어떻게, 그리고 얼마나 행하였는가 하는 것을 계산할 것이다.

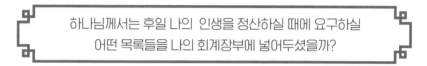

하나님께서는 후일 나의 인생을 정산하실 때에 요구하실
어떤 목록들을 나의 회계장부에 넣어두셨을까?

이 예화에서 예수님은 다섯 달란트를 맡긴 사람에 대해 우리에게 말씀하고 계신다. 주인이 돌아왔을 때 그 종은 주인에게 보여줄게 많았다. "주인님, 저에게 다섯 달란트를 주셨는데 제가 다섯 달란트를 더 벌었습니다." 그러자 주인은 그 종에게 "잘 하였도다 착하고 신실한 종아" 말씀하시면서 더 많은 책임을 그 종에게 맡길 것을 약속하셨다. 그리고 또 그 종은 "주인의 즐거움"에 들어오도록 초청받았다.

나도 지금까지 일생동안 일을 해 왔고 또 지금도 계속 일을 하고 있는 목적은 훗날 예수님께 "잘 하였도다"(well done)라는 말을 듣기 위한 것이다. 그것이 내가 하는 모든 일의 이면에 있는 동기이다. 그것이 앞으로도 내가 바라고 있는 것이며 또한 그것을 위해 일하고 있다.

  - 만약 예수님께서 오늘 오신다면,
  - 당신은 주님이 당신에게 위임하신 일들을 가지고,
  - 기쁘게 주님 앞에 내어 놓을 수 있겠는가?

하나님 아버지, 하나님 아버지를 위해 봉사하는 일에 게으르지 않게 하시고, 또 아버지께서 우리에게 주신 것들을 사용하는데 있어서도 부지런하게 하옵소서. 주님, 당신의 목적을 위해 사용하게 하옵소서. 예수님 이름으로 기도합니다. 아멘.

부인하는 길

(마태복음 26:69-70) "베드로가 바깥뜰에 앉았더니 한 비자가 나아와 가로되 너도 갈릴리 사람 예수와 함께 있었도다 하거늘 베드로가 모든 사람 앞에서 부인하여 가로되 나는 네가 말하는 것이 무엇인지 알지 못하겠노라 하며"

사도들이 예수님과 그렇게 가까이 지냈으면서도 어떻게 그의 주를 그렇게 부인할 수 있을까? 조금의 실수가 베드로로 하여금 주님을 부인하게 했다.

첫째, 베드로의 실수는 예수님과의 다툼이었다(마26:31-35). 당신도 지금 주님과 다투고 있다면 확실하게 알아야 한다. 바로 당신이 틀렸다는 것이다.

아주 작은 실수가 친했던 관계에서 부인하는 관계로 이끈다.

둘째, 베드로는 자기의 헌신을 자랑했다. "다 주를 버릴지라도 나는 언제든지 버리지 않겠나이다"(마 26:33). 당신의 육신을 과신하는 것에 조심하라.

셋째, 베드로는 예수님께서 기도할 때 잠을 잤다(마 26:40-43). 우리는 때때로 먼저 생각하고 기도는 미루거나 또는 기도를 해도 되고 하지 않아도 되는 것으로 취급한다. 나는 우리가 기도를 좀 더 한다면 죄도 덜 지을 것이라고 확신한다.

넷째, 베드로는 주님과 멀어져 있었다(마 26:58). 그리스도인의 생활의 비밀은 가능한 예수님께 꼭 붙어 있는 것이다.

다섯째, 마지막으로 베드로가 군병들의 불에서 몸을 데우고 있었다는 것이다(막 14:54). 원수에게서 몸을 데우려고 하는 것은 항상 위험하다.

그러나 베드로는 주님을 부인했지만 그의 믿음이 실패하지는 않았다. 지금 당신도 베드로처럼 실패했을지라도 예수님께서는 당신이 다시 시작할 수 있도록 도우기 원하신다. 이번에는 주님의 손을 꼭 붙들고 주님 옆에 꼭 붙어서 원수의 불은 피하라.

하나님 아버지, 우리의 실패에도 불구하고 우리를 다시 회복시키셔서 사용하시고 섬길 수 있게 하시니 더욱 감사합니다. 예수님 이름으로 기도합니다. 아멘

July 17

충만한 능력

(마태복음 28:18) "예수께서 나아와 일러 가라사대 하늘과 땅의 모든 권세를 내게 주셨으니"

우주를 창조하는 능력, 죄를 용서하는 능력, 마귀를 쫓아내는 능력, 그의 말씀으로 만물을 붙들고 계시는 능력을 가지신 그 예수님께서 제자들과 우리에게 동일하게 "그러므로 너희는 가서 모든 족속으로 제자를 삼아 아버지와 아들과 성령의 이름으로 세례를 주라"(마 28:19) 말씀하셨다.

우리는 약하나 예수님은 모든 능력을 가지셨고, 또한 우리와 함께 동행하시는 분이시다. 그리고 예수님은 "내가 세상 끝 날까지 너희와 항상 함께 있으리라"(마 28:20) 말씀하셨다. 예수님은 우리에게 '대명령'(Great Commission)을 수행하라고 보내면서 "너는 가라 그리하면 내가 너와 함께 하겠다" 분명하게 말씀하셨다.

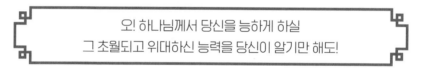

오! 하나님께서 당신을 능하게 하실
그 초월되고 위대하신 능력을 당신이 알기만 해도!

당신은 육신의 소욕에 사로잡혀 있을 필요가 없다. 당신은 좌절 속에 살아서도 안된다. 당신은 속박을 당하면서 살아서도 안된다. 우주 안에 있는 모든 능력이 예수 그리스도를 통해 당신에게 가능하다. 어떤 위급한 상황이나 때에도, 그것을 이길 수 있는 충분한 능력이 있다.

예수 그리스도의 부름이 무엇이든지 간에 이루어 내고 예수 그리스도의 형상으로 온전해지는 것과 하나님께서 당신에게 원하시는 모습의 사람이 될 수 있는 그 모든 능력이 오늘날 예수 그리스도를 통해 당신의 것이 된다.

하나님 아버지, 예수 그리스도를 믿는 믿음으로 아버지의 충만하고 위대하신 능력이 우리의 것이 되는 줄 알게 하옵소서. 아버지의 이름으로 우리를 둘러싸고 있는, 또 우리를 필요로 하는 저 세상으로 복음을 들고 나가 성령의 능력을 입고 나가게 하소서. 예수님 이름으로 기도합니다. 아멘.

July 18

그의 만져주심

(마가복음 1:40-41) "한 문둥병자가 예수께 와서 꿇어 엎드리어 간구하여 가로되 원하시면 저를 깨끗케 하실 수 있나이다. 예수께서 민망히 여기사 손을 내밀어 저에게 대시며 가라사대 내가 원하노니 깨끗함을 받으라 하신대"

문둥병이 어떻게 이 사람에게서 저 사람에게로 옮겨지는지 아무도 모른다. 문둥병은 육체를 점점 썩어 들어가게 하며 도무지 고칠 수 없는 병으로 마침내는 죽을 운명이라는 것이 우리가 알고 있는 전부이다. 문둥병은 죄에 비유된다. 죄 역시 점점 썩어져 가다가 결국에는 죽음에 이르게 한다.

세상은 문둥병자를 추방하면서 요구하기를, 누군가가 접근해 오면 "부정하다. 부정하다"라고 소리쳐 자기의 상황을 그 사람에게 알리라고 명령했다. 그러나 이 문둥병자는 예수님의 발 앞에 무릎 꿇으며 예수님께서 자신의 병을 고칠 수 있는 권세와 능력이 있으시다는 믿음을 나타냈다. 이 문둥병자가 고침 받을 수 있었던 것은 오직 예수님의 뜻을 따랐기 때문이다.

> 어느 누구도 예수님의 만지심을 받지 못할 사람은 없다.

예수님의 불쌍히 여기는 마음이 그 문둥병자에게 손을 내밀어 만지게 했다. 그렇게 함으로써 예수님은 관례적으로는 부정하게 되셨다. 오랫동안 사람과의 접촉을 하지 못했던 문둥병자를 예수님은 사랑으로 만져주시면서 "내가 원하니 깨끗함을 받으라" 하셨다. 너무나 놀라운 사랑이었다.

죄인이 예수님께 왔을 때 어떤 일이 일어났는가? 불쌍히 여기는 마음으로 감동된 예수님은 손을 뻗어 그 문둥병자의 생명을 만져 주셨다. 아무리 깊은 병이라도, 아무리 죄악에 물들어 갔더라도, 아무도 손대기 싫어하는 사람이라 할지라도 예수님은 하신다.

- 아무도 예수님의 손대심을 받지 못할 사람은 없다.

사랑하는 예수님, 죄악으로 말미암아 썩어져 가는 우리에게 손을 내미셔서 만져주시고, 용서해 주시고, 깨끗하게 해주시니 감사합니다. 예수님 이름으로 기도합니다. 아멘.

July 19

예수님을 모함함

(마가복음 3:6) "바리새인들이 나가서 곧 헤롯당과 함께 어떻게 하여 예수를 죽일 꾜 의논하니라"

예수님은 사람이 선한 일을 하는 것은 무슨 날에 행하든지 합당하다고 논리적으로 말했다. 그러나 유대인들은 감히 안식일에 사람을 고쳐 그들의 전통을 범한 예수님의 행동 때문에 예수를 죽이려고 했다. 그것은 자신들의 전통을 고수하기 위해서였다.

오늘날에도 예수님을 멸하려고 하는 사람들이 있다고 생각한다. 종종 영화산업에서 그리스도인들을 부정적인 시각으로 비추어 우리 사회에 주는 예수님의 영향을 없애버리려고 한다. 미국의 공공기관에서도 예수님을 제거하려는 움직임이 오랫동안 계속되어 왔다. 그리고 불행하게도 대법원이 이를 돕고 있다.

울타리 위(중간 자리)에 앉아 다른 곳을 보지 마라.

왜 이런 일들이 일어나는 것일까? 그 이유는 예수님께서 말씀하신 것처럼 사람들이 빛보다 어두움을 사랑하기 때문이다. 예수님께서는 간음, 미움, 거짓말, 속이지 말라고 외치면서 이런 것들 대신 용서하라고 가르치셨다. 예수님은 우리가 하나님을 사랑하고 이웃을 사랑해야만 한다고 가르치셨다. 그러나 하나님을 미워하는 것으로 가득 찬 사람들과 그들을 따르는 무리들은 예수님의 메시지를 없애 버리려 한다. 그렇게 해야 자기들이 죄의식 없이 죄악된 생활을 누릴 수 있기 때문이다.

나는 날이 갈수록 정부가 기독교를 압박하는 일은 더 심해지고 신앙적인 자유는 더 많아질 것이라고 믿는다. 예수님을 없애려고 하는 잘못된 생각을 가진 사람들은 우리 사회에서 예수님의 영향이 완전히 없어지는 것을 볼 때까지 중단하지 않을 것이다.

- 울타리 위에 앉아 있지 마라(중간에 서 있지 마라).
- 다른 길을 보지 마라.
- 주님이 공격 받으시는 곳마다 적극적으로 주님을 위한 편에 서라.

하나님 아버지, 세상이 아버지를 대적하는 것을 보면 너무 화가 납니다. 하지만 이로 인해 주님의 나라가 가까이 온 것을 압니다. 주님, 어서 오시옵소서. 의와 기쁨과 평강의 나라인 주님의 나라가 임하소서. 예수님 이름으로 기도합니다. 아멘.

201일째

July 20

두 가지 질문

(마가복음 4:40) "이에 제자들에게 이르시되 어찌하여 이렇게 무서워하느냐 너희가 어찌 믿음이 없느냐 하시니"

제자들이 두려워할 만한 충분한 이유가 있었다. 광풍이 그들을 덮쳐 배 위로 물이 들어와 배에 물이 차올랐고, 이로 인해 배가 점점 가라앉기 시작했다. 그런데 그 폭풍 중에도 예수님은 주무시고 계셨다.

우리에게 어려움이 덮치고 두려움이 억누를 때, 또 우리가 파산의 위기를 맞이할 때, 주님은 우리의 곤경에 관심이 없는 것처럼 보일 때가 있다. 아무리 부르짖어도 대답이 없고, 왜 주님이 우리를 돕지 않으시는지, 왜 우리의 상황이 변화되지 않는지 의아하게 생각될 때가 있다. 그러나 우리는 결코 혼자 폭풍을 감당하고 있지 않다. 주님께서 우리와 함께 계신다. 항상! 주님께서 배에 계신다면 우리는 두려워할 필요가 없다.

예수님은 두 가지 질문을 하신다. "왜 그렇게 두려워하느냐" 물으신 후 "어찌 그리 믿음이 없느냐" 물으셨다. 우리의 문제가 크게 보일 때는 우리의 믿음이 적은 때이다. 제자들이 믿음을 잃은 것은 '두려움'(fear) 때문이었다.

두려움은 우리의 상황을 돌보시는
하나님의 능력을 신뢰하지 않는다는 증거이다.

하늘에 계신 우리 아버지께서 우리를 지켜보시고, 우리를 사랑하시고, 우리를 돌보시며, 우리를 다스리고 계신다는 사실을 알면 얼마나 영광스러운지 모른다. 우리 주변에서 일어나는 일들이 이해되지 않을 때도 변함없이 예수님을 신뢰해야 한다. 두려워할 필요가 전혀 없다.

- 예수님이 배에 계시면 폭풍을 잔잔하게 하실 수 있고,
- 우리를 영원한 항구로 안전하게 데려다 놓으실 수도 있다.

하나님 아버지, 폭풍의 한 가운데서도 우리의 믿음이 주님을 의지함으로 평안함을 누릴 수 있도록 우리에게 인간의 이해를 초월하는 예수 그리스도의 평강을 주심에 감사드립니다. 예수님 이름으로 기도합니다. 아멘.

예수님을 만짐

(마가복음 5:25-27) "열 두 해를 혈루증으로 앓는 한 여자가 있어 많은 의원에게 많은 괴로움을 받았고 있던 것도 다 허비하였으되 아무 효험이 없고 도리어 더 중하여졌던 차에 예수의 소문을 듣고 무리 가운데 섞여 뒤로 와서 그의 옷에 손을 대니 이는 내가 그의 옷에만 손을 대어도 구원을 얻으리라 함일러라"

이 여인은 예수님의 능력을 믿었다. 그녀는 예수님의 옷가지만 만져도 그녀의 혈루증이 나을 수 있다고 확신하고 있었지만 방해물들이 그녀를 막았다. 군중들이 예수님을 따라가면서 밀고 당기는 바람에 예수님에게서 더욱 멀리 떠밀려 갔다. 그러나 그녀의 필사적인 결단이 그녀를 예수님께 가까이 갈 수 있을 만큼 군중을 밀고 나가게 했다. 마침내 그녀가 예수님께 닿을 수 있는 거리가 되자 그녀는 한 가지 일, 곧 예수님의 옷가지를 붙잡았다. 그러자 예수님은 갑자기 멈추시고 "누가 내 옷에 손을 대었느냐" 물으셨다.

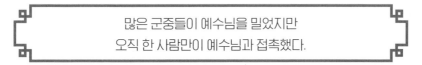

많은 군중들이 예수님을 밀었지만
오직 한 사람만이 예수님과 접촉했다.

당신도 군중의 한 사람일 수 있다. 당신도 예수님을 믿고는 있지만, 진짜 만지고 있는 것이 아닐 수 있다. 그것으로는 충분하지 않다. 그것으로는 불충분하다.

예수님께서 당신을 만지실 때 그분의 사랑과 치유와 구원함과 능력과 생명이 임한다. 예수님은 당신이 필요로 하고 당신이 소원하는 그 모든 것들을 주기 원하신다. 당신의 상처를 고쳐 거기에 주님의 사랑을 채워 넣기 원하신다. 당신을 어둠에서 건져내어 당신이 창조된 그 목적대로의 삶을 살 수 있기를 원하신다. 오! 우리에게는 주님께서 우리의 삶을 만져주시는 것이 얼마나 필요한지!

나는 오늘 당신이 무리들을 뚫고 들어가 예수님을 만지기를 권유한다. 믿음으로 다가가서 지금 예수님을 만져라. 그리하여 주님이 다시금 당신을 만지도록 하라. 당신이 주님과 접촉하는 순간 고침과 구원과 도움 받음을 알게 될 것이다.

예수님, 오늘 당신에게 나아가 나를 괴롭히는 것들에서 구원받기 원합니다. 우리를 만져주소서. 주님. 예수님 이름으로 기도합니다. 아멘.

July 22

불신

(마가복음 6:5-6) "거기서는 아무 권능도 행하실 수 없어 다만 소수의 병인에게 안수하여 고치실 뿐이었고 저희의 믿지 않음을 이상히 여기셨더라 이에 모든 촌에 두루 다니시며 가르치시더라"

예수님은 갈릴리 지역을 지나면서 많은 군중을 만났다. 예수님이 가시는 곳마다 하나님이 축복하셨다. 마음의 상처를 받은 자들을 위로하셨다. 장님과 앉은뱅이를 고치셨다. 가난한 자에게 복음을 전하셨다. 나사렛으로 돌아오실 때는 많은 무리의 믿는 자들이 줄을 서 따라왔다.

그러나 나사렛에서는 다른 곳보다 더 예수님을 받아들이지 않았다. 아픈 사람도 데리고 오지 않았고, 위로 받고자 오는 사람도 없었다. 믿지 않는 자들이 서서 구경하고 오히려 비꼬며 의심스러워했다. 이 동네 꼬마였던 저 사람에게 이런 지혜가 어디서 났을까? 이러한 능력을 어떻게 얻었을까?

> 하나님의 능력 받기를 거부할 때 우리는 제한된다.

예수님은 다른 여러 곳의 사람들을 사랑했듯이 자기 고향 사람들도 사랑하셨다. 고향 사람들을 위해 해주고 싶은 것이 많았지만 그들의 불신이 예수님을 받아들이지 않았다. 예수님의 능력에 한계가 있었던 것이 아니다. 하나님의 능력은 아무 것에도 제한되지 않는다. 하나님의 능력이 제한되는 것은 그들이 거부할 때이다.

그들이 믿지 않았기 때문에 그들은 예수님께 앉은뱅이, 소경, 병든 자들을 데리고 오지 않았다. 그들은 예수님께서 사역하실 기회를 주지 않았다. 예수님은 당신을 고치고, 달래고, 가르치시기 원하신다.

그러나 당신이 주님께서 거기 계심과 주님의 능력을 잊어버릴 때, 그리고 당신의 믿음이 없어서 주님이 팔을 내밀지 못하게 할 때, 당신은 당신의 축복을 잃어버리게 된다. 불신의 위험을 경계하라. 당신의 마음을 지켜라. 예수님을 믿는 믿음을 키워라. 그래서 당신의 삶 속에서 예수님의 역사를 제한하지 마라.

하나님 아버지, 불신의 죄를 짓지 않도록 기도합니다. 우리 생활 속에서 주님께서 일하시는 것을 믿을 수 있도록 도와주시옵소서. 예수님 이름으로 기도합니다. 아멘.

용서하라

(마가복음 11:25) "서서 기도할 때에 아무에게나 혐의가 있거든 용서하라 그리하여야 하늘에 계신 너희 아버지도 너희 허물을 사하여 주시리라 하셨더라"

우리의 신체는 놀랍다. 우리 속에 화학 제조실이 있어서 매번 다른 감동들을 받을 때마다 서로 다른 화학 반응을 한다. 성경은 우리에게 "마음의 즐거움은 양약이라도 심령의 근심은 뼈를 마르게 하느니라"(잠17:22) 말씀하였다. 웃음과 행복은 치료의 능력이 있다. 그 반대로 미움과 화는 파괴적인 물질을 만들어 내어 우리의 건강과 젊음을 파괴한다.

분노는 파괴적이다.

우리의 마음이 상하거나 모욕을 받으면 우리 몸이 고통을 당한다. 마땅히 화를 낼만한 일이라 하더라도 그것과는 상관이 없다. 타인이 나를 성나게 만든 일이라 할지라도 그것이 문제가 아니다. 문제는 불쾌한 감정을 계속 가지고 있으면, 그때부터 당신 자신이 상하게 된다. 때문에 다른 사람이 당신을 공격하는 것이 용서 할 수 없는 일이라 할지라도 용서해 주어야 한다.

어떤 상처는 너무나 깊어서 도무지 용서해줄 수 없을 것 같다. 당신의 하늘 아버지가 도와줄 수 있다. 하나님 아버지 앞에 당신의 속상한 감정을 내어놓고, 당신이 느끼고 있는 분노와 복수하고 싶은 욕구에서 자유하게 해 달라고 구하라. 당신을 괴롭힌 자를 용서할 수 있도록 도와 달라고 주께 구하라.

당신도 하나님의 용서를 받을 수 없는 자임에도 불구하고 주님이 용서해 주신 것처럼 말이다. 기억하라. 예수님은 용서를 가르쳐 주신 것보다 더 많이 용서하셨다. 그리고 예수님은 용서를 실행하셨다. 또 예수님은 십자가에 못 박혔을 때에도 "아버지여 저희를 사하여 주옵소서 자기의 하는 것을 알지 못함이니이다 하시더라"(눅 23:34) 기도하셨다. 원한이 당신의 인생을 망치도록 하지 마라. 당신이 만약 예수님을 높이고, 다른 사람을 복되게 하고, 당신 자신을 축복하고 싶다면 용서하라.

하나님 아버지, 우리가 비록 아버지께 범죄하고 또 범죄 할지라도 아버지께서는 용서해 주셨습니다. 우리도 아버지를 닮도록 도와주시옵소서. 우리가 용서받은 것처럼 우리도 용서할 수 있도록 도와주시옵소서. 예수님 이름으로 기도합니다. 아멘.

July 24

열매 맺는 것

(마가복음 12:2) "때가 이르매 농부들에게 포도원 소출 얼마를 받으려고 한 종을 보내니"

하나님은 그의 포도원을 거니는 것을 좋아하셨다. 하나님은 열매를 찾으시기 때문이다. 요한복음 15장 8절에서 예수님은 "너희가 과실을 많이 맺으면 내 아버지께서 영광을 받으실 것이요 너희가 내 제자가 되리라" 말씀하셨다. 계속해서 바울은 성령의 열매를 설명하면서 "사랑과 희락과 화평과 오래 참음과 자비와 양선과 충성과 온유와 절제"라고 증거했다. 하나님은 이러한 열매를 이스라엘에게서 찾으시고 또 우리에게서도 찾으신다.

당신은 삶 속에서 어떤 열매를 맺고 있는가!

열매의 반대는 일(Work)이다. 열매는 관계성의 결과로, 자연스럽게 발생되어지는 것이다. 그에 반해 일은 노력으로, 조직적으로 조정해야 생산되어지는 것이다.

주님은 공장에 오셔서 모터가 시끄럽게 돌아가고, 쇠들이 부딪히고, 또 그런 곳에서 흔히 볼 수 있는 더러운 찌꺼기들을 보시는 데는 관심이 없으시다. 주님은 그의 정원에 오셔서 열매를 찾게 될 때 기뻐하신다.

당신은 삶 속에서 어떤 열매를 맺고 있는가? 육신의 노력인가? 아니면 성령의 열매인가? 하나님을 위한 열매를 쉽고도 자연스럽게 맺고 싶다면 하나님과 당신의 관계에 대해 주목할 필요가 있다.

- 하나님을 바라고, 하나님에 대해 생각하고, 하나님의 성품을 공부하라.
- 열매는 절대로 의지나 결단으로 맺히지 않는다.
- 단순히 정원의 주인이신 그와 동행하면서 그의 사랑 안에 거하면 된다.

하나님 아버지, 매일 아버지의 사랑을 깨닫고 체험하게 하시고, 우리의 이웃에게 나누게 하소서. 그들로 우리가 주님의 제자됨을 알게 하시고 예수님의 사랑을 보게 하옵소서. 예수님 이름으로 기도합니다. 아멘.

July 25

왕의 귀환

(마가복음 13:26) "그 때에 인자가 구름을 타고 큰 권능과 영광으로 오는 것을 보리라"

예수님의 초림은 종으로 오셨다. "내가 하늘로서 내려온 것은 내 뜻을 행하려 함이 아니요 나를 보내신 이의 뜻을 행하려 함이니라"(요 6:38-39) 때문에 예수님의 초림은 슬픔과 배척과 고통으로 가득했다. 그러나 예수님의 재림은 완전히 다를 것이다. 그 때의 예수님은 능력과 영광으로, 왕 중의 왕으로, 이 땅에 하나님의 통치를 세우시기 위해 오실 것이다.

유대인들은 예수님에 대해 혼동했다. 왜냐하면 메시아의 오심에 대해 구약의 예언 중 한쪽에만 초점을 맞추었기 때문이다. 그들은 영광스러운 왕국이 임하기를 고대하고 있었다. 이 땅에서 괴로움도 병도 없는 이상적인 나라를... 그런데 구약의 다른 구절들에는 메시아가 멸시당하고, 배척받고, 찔림을 당하고, 매 맞는 것에 대해 말씀하고 있다. 또한 그는 낮고 겸손하여 나귀를 타고 오실 것이라고 예언했다.

유대인들은 메시아에 대한 이 두 가지 초상화를 잘 조화시킬 수 없었기 때문에 주님이 나타났을 때 거부하고 배척했다. 유대인들은 두 가지 내용이 모두 진리임을 이해하지 못했다. 그들은 그 두 사실이 각각의 오심을 성취한 사실임을 알았어야 했다. 하나는 인간들의 죄를 위해 희생제물이 되기 위함이고, 또 하나는 영광과 위엄과 능력으로 다스리시기 위함인 것을 깨달았어야 했다.

예수님은 성경의 이 부분을 한 마디로 요약하셨다. "깨어 있으라!"

- 우리는 주님의 재림을 지켜보아야 한다.
- 예수님의 재림의 순간까지 기대하며 기다리고 있어야 한다.
- 오늘 오신다 할지라도, 아직 하지 못한 일이 없어야 한다.

하나님 아버지, 우리에게 주님께서 곧 오신다는 영광스러운 소망을 주심에 감사드립니다. 주님께서 오셔서 의와 평화의 나라를 세우시는 그 날을 간절한 소망과 기대감을 가지고 기다리고 있습니다. 예수님 이름으로 기도합니다. 아멘.

July 26

성령으로 무장

(마가복음 14:38) "시험에 들지 않게 깨어있어 기도하라 마음에는 원이로되 육신이 약하도다 하시고"

우리는 때로 예수님의 인성에 대해 잊어버릴 때가 있다. 예수님의 신성에만 너무 초점을 맞추다 보니 예수님이 하나님과 사람 둘 다 되심을 잊어버리는 것이다. 겟세마네 동산에서 그가 인간적인 면을 가지고 계시다는 증거를 찾아볼 수 있다. 그 곳에서 예수님은 생명을 건 최대의 도전에 직면하셨다. 우리는 겟세마네 동산에서 예수님이 견뎌내셨던 것을 칭송해야 한다.

예수님은 우리의 연약함을 체휼하기 위해 육신을 입으셨다. 예수님이 겟세마네 동산에서 그의 인성으로 싸우셨기 때문에 예수님은 오늘날 우리들이 직면하는 갈등들을 이해하신다. 우리의 마음은 옳은 일을 하기 원한다. 우리의 마음은 하나님을 기쁘게 하기 원하지만 우리의 육신이 너무나 약하다. 우리는 항상 실패하고 있지는 않은가? 우리 육신의 연약함에 대비해서 하나님께서 예비해 두신 것에 감사드린다.

예수님은 "성령이 너희에게 임하시면 너희가 권능을 받고"(행 1:8)라고 말씀하셨다. 우리 육신의 연약함에 대한 하나님의 대비책은 하나님의 영으로 우리에게 능력을 입혀주시는 것이다.

> 성령을 입어야만이 육신을 이길 수 있다.

당신이 성령을 의지해야만 육체의 가장 연약한 부분이 가장 강하게 될 수 있다. 그러나 당신의 능력에 의지해 당신 스스로 능히 해낼 수 있다고 생각한다면 그 때가 위험한 때이다. 육신은 의지할 만한 것이 아니다.

하나님의 성령만이 우리 육신의 연약한 부분을 채워 강하게 하여 일할 수 있도록 자격을 입혀 주신다. 그리고 고난 속에서 당신을 인도해 그리스도의 형상을 닮은 자로 변화시킨다. 당신은 어느 쪽을 더 의지하겠는가?

하나님 아버지, 성령의 능력이 우리의 능력이 되도록 도우심을 감사드립니다. 주님, 우리가 스스로를 의지하지 않게 하시고 주님을 의지하도록 도와주시옵소서. 예수님 이름으로 기도합니다. 아멘.

July 27

불신의 비극

(마가복음 16:11) "그들은 예수께서 살아나셨다는 것과 마리아에게 보이셨다는 것을 듣고도 믿지 아니하니라"

무덤은 비어 있었고, 돌은 굴려져 있었다. 그리고 예수님은 지옥과 무덤에서 승리하셔서 다시 살아나셨다. 제자들은 예수님의 부활을 기대하고 있었어야 했다.

예수님은 그들에게 십자가에 못 박혀 죽으실 것과 죽은지 삼일 만에 다시 살아나시겠다고 되풀이해서 말씀하지 않았던가? 그렇다면 그들은 셋째 날을 즐거움으로 기대하며 기다리고 있었어야 한다고 당신도 생각할 것이다. 그러나 마리아가 제자들에게 예수님께서 다시 사셨다는 소식을 전해주었을 때도 그들은 믿지 않았다. 그들은 계속 의심하면서 울고만 있었다. 그들은 더 이상 무덤에 계시지 않는 분을 위해 슬퍼하고 있었다.

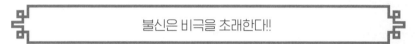

불신은 비극을 초래한다!!

아담은 하나님의 말씀을 믿지 않아 선악과를 따먹고 이 세상에 죄와 죽음을 들여왔다. 노아 시대의 사람들도 노아의 경고를 믿지 않았기 때문에 홍수가 왔을 때 모두 다 죽었다. 이스라엘 백성들도 하나님께서 그 땅의 거주민들을 다 몰아내겠다는 하나님의 말씀을 믿지 않았기 때문에 광야에서 모두 죽었다.

오늘 당신의 불신은 어떤 결과를 낳고 있는가? 마음이 평화로운가? 마음이 즐거운가? 당신의 환경에 대해 불평하고 있는가? 성경은 염려하지 말라고 말씀하지만, 당신의 인생은 도무지 어찌할 수 없는 상태인가? 당신은 당신을 향한 하나님의 약속을, 하나님의 능력을, 하나님의 사랑을 믿지 못하고 있지는 않은가?

- 하나님께서 우리에게 우리의 환경을 불문하고,
- 우리의 감정을 불문하고,
- 하나님을 믿고 의지하는 믿음 주시기를 기원한다.

하나님 아버지, 아버지는 전능하시고, 능력이 많으시고, 사랑이 많으신 분이심을 알게 하여 주소서. 아버지의 약속과 아버지의 성품을 의지하는 믿음을 보여주소서. 아버지가 보좌에 계심을 매일매일 기억하게 하옵소서. 예수님 이름으로 기도합니다. 아멘.

July 28

위대하신 예수님

(누가복음 1:31-32) "보라 네가 잉태하여 아들을 낳으리니 그 이름을 예수라 하라 그가 큰 자가 되고 지극히 높으신 이의 아들이라 일컬어질 것이요 주 하나님께서 그 조상 다윗의 왕위를 그에게 주시리니"

그 아들이 얼마나 위대하다는 말인가? 요한은 예수님의 너무나 위대하심에 대해 "태초에 말씀이 계시니라 이 말씀이 하나님과 함께 계셨으니 이 말씀은 곧 하나님이시니라 만물이 그로 말미암아 지은 바 되었으니 지은 것이 하나도 그가 없이는 된 것이 없느니라"(요 1:1, 3) 기록하였다.

바울은 주님의 크고 위대하심에 대해 "만물이 그에게서 창조되되 하늘과 땅에서 보이는 것들과 보이지 않는 것들과 혹은 왕권들이나 주권들이나 통치자들이나 권세들이나 만물이 다 그로 말미암고 그를 위하여 창조되었고"(골 1:16)라고 상세하게 기술하였다.

예수님은 창조주이실 뿐만 아니라 창조의 중심이 되는 대상이시다. 당신은 하나님을 위해 만들어졌고 또 하나님의 기쁨을 위해 만들어졌다. 그러므로 성경은 이렇게 증거하였다.

"그는 근본 하나님의 본체시나 하나님과 동등됨을 취할 것으로 여기지 아니하시고 오히려 자기를 비워 종의 형체를 가지사 사람들과 같이 되셨고 사람의 모양으로 나타나사 자기를 낮추시고 죽기까지 복종하셨으니 곧 십자가에 죽으심이라 이러므로 하나님이 그를 지극히 높여 모든 이름 위에 뛰어난 이름을 주사 하늘에 있는 자들과 땅에 있는 자들과 땅 아래 있는 자들로 모든 무릎을 예수의 이름에 꿇게 하시고 모든 입으로 예수 그리스도를 주라 시인하여 하나님 아버지께 영광을 돌리게 하셨느니라"(빌 2:6-11)

> 우리가 그렇게도 위대하신 하나님으로부터 사랑을 받고
> 또 그런 분을 사랑할 수 있다니 얼마나 놀라운 축복인가!

하나님 아버지, 주님의 성품에 경의를 표합니다. 주님의 위엄과 능력, 영광과 지혜, 인내하심과 아름다움을 경외합니다. 주 예수님, 우리를 위해 어서 오시옵소서. 예수님 이름으로 기도합니다. 아멘.

July 29
주의 길을 예비하라

(누가복음 3:4-6) "선지자 이사야의 책에 쓴 바 광야에서 외치는 자의 소리가 있어 이르되 너희는 주의 길을 준비하라 그의 오실 길을 곧게 하라 모든 골짜기가 메워지고 모든 산과 작은 산이 낮아지고 굽은 것이 곧아지고 험한 길이 평탄하여 질 것이요 모든 육체가 하나님의 구원하심을 보리라 함과 같으니라"

왕은 오시고 계셨다. 세례 요한은 그의 선구자로 불려졌다. 요한은 하나님의 나라가 가까워졌다는 것을 선포하면서 사람들에게 회개함으로 자신을 준비하도록 했다. 사실 요한은 주님의 오시는 길을 평탄케 하라는 부름을 받은 것이다.

> 인생이 하나님을 만나기 전, 어느 정도의 준비가 필요하다.

우리 모두 평탄케 할 필요가 있다. 예수님 곧 거룩하시고 의로우신 왕이 오신 때는 영적으로나 도덕적으로 크게 부패한 시대였다. 때문에 의에 대해 그리고 주님의 일들에 대해 적개심을 가진 분위기였다. 그래서 요한은 사람들에게 회개하기를 촉구했다.

요한은 그들을 향하여 "이미 도끼가 나무뿌리에 놓였으니 좋은 열매를 맺지 아니한 나무마다 찍혀 불에 던져지리라"(눅 3:9) 경고했다. 그러자 사람들이 요한에게 "우리가 어떻게 하면 되겠습니까?" 물었다. 이에 요한은 "옷 두 벌 있는 자는 옷 없는 자에게 나눠 줄 것이요 먹을 것이 있는 자도 그렇게 할 것이니라"(눅 3:11) 답하였다.

다른 말로 하자면 나 자신에 대해서만 생각하는 이기적인 사람들이 되지 마라. 다른 사람들을 생각하라. 너의 삶 속에서 잘못된 길을 바로 펴라. 왕을 맞이할 준비를 하라. 우리의 왕이 오고 계신다!

- 다윗처럼 우리도 기도하자.
"하나님이여 나를 살피사 내 마음을 아시며 나를 시험하사 내 뜻을 아옵소서 내게 무슨 악한 행위가 있나 보시고 나를 영원한 길로 인도하소서"(시 139:23-24)

주님, 내 안에 못된 것들을 바르게 하여 내 주님을 초청합니다. 하나님, 우리의 마음이 아버지의 길이 되게 하옵소서. 예수님 이름으로 기도합니다. 아멘.

July 30
이끌림

(누가복음 4:1) "예수께서 성령의 충만함을 입어 요단강에서 돌아오사 광야에서 사십일 동안 성령에게 이끌리시며"

요한은 예수님에 대해 "그의 안에 산다고 하는 자는 그가 행하시는 대로 자기도 행할지니라"(요일 2:6) 증거하였다. 여기서 질문은 "예수님께서 어떻게 행하셨습니까?"이고, 대답은 "예수님은 성령 안에서 행하셨습니다"이다.

당신의 삶이 성령에 이끌림을 받을 때란 하나님이 때때로 당신의 계획을 방해 하실 때가 있다는 뜻이다. 그러한 일들이 일어날 때, 예를 들어 당신이 계획했던 일들이 다른 방향으로 흘러가고, 기대하지도 않았던 사람들이 찾아온다든지 할 때이다. 그때 당신은 잠시 멈추어서서 "주님, 여기에 무슨 뜻을 가지고 있습니까?"하고 하나님께 물어보아야 한다.

> 분열되는 곳마다 우회하는 곳마다 하나님의 손이 거기에 있다.

예수님도 사탄에게 시험 받기 위해 성령에게 이끌려 가셨다는 것에 유의하라. 우리가 때때로 잘못 생각하고 있는 것은 성령에 이끌림을 받는 삶은 모든 것이 다 장미로 가득하고, 문제가 없는 것으로 생각한다는 것이다. 그렇지 않다. 성령에 이끌리는 삶이라 할지라도 당신이 계획하지 않은 방향으로 갈 수도 있다. 당신이 이해할 수 없을 때에도 주님을 신뢰할 수 있겠는가?

하나님의 성령은 당신과 함께 하신다. 그분은 모든 일들을 행하실 때, 당신을 위해 역사하실 것이다. 예수님이 성령 충만하실 때 성령에 이끌리며 성령의 능력을 입으셨듯이 우리도 성령 충만해야 하고 성령에 이끌리며 성령의 능력을 입어야 할 필요가 있다. 당신의 인생을 그분에게 맡겨라. 그러면 성령이 당신의 삶을 가로막는다 할지라도, 또 성령께서 어디로 데리고 가시더라도 전혀 문제되지 않을 것이다.

하나님 아버지, 아버지께 우리의 시간과 계획을 내어드립니다. 오늘도 우리의 날에 아버지께서 개입하여 주소서. 아버지께서 빛을 비추고 싶은 대화나 환경 속에 우리를 데려다 놓으소서. 그리하여 우리도 매 순간마다 아버지의 영광을 위해 살기 원합니다. 예수님 이름으로 기도합니다. 아멘.

July 31

시험을 이기는 능력

(누가복음 4:1-2) "예수님께서 성령의 충만함을 입어 요단강에서 돌아오사 광야에서 사십일 동안 성령에게 이끌리시며 마귀에게 시험을 받으시더라 이 모든 날에 아무것도 잡수시지 아니하시니 날 수가 다하매 주리신지라"

사탄은 우리가 육체적으로 연약해져 있을 때 시험하거나 공격하는 것을 좋아한다. 예수님이 40일 동안 아무것도 드시지 못하여 약하고 배고파 있음을 사탄은 알고 있었다. 그때 사탄은 예수님의 영적 능력을 육신의 필요에 사용하도록 권고했다. 다른 말로 하자면 "영적인 것이 육신적인 것에 굴복하게 하라"는 것이다.

우리에게는 아무도 그러한 능력이 없는데도 늘 같은 시험을 당한다. 사탄은 끊임없이 생활 속에서 영적 수준 위에 육신적인 것을 두려고 애를 쓴다. 즉 우리가 성령이 아니라 육신의 지배를 받게 하려는 것이다.

예수님은 사탄의 시험을 말씀으로 대응하셨다. 그것이 사탄을 다스리는데 가장 좋은 방법이다. 주님은 "기록되었으되" 증거하고 이어서 "사람이 떡으로만 살 것이 아니요 하나님의 입으로 나오는 모든 말씀으로 살 것이니라 하였느니라"(마 4:4) 말씀하셨다. 예수님은 영적인 삶이 육신적인 삶보다 우위에 있다고 증거하셨다.

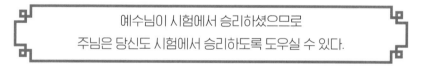

예수님이 시험에서 승리하셨으므로
주님은 당신도 시험에서 승리하도록 도우실 수 있다.

예수님은 우리가 하나님의 말씀보다 빵을 더 생각하도록 시험받게 될 것을 아신다. 왜냐하면 예수님도 같은 방법으로 시험받으셨기 때문이다. 때문에 우리를 이해하고, 우리의 갈등을 도우실 수 있다.

사탄이 당신을 유혹할 때 예수님은 우리와 함께 하시면서 이렇게 말씀하신다. "네가 무엇을 생각하는지 나는 알고 있다", "네가 시험을 당하고 있는 것도 알고 있다. 내가 이해한다"

예수님이 시험에 승리하셨으므로 당신도 승리할 수 있다.

하나님 아버지, 주님이 시험에서 승리하셨기에 우리도 이길 수 있도록 주님이 도우실 수 있으니 얼마나 감사한지요. 주님, 우리는 주님이 없이는 아무런 능력이 없습니다. 우리의 능력이 되시옵소서. 예수님 이름으로 기도합니다. 아멘.

August 1

맹목적 믿음

(누가복음 5:5) "시몬이 대답하여 이르되 선생님 우리들이 밤이 새도록 수고하였으되 잡은 것이 없지마는 말씀에 의지하여 내가 그물을 내리리이다 하고"

예수님이 시몬 베드로에게 "깊은 데로 가서 그물을 내려 고기를 잡으라"(눅 5:4) 말씀하셨다. 물론 그들은 밤새도록 그물을 내렸었다. 그러나 고기잡이에 능숙한 그들이었음에도 불구하고 아무것도 잡지 못했다. 그래서 주님의 명령에 겸손한 어투로 대답하는 베드로의 심정을 이해할만 하다.

어쩌면 베드로는 "친절하신 선생님! 나는 고기잡이입니다. 선생님은 하나님에 관해서 잘 아시는 것만큼 나는 고기잡이에 대해 잘 압니다" 말할 수도 있었을 것이다. 그러나 베드로는 그 어떤 말도 하지 않았다.

> 믿음이란 이해되지 않을지라도 순종하는 것이다.

"그럼에도 불구하고 당신의 말씀에 의지하여 그물을 내리겠습니다" 그렇게 말하면서 무조건 순종했다. 그의 무조건적 순종은 주님의 요구가 합리적이어서가 아니라 바로 주님이신 예수님의 요구였기 때문이었다.

그 결과 그들은 배가 부서질 만큼 고기가 많이 잡힌 그물을 끌어올릴 수 있었다. 우리가 최선의 노력을 하고도 매번 빈 그물을 거둘 때가 있다. 그러나 순종은 우리의 상상을 초월하는 성공으로 우리를 이끌어 갈 수도 있다.

지난 날 나의 목회생활을 돌아보면 내가 힘껏 그물을 던졌을 때 번번이 아무것도 걷지 못하였다. 그러나 주께서 채우시려고 하니까 갑자기 넘쳐나도록 채워주셨다. 그것은 나의 능력이나 실력과는 상관이 없었다. 단지 하나님이 하시려고 하니까 된 것이다. 그러므로 우리의 모든 영광은 하나님께로 돌려져야 한다.

하나님 아버지, 아주 세미한 주님의 음성에도 순종하며 행동하는 자녀가 되게 하옵소서. 당신의 음성을 우리의 생각보다 더 신뢰할 수 있도록 가르쳐 주시옵소서. 예수님 이름으로 기도합니다. 아멘.

August 2

균형 잡힌 생활

(누가복음 10:41-42) "주께서 대답하여 이르시되 마르다야 마르다야 네가 많은 일로 염려하고 근심하나 몇 가지만 하든지 혹은 한 가지만이라도 족하니라 마리아는 이 좋은 편을 택하였으니 빼앗기지 아니하리라 하시니라"

마르다는 저녁식사 준비의 온갖 잡다한 일들을 근심하면서 저녁 내내 불평하며 일했다. 그녀는 가장 중요한 일, 곧 예수님의 발밑에 앉아 있는 것을 놓치고 있었다. 주님께 봉사하는 것은 물론 훌륭하고 필요한 일이다. 그러나 그 봉사도 기쁨과 즐거움에서 나와야 한다. 우리가 주님을 위해 봉사할 때 절대로 그 일들을 불평하며 행해서는 안된다.

당신이 예수님께 봉사하려면 먼저 예수님을 경배해야 한다.

마리아는 마르다와 달리 '좋은 편'을 택하였다. 그 '좋은 편'이란, 예수님께 가까이 있는 것이다. 마르다는 부엌에서 왔다갔다 하며 분주한 반면, 마리아는 예수님의 발 아래서 예수님의 모든 말씀을 다 듣고 있었다.

봉사와 경배, 이 두 가지는 성도의 생활 속에서 반드시 필요한 요소이다. 근본적으로 우리는 지금 이 두 가지 요소가 균형을 이루어야 하는 필요에 대해 말하고 있다. 균형이 잘 잡힌 생활은 주님을 위한 봉사를 통해 주님의 사랑을 나타내는 생활이다. 그러나 거기에는 사귐과 경배를 위한 시간이 포함된다.

이 두 가지가 다 필요하다. 당신의 삶은 균형 잡힌 삶인가? 당신이 주님을 섬기되 사랑에서 출발한 것인가? 아니면 의무감 때문인가? 주님께 봉사하고 싶다면 먼저 주님께 경배를 드려야 한다.

- 우리가 그분의 발밑에 앉아 있을 때, 우리의 삶에 필요한 힘을 얻게 된다.
- 그분을 경배하고자 그분 앞에 앉아 있을 때, 주님은 우리가 행할 것을 가르쳐 주신다.

하나님 아버지, 아버지의 발 앞에 엎드릴 때마다 주님이 그곳에서 우리를 기다리고 계심을 감사드립니다. 우리가 어떻게 주님을 섬겨야 하는지를 가르쳐 주시옵소서. 주님을 송축하기 원합니다. 예수님 이름으로 기도합니다. 아멘.

August 3

물질의 풍요로움

(누가복음 12:15) "그들에게 이르시되 삼가 모든 탐심을 물리치라 사람의 생명이 그 소유의 넉넉한 데 있지 아니하리라 하시고"

두 형제가 유산을 가지고 서로 싸우고 있었다. 한 아들은 다른 아들이 자기를 속이려 한다고 생각했기 때문에 예수님께 와서 해결해 달라고 도움을 청했다. 그러나 예수님은 물질적인 다툼에 개입하는 것을 거절하셨다. 대신 예수님은 탐욕에 대해 경고하셨다. 예수님은 하나님께서 까마귀와 백합화도 돌보시는 것을 가르치시며 "다만 너희는 그의 나라를 구하라 그리하면 이런 것들을 너희에게 더하시리라"(눅 12:31) 말씀하셨다.

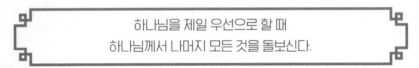

하나님을 제일 우선으로 할 때
하나님께서 나머지 모든 것을 돌보신다.

사람들이 물질만을 추구할 때 그 삶이 비틀어지고 균형이 잡히지 않는 것을 볼 수 있다. 그 사실이 얼마나 놀라운지 모른다. 그러나 사람이 성령의 일들을 따르기 시작할 때 그의 생활은 균형을 잡게 된다. 그뿐 아니라 이전에 얻지 못했던 평강과 만족과 기쁨도 누리게 된다.

예수님도 "적은 무리여 무서워 말라 너희 아버지께서 그 나라를 너희에게 주시기를 기뻐하시느니라"(눅 12:32) 말씀하셨다. 그러나 당신은 그것을 귀하게 여기는가? 영원한 일들이 당신의 관심이 되고 있는가? 아니면 단지 사라져 버릴 순간적이고 물질적인 일들에 더욱 관심을 기울이고 있는가? 당신이 성공할 수도 있다. 그러나 아무리 많은 재산을 모았다 하더라도 당신의 생명은 육신이 좋아하는 것들에 있지 않다. 또 당신의 소유가 풍부한 것에 있지도 않다.

당신의 생명은 바로 하나님과의 참된 관계에 있다. 다시 말하면 예수님을 믿는 믿음을 통해 당신의 영혼이 살게 되어 있다는 것이다.

하나님 아버지, 우리가 알아야 할 진리들을 어렵지 않게 배우도록 도와주시옵소서. 빈손으로 인생을 살아갈지언정 움켜쥐고 살지 않도록 도와주시고, 그렇게 아버지의 나라에 이르게 하옵소서. 예수님 이름으로 기도합니다. 아멘.

August 4

올라가는 법

(누가복음 14:11) "무릇 자기를 높이는 자는 낮아지고 자기를 낮추는 자는 높아지리라"

예수님은 식사초청을 받은 바리새인의 집에서 식탁을 둘러싸고 서로 중요한 자리에 앉겠다고 다투는 것을 보셨다. 마침내 예수님은 그렇게 다투는 것이 지혜롭지 못한 이유를 말씀해 주셨다.

"청함을 받은 사람들이 높은 자리 택함을 보시고 그들에게 비유로 말씀하여 이르시되 네가 누구에게나 혼인 잔치에 청함을 받았을 때에 높은 자리에 앉지 말라 그렇지 않으면 더 높은 사람이 청함을 받은 경우에 너와 그를 청한 자가 와서 너더러 이 사람에게 자리를 내주라 하리니 그 때에 네가 부끄러워 끝자리로 가게 되리라 청함을 받았을 때에 차라리 가서 끝자리에 앉으라 그러면 너를 청한 자가 와서 너더러 벗이여 올라앉으라 하리니 그 때에야 함께 앉은 모든 사람 앞에서 영광이 있으리라 무릇 자기를 높이는 자는 낮아지고 자기를 낮추는 자는 높아지리라"(눅 14:7-11)

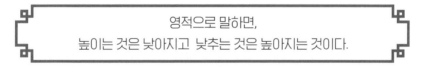
영적으로 말하면,
높이는 것은 낮아지고 낮추는 것은 높아지는 것이다.

당신이 스스로를 낮추면 당신은 높여질 것이다. 가장 낮은 자리를 택하라. 그리하면 더 높은 자리로 오라고 초청받을 것이다. 그러나 당신이 가장 높은 자리를 취하면 내려와 달라고 요청받기 쉽다.

우리가 섬기는 자로 인생을 살아갈 수 있도록 하나님께서 도와주시기를 원합니다. 다른 사람들의 필요를 알게 하셔서 우리가 그것에 따른 사역을 할 수 있도록 도와주시기를 소망하오며, 우리가 주님의 본을 따를 수 있기를 간절히 원합니다. 또한 우리 자신을 생각하지 않고 다른 모든 사람을 먼저 생각하는 겸손한 삶을 살 수 있도록 도와주시기를 원합니다.

주님, 이 땅에 오시기 위해 당신의 영광을 제쳐 놓고 이 땅의 낮은 곳에 살면서 우리를 위해 죽으심을 보았습니다. 지금은 주님이 높은 자리에서 영광을 받으심을 보고 있습니다. 당신은 만왕의 왕이요, 만주의 주입니다. 우리로 주의 본을 따르게 하소서. 예수님 이름으로 기도합니다. 아멘.

제일 큰 부자

(누가복음 16:11) "너희가 만일 불의한 재물에도 충성하지 아니하면 누가 참된 것으로 너희에게 맡기겠느냐"

예수님은 주인의 재산을 가지고 자신의 것처럼 탕진하고 있는 종에 대해 말씀하셨다. 주인은 종의 소문을 듣고 계산하기 위해 종을 불렀다. 종은 주인에게 쫓겨날 것 같다는 생각이 들었다. 그 즉시 그는 주인의 소유를 가지고 자기에게 다가 올 미래를 준비하는데 사용했다.

하나님이 당신에게 주신 축복을 즐길 수 있는 기간이 50년 남았다고 하자. 그런데 하나님이 주신 축복을 당신 자신만을 위해 쓰고 하나님 나라와 영원한 미래를 생각하지 않는다면 당신은 후회스러운 미래를 맞이하게 될 것이다. 비록 지금은 부유하게 살지라도 미래에는 영원히 가난하게 지내게 될 것이다. 물론 지옥에서 가장 큰 부자보다 천국에서 가장 가난한 것이 훨씬 낫다.

하나님은 언젠가는 우리 각 사람을 불러서, 하나님이 우리의 처분대로 쓰도록 맡겨 놓은 것들을 계산하실 날이 올 것이다. 당신이 지혜롭다면 그런 것들을 하나님의 나라를 위해 쓸 것이다.

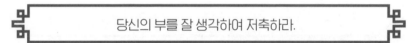

당신의 부를 잘 생각하여 저축하라.

부자들은 천국에도, 지상에도 존재한다. 땅의 부자들은 은행에 예금이 얼마나 되어 있는가, 증권이나 땅을 얼마나 소유하고 있는가 하는 것으로 측정되어 진다. 그런 부들은 좀이나, 동록이나, 도둑이 먼저 취하지 않는다고 해도 모두 불타버릴 것이다.

그러나 천국의 부는 영원하다. 어떤 불도 붙을 수 없다. 좀이나 동록도 해하지 못한다. 도둑도 훔쳐갈 수 없다. 당신이 천국에 두는 것이 무엇이든 간에 당신이 천국의 문을 열고 들어서는 순간 거기서 당신을 기다리고 있을 것이다.

하나님 아버지, 아버지께서 우리에게 맡겨주신 것을 잘 관리하는 지혜로운 청지기가 되게 하여 주시옵소서. 아버지께서 생각하는 부에 대한 사고를 우리들에게도 심어주시옵소서. 예수님 이름으로 기도합니다. 아멘.

그 아홉 사람

(누가복음 17:15-17) "그 중의 한 사람이 자기가 나은 것을 보고 큰 소리로 하나님께 영광을 돌리며 돌아와 예수의 발아래 엎드리어 감사하니 그는 사마리아 사람이라 예수께서 대답하여 이르시되 열 사람이 다 깨끗함을 받지 아니하였느냐 그 아홉은 어디 있느냐"

만약 당신이 살 소망이라고는 하나도 없이 죽어가고 있을 때 어떤 사람이 와서 당신을 살려 주었다고 하자. 그러면 적어도 고맙다는 말은 해야 하지 않겠는가? 예수님이 열 사람의 문둥병자를 고쳐 주었지만 오직 한 사람만이 돌아와서 예수님께 고마움을 표현했다. 우리가 이 이야기를 들을 때에는 감사하지 않았던 아홉 사람에 대해 고개를 흔들기 쉽다. 그러나 우리도 그 아홉 사람 가운데 속할 수 있지 않을까?

하나님께서 우리에게 많은 복을 주셨는데도 그 복만 움켜쥐고 달아날 뿐, 뒤를 돌아보거나 위를 보지 않을 때가 얼마나 많은가? 또 하나님께서 우리를 그렇게 가까이 불러도 우리는 하나님께 감사하기는커녕 내 길만 달려가는 자들이 아닌가?

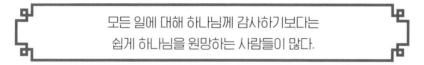

모든 일에 대해 하나님께 감사하기보다는
쉽게 하나님을 원망하는 사람들이 많다.

"여호와의 인자하심과 인생에게 행하신 기적으로 말미암아 그를 찬송할지로다"(시 107:8)

하나님은 우리에게 너무나 좋으신 분이셔서 우리의 찬양을 마땅히 받으셔야 한다. 돌아오지 않은 아홉명은 저들의 인생이 잘못되면 하나님을 쉽게 원망하고 우리 인생이 잘 된다 하더라도 감사하지 아니할 자들이다.

그 아홉명은 마치 한 소년이 지붕에서 미끄러지며 "하나님, 하나님, 제발 도와주세요"하고 부르짖다가 마침 바지가 기둥의 못에 걸려 살게되자, 하늘을 보면서 "하나님 걱정 마세요, 못이 나를 구원했어요" 말하는 것과 같다.

- 당신은 돌아온 그 한 사람인가?
- 아니면 돌아오지 않은 그 아홉에 속하는 자인가?

하나님 아버지, 오늘 우리들에게 베풀어주신 아버지의 선하심과 놀라우신 일들에 대해 주님의 이름으로 감사를 드립니다. 예수님 이름으로 기도합니다. 아멘.

August 7

깨어 기도하라

(누가복음 21:36) "이러므로 너희는 장차 올 이 모든 일을 능히 피하고 인자 앞에 서도록 항상 기도하며 깨어 있으라 하시니"

하나님은 인내하시고 오래 참으신다. 우리가 심히 망령되게 행하는 일들에 대해서도 하나님은 오래 참으신다. 예수님은 제자들에게 대환란에 대해 설명하시면서, 그때 하나님은 자연의 힘들을 해체시킬 것이라고 말씀하셨다. 하늘의 이변들이 기근과 전염병, 무서운 지진을 야기시킬 것이다. 그런 일이 있은 후 즉시 "인자가 구름을 타고 능력과 큰 영광으로 오는 것을 볼 것이라"(눅 21:27) 말씀하셨다.

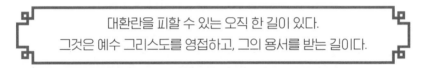
> 대환란을 피할 수 있는 오직 한 길이 있다.
> 그것은 예수 그리스도를 영접하고, 그의 용서를 받는 길이다.

예수님은 이 사건들을 설명하면서 두 가지 일을 위해 기도하라고 당부하셨다.

- 첫 번째는 다가올 재난을 피할 수 있는 자격을 갖추게 해 달라고 기도하라.
- 두 번째는 인자 앞에 설 수 있도록 기도하라.

하나님의 자녀들은 진노 아래 있지 않고, 천국에서 영광스러운 무리들과 함께 두루마리를 취해 인봉을 떼실 어린양을 노래하고 있을 것이다. 34절에서 예수님은 우리에게 다음과 같이 경고하셨다.

"너희는 스스로 조심하라 그렇지 않으면 방탕함과 술 취함과 생활의 염려로 마음이 둔하여지고 뜻밖에 그 날이 덫과 같이 너희에게 임하리라"(눅 2:34)

- 생활고 때문에 당신의 중심이 흐트러지지 않게 주의하라.
- 주님의 오심을 준비하지 못한 자가 되지 마라.
- 지켜보면서 항상 기도하라.

주님, 우리의 소망을 예수님의 보혈과 그의 의보다 못한 것에 두지 말게 하옵소서. 다가올 진노에서 우리를 구원하여 주시기를 예수님 이름으로 기도합니다. 아멘.

떨어지지 않는 믿음

(누가복음 22:31-32) "시몬아, 시몬아 보라 사탄이 너희를 밀 까부르듯 하려고 요구하였으나 그러나 내가 너를 위하여 네 믿음이 떨어지지 않기를 기도하였노니 너는 돌이킨 후에 네 형제를 굳게 하라"

예수님은 베드로를 교회의 지도자로 택하셨다. 그러자 사탄은 베드로를 넘어뜨릴 궁리를 하기 시작했다. 이와같이 사탄은 항상 교회 안의 지도자들을 공략한다. 사탄은 지도자가 넘어지면 많은 사람들이 함께 넘어진다는 것을 잘 알고 있기 때문이다.

그러나 예수님은 사탄이 베드로를 떠나게 해 달라고 기도하지는 않았다. 대신 베드로의 믿음이 떨어지지 않게 해달라고 기도했다. 만약 우리였다면 "주님, 베드로에게 시험이 오지 않도록 해 주세요. 그에게 어떤 문제도 일어나지 않게 해주세요" 기도할 것이다. 그러나 그런 기도는 어려움을 통해 얻어지는 성장을 막는 기도이다.

> 당신을 위해 예수께서 친히 기도하고 계신 것을 알게 된다면
> 얼마나 영광스러울까!

요한복음 17장 20절을 보면, 예수님의 기도에는 당신도 포함되어 있다. 예수님은 "내가 비옵는 것은 이 사람들만 위함이 아니요 또 저희 말을 위하여 나를 믿는 사람들도 위함이니"(요 17:20)라고 기도하셨다. 그러므로 당신이 예수님을 하나님의 아들로 믿는다면 그 기도는 바로 당신을 위한 기도이다.

베드로처럼 우리도 어떤 전쟁에서는 패배할 수 있다. 그러나 궁극적인 승리는 우리의 믿음이 떨어지지 않도록 기도하고 계시는 예수님께 속해있다. 그래서 우리가 강건하게 될 때 똑같은 문제로 지금 고통 중에 있는 이들에게 이해와 사랑을 베풀 수 있는 것이다.

주님, 우리의 믿음이 흔들릴 때, 주님이 우리를 사랑의 품에 안으시고, 우리에게 묻은 더러운 먼지를 떨어버리고, 씻어주셔서 깨끗하게 하신 후 다시금 우리의 인생길을 걸어가게 하소서. 예수님 이름으로 기도합니다. 아멘.

August 9

이 성전을 헐라

(요한복음 2:19) "예수께서 대답하여 이르시되 너희가 이 성전을 헐라 내가 사흘 동안에 일으키리라"

예수님께서 성전으로 들어가시다가 장사하는 것을 보시고 회초리를 만들어 돈 바꾸는 사람들을 쫓아내시며 상을 뒤엎으셨다. 물론 이런 행동은 이권을 가진 종교 지도자들을 화나게 만들었다.

결국 그들은 예수님에게 무슨 권세로 이러는지 징조를 보이라고 요구했다. 그러자 예수님은 "이 성전을 헐라, 내가 사흘 만에 지으리라" 대답하셨다. 그들은 예수님이 헤롯의 성전에 대해 말씀하시는 줄 알았으나, 예수님은 자신의 몸을 이야기하셨던 것이다.

예수님은 후일 자기 목숨에 관해 "이를 내게서 빼앗는 자가 있는 것이 아니라 내가 스스로 버리노라 나는 버릴 권세도 있고 다시 얻을 권세도 있으니 이 계명을 내 아버지에게서 받았노라 하시니라"(요 10:18) 말씀하셨다.

> 만약 예수님이 십자가에 못 박히시고
> 아직도 그 시체가 무덤에 그대로 있다면
> 그리스도인의 믿음도 없을 것이고 교회도 없을 것이다.

복음은 예수 그리스도가 죽음에서 부활하셨음을 선포한다. 예수님은 하시리라고 말씀하신 것은 분명하게 행하셨다. 그는 죽음에서 부활하셔서 40일 동안 그의 제자들에게 사역하셨다. 그러고 난 뒤 승천하셔서 천국에 계신다.

지금은 하나님 아버지의 우편에 계셔서 우리를 위해 중보 기도를 하고 계신다. 그의 날이 오면 주님은 우리와 함께 있기 위해 우리를 데리러 오실 것이다.

하나님 아버지, 부활하심을 감사드립니다. 아버지는 사랑이 많으시고, 용서해 주시고, 은혜가 많으시고, 지혜가 풍성하신 분이라고 예수님이 말씀하셨던 그 모든 것이 참되다는 것을 믿습니다. 우리가 주님과 동행할 때 그와 같은 풍성한 삶을 누리게 하시니 감사드립니다. 예수님 이름으로 기도합니다. 아멘.

August 10

생수

(요한복음 4:13-14) "예수께서 대답하여 이르시되 이 물을 마시는 자마다 다시 목마르려니와 내가 주는 물을 마시는 자는 영원히 목마르지 아니하리니 내가 주는 물은 그 속에서 영생하도록 솟아나는 샘물이 되리라"

모든 인간의 깊은 내면에는 하나님을 향한 강한 목마름이 있다. 이를 말하여 다윗은 "하나님이여 주는 나의 하나님이시라 내가 간절히 주를 찾되 물이 없어 마르고 황폐한 땅에서 내 영혼이 주를 갈망하며 내 육체가 주를 앙모하나이다"(시 63:1) 고백했다.

그런데 사람은 그러한 목마름을 다른 방법으로 해결하려 한다. 마약이나 알콜 또는 사마리아 여인처럼 인간관계를 통해 해결해 보려고 한다. 그러나 그러한 것들은 하나님에 대한 목마름을 해결할 수 없다.

> 인간의 내면에 있는 목마름은 하나님을 향한 목마름이다.

사람이 인생의 우물에서 물을 마신다면 또다시 목마를 것이다. 당신의 욕망들을 낱낱이 써보는 것도 지혜롭다. 그런 물을 마셔보라. 하지만 또 목마를 것이다. 당신이 갖고 싶은 모든 물건들을 써보라. 자동차, 아파트, 보트 등 무엇이든지...

- 인생의 목적들을 써보라.
- 그리고 그것을 성취해 보라.
- 그러나 또다시 목마를 것이다.

예수님께서 사마리아 여인에게 생수에 대해 말씀하셨을 때, 주님은 영혼의 깊은 목마름을 만족시킬 수 있는 오직 한 가지를 말씀하신 것이다. 그것은 곧 하나님과의 관계이다.

- 당신도 오늘 목마른가?
- 세상의 물은 잊어 버려라.
- 깊은 생수의 물을 마셔라.
- 그리하면 당신이 갈망하는 만족을 얻게 될 것이다.

주님, 주님께서 우리 영혼의 깊은 목마름을 만족하게 하는 방법을 만들어 주셔서 감사합니다. 우리들이 예수께 와서 먹고 마시며 우리 영혼의 갈급함을 만족하게 하여 주소서. 예수님 이름으로 기도합니다. 아멘.

August 11

성경 속의 예수님

(요한복음 5:39) "너희가 성경에서 영생을 얻는 줄 생각하고 성경을 연구하거니와 이 성경이 곧 내게 대하여 증언하는 것이니라"

성경은 모두 예수님에 대한 것이다. 예수님이 성경의 중심이고 가장 초점이시다. 우리는 예수님을 성경 모든 페이지에서 발견할 수 있다.

"이에 내가 말하기를 하나님이여 보시옵소서 두루마리 책에 나를 가리켜 기록된 것과 같이 하나님의 뜻을 행하러 왔나이다 하셨느니라"(히 10:7).

하나님은 구약에서 오실 메시아에 대한 성품, 인격, 환경들을 계속해서 말씀하셨다. 그래서 그가 왔을 때 참 메시아이심을 의심하지 않도록 하셨다. 그가 구세주이심을 우리가 알아보는데 도움이 되기 위해 하나님은 예수님의 탄생, 탄생 장소, 사역, 배신당함, 죽음과 부활에 대해 300번의 예언들을 주셨다.

또한 유대인들은 성경을 앞뒤로 환히 알고 있었다. 그들은 성경을 부지런히 충실하게 공부했다. 그러므로 예수님은 그들을 향하여 "너희가 성경은 연구하였으나 영생을 얻기위하여 내게는 오지 아니하였다" 말씀하셨다.

> 성경을 아는 것만으로는 영생의 선물을 얻는데 충분하지 않다.

많은 사람들이 구원에 대해 잘못 알고 있는 것은 그들이 단지 하나님을 믿는다고 말로만 이야기하기 때문이다. 그러나 영생은 성경을 안다고 얻어지는 것이 아니라 성경의 예수님을 영접해야 하는 것이다.

- 예수님을 위한 삶은 매일, 시간마다, 분분마다의 체험이다.
- 당신의 생활을 주님께 굴복시키고 그분과 동행하는 것이다.

그것은 주님과 사랑에 빠지는 관계가 되어야 하는데, 주님이 당신의 삶의 가장 중심과 초점이 되는 지점까지다.

주님, 주님을 흘깃 보며 지나치고 싶지 않습니다. 우리는 주님을 우리 삶의 중심으로 모시기 원합니다. 예수님 이름으로 기도합니다. 아멘.

August 12

목마름

(요한복음 7:37-38) "명절 끝날 곧 큰 날에 예수께서 서서 외쳐 이르시되 누구든지 목마르거든 내게로 와서 마시라 나를 믿는 자는 성경에 이름과 같이 그 배에서 생수의 강이 흘러나오리라 하시니라"

예수님이 이 말씀을 하셨을 때, 제자들도 주님의 말뜻을 확실하게 이해하지 못한 듯하다. 그러나 수년 후 요한이 이 복음을 쓸 때쯤 뒤늦게 깨달았다. 39절에서 요한은 자신의 해설을 붙인다. 이것은 그를 믿는 자의 받을 성령을 말씀하신 것이다. 그러나 이때는 아직까지 성령이 주어지지 않았다.

> 하나님은 우리의 삶이 성령의 그릇이 되어 목마른 세상으로 성령을 흘려보내는 통로가 되기를 소원하신다.

그러나 우리는 스펀지 같이 얻은 것을 빨아들이기만 할 뿐, 내뿜을 줄은 모른다. 그래서 우리 주변에 남아있는 것이라고는 하나도 없다. 하나님은 당신 안에서 하실 수 있는 것에 관심이 있으실 뿐 아니라 당신을 통해 할 수 있는 것에도 관심이 있으시다.

바울은 갈라디아 교인들에게 "성령의 열매는 사랑"(갈 5:22)이라고 편지하였다. 세상은 참되고 진실한 하나님의 아가페 사랑에 배고파한다. 세상은 우리 안에서 그 아가페 사랑을 보고 싶어한다.

당신의 생활이 하나님의 성령과 함께 흘러갈 때 당신에게서 그 사랑이 흘러나온다. 그 사랑은 당신이 당신 주변에 있는 모든 사람들을 축복할 때 생수의 강처럼 흘러나온다. 그것은 하나님이 당신 속에서 행하셨고, 지금도 당신을 통해 행하고 계시기 때문이다.

주님, 우리의 생활 속에 주님의 성령이 충만하게 하셔서 우리 주변에 있는 모든 사람들에게 주님의 사랑과 주님의 빛을 비추는 생수가 폭포같이 흐르게 하옵소서. 예수님 이름으로 기도합니다. 아멘.

August 13

참 자유

(요한복음 8:31-32) "그러므로 예수께서 자기를 믿는 유대인들에게 이르시되 너희가 내 말에 거하면 참으로 내 제자가 되고 진리를 알지니 진리가 너희를 자유롭게 하리라"

사람들은 자유에 대해 이야기하기를 좋아한다. 그러나 참 자유는 당신이 원하는 것을 하는 것이 아니다. 예수님이 당신을 자유롭게 하셨을 때 주님이 주시는 그 자유가 참이다. 다시 말하면 당신이나 주변 사람들을 망하게 하는 일들을 하지 않는 것이 그 자유이다.

죄의 노예가 된 사람들은 자기들이 자유하다고 잘못 생각한다. 그러나 예수님은 "죄를 범하는 자마다 죄의 종이니라"(요 8:34) 말씀하셨다. 사람들은 모르는 당신만 알고 있는 당신의 은밀한 죄 뿐 아니라 마약이나 알코올 중독 같은 분명한 죄는 당신을 손아귀에 얽어매는 힘이 있어 당신 스스로는 도무지 어찌할 수 없다.

하나님은 우리에게 자유의지를 주셨다.

바울은 "내게 모든 것이 가하다"(고전 6:12) 증거하였다. 이 말은 광범위한 뜻을 가지고 있다. 그러나 바울은 계속해서 "내가 무엇에든지 얽매이지 아니하리라" 증거하였다. 정말 그렇다. 나에게는 무엇이든지 할 수 있는 자유가 있다. 그러나 그 자유를 누림으로써 사로잡히게 된다면 더 이상 자유한 것이 아니다. 그 자유가 나를 종으로 만들어 버린 것이다.

오늘 당신은 무엇엔가 묶여 있을 수도 있다. 벗어나지 못해 도무지 자유롭지 못하다고 느낄 것이다. 그러나 진리되신 예수 그리스도를 알게 될 때, 그 진리가 당신을 자유롭게 할 것이다.

하나님 아버지, 그리스도 예수 안에 있는 놀라운 자유를 누리게 하시니 감사드립니다. 주님과 동행하면서 성령 안에서 살아갈 때 참 자유를 누릴 수 있게 하시니 감사합니다. 예수님 이름으로 기도합니다. 아멘.

August 14

약점만 찾는 사람 VS 싸매주는 사람

(요한복음 9:2) "제자들이 물어 이르되 랍비여 이 사람이 맹인으로 난 것이 누구의 죄로 인함이니이까 자기니이까 그의 부모니이까"

사고가 났을 때 두 종류의 응급차가 현장에 도착한다. 보통 첫 번째로 경찰차가 도착한다. 경찰은 누가 잘못했는지를 찾아 필요하다면 범죄자에게 조서까지도 쓰게 한다. 곧 뒤따라 앰불런스와 함께 구급대원이 도착한다. 구급대원은 누가 잘못한 것인가에는 전혀 관심이 없다. 오직 아파서 고통당하는 사람들을 싸매고 도와주려고 한다.

제자들이 소경된 자 옆을 지나게 되었다. 그들은 즉시 경찰들처럼 누구의 잘못 때문에 그가 소경이 되었는지 알고 싶었다. 예수님은 부모의 죄 때문도 아니고 이 사람의 죄 때문도 아니라고 했다. 다만 예수님이 그를 고치실 때 하나님의 역사를 나타내기 위함이라고 하셨다.

> 하나님은 우리를 경찰이 아닌 구급대원으로 부르셨다.

당신은 인간의 비극을 어떤 시선으로 바라보는가? 당신은 경찰과 같은 시선으로 바라보는가 아니면 위생병과 같은 시선으로 바라보는가? 예수님은 하나님께서 자기를 이 세상에 보내실 때, 세상을 정죄하기 위해 보내신 것이 아니라 오히려 자기를 통해 세상을 구원하기 위해 보냈다고 말씀하셨다.

어떤 사람의 일생이 하나님을 반역한 결과로 인해 산산조각 난 열매를 거둘 때가 있다. 그런 사람을 볼 때 당신은 손가락을 그의 얼굴에 대고 "그때 네가 이렇게 하지 않고 저렇게만 했더라면 이렇게까지 되지는 않았을 것인데"라고 말하면서 면전에서 그가 법대로 살지 않았던 조항들을 조목조목 들이대는 사람은 아닌가? 아니면 그의 상처를 싸매주는 구급대원과 같은 사람인가?

우리에게는 고통의 이유를 찾아야 하는 책임이 있지 않다. 예수님이 하셨던 것처럼 그들이 당한 고통을 싸매주는 것이 우리의 의무이다.

하나님 아버지, 이렇게 상처 많은 세상에서 주의 일을 행함으로 주님의 증인이 되게 하옵소서. 예수님 이름으로 기도합니다. 아멘.

August 15

기도하라 생각하라 드려라

(요한복음 12:27-28) "지금 내 마음이 괴로우니 무슨 말을 하리요 아버지여 나를 구원하여 이때를 면하게 하여 주옵소서 그러나 내가 이를 위하여 이때에 왔나이다 아버지여, 아버지의 이름을 영광스럽게 하옵소서 하시니 이에 하늘에서 소리가 나서 이르되 내가 이미 영광스럽게 하였고 또다시 영광스럽게 하리라 하시니"

예수님은 십자가를 지는 것이 하나님의 뜻임을 알고 있었다. 그러나 힘겨운 시련이 눈앞에 다가왔을 때 예수님의 마음은 심히 괴로웠다. 하지만 겟세마네 동산에서 세 가지 일들이 예수님에게 순종할 수 있는 능력을 입게 했다.

첫째, 예수님은 기도하셨다. 이것은 우리에게 얼마나 훌륭한 본보기가 되는지 모른다. 우리의 미래가 불확실하거나 두려움이 찾아올 때, 그때가 우리의 모든 삶을 세세히 돌봐 주시는 하나님께 부르짖을 때임을 알게 하셨다. 두 번째, 예수님은 논리적으로 생각하셨다. 예수님은 자기 앞에 놓인 고통이 하나님의 영원한 목적을 이루게 하는 것이 될 것이라는 것을 생각하셨다. 세 번째, 자신을 드리며 순종 하셨다. "아버지여, 아버지의 이름을 영광스럽게 하옵소서" 즉 "아버지, 저는 어떤 값을 치르든지 간에 아버지께 영광이 되게 하겠습니다" 말씀하셨다. 이와같이 예수님의 본을 따르자.

> 당신이 도무지 이해되지 않는 어려운 상황에 처했을 때
> 예수님의 본을 따라보라!

먼저 기도하자. 기도는 상황을 바꾼다. 때로 가장 많이 바뀌어져야 할 것이 우리의 태도일 때가 있다. 기도는 시련을 이길 힘을 주기도 하지만 시련을 받아들일 능력을 주기도 한다. 그 다음은 논리적으로 따져보라. 하나님은 당신을 많이 사랑하시기 때문에 당신 인생의 영원한 계획을 세워놓고 그것을 이루기 위해 역사하고 계신다는 것을 깨달아라. 하나님의 계획은 잠시 슬플지라도 영원토록 좋게 하기 위함이다. 그리고 하나님께 맡겨라.

"주님의 방법대로 하십시오"
"나의 인생을 주님의 이름을 영광스럽게 하는데 사용하여 주시옵소서"

하나님 아버지, 우리가 두렵거나 불확실한 상황에 부딪힐 때 예수님의 본을 따를 수 있도록 가르쳐 주옵소서. 문제를 깊이 생각하며, 먼저 기도하며, 하나님의 영광을 위해 우리 자신을 아버지께 드리게 하옵소서. 예수님 이름으로 기도합니다. 아멘.

주께 약속하지 말라

(요한복음 13:37) "베드로가 이르되 주여 내가 지금은 어찌하여 따라갈 수 없나이까 주를 위하여 내 목숨을 버리겠나이다"

베드로는 정말 마음 중심에서 우러나오는 이 아름다운 신앙의 결단을 선포하고 있지만, 예수님은 다음날 아침 해뜨기 전에 베드로가 세 번씩이나 예수님을 부인할 것이라는 사실을 잘 알고 계셨다. 말로 헌신하겠다고 하는 것은 아주 쉽다. 그러나 그 말이 현실이 되어 다가올 때면 그런 약속들은 항상 충실하게 지켜지지 않는다.

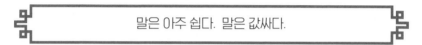

말은 아주 쉽다. 말은 값싸다.

우리는 하나님께 우리의 소원을 관철시키기 위해 하나님과 거래를 하면서 하나님께 맹세할 때도 있다. "주님, 저에게 이것을 해 주시면 저는 주님을 위해 이것을 하겠습니다" 그러다가 혹시 지키지 못하게 되면 다시금 주님께 "다시는 그렇게 하지 않겠습니다"하고 다짐을 한다.

우리가 이렇게 함부로 내뱉는 근거는 자신의 육신을 믿기 때문이다. 그러나 나 자신을 믿는 한 실패는 당연한 것이다. 오직 하나님만이 내가 약속을 지킬지, 지키지 않을지를 아신다.

시편 기자가 말했듯이 "여호와여, 주께서 나를 살펴보셨으므로 나를 아시나이다 주께서 내가 앉고 일어섬을 아시고 멀리서도 나의 생각을 밝히 아시오며 나의 모든 길과 내가 눕는 것을 살펴보셨으므로 나의 모든 행위를 익히 아시오니 여호와여 내 혀의 말을 알지 못하시는 것이 하나도 없으시니이다"(시 139:1-3)

당신의 육신을 믿고 하나님께 어떤 것도 약속하지 말아라. 당신의 육신은 반드시 실패하게 되어 있다. 오직 예수님이 당신에게 하게 하시는 일들에 대해서만 약속하라. 그리고 순종할 수 있는 능력을 주시는 예수님만을 의지하라.

하나님 아버지, 우리의 모든 기도가 주님만 의지해 드려지게 하옵시며, 주님의 주장하심과 지혜를 끊임없이 신뢰하는 우리의 기도가 되게 하소서. 예수 그리스도의 이름으로 기도드립니다. 아멘.

August 17

자연스럽게 열려지는 문제

(요한복음 15:5) "나는 포도나무요 너희는 가지라 그가 내 안에 내가 그 안에 거하면 사람이 열매를 많이 맺나니 나를 떠나서는 너희가 아무것도 할 수 없음이라"

사람들은 가지를 떠나서 열매를 맺고 싶어 한다. 사람들은 선하게 살거나, 또는 더욱 선한 사람이 됨으로써 억지로 열매를 만들어 내려고 한다. 그러나 우리가 예수님을 떠나서는 아무것도 할 수 없다.

우리가 예수님 안에 거할 때에만 성령께서 우리 안에서 자연스럽게 열매가 맺어지게 한다. 성령은 어떤 열매를 맺게 하시는가? 성령의 열매는 아가페 사랑이다.

깊고도 뜨거운 사랑!

그 사랑은 시기하지 않으며 자신을 드러내지 않고 함부로 대하는 태도로 행동하지도 않는다. 그 사랑은 끼리끼리 당을 짓거나 자신의 유익을 구하지 않는다.

이것이야말로 놀라운 사랑이다. 그 사랑은 쉽게 화를 내지 않으며 남을 나쁘게 생각하지도 않는 사랑이다. 또 모든 짐을 지는 사랑이며 모든 것을 믿는 사랑, 끊이지 않는 사랑이다.

> 당신이 성령의 사랑을 맺거나 또는 열매를 맺은 것처럼 흉내내거나 마음으로 그려내는 것조차도 불가능하다.

하나님의 성령이 당신 속에 거하신다면 아가페 사랑의 열매는 자연스럽게 맺어지게 될 것이다. 우리는 오늘 사과나무를 심어서 내일 사과를 따먹으려고 한다. 그러나 열매는 하룻밤에 생겨나지 않는다.

당신의 삶 속에서 열매를 맺게 하시는 하나님과 성령님의 일하심에 조급해하지 말아라. 열매는 그분의 때에 맺게 될 것이다. 당신이 열매 맺게 되는 그 날이 얼마나 아름다울까!

하나님 아버지, 당신의 성령이 우리 속에 거하게 하시니 감사합니다. 주님, 우리 삶 속에서 당신의 성령이 열매 맺게 하실 때까지 인내할 수 있도록 가르쳐 주시옵소서. 예수님 이름으로 기도합니다. 아멘.

August 18

구별되라

(요한복음 17:17) "그들을 진리로 거룩하게 하옵소서 아버지의 말씀은 진리니이다"

"거룩하다"라는 말은 "구별되다"라는 뜻이다. 성전에서의 기구들은 특별히 하나님께 예배드리 때 사용하기 위해 따로 구분한다. 그 그릇들에게 다른 목적은 아무것도 없다. 그것이 바로 거룩이 무엇인지 우리에게 뜻하는 것이다.

우리의 삶은 매일 죄로부터 공격당하고 있다.

텔레비전이나 휴대폰을 열 때 마다, 또 영화나 인터넷에서 수많은 음란물들이 우리의 눈길들을 끌고 있다. 하나님은 그런 것들을 정결치 못하다고 했다. 우리는 이러한 세상적인 영향에서 우리 자신을 지키기 위해 매일 말씀을 보아야 한다. 하루를 마치는 시간마다 세상에 젖어들었던 모든 쓰레기를 하나님의 말씀으로 말끔히 씻어야 한다.

예수님께서 요한복음 15장 3절에서 "너희는 내가 일러준 말로 이미 깨끗하여 졌으니"라고 말씀하셨다. 그러므로 날마다 세상살이에서 더러워진 우리의 모든 것을 깨끗하게 해 주는 것은 오직 하나님의 말씀이다.

우리는 하나님을 사랑하기 때문에 하나님의 소원을 들어드리고 싶다. 우리가 세상에서 구별되기를 하나님께서 원하시기 때문에 우리도 그렇게 되고 싶다. 우리가 악을 대항하는 자리에 서 있으려면 부지런해야 한다. 하나님이 우리에게 우리를 깨끗하게 하는 것이 말씀이라고 하시면 우리는 매일 하나님의 말씀 앞에 나아가야 한다.

하나님 아버지, 우리를 사랑하사 세상에서 끌어내어 천국 시민이 되게 하심을 감사드립니다. 주님, 성경의 말씀으로 우리를 구별되게 하옵소서. 예수님 이름으로 기도합니다. 아멘.

August 19
다 이루었다

(요한복음 19:30) "예수께서 신 포도주를 받으신 후에 이르시되 다 이루었다 하시고 머리를 숙이니 영혼이 떠나가시니라"

예수님이 "다 이루었다" 외치신 것은 패배의 부르짖음이 아니라 영광스러운 승리의 외침이다. 십자가를 통해 예수님은 인간을 종으로 만들어 망하게 하고, 인간을 하나님으로부터 멀어지게 했던 사탄의 능력을 부수어 버렸다. 십자가를 통해 예수님은 인간이 하나님께로 갈수 있는 길을 만드셔서 다시금 하나님과 교제하며 살 수 있게 해 주셨다.

십자가를 통해 우리에게는 하나님이 우리에게 원하는 삶을 살 수 있는 능력이 주어졌다. 또한 우리에게는 하나님을 닮을 수 있는 능력도 주어졌다. 그럼으로써 하나님의 형상을 회복하게 된다. 그것이 바로 당신의 인생을 향한 하나님의 소원이요 목적이다.

> 당신이나 나를 꽉 쥐고 있었던 죄의 능력은 부서져 버렸다.

하나님은 에덴동산에서 잃어버렸던 것을 회복하고 싶어 하신다. 그것을 위해 하나님의 성령은 우리의 삶 속에서 매일 매일 우리를 순복하게 하고, 빚으시고, 만드신다. 그래서 인간을 향한 하나님의 절대적인 뜻을 이루게 하신다. 그리고 우리가 하나님과 교제하게 하시고, 우리가 살고 있는 이 어두운 세상에 하나님의 사랑과 은혜와 자비와 친절을 나타내게 하신다.

- 한때 하나님을 멀리하게 했던 방해물들은 모두 거두어졌다.
- 이제 구속의 역사는 끝났다.
- 우리는 이제 하나님과 교제할 수 있게 되었다.

모든 일은 끝났다. 예수님은 죄와 죽음과 지옥과 무덤을 정복하셨다. 주님은 사탄을 이기셨다. 그 결과 우리는 이제 하나님을 위해서, 또 하나님과 함께 하는 크나큰 축복을 누리게 되었다.

하나님 아버지, 이 땅에 사는 동안 하나님 아버지의 뜻을 온전히 알게 하셔서 하나님을 사랑하고 잘 섬기게 하여 주시옵소서. 예수님 이름으로 기도합니다. 아멘.

부활

(요한복음 20:11) "마리아는 무덤 밖에 서서 울고 있더니 구부려 무덤 안을 들여다 보니"

성경은 고통이 소망으로 바뀌는 바로 그 순간을 잘 포착해 준다. 마리아는 무덤 앞의 돌이 옮겨진 것을 보는 즉시 몸을 굽혀 안을 들여다 보았다. 마리아는 슬피 울다가 순간 혼란스러웠다.

아직은 깨닫지 못했지만, 이 날이 바로 이사야 61장 3절에 하나님이 주시겠다고 약속하신 그 날인 것이다.

"무릇 시온에서 슬퍼하는 자에게 화관을 주어 그 재를 대신하며 기쁨의 기름으로 그 슬픔을 대신하며 찬송의 옷으로 그 근심을 대신하시고 그들의 의의 나무 곧 여호와께서 심으신 그 영광을 나타낼자라 일컬음을 받게 하려 하심이라"

> 그 날이 다 가기 전에 부활의 사실이 확실하게 되었다.

부활하신 예수님은 마리아와 제자들에게 나타날 것이고, 그들은 예수님이 하신 모든 말이 사실임을 알게 될 것이다. 진실로 그는 하나님의 아들이며, 죄에 대한 대가로 자신을 내어주신 하나님의 어린양이며, 그가 주장했던 대로 자신이 부활이요 생명이며, 길이요 진리이심을 알게 될 것이다.

이 새날, 곧 그 주의 첫날에 어떤 뭔가가 새롭게 탄생했다. 사람과 하나님 사이의 구렁에 다리가 생겨나면서 새로운 교제가 가능하게 되었다. 예수님이 살아나셨기 때문에 우리도 살 수 있다. 그가 무덤을 정복하셨기 때문에 우리는 더 이상 죽음을 두려워 할 필요가 없다. 그가 죄를 쳐부수었으므로 우리는 죄의 결박에서 벗어나게 되었다. 마리아는 빈 무덤 앞에서 시편 30편 5절의 시편 저자의 말이 진실임을 경험했다.

"저녁에는 울음이 깃들일지라도 아침에는 기쁨이 오리로다"

하나님 아버지, 빈 무덤이 우리에게 영광스러운 소망이 되게 하심을 감사드립니다. 또한 예수님께서 무덤을 정복하심으로 말미암아 우리가 더 이상 죽음을 무서워하지 않아도 됨을 감사드립니다. 예수님 이름으로 기도합니다. 아멘.

August 21

나를 더 사랑하느냐?

(요한복음 21:15) "그들이 조반 먹은 후에 예수께서 시몬 베드로에게 이르시되 네가 나를 이 사람들보다 더 사랑하느냐 하시니 이르되 주님 그러하나이다 내가 주님을 사랑하는 줄 주님께서 아시나이다 이르시되 내 어린 양을 먹이라 하시고"

제자들은 밤새도록 고기를 잡으려고 했으나 허탕만 쳤다. 그때 해변가에 서 있는 한 사람이 그물을 배 오른편으로 던지라고 하시자 제자들은 순종했다. 그렇게 순종했을 때 그물에 고기가 가득 찼다. 아니 너무 많아 그물을 물 밖으로 끌어올릴 수가 없었다. 베드로는 그분이 예수님이신 줄 알자 곧 물로 뛰어내려 예수님께로 헤엄쳐 갔다. 다른 제자들도 고기로 가득찬 그물을 작은 배 안으로 겨우 끌어올린 뒤 뒤따라갔다. 예수님은 이미 제자들을 위해 조반을 준비해 놓으셨다. 모두 모닥불에 둘러앉자 예수님이 베드로에게 물으셨다.

"네가 이것들보다 나를 더 사랑하느냐?"

예수님은 그물에서 팔딱거리는 물고기들, 아마도 베드로가 여태껏 잡았던 것 보다 훨씬 좋은 물고기를 내려다보시면서 물으신다. "네 인생 최고의 성공보다 나를 더 사랑하느냐?" 만약 예수님이 지금 당신의 눈을 꿰뚫어 보시면서 "너는 나를 이것들보다 더 사랑하느냐?" 물으셨다고 하자. 당신의 마음은 어떠할까? 당신이 당신의 인생에서 가장 주목하는 일은 무엇인가? 또한 하나님에 대한 당신의 사랑을 멀어지게 하는 것은 무엇인가?

> 당신의 삶 속에 예수님을 첫 번째로, 가장 최우선으로 모셔라.

당신 인생 최고의 목적은 무엇인가? 당신의 경력을 쌓는 것인가? 중요한 인관관계를 맺는 일인가? 쾌락인가? 텔레비전인가? 당신의 대답은 무엇인가? 그러나 주님은 당신의 사랑을 원하신다. 주님은 당신 인생의 첫 번째와 최고봉이 되고 싶어 하신다. 그러므로 우리는 이렇게 반응할 수 있도록 기도해야 한다.

- 주여, 당신께서 모든 것을 아십니다.
- 제가 주님을 제일 먼저 사랑하는 것을 주님이 더 잘 아십니다.

하나님 아버지, 모든 일들 중에서 주님을 최우선으로 하도록 도우소서. 내 인생 중에 주님을 사랑하는 것이 가장 우월하게 하소서. 예수 이름으로 기도합니다. 아멘.

August 22

능력

(사도행전 1:8) "오직 성령이 너희에게 임하시면 너희가 권능을 받고 예루살렘과 온 유대와 사마리아와 땅 끝까지 이르러 내 증인이 되리라"

이 말씀은 예수님이 승천하시기 바로 직전, 그의 제자들에게 하신 말씀이다. 그러나 그때는 불가능했다. 왜냐하면 예수님이 하신 말씀은 제자들이 온 세상으로 나가 모든 민족에게 하나님의 복음을 선포하는 일이었기 때문이다.

그들의 능력으로는 이 업무를 수행할 수 없었다. 그러나 예수님은 그들에게 그 업무를 수행할 수 있는 능력을 입혀줄 것을 약속하셨다.

헬라어의 '듀나미스'(Dunamis)는 영어 '다이나믹'(Dynamic)이다. 그들이 강력한 능력을 받아 하나님이 원하시는 증인이 되게 하겠다는 것이다. 하나님의 능력은 어제나 오늘이나 동일하다.

> 하나님의 능력은 지금도 여전히 사람들을 자유롭게 한다.

하나님의 능력은 이렇게 소망 없는 세상에 소망을 심어준다. 오늘날의 우리는 예수님이 세상에 보내는 증인이다. 세상은 여전히 소망이 없고 적대적이다. 그러나 우리를 통해 성령의 사랑이 미움과 갈등과 괴로움을 정복한다. 우리를 통해 성령의 능력이 이 어두운 세상에 빛을 비추게 한다.

예수님은 당신의 삶이 하나님의 증인이 되는 삶이 되기를 원하신다. 또 다른 사람이 당신 안에서 하나님의 빛을 비추는 것을 보기 원하시며, 당신의 그 증거를 통해 그들이 이끌려 나오기를 원하신다.

- 당신이 성령에 강력하게 사로잡혀 행할 때,
- 당신의 말과 행동을 통해 그들이 예수님의 사랑을 체험하게 되기를 원한다.

하나님 아버지, 우리에게 성령의 능력을 입혀 주셔서 우리 앞에 놓여진 일들을 이루게 하옵소서. 예수님 이름으로 기도합니다. 아멘.

August 23

다른 이름은 없다

(사도행전 4:12) "다른 이로써는 구원을 받을 수 없나니 천하 사람 중에 구원을 받을 만한 다른 이름을 우리에게 주신 일이 없음이라 하였더라"

이 말씀은 베드로가 예수의 이름으로 앉은뱅이를 고친 후에 한 말이다. 예수님은 "내가 곧 길이요 진리요 생명"이라고 하시면서 "나를 통하지 않고는 아버지께로 올 자가 없느니라"(요 15:6) 말씀하셨다.

오늘날 우리는 많은 사람들이 "하나님께로 가는 길은 많다"라고 말하는 것을 종종 듣는다. 기독교 안에서 이런 유별난 주장들은 의로운 사람들을 화나게 한다. 그러나 예수님의 말씀은 그 반대다. 예수께서 다시 말씀하시기를 "내가 진실로 너희에 말하노니 나는 양의 문이라 나보다 먼저 온 자는 다 절도요 강도니 양들이 듣지 아니하였느니라"(요 10:7-8) 하셨다.

당신이 만약 예수님 밖에 길이 없다고 하면 사람들은 화를 내면서 당신을 옹졸하고 찌질하며 편협한 인간이라고 비난할 것이다. 사람들은 모든 길이 다 하나님께로 갈 수 있다고 생각하고 싶어 한다. 사람들은 자기가 하고 싶은 대로 자기가 생각하는 법대로 살고 싶어 한다. 그러나 하나님은 인간을 위해 한 법을 세우셨다. 하나님의 말씀에 인간이 구원 받을 수 있는 길은 오직 한 길 뿐이라고 주장하신다.

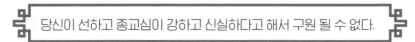

당신이 선하고 종교심이 강하고 신실하다고 해서 구원 될 수 없다.

당신이 율법을 잘 지킨다고 구원 받을 수도 없다.

성경은 "사람이 의롭게 되는 것은 율법의 행위로 말미암음이 아니요 오직 예수 그리스도를 믿음으로 말미암는 줄 알므로 우리도 그리스도 예수를 믿나니 이는 우리가 율법의 행위로써가 아니고 그리스도를 믿음으로써 의롭다 함을 얻으려 함이라 율법의 행위로서는 의롭다 함을 얻을 육체가 없느니라"(갈 2:16) 말씀하셨다.

'예수' 이름의 능력이 앉은뱅이를 걷게 할 수 있다면, '예수' 이름의 능력이 사람의 죄도 깨끗하게 할 수 있다. 하늘 아래 그런 능력이 있는 이름은 예수 그리스도 외에는 없다.

하나님 아버지, 예수님을 보내 주셔서 감사합니다. 예수의 이름은 우리의 위로이며 소망입니다. 예수님의 보배로운 이름으로 구원을 베푸시니 감사합니다. 아멘.

하나님을 대적함

(사도행전 5:39) "만일 하나님께로부터 났으면 너희가 그들을 무너뜨릴 수 없겠고 도리어 하나님을 대적하는 자가 될까 하노라 하니"

제자들은 다시 체포되어 공회 앞에 서게 되었다. 그들은 용감하게 예수를 증거했다. 공회원들은 크게 분노하며 제자들을 죽이려고 했다. 그러나 모든 백성에게 존경받는 바리새인 가말리엘이 일어나서 이 사람들에 대해 좀 더 쉬운 방법을 취하자고 주장했다. 그는 만약 이 사람들의 말이 사람에게서 났으면 무너질 것이요, 하나님께로부터 났으면 헛싸움질일뿐더러 하나님을 대적하는 싸움이 된다고 말했다.

하나님을 대적해 싸운다는 것이 얼마나 어리석은지! 얼마나 많은 사람들이 자신에게 손해가 되는 짓을 하고 있는지 모른다. 이사야는 우리에게 다음과 같이 말하였다.

"질그릇 조각 중 한 조각 같은 자가 자기를 지으신 이와 더불어 다툴진대 화있을진저!"

당신이 하나님과 다툴 때, 당신은 자신의 선과 싸우는 것이다.

가말리엘이 충고할 때 사울(후일 바울)도 거기에 있었다. 그 당시 사울은 그에게 동의하지 않고 여전히 하나님을 대적하는 편에 서 있었다. 그러나 바울이 교회의 영향력을 말살시키기 위해 다메섹으로 가던 중 주님을 만나게 된다.

"땅에 엎드려서 들으매 소리가 있어 이르시되, 사울아 사울아 네가 어찌하여 나를 박해하느냐"(행 9:4)

하나님이 당신을 사랑하는 만큼 당신을 사랑하는 사람은 없다. 하나님은 오직 당신에게 좋은 일들을 원하신다. 하나님의 계획은 당신의 계획보다 훨씬 뛰어나다. 지금까지 당신이 하나님을 대적해 왔다면 지금이라도 순복하는 것이 가장 지혜롭다. 사울처럼 하나님의 막대기를 발로 차는 짓은 그만하라. 하나님 앞에 무릎 꿇고, 하나님이 당신의 인생을 위해 갖고 계신 아름다운 계획을 행하실 수 있게 하라.

하나님 아버지, 당신을 대적하는 죄를 짓지 않게 하옵소서. 항상 당신의 손에서만 빚어지게 하옵소서. 예수님 이름으로 기도합니다. 아멘.

August 25

보시고 들으시는 하나님

(사도행전 7:34) "내 백성이 애굽에서 괴로움 받음을 내가 확실히 보고 그 탄식하는 소리를 듣고 그들을 구원하려고 이제 내가 너를 애굽으로 보내리라 하시니라"

공회 앞에 서 있는 스데반은 공회원들에게 그들의 역사를 상기시키면서 하나님이 어떻게 모세를 불러 바로에게 가서 그 백성을 구하라고 하셨는지를 말했다. 하나님은 모세에게 분명히 말씀하셨다.

"내가 애굽에 있는 내 백성의 고통을 분명히 보고 그들이 그들의 감독자로 말미암아 부르짖음을 듣고 그 근심을 알고 내가 내려가서 그들을 애굽인의 손에서 건져내고"(출 3:7)

때로 우리는 하나님이 우주에서도 저 멀리 계시는 분이라고 생각해 우리 개인에게까지 역사하신다는 것을 상상하지 못한다. 우리는 하나님이 인간과 너무 멀리 떨어져 있어서 하나님이 그의 피조물에까지 관심을 둘 수가 거의 없다고 생각한다. 그래서 하나님은 우리의 심적 고통이나 괴로움은 생각하지 않으신다고 가정한다. "주님 제가 그렇게 부르짖었건만 주님은 듣지 않으셨군요." 그러나 하나님은 우리에게 귀를 기울이시며, 지켜보고 계시다.

이스라엘 민족들은 왜 하나님이 그들의 도와달라는 부르짖음에 대해 그토록 오랜 후에 응답하셨는지 의문을 가져야 한다. 우리 역시 의문스럽다. 우리도 우리가 기도하는 즉시 하나님이 응답해 주시기를 원한다.

- 이스라엘 민족들이 배웠던 것을 우리도 배워야 한다.
- 우리가 늦다고 생각하는 것을 하나님은 정확한 때라고 생각하신다.

> 하나님은 자기의 일을 이루시는데 급하지 않으시다.
> 하나님은 완전한 시간 곧 적시를 기다리신다.

우리가 참되고 살아계신 하나님, 하늘과 땅의 창조주이신 하나님, 보시는 하나님, 들으시는 하나님, 우리가 필요한 적시에 도와주시는 하나님을 섬기다니 얼마나 축복인가!

하나님 아버지, 우리에게 주님을 나타내셔서 주님을 알고 섬길 수 있게 하시니 감사합니다. 예수님 이름으로 기도합니다. 아멘.

August 26

한 걸음씩

(사도행전 8:26) "주의 사자가 빌립에게 말하여 이르되 일어나서 남쪽으로 향하여 예루살렘에서 가사로 내려가는 길까지 가라 하니 그 길은 광야라"

하나님은 사마리아에서 큰 역사를 행하셨다. 빌립을 통해 수많은 사람들이 주님께로 왔다. 많은 귀신들린 자들도 고침받았다. 앉은뱅이와 중풍병자가 고침 받았다. 그런데 어느 날 주의 사자가 빌립에게 갑자기 사마리아를 떠나 광야로 내려가라고 지시했다.

그것은 비논리적인 이동 명령이었다. 하나님은 왜 빌립에게 그같이 크고 놀라운 역사를 행했던 곳을 떠나라고 하시면서, 사람이 없는 사막으로 가라고 하셨을까? 빌립은 틀림없이 하나님의 말씀을 의아하게 생각했을 것이다. 그러나 성경에는 그가 하나님께 그 이유를 물었다고 하는 곳이 없다. 빌립은 그냥 순종했다.

> 하나님은 우리가 믿음으로 나아가기를 원하신다.
> 하나님은 우리에게 그의 계획 전부를 모두 설명해 주지 않는다.

빌립은 단지 가야한다는 것만 알았기 때문에 광야로 갔다. 그런데 빌립은 가다가 병거 속에서 이사야서를 읽고 있는 한 승객을 만났다. 성령은 빌립에게 병거에 오르라고 했고, 빌립은 순종했다. 그러면서 그는 병거에 타고 있는 에티오피아의 국고를 맡은 내시와 이야기를 시작했다. 그때서야 빌립은 왜 하나님이 자기를 광야로 이끄셨는지 이해가 되었다. 빌립이 만났던 내시는 하나님을 탐구하고 있었고, 빌립은 거기서 예수님을 전하는 특권을 얻게되었다.

하나님은 우리를 한걸음씩 한걸음씩 인도하신다. 한걸음씩 순종하면서 다른 걸음도 믿고 맡겨라. 우리는 그림 전체를 볼 수 없다. 우리는 그냥 하나님이 옮기라는 걸음만 걸으면 된다.

- 하나님을 믿기만 하라.
- 훗날 모든 것이 밝혀질 것이다.

하나님 아버지, 우리 삶 속에서 아버지가 행하시는 것을 믿고 맡기며 순종하며 따라가도록 도와주시옵소서. 예수님 이름으로 기도합니다. 아멘.

그는 우리의 평화

(사도행전 10:36) "만유의 주되신 예수 그리스도로 말미암아 화평의 복음을 전하사 이스라엘 자손들에게 보내신 말씀"

베드로는 주님의 명령에 따라 이방인인 로마의 백부장 고넬료에게 이 말씀을 전하고 있다. 유대인에게 준 선물, 곧 고넬료가 주 예수 그리스도를 통한 평안을 알았다는 것은 복음의 은혜가 이방인에게도 주어졌다는 것이다.

당신의 내면이 평화롭기 위해서는 불안, 갈등, 염려, 근심, 미래의 불확신, 두려움을 제거해야 한다. 그러기 위해서는 당신이 먼저 하나님과 화평의 관계가 이루어져야 한다.

> 오늘 당신은 평화를 원하는가? 하나님은 아들 예수 그리스도를 통해 당신에게 평화를 주기 원하신다.

당신은 어떤 사람과 불화하고 있는가? 하나님은 당신과 당신의 이웃이, 당신과 당신의 직장 동료가 당신과 당신의 사랑하는 사람이 서로 평화롭기를 원하신다. 그러나 당신이 하나님과 먼저 평화하지 않는 한, 결코 사람과 평화할 수 없다. 왜냐하면 그러한 평화는 오직 예수님을 통해서만 오기 때문이다.

예수님은 "평안을 너희에게 끼치노니 곧 나의 평안을 너희에게 주노라 내가 너희에게 주는 것은 세상이 주는 것과 같지 아니하리라 너희는 마음에 근심하지도 말고 두려워하지도 말라"(요 14:27) 말씀하셨다. 시편 저자도 "여호와께서 자기 백성에게 힘을 주심이여 여호와께서 자기 백성에게 평강의 복을 주시리로다"(시 29:11) 증거하였다.

- 복음의 메시지도 평화의 메시지다.
- 중심이 항상 하나님께 고정되어 있는 사람에게 완전한 평화가 임한다.
- 이유는 그가 하나님을 의뢰하기 때문이다.

하나님 아버지, 우리 자신을 내려놓고 주님께 순복하여 주님이 주시기 원하는 평강을 받아들일 수 있도록 도와주시옵소서. 예수님 이름으로 기도합니다. 아멘.

August 28

하나님을 가로막는 짓

(사도행전 11:17) "또 들으니 소리 있어 이르되 베드로야 일어나 잡아먹으라 하거늘"

베드로는 예수 그리스도로부터 직접 명령을 받아서 이방인의 집에 들어가 그들의 가족과 더불어 식사를 했다. 그리고 그렇게 함으로 인해 유대인의 전통을 범하게 되었다. 초대 교회의 공회는 베드로에게 변명을 요구했다. 그러나 베드로는 이렇게 답하였다.

"보십시오. 하나님께서 이 일을 하라고 하셨습니다. 나는 그들을 손대지도 않았습니다. 내가 말을 하고 있을 때 하나님께서 그들에게 성령을 주시기로 작정하셨습니다. 그런데 내가 누구관대 능히 하나님을 막겠습니까?"

하나님을 제한시키려고 하는 것처럼 어리석은 일은 없다.

심지어 오늘날에도 많은 사람들이 하나님과 그의 역사를 방해하거나 막으려고 한다. 어떤 사람들은 영적인 현상들을 일단 거부한다. 그들은 그들의 선입견 때문에 성령의 사역을 교회 역사의 한 시대적 유물로 한정지으려고 한다. 그러면서 성령의 역사는 그 시대에 이미 끝난 것이라고 말한다. 어떤 교파에서는 성령의 은사들을 허용한 교회들을 파면시킨 일이 있다.

- 하나님께 온전히 순복하는 것.
- 당신의 삶 속에서 하나님이 자유롭게 역사하시는 것.
- 하나님이 당신에게 원하시는 모든 것을 행하는 일이 얼마나 축복인가!

만약 어떤 법이나 전통이 당신의 마음속에 방해가 되어 성령의 은사들이 나타나는 것을 거부한다면, 당신의 믿음에 방해되는 것들을 거두어 달라고 하나님께 구하라. 당신을 통해 나타내시기 원하는 하나님의 아름다운 일들을 전통이 빼앗지 못하게 하라.

하나님 아버지, 하나님의 일들을 방해하는 죄를 짓지 않게 하소서. 하나님께 항상 마음을 열어 두어 우리에게 주시고자 하는 축복을 놓치지 않도록 도와주시옵소서. 예수님 이름으로 기도합니다. 아멘.

August 29

주님께 꼭 붙어 있으라

(사도행전 11:23) "그가 이르러 하나님의 은혜를 보고 기뻐하여 모든 사람에게 굳건한 마음으로 주와 함께 머물라 있으라 권하니"

예루살렘 교회는 바나바를 안디옥에 보내어 이 이방 도시에 정말 성령이 역사했는가에 대해 직접 보고를 받기로 결심했다. 그곳에서 바나바는 그들에게 주님께 꼭 붙어있으라고 했다.

많은 사람들이 신앙생활의 초기에는 열정을 가지고 시작한다. 그러나 시간이 흐르면서 주님에 대한 사랑이 식어지기 시작한다. 즉 그리스도의 일들에 대한 열정이 미약해져 간다. 그러면서 세상이 다시금 그들의 생활을 주관하기 시작한다.

예수님께 꼭 붙어 있는 것이 쉽지 않다.

그리스도인이 된 우리는 세상에 대해, 육신에 대해, 마귀에 대해 반대편에 서 있다. 육신은 성령의 소욕을 반대할 것이며 마귀는 당신의 연약한 육신을 주관하려고 마음에 끊임없는 의문을 심는다.

그러나 예수님께 꼭 붙어 있는 보상은 너무나 크다. 주님과 가까이 지내는 즐거움은 얼마나 큰지! 당신의 생활 속에서 하나님이 역사하시는 것을 보는 전율. 또 당신은 할 수 없는 일들을 하나님이 행하시는 것을 볼 때 얼마나 놀라운지!

하나님께 꼭 붙어있어라. 그 어떤 것도 하나님 편에서 떨어지게 하는 일들을 하지 못하게 하라. 당신도 하나님이 주시는 능력과 도움을 필요로 한다.

- 당신의 마음을 굳게 하여 주님께 붙어 있으라.
- 더 가까이 갈수록 더 좋아질 것이다.

주님, 오늘 당신의 명령에 순종할 수 있도록 우리 자신을 주님께 의락하게 하소서. 주님을 향한 우리의 열정이 계속 타오르게 하소서. 예수님 이름으로 기도합니다. 아멘.

August 30

Why?

(사도행전 12:1-2) "그 때에 헤롯 왕이 손을 들어 교회 중에서 몇 사람을 해하려 하여 요한의 형제 야고보를 칼로 죽이니"

왜 하나님은 베드로는 기적적으로 구해내셨으면서 야고보는 헤롯에게 죽게 하셨을까? 왜 인생살이가 이렇게 슬픔으로 가득할까? 왜 하나님은 의인이 고통을 당하게 하시는가?

하나님은 그러한 '왜'(Why)에 대해 우리에게 해답을 주시지 않는다. 그렇기 때문에 우리가 모르는 어떤 것이 있을 때 우리가 알고 있는 것을 의지하면 된다.

우리가 아는 것은 하나님이 선하시다는 것. 하나님은 우리를 최고로 사랑하신다는 것. 하나님이 모든 것을 다 다스리신다는 것. 하나님은 지금도 보좌에 앉아 계셔서 하나님이 허락하지 않으면 어떤 일도 일어날 수 없다는 것. 하나님을 사랑하고 또 하나님의 목적대로 부르심을 받은 자들에게는 모든 것이 협력하여 선을 이룬다는 것. 우리를 향한 하나님의 생각은 선하시고 악하지 않다는 것이다.

이 모든 것은 하나님께서 우리의 삶을 통해 하나님의 영원하신 계획을 이루고 계신다는 것이다. 아픔이나 충격을 당할 때, 왜 이런 고통을 당하는 것인가에 대한 답이 없을 때는 우리가 알고 있는 이것을 꽉 붙잡아야 한다.

하나님이 왜 고통을 허락하시는지 우리가 항상 이해할 수는 없다.

"생각하건대 현재의 고난은 장차 우리에게 나타날 영광과 비교할 수 없도다"(롬 8:18)

우리를 다스리는 모든 주권은 우리의 환경을 가지고 하나님의 영원한 목적을 이루는데 역사하고 있다. 하나님이 허락하시는 일들에 대한 하나님의 이유들을 우리가 항상 알 수는 없다. 또 우리도 왜인가를 알 필요도 없다. 다만 우리가 알아야 할 것은 예수님이다.

하나님 아버지, 왜 그러한 일들이 일어나는지 우리는 항상 이해되지는 않습니다. 하지만 우리가 하나님 아버지를 압니다. 그래서 아버지만 의지합니다. 우리를 사랑하시는 아버지의 선하심과 인자하심을 믿습니다. 아버지를 더욱더 의지할 수 있도록 가르쳐 주시옵소서. 예수님 이름으로 기도합니다. 아멘.

August 31

은혜로 구원 받는다

(사도행전 15:11) "그러나 우리는 그들이 우리와 동일하게 주 예수의 은혜로 구원 받을 줄을 믿노라 하니라"

초대 교회 때에도 '구원'이 문제되었다. 그들의 질문은 "무엇을 행해야 구원을 얻을 수 있는가?"였다. 당시 유대인들은 유대인에게만 구원이 있다고 믿었다. 그래서 그들은 이방인이 구원을 얻으려면 반드시 유대인이 되어야 한다고 믿었다. 그래서 그들은 세례와 할례의식을 치루어야 한다고 주장했다.

그런 것들은 믿는 이방인들에게 무거운 짐을 지우는 일이었다. 그래서 초대 공회는 이 문제에 대한 해답을 가결했다. 사람이 구원을 얻으려면 무엇을 해야 하는가? 믿음으로만 구원을 얻을 것인가? 아니면 믿음과 행위로 구원을 얻을 것인가?

> 구원은 오직 예수님을 통해서만 얻을 수 있는 은혜이다.

그런데도 오늘날 많은 사람들이 구원을 믿음과 행위로 가르친다. 대부분의 이단들은 물론 심지어 교회들까지도 구원을 얻기 위한 어떤 행위를 요구한다. 그러나 성경은 구원은 오직 믿음을 통해서만 가능하다고 가르친다. 행위는 당신을 구원할 수 없다. 행위는 단지 믿음을 순전하게 나타낼 뿐이다.

예수 그리스도를 진실로 믿는다면 삶 속에서 변화가 있게 된다. 더 이상 죄를 짓지 않게 되고, 생각과 마음이 변화될 것이다. 어떤 선한 행위라도 당신을 구원할 수 없다. 당신을 구원할 수 있는 것은 오직 예수 그리스도뿐이다.

- 예수께서 대답하여 말씀하시되;
  "하나님께서 보내신 이를 믿는 것이 하나님의 일이니라 하시니"(요 6:29)

하나님은 우리가 믿음을 통해 구원을 얻도록 했기 때문에 아무도 그들의 행위로 구원을 얻을 수 없다. 그래서 초대 교회는 결론을 내렸다. 구원은 은혜를 통해, 오직 예수 그리스도만을 통해 얻는다.

하나님 아버지, 십자가가 우리의 구원을 완성시켰으니 감사합니다. 주님, 당신의 사랑에 우리를 이끌어 주옵소서. 예수님 이름으로 기도합니다. 아멘.

September 1

한밤의 찬송

(사도행전 16:25) "한밤중에 바울과 실라가 기도하고 하나님을 찬송하매 죄수들이 듣더라"

빌립보에서 바울과 실라는 옷이 찢어지고 벗겨진 뒤 매를 맞았다. 그러고 난 뒤 발에 차꼬가 채워져 깊은 감옥에 갇혔다. 더 이상의 암담함을 상상할 수 있겠는가? 당신이 그런 상황이라면 어떻게 하겠는가? 당신의 생각은 어떠하겠는가?

오직 하나님만을 섬기기 원했었다. 마게도니아에 복음을 가지고 오라고 부르신 것 같았는데 돌아온 것은 고통이다. 돌아온 것은 손과 발과 목이 차꼬에 채워져 있다는 것뿐이다. 미래에도 어떻게 될지 모른다. 형벌이 어느 정도로 무거운지, 언제까지 이렇게 감옥에 갇혀 있어야 할지 아무것도 아는 사람이 없다.

이렇게 암담한 상황 속에서 바울과 실라는 그들이 마땅히 해야 할 일을 했다. 그것은 곧 하나님께 기도하고 찬송하는 것이었다. 비록 그들의 몸은 묶여 있었으나 그들의 영혼은 자유로웠다.

그들은 슬퍼하고 불평하는 대신 어두운 감옥을 예배의 집으로 바꾸었다. 그러자 그들의 영이 기뻐했다. 바울과 실라가 주님께 집중할수록 그들의 문제는 작아졌다.

> 찬송은 우리 자신에 대한 생각을 떨쳐 버리게 하고,
> 주님께 집중하게 한다.

당신도 혹시 미래에 대한 걱정이나 혼란, 고통의 차꼬가 채워지는 때가 오면 위를 보라. 당신의 눈을 문제에서 떼어내고 하나님께로 고정하라. 당신을 만드신 창조주를 노래하라. 그리하면 당신의 어두운 감옥이 찬양의 집으로 바뀌어지는 것을 볼 것이다.

하나님 아버지, 우리에게 찬양할 마음을 주시니 감사합니다. 우리가 아버지의 선하심을 즐거워하고 기뻐하는 노래들로 찬양하게 하시니 감사드리며, 예수님 이름으로 기도합니다. 아멘.

September 2

두려움에 대한 치료

(사도행전 18:9-10) "밤에 주께서 환상 가운데 바울에게 말씀하시되 두려워하지 말며 침묵하지 말고 말하라 내가 너와 함께 있으매 어떤 사람도 너를 대적하여 해롭게 할 자가 없을 것이니 이 성 중에 내 백성이 많음이라 하시더라"

바울이 예수 그리스도를 전파하는 곳마다 사람들이 일어나 그를 대적했다. 바울은 두들겨 맞기도 하고, 감옥에 갇히기도 하고, 돌에 맞기도 했다. 또 데살로니가에서는 밤중에 그 성을 빠져 나와야 했다. 베뢰아에서는 바울을 성 밖으로 쫓아냈다. 그나마 이 성들은 신사적인 편에 속했다. 지금 바울이 있는 고린도는 사람들이 굉장히 거칠고 사악했다. 때문에 바울도 불안하지 않을 수 없었다. 자신의 생사를 쥐고 있는 유대인들에 대해 염려하지 않을 수 없었던 것이다. 이런 공포 속에 있을 때 예수님은 환상으로 바울에게 말씀하셨다. "두려워 말라... 내가 너와 함께 하리라"

> 두려움에 대한 치료는 하나님의 임재를 깨닫는데 있다.

바울은 로마 교인들에게 "그런즉 이 일에 대하여 우리가 무슨 말 하리요 만일 하나님이 우리를 위하시면 누가 우리를 대적하리요"(롬 8:31) 권고하였다.

다윗도 "여호와가 내편이면 나는 두려워하지 않을 것이다. 사람이 내게 어찌할껀데?" 그러므로 그는 "여호와는 내편이 되사 나를 돕는 자들 중에 계시니 그러므로 나를 미워하는 자들에게 보응하시는 것을 내가 보리로다"(시 118:6) 노래하였다.

하나님이 두려움에 떨고 있는 이사야에게 "두려워하지 말라 내가 너와 함께 함이라 놀라지 말라 나는 네 하나님이 됨이라 내가 너를 굳세게 하리라 참으로 너를 도와주리라 참으로 나의 의로운 오른손으로 너를 붙들리라"(사 41:10) 말씀하셨다.

당신도 지금 불확실한 시기를 지나고 있는가? 미래를 걱정하고 있는가? 하나님의 약속들을 기억하라. "내가 결코 너희를 떠나지 아니하리라"(히 13:5) 말씀하신 그분을 기억하라. 당신 홀로 당하는 것이 아니다. 당신의 하나님이 당신과 함께 계신다.

하나님 아버지, 앞이 보이지 않는 인생의 한밤중이나 낙망의 늪 속에서 또 공포가 우리를 휘감을 때에도 우리와 함께 하신다는 주님의 위로에 감사드립니다. 예수님 이름으로 기도합니다. 아멘.

September 3

받아들임

(사도행전 21:14) "그가 권함을 받지 아니하므로 우리가 주의 뜻대로 이루어지이다 하고 그쳤노라"

성령님은 예루살렘에서 고난과 매임과 옥에 갇히게 되는 일이 바울을 기다리고 있다고 경고했다. 바울의 친구들은 이 예언을 듣자 바울에게 제발 가지 말라고 울면서 매달렸다. 그러나 바울은 "여러분이 어찌하여 울어 내 마음을 상하게 하느냐 나는 주 예수의 이름을 위하여 결박당할 뿐 아니라 예루살렘에서 죽을 것도 각오하였노라"(행 21:13) 대답했다. 바울의 결단을 본 동료들은 "주의 뜻대로 이루어지이다" 기도할 뿐이었다.

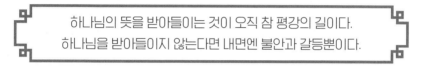

하나님의 뜻을 받아들이는 것이 오직 참 평강의 길이다.
하나님을 받아들이지 않는다면 내면엔 불안과 갈등뿐이다.

사람들은 때로 하나님의 뜻에 자신을 맡기는 것을 싫어한다. 그 이유는 혹시 하나님께서 자기가 원하지 않은 일을 하게 하실까봐 두려워하기 때문이다. 그러나 그것은 하나님이 일하시는 방법이 아니다. 하나님은 우리 마음의 소원과 하나님의 소원을 일치시킴으로써 아름답게 그의 뜻을 드러내신다. 우리 인생에 대한 하나님의 계획은 우리가 착안해 내는 것보다 훨씬 우월하다.

하나님은 우리의 고통 너머에 있는 영원의 유익을 보시기 때문이다. 하나님은 현재의 시련을 통해 영원한 유익을 이루신다. 하나님은 고난이라는 수단을 가지고 영원토록 유익한 결과를 만들어 내신다. 현재의 어떤 고생이나 고통은 우리 인생의 좋은 결과를 만들어 내는 역할을 한다. 그러기에 하나님은 우리에게 잠깐의 고통을 허락하신다.

다윗이 "나의 하나님이여 내가 주의 뜻 행하기를 즐기오니 주의 법이 나의 심중에 있나이다 하였나이다"(시 40:8) 말한 것처럼 우리가 하나님을 참으로 알게 될 때 하나님의 뜻을 알게 될 것이다. 하나님의 기쁨이 곧 나의 기쁨이 될 것이다.

하나님 아버지, 우리는 더 쉽고 덜 고통스러운 길을 찾는 성향이 있습니다. 그러나 아버지는 우리에게 가장 좋은 것이 무엇인지 아십니다. 우리의 욕망을 주님 앞에 내어놓으니 주께서 그것들을 제련하셔서 아버지의 것으로 만들어 주옵소서. 예수님 이름으로 기도합니다. 아멘.

September 4

하나님의 뜻을 아는 것

(사도행전 22:14) "그가 또 이르되 우리 조상들의 하나님이 너를 택하여 너로 하여 자기 뜻을 알게 하시며 그 의인을 보게 하시고 그 입에서 나오는 음성을 듣게 하셨으니"

예루살렘에서 바울은 자기가 개종하게 된 다메섹 도상에서 일어났던 일을 유대인들에게 말해주고 있었다. 그 강렬한 빛 때문에 잠깐 눈이 보이지 않게 되었을 때 아나니아가 와서 그에게 안수함으로 보게된 것이라고 했다. 그때 아나니아가 바울에게 하나님께서 너를 택하셨고 너는 하나님의 뜻을 알아야 한다고 말해 주었다고 했다. 이것은 당신과 나에게도 적용되는 말이다. 하나님께서 당신을 사랑하기 때문에 당신을 택하셨다. 때문에 당신도 그 하나님의 뜻을 알아야 한다.

당신은 하나님의 당신에 대한 목적과 계획을 알고 있는가? 이것이 당신에게 문제가 되어야 하는 것은 당신이 하나님의 뜻을 떠나서 행하는 모든 일은 다 사라질 것이기 때문이다.

> 당신은 당신의 인생에 대한 하나님의 뜻을 알고 있는가?

우리는 그저 매일매일을 살아가느라고 영원에 대해서는 생각할 겨를이 없다. 그러나 당신에게는 오직 한번뿐인 인생이면서 그 인생은 곧 지나가 버릴 것이다. 오직 그리스도를 위해서 한 일만이 영원할 것이다.

그렇다면 당신의 인생에 대한 하나님의 뜻을 어떻게 알 수 있을까? 성경은 "너희는 이 세대를 본받지 말고 오직 마음을 새롭게 함으로 변화를 받아 하나님의 선하시고 기뻐하시고 온전하신 뜻이 무엇인지 분별하도록 하라"(롬 12:2) 권고하였다.

당신의 몸을 하나님의 일을 행하는데 도구로 사용하시도록 기꺼이 내어드릴 때, 또 당신의 계획보다 하나님의 계획을 우선이 되도록 소원할 그 때, 당신의 인생에 하나님의 뜻이 점차적으로 드러나게 될 것이다.

하나님 아버지, 우리와 영원토록 함께 지낼 수 있도록 택해 주시니 감사합니다. 우리의 인생을 항상 영원에 비추어 볼 수 있게 하시고 늘 아버지의 뜻을 구하게 하소서. 예수님 이름으로 기도합니다. 아멘.

September 5

광풍 속에서

(사도행전 27:14) "얼마 안되어 섬 가운데로부터 유리굴로라 하는 광풍이 크게 일어나더니"

바울은 본의 아니게 큰 광풍을 맞이하게 되었다. 바울은 출항하기 전에 이미 선장에게 항해의 위험성을 경고했었다. 그러나 선장은 바울의 말을 듣지 않았다.

우리는 때로 잘못 생각할 때가 있다. 내가 주님을 잘 섬기기 때문에 항상 무사히 항해를 할 것이라고 생각한다. 주님이 분명 우리를 위해 바다를 잔잔하게 하시고, 순풍으로 우리가 항해할 수 있게 하실 것이라고 생각한다. 그렇지 않다! 예수님은 우리에게 폭풍을 보내지 않겠다고 약속하시지는 않았다. 다만 폭풍 속에서도 너와 함께 하겠다고 약속하셨다.

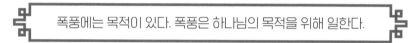

폭풍에는 목적이 있다. 폭풍은 하나님의 목적을 위해 일한다.

우리는 그런 폭풍이 닥칠 때 과연 살아남을 수 있을까 하고 의아하게 생각한다. 바울도 아마 똑같은 생각이었을 것이다. 그러나 주님은 폭풍 속에서도 바울 옆에 서서 용기와 말씀을 주셨다. 주님은 바울에게 네가 하나님의 심부름을 해야 하기 때문에 너는 살아남게 될 것이라고 말씀해 주셨다.

바울이 당한 폭풍의 참 목적이 곧장 나타나지는 않았다. 그것은 우리 인생에서도 종종 같은 경우가 있다. 우리의 삶의 바다가 흉흉할 때 내가 과연 살아남을 수 있을까 하는 의문이 생긴다. 그때가 우리에게는 주님의 말씀을 기억해야 할 때이다. 바로 "두려워하지 말라"(행 27:14). 다른 말로 하자면 "힘내라. 이것이 끝이 아니다. 너에 대한 나의 계획이 있다"이다.

하나님에게는 계획이 있다. 하나님이 당신을 잊은 것이 아니다. 사실 하나님은 당신 곁에서 당신과 함께 파도를 타고 계신다. 폭풍이 끝나고 구름이 거두어진 그때 당신은 폭풍의 이유를 알게 될 것이다.

하나님 아버지, 폭풍 속에서도 우리와 함께 계시니 감사합니다. 우리를 결코 버리거나 떠나지 않겠다고 약속하셨지요. 세상의 모든 폭풍을 아버지의 목적과 영광을 위해 사용하옵소서. 예수님 이름으로 기도합니다. 아멘.

September 6

하나님의 복된 소식

(로마서 1:16) "너희도 그들 중에서 예수 그리스도의 것으로 부르심을 받은 자니라"

바울의 인생 초기 때에는 사람이 율법을 지켜야 하나님 앞에 의롭게 된다고 하는 종교적인 제도에 사로잡혀 있었다. 율법으로는 인간이 절대로 하나님 앞에 의롭게 될 수 없다. 율법은 인간이 얼마나 죄인인가를 보여줌으로써 온 세상이 하나님 앞에 죄가 있음을 보여주는 것뿐이다.

바울이 예수 그리스도를 만나고 구원이 인간의 의가 아닌 그리스도의 의를 바탕으로 한다는 진리를 알게 되었을 때 그는 율법의 선행이라는 잘못된 개념을 던져버리고 이 복음을 다른 사람에게 전하는데 열심이었다.

복음은 사람을 자유롭게 한다.

복음은 구원에 이르게 하는 하나님의 능력이다. 이 복음으로 인해 삶이 변화되는 모습을 보는 것이 얼마나 즐거운지 모른다. 이 복음은 흑암에 빛을 비춰 죄의 사슬을 끊게 하는 능력이 있다.

이 구원의 복음의 능력은 오직 유대인만을 위한 것이 아니라 누구든지 믿는 자에게는 다 주어진다. 이것은 온 세상을 위한 것이다. 우리가 받은 이 복음이 얼마나 희망이 되고 구원을 주는지 모른다. 우리만 이 복음을 간직하지 않기 바란다.

우리가 받은 이 복음을 절대 부끄러워하지 않기 바란다. 부디 우리는 바울과 같이 우리가 살고 있는 이 세상에 예수 그리스도의 복음을 외칠 수 있도록 준비된 자들이 되기를 바란다.

하나님 아버지, 우리 죄를 말끔히 씻어주는 이 복음에 감사를 드립니다. 아버지가 베푸시는 용서와 사랑의 놀라운 소식을 아직도 모르고 있는 사람들을 위해 기도합니다. 예수님 이름으로 기도합니다. 아멘.

September 7

마음의 문제

(로마서 2:28-29) "무릇 표면적 유대인이 유대인이 아니요 표면적 육신의 할례가 할례가 아니니라 오직 이면적 유대인이 유대인이며 할례는 마음에 할지니 영에 있고 율법조문에 있지 아니한 것이라 그 칭찬이 사람에게서가 아니요 다만 하나님에게서니라"

하나님은 잘 믿지 않으면서도 말은 바르게 할 수 있다. 이것이 하나님이 마음에 관심을 두는 이유이다. 유대인들이 외형적으로는 율법을 잘 지켰으나 내면적으로는 율법을 범했다. 하나님은 이러한 모순을 이사야 선지자를 통해 말씀하셨다.

"주께서 이르시되 이 백성이 입으로는 나를 가까이 하며 입술로는 나를 공경하나 그들의 마음은 내게서 멀리 떠났나니 그들이 나를 경외함은 사람의 계명으로 나를 받았을 뿐이니라"(사29:13)

> 육신을 따라 산다면 어떤 의식도 우리를 구원할 수가 없다.

여기서 바울이 유대인들에게 말하는 것은 육신을 따라 산다면 할례는 무가치하다는 것이다. 교회 안에서도 마찬가지다. 어떤 사람들은 예수님과 생활 속에서 교제를 하기 보다 세례만 받으면 구원을 얻는다고 믿는다. 그러나 세례는 옛 생활을 묻어버리고 새 생명이 살아나는 것의 상징일 뿐이다.

당신도 교회에 다니면서 찬양하고 말씀 듣고 "아멘"이라고 할 수 있다. 그러나 그런 것들이 하나님의 자녀가 되게 할 수는 없다. 하나님은 당신의 마음을 보신다. 하나님은 하나님과 당신이 부모와 자녀의 관계를 누리고 있는지를 알고 계신다.

하나님 아버지, 우리의 마음이 순전하여 아버지를 전심으로 사랑할 수 있도록 도와주시옵소서. 예수님 이름으로 기도합니다. 아멘.

September 8

믿음에 대한 열쇠들

(로마서 4:19-21) "그가 백세나 되어 자기 몸이 죽은 것 같고 사라의 태가 죽은 것 같음을 알고도 믿음이 약하여지지 아니하고 믿음이 없어 하나님의 약속을 의심하지 않고 믿음으로 견고하여져서 하나님께 영광을 돌리며 약속하신 그것을 능히 또한 이루실 줄을 확신하였노니"

성경의 저자들이 전형적인 믿음의 사람을 예로 들 때마다 아브라함을 손꼽는다. 아브라함은 실제로도 "믿음의 아버지"로 불리고 있다.

아브라함의 믿음에 대한 첫 번째 열쇠는 자신과 사라의 나이가 하나님께는 방해되지 않는다고 생각했다는 것이다. 그는 인간의 불가능을 무시하는 하나님의 능력을 제한하지 않았다. 그러나 우리에게는 아브라함과는 정반대로 이것이 제일 먼저 부딪히는 일이다. 우리는 하나님에 대해 우리의 제한된 능력을 적용할 때가 많다.

두 번째, 그는 하나님의 어떤 약속에도 흔들리지 않았다. 아브라함의 좌우명은 "하나님이 말씀하셨다면 나는 그대로 믿는다"였다. 이와 같이 성경에는 약속들이 풍성하다. 그래서 지금 당신에게 필요한 그 어떤 것에 대한 약속도 찾을 수 있다.

세 번째, 아브라함은 먼저 하나님께 영광을 돌렸다. 그는 하나님과의 약속을 이행하는 것을 보기도 전에 하나님을 찬양했다. 왜? 그는 하나님이 약속하신 것은 무엇이든지 다 이루신다는 믿음이 있었기 때문이다.

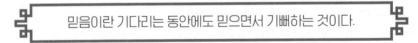

믿음이란 기다리는 동안에도 믿으면서 기뻐하는 것이다.

하나님은 기적을 통해 아브라함에게 약속한 말씀을 지켰다. 하나님은 당신에게도 마찬가지다. 그의 말씀을 지킬 것이다. 당신이 믿음에 대한 열쇠대로 따르기만 한다면 어느 날엔가 그의 약속이 이루어져 있는 것을 보게 될 것이다.

하나님 아버지, 반드시 이루어 주시겠다는 아버지의 약속을 감사드립니다. 아버지의 약속 위에 굳게 설 수 있도록 도와주시옵소서. 예수님 이름으로 기도합니다. 아멘.

September 9

은혜를 깨달음

(로마서 5:20) "율법이 들어온 것은 범죄를 더하게 하려함이라 그러나 죄가 더한 곳에 은혜가 더욱 넘쳤나니"

내가 비참하리만큼 실패할 때면 "나는 언제까지 배워야하나? 또 넘어졌구나!"라는 생각이 든다. 그러나 그러한 처참한 자리에 있는 나를 하나님은 일으키시고 오히려 영광스럽게 해주신다. 그럴 때 나는 하나님의 자비로운 은혜에 "오! 주님, 사랑합니다"라는 반응이 나오지 않을 수 없다.

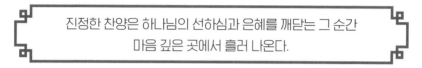

> 진정한 찬양은 하나님의 선하심과 은혜를 깨닫는 그 순간
> 마음 깊은 곳에서 흘러 나온다.

하나님이 당신을 사랑하셔서 당신의 죄를 용서해 주셨다는 놀라운 사실을 받아들여라. 구원은 당신의 선행이나 율법을 지키거나 또는 하나님의 사랑을 받을만해서 얻는 것이 아니라, 당신의 죄를 지고 당신을 하나님의 가족으로 만들기 위해 오신 하나님의 아들을 믿기만 하면 얻는다는 진리를 다시금 곰곰이 생각해보라.

예수님이 순종하신 희생 때문에 당신은 육신을 이길 수 있게 되었다. 예수님 때문에 당신은 육신을 이길 수 있다. 예수님 때문에 당신은 죽음을 두려워할 필요가 없게 되었다. 당신은 죄의 사슬에서 풀려 자유롭게 되었다. 당신은 대신 속함을 받게 되었다.

당신에게는 성령님이 계신다. 그는 당신의 보호자요, 인도자요, 선생이요, 위로자이다. 당신에게는 그리스도의 몸이 계신다. 당신에게는 아버지가 계신다. 당신에게는 아버지의 자비와 용서가 있다. 당신에게는 영원한 집의 약속이 있다. 이 모든 것이 다 그분의 은혜다.

- 그 모든 것을 비추어 볼 때 오늘 당신의 반응은 어떠한가?
- 당신은 그분을 찬양하고 싶지 않은가?

하나님 아버지, 당신의 용서와 사랑과 자비와 은혜가 놀랍습니다. 우리가 비참하게 실패할지라도 아버지는 거기에 계셔서서 또 다시 저를 데리고 가셔서 씻어주시고 다시금 시작할 수 있도록 도와주시니 감사합니다. 예수님 이름으로 기도합니다. 아멘.

누가 나를 건져내랴?

(로마서 7:19, 24) "내가 원하는바 선은 행하지 아니하고 도리어 원하지 아니하는 바 악을 행하는도다... 오호라 나는 곤고한 사람이로다 이 사망의 몸에서 누가 나를 건져내랴"

우리 모두 본문에서 바울이 갈등한 것을 경험한 적이 있을 것이다. 우리의 마음으로는 무엇이 옳은 줄 안다. 또 무엇을 해야 하는지와 무엇을 하지 말아야 하는가를 정확하게 알고는 있다. 대부분의 시간을 옳은 일을 하기 위해 애를 쓸 때 우리 육신 속에서 그것과 반대되는 한 법을 발견하게 된다. 그것은 우리와 반대되는 일을 하게 하고, 마침내 우리가 해야만 하는 일들을 하지 않게 되는 것을 보게 된다.

> 우리는 자신 밖에서의 도움을 필요로 하기 때문에
> 예수 그리스도를 쳐다보아야 한다.

바울도 이 딜레마에 대해 설명하면서 "오호라 나는 곤고한 자로다 누가 나를 건져주랴?"라고 말했다. 그 답은 우리에게 있지 않다. 우리는 할 수 없다. 그러므로 바울은 "내 속 곧 내 육신에 선한 것이 거하지 아니하는 줄을 아노니"(롬 7:18) 증거했다. 이와같이 우리는 우리 자신의 내부가 아닌 바깥의 도움이 필요하다.

그리고 바울은 자신의 질문에 대답하여 "우리 주 예수 그리스도로 말미암아 하나님께 감사하리로다"(롬 7:25) 고백했다. 우리 육신의 연약함을 아시는 하나님께서 당신과 우리를 향한 응답을 주셨다. 당신의 능력으로는 순종할 수 없다. 그러나 예수 그리스도를 통해, 그리고 성령을 통해 모든 일을 할 수 있다. 그분들의 도움으로 우리는 하나님이 원하는 사람이 될 수 있다.

하나님 아버지, 우리의 무능력을 깨닫고 우리의 필요를 알고 있습니다. 그러한 나에게 당신의 성령을 통해 능력 있게 하시니 감사합니다. 항상 아버지 안에 거하게 하시고 우리 육신의 소욕을 이루지 않게 하소서. 예수님 이름으로 기도합니다. 아멘.

누가 우리를 정죄하리요?

(로마서 8:34) "누가 정죄하리요 죽으실 뿐 아니라 다시 살아나신 이는 그리스도 예수시니 그는 하나님 우편에 계신자요 우리를 위하여 간구하는 자시니라"

"누가 우리를 정죄하겠는가?" 바울은 자신에게 질문을 던지면서 "예수 그리스도는 아니다. 그분은 오히려 당신을 위해 죽으셨고 지금은 아버지의 우편에 계시면서 당신을 위해 중보하고 계신다" 말했다. 예수님은 당신을 정죄하는 반대의 일, 곧 당신을 위해 중재하고 계신다.

예수님은 니고데모에게 "하나님이 아들을 세상에 보내신 것은 세상을 심판하려 하심이 아니요 그로 말미암아 세상이 구원을 받게 하려 하심이라 그를 믿는 자는 심판을 받지 아니하는 것이요 믿지 아니하는 자는 하나님의 독생자의 이름을 믿지 아니하므로 벌써 심판을 받은 것이니라"(요 3:17–18) 말씀하셨다. 또한 바울은 로마서 8장 1절을통해서 "그러므로 이제 그리스도 예수 안에서 있는 자에게는 결코 정죄함이 없다" 증거하였다.

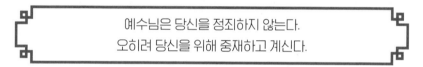

예수님은 당신을 정죄하지 않는다.
오히려 당신을 위해 중재하고 계신다.

사탄은 정죄하기를 좋아한다. 당신이 넘어질 때마다 그곳에 와서 당신을 손가락질하며 고소한다. 사탄은 당신의 생활들을 하나님의 능력에 집중하기 보다는 당신의 연약함과 실패에 돌리려고 애를 쓴다. 반면에 성령은 우리를 깨우친다.

성령은 온유하게 "그것은 옳지 않다"라고 말씀하신다. 그것은 정죄하는 것이 아니다. 깨우치려는 것이다. 성령은 우리의 생각을 예수님께 두기 원한다. 예수님은 우리의 고백을 듣고 우리 죄를 씻어줄 준비가 되어 있다.

하나님은 당신편이다. 예수님은 아버지 우편에 계시면서 당신을 중보하고 계신다. 그리고 성령은 당신 속에 계시면서 당신의 약함을 극복할 수 있도록 능력을 주신다. 이 삼위일체가 당신의 편인데 당신이 어떻게 질 수 있겠는가?

하나님 아버지, 우리가 세상의 시험이나 유혹을 당할 때 충분히 이길 수 있도록 성령의 능력을 발견하게 하소서. 예수님 이름으로 기도합니다. 아멘.

September 12

진흙일 뿐

(로마서 9:21) "토기장이가 진흙 한 덩이로 하나는 귀히 쓸 그릇을 하나는 천히 쓸 그릇을 만들 권한이 없느냐"

진흙은 말랑말랑하다. 진흙이 무엇이 될지 알 수 있는 한 가지 방법은 오직 토기장이의 손놀림에 달려 있다. 토기장이의 손 안에 있는 진흙 덩어리는 눈에 띄는 곳에 놓이는 아름다운 화병이 될 수도 있고 아니면 쓰레기를 담는 쓰레기통이 될 수도 있다. 그 진흙은 토기장이의 생각을 알 수도 없고 또 무엇을 만들어 달라고 주문할 수도 없다.

우리는 진흙덩이와 같다. 우리는 나에 대한 하나님의 예정이 무엇인지 또 하나님이 우리를 무엇에 사용할 계획을 가지고 있는지 모른다. 그것을 알 수 있는 오직 한 가지 방법은 우리 자신을 하나님께 순복시키는 것이다.

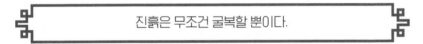

진흙은 무조건 굴복할 뿐이다.

토기장이의 손은 능력이 있어 한 인생을 빚어 만들어 낼 만큼 충분하다. 진흙덩이를 빚는 바퀴는 놀랄만한 속도로 돌고 있다. 바퀴가 핑핑 돌기 시작할 때면 질문이 생긴다. 하나님은 무엇을 하고 계시나? 왜 나는 하나님이 주관하지 않는다고 느낄까?

앞으로 나는 어떻게 될까? 그럴 때 당신이 그런 의문에 잠잠히 하고 토기장이의 손만 신뢰하며 그 압박을 받아들이고 두려움을 무시한다면, 토기장이의 선함과 그의 순전함을 깨닫기만 한다면, 염려 대신에 믿음이 생길 것이다. 두려움은 사라질 것이다. 평강이 당신을 감쌀 것이다. 오히려 진흙을 빚는 물레가 핑핑 돌아가는 것을 즐기고 있는 당신을 발견할 것이다.

하나님 아버지, 우리가 바퀴 위에 얹혀져 돌려질 때 아버지가 무엇을 하고 계시는지 혼돈이 될 때도 아버지의 손놀림에 순복하게 하소서. 우리로 저항하지 않게 하시고 아버지의 손안에서 망치지 않게 하옵소서. 아버지께 영광과 존귀를 드릴 수 있는 그릇이 되게 하옵소서. 예수님 이름으로 기도합니다. 아멘.

September 13

그의 길은 헤아릴 수 없다

(로마서 11:33) "깊도다 하나님의 지혜와 지식의 풍성함이여, 그의 판단을 헤아리지 못할 것이며 그의 길을 찾지 못할 것이로다"

바울은 로마 교인들에게 하나님의 놀라우신 구속 계획을 전하면서 하나님이 유대인에게나 이방인에게나 얼마나 자비로우신가에 대한 찬양이 터져 나온다. 바울은 인간을 구원하기 위한 하나님의 구속 계획의 지혜와 지식에 대해 감탄하고 있다.

오직 하나님만이 시작과 끝을 아신다.

그의 길은 때로 우리의 신앙생활 관점에서 볼 때 불만스러울 때가 있다. 우리는 하나님의 길을 찾고 싶어 한다. 우리는 하나님이 어떤 일이 일어나도록 허락하셨을 때 하나님의 생각을 알고 싶어 한다.

그러나 하나님은 이사야에게 "이는 내 생각이 너희의 생각과 다르며 내 길은 너희의 길과 다름이니라 여호와의 말씀이니라 이는 하늘이 땅보다 높음 같이 내 길은 너희의 길보다 높으며 내 생각은 너희의 생각보다 높으니라"(사 55:8-9) 말씀하셨다.

하나님은 우리가 알지 못하는 어떤 계획을 가지고 일하신다. 우리는 다만 매일매일 그 계획이 조금씩 벗겨질 때마다 그의 뜻을 조금씩 이해해 나갈 수밖에 없다. 때로 그가 이끄는 어두운 골짜기를 통과할 때는 이해되지 않는다.

그러나 산꼭대기에 이르러 걸어온 길을 뒤돌아 볼 때면 그가 이끄신 길을 볼 수 있다. 그때서야 그가 행하신 것들을 이해하게 된다. 그때서야 먼저 골짜기를 지나지 않고서는 절대로 높은 곳에 이를 수 없음을 깨닫게 된다.

하나님 아버지, 당신의 선하심은 너무 풍성하고, 당신의 지혜와 자비는 비교할 데가 없습니다. 우리는 그저 "사랑합니다"라는 말 밖에 할 수가 없습니다. 주님, 우리로 하여금 아버지께 모든 것을 맡기고 아버지의 뜻을 신뢰할 수 있도록 도와주옵소서. 예수님 이름으로 기도합니다. 아멘.

September 14

마땅한 섬김

(로마서 12:1) "그러므로 형제들아 내가 하나님의 모든 자비하심으로 너희를 권하노니 너희 몸을 하나님이 기뻐하시는 거룩한 산제사로 드리라 이는 너희의 드릴 영적 예배니라"

바울은 고린도 교회에 편지하면서 그들의 몸을 가지고 어떻게 해야 할 것을 명하며, "너희 몸은 너희가 하나님께로부터 받은바 너희 가운데 계신 성령의 전인 줄을 알지 못하느냐 너희는 너희 자신의 것이 아니라 값으로 산 것이 되었으니 그런즉 너희 몸으로 하나님께 영광을 돌리라"(고전 6:19-20) 명령했다.

하나님은 당신을 구속하기 위해 말할 수 없는 큰 값을 지불하셨다. 그러므로 당신이 할 수 있는 최소한의 일은 당신의 몸과 영과 마음과 뜻을 다하여 산 제물로 자신을 하나님께 드리는 것이다. 그것이 마땅한 도리이다. 당신의 모든 존재는 당신을 만드신 창조주의 덕을 입고 있다. 즉 그는 당신을 숨 쉬게 하여 생명을 주시고 또 당신의 생명을 매일매일 지탱시켜 주는 분이시다.

> 당신은 하나님의 것이다.
> 당신의 몸과 마음과 뜻과 영혼 모두 다 하나님의 것이다.

사람들은 쾌락이라는 이름 아래 술과 마약과 성도착으로 그들의 육체를 남용하고 있다. 그것이 나쁘다는 것은 말할 필요도 없거니와 특히 그리스도인으로서는 생각지도 못할 일이다. 당신의 섬김의 도구를 망가뜨리지 말아라. 어쨌든 그것은 당신의 것이 아니다. 대신 당신을 정결하게 하여 그분께 드려라.

대부분의 사람들은 그들의 육신이 원하는대로 없어져 버릴 쾌락을 추구하는데 사용하고 있다. 그것들은 우리를 구원해 주지 못한다. 또 영원한 가치라고는 전혀 없는 것들이다. 그렇다면 영원한 가치가 있으면서 하나님을 위해 우리가 무엇을 할 수 있는지 계산해 보자. 그것은 당신의 몸을 하나님이 받으실만한 거룩한 산제물로 하나님께 드리는 것이다. 그것이 당신이 할 수 있는 가장 최선의 일인 동시에 가장 지혜로운 일이다.

하나님 아버지, 우리들의 시간이나 기술, 능력 등을 영원히 지속되는 일들에 헌신하게 하옵소서. 예수님 이름으로 기도합니다. 아멘.

September 15

깨어 있으라

(로마서 13:11) "또한 너희가 이 시기를 알거니와 자다가 깰 때가 벌써 되었으니 이는 이제 우리의 구원이 처음 믿을 때보다 가까웠음이라"

지금 몇 시인가? 바울은 "지금은 잠에서 깰 시간"이라고 말했다. 바울 시대의 교회들은 생명의 참 문제에 관해서 졸고 있음을 깨달았다. 그런데 하물며 오늘날의 교회는 더하지 아니한가! 우리도 지금 틀림없이 졸고 있는 것은 우리 마음에 주님의 일들로 인한 다급함이 없다는 것이다.

- 우리는 오랫동안 자고 있었다.
- 우리가 잠든 사이 우리 주변 세상은 사탄의 손아귀에 다 들어갔다.
- 우리가 잠든 사이 미국의 공립학교에서 드려졌던 기도시간을 다 없애 버렸다.
- 우리가 잠든 사이 밀려오는 음란한 것들을 막고 있던 법들을 다 제거해 버렸다.
- 우리가 잠든 사이 요구하면 언제든지 낙태할 수 있는 문을 활짝 열어버렸다.
- 우리가 잠든 사이에 미국은 어느새 이교도의 나라가 되어 버렸다.
- 이제는 깨어날 때이다.

어두움의 옷을 벗어 버리고 주 예수 그리스도의 옷을 입자!!

주님의 재림이 가깝다. 하루의 끝날은 예수 그리스도의 재림이 어제보다는 하루가 더 가까워졌다고 말할 수 있다. 우리의 구원이 맨 처음 예수를 믿을 때보다 더욱 가까워졌다. 이 악한 세상에서 우리를 구원하러 오시겠다는 예수 그리스도의 소망이 얼마나 축복된 것인가!

이제는 어둠의 일들을 벗고 주 예수 그리스도로 옷 입을 때이다. 이제 성령을 따라 살며 행할 때이다. 하나님이 그의 교회를 깨워 우리를 그의 말씀으로, 의롭고 거룩한 삶으로 인도해 주기를 소원한다.

주님, 세상이 타락하는 동안 우리는 잠자고 있었습니다. 지금의 세상이 끝날 때가 된 것 같습니다. 주님,우리를 깨워 주시어 우리가 잃은 자들을 찾아 나가도록 도와주옵소서. 예수님 이름으로 기도합니다. 아멘.

소망의 하나님

(로마서 15:13) "소망의 하나님이 모든 기쁨과 평강을 믿음 안에서 너희에게 충만하게 하사 성령의 능력으로 소망이 넘치게 하시기를 원하노라"

사회학자들이 희망과 생존의 관계를 알아보기 위해 노르웨이의 선창가에 있는 쥐들을 가지고 실험을 했다. 한 그룹의 쥐들은 큰 통에 집어넣어서 물을 계속 뿌려대어 기어오르지 못하게 했더니 17분 만에 죽었다. 다른 한통은 이 쥐들이 익사하기 직전에 건져냈다. 몇 일 후 그 쥐들을 다시 물에 집어넣었더니 평균 36시간 동안 버티며 살았다. 17분과 36시간의 차이가 소망이라는 것이다.

> 우리가 암담하고 두려운 순간을 지날 때
> 우리를 견딜 수 있게 하는 것은 미래에 대한 소망이 있기 때문이다.

우리에게 힘이 되는 것은 우리는 이 땅에서 영원히 살 것이 아니고 예수님이 이 악한 세상에 있는 우리를 구원하기 위해 곧 오실 것임을 아는 지식 때문이다. 아무리 참기 어려울 지라도 주님의 얼굴과 얼굴을 대면한다는 그 기쁨과 주님이 이 땅에 그의 영광스러운 나라를 세우실 때는 그와 함께 다스린다는 축복을 기대하며 우리는 기다린다.

예수님도 아버지의 심부름으로 보내심을 받았다. 예수님은 우리에게 평강과 위로와 소망을 가져다 주셨다. 십자가를 지심으로써 우리의 죄를 다 도말하시고 우리가 하나님과 화목하게 하셨다. 인간의 몸을 입고 행하셨기 때문에 우리의 모든 형편을 다 이해하심으로 우리를 위로해주신다.

우리에게 영원한 미래를 얻게 해 주셨고 또한 천국의 소망도 주셨다.

하나님 아버지, 인간의 지각에 넘치는 평강을 주셔서 우리의 마음과 생각을 지켜 주시니 감사합니다. 우리를 사랑하셔서 아들을 보내어 소망과 위로와 평강 주심이 얼마나 놀라운 것인지 깨달을 수 있도록 도와주소서. 예수님 이름으로 기도합니다. 아멘.

십자가의 메시지

(고린도전서 1:18) "십자가의 도가 멸망하는 자들에게는 미련한 것이요 구원을 받은 우리에게는 하나님의 능력이라"

유대인에게는 메시아가 체포되고, 매를 맞고, 십자가에 못 박힌다는 것은 도무지 생각할 수 없는 일이다. 그들에게 메시아란, 다윗의 후손으로 와서 온 세상을 의와 평화로 다스릴 자라고 기대했었다.

헬라인에게는 한 사람이 모든 사람의 죄를 대신해 죽는다는 것은 아주 어리석은 짓이었다. 그들이 숭배하던 어떤 신들도 그런 사랑을 베풀지 않았다. 그들의 신들은 이기적이었다. 그래서 신이 그의 백성을 구원하기 위해 기꺼이 자신을 내어준다는 것은 웃기는 일이었다.

"육에 속한 사람은 하나님의 성령의 일들을 받지 아니하나니 이는 그것들이 그에게는 어리석게 보임이요 또 그는 그것들을 알 수도 없나니 그러한 일은 영적으로 분별되기 때문이라"(고전 2:14) 세상은 십자가를 어리석은 것으로 보지만 구원받은 우리들에게는 아름다운 도구로 보인다.

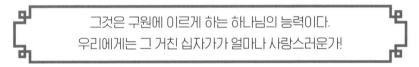

> 그것은 구원에 이르게 하는 하나님의 능력이다.
> 우리에게는 그 거친 십자가가 얼마나 사랑스러운가!

– 십자가를 통해 하나님은 우리를 죄의 결박에서 자유롭게 해 주셨다.
– 십자가를 통해 그는 십자가와 무덤을 정복했다.
– 십자가를 통해 그는 우리를 양자 삼으셨다.
– 십자가를 통해 우리 사이에 존재하던 전쟁을 끝내셨다.
– 십자가를 통해 그는 우리의 영원한 미래를 확보하셨다.

주님, 우리를 자유하게 해주심에 감사합니다. 당신을 사랑하는 자유, 당신을 섬기는 자유, 당신과 사귐을 갖는 자유... 십자가가 주는 메시지를 오늘도 우리 마음속에 말씀하여 주옵소서. 예수님 이름으로 기도합니다. 아멘.

September 18

육신적인 사람 영적인 사람

(고린도전서 2:14-15) "육에 속한 사람은 하나님의 성령의 일들을 받지 아니하나니 이는 그것들이 그에게는 어리석게 보임이요 또 그는 그것들을 알 수도 없나니 그러한 것들은 영적으로 분별되기 때문이라"

자연인 곧 육신적인 사람은 거듭나지 못한 사람이다. 육신적인 사람은 문자 그대로 태어난 그날 그대로의 사람으로, 하나님을 알거나 받아들인 적이 없는 사람이다.

육신적인 사람은 영적인 일들을 이해하지 못한다. 그 이유는 영적으로 식별이 되지 않기 때문이다. 마치 장님이 석양의 찬란한 아름다움을 누릴 수 없듯이 육신적인 사람은 영적인 일들을 이해하거나 누릴 줄 아는 기능이 없다.

 영적인 사람에게는 새로운 차원의 세계가 완전히 열려 있다.

그렇다면 영적인 사람은 어떤 사람인가? 그는 영으로 다시 태어나서 성령의 일들로 살고 성령의 일들을 이해하는 사람이다.

바울은 "신령한 자는 모든 것을 판단하나 자기는 아무에게도 판단을 받지 아니 하느니라"(고전 2:15) 증거했다. 당신은 사람들이 그리스도인인 당신을 종종 이해하지 못할 때가 있음을 눈치 채지 못했는가? 그들에게는 당신이 수수께끼 같은 존재이다.

- 왜 그렇게 교회에 가는 것을 좋아하는가?
- 왜 술을 마시지 않는가? 무슨 재미로 사는가?

육신적인 사람은 하나님과 사귀며 사는 즐거움을 이해하지 못한다. 그러나 성령으로 다시 태어난 우리는 예수님과 함께 동행하는 축복과 또 죄를 용서받아 깨끗함을 얻은 것에서 오는 평강을 너무나 잘 누리고 있다.

하나님 아버지, 우리를 구원해 주시니 감사합니다. 우리에게 아버지의 성령으로 아버지의 진리와 아버지 말씀의 비밀을 분별할 수 있게 하시니 감사합니다. 아직도 아버지를 모르고 있는 자들의 눈을 열어 주옵소서. 예수님 이름으로 기도합니다. 아멘.

육신적인 신자

(고린도전서 3:1) "형제들아 내가 신령한 자들을 대함과 같이 너희에게 말할 수 없어서 육신에 속한 자 곧 그리스도 안에서 어린 아이들을 대함과 같이 하노라"

바울은 앞서 사람을 자연인(육신적인 사람)과 영적인 사람, 이렇게 두 종류로 구분 지었다. 그러나 이제는 세 번째의 사람을 분류하는데 바로 '육신적인 신자'(Carnal Christian)이다. 바울은 그런 사람을 '그리스도 안의 어린아이'라고 부른다.

그들은 그리스도 안에 있다고 그리스도인으로 분류되지만 영적으로는 자라지 못한 자들이다. 그들은 영적으로는 여전히 신생아다. 슬프게도 너무나 많은 그리스도인들이 성장이 멈추어져 있고 심지어는 처음 믿는 상태 그대로 머물러 있기도 한다.

육신적인 그리스도인은 예수님을 자기의 구세주로 영접은 했으나 결코 자기를 부인하거나 자기의 십자가를 지고 주님을 따라본 적이 없는 사람들이다. 여전히 육신이 그들의 삶을 지배하고 있다. 예수님이 구세주이긴 하지만 그들의 삶 속에서 주인은 아니다. 그들은 이기적이고 자기중심적인 사람이다.

육신적인 것을 벗어버려라!

육신적인 신자에 대한 처방은 무엇인가? 첫째 단계는 사랑으로 행하는 것이다. 사랑으로 행하면 시기와 분쟁이 없어진다. 사랑으로 행하면 그리스도의 몸에서 분열이 없게 된다. 육신적인 신자에 대한 두 번째 처방은 하나님의 말씀 안으로 들어가는 것이다.

영적 성장은 오직 하나님의 말씀을 먹는데서 이루어진다. 잘 자라기 위해서는 좋은 음식을 먹어야 하듯이 하나님의 말씀은 음식과 같아서 믿는자의 영을 자라게 한다. 말씀 속에 들어가라. 그리하면 당신 속에 말씀이 있게 된다.

육신적인 것을 벗어 버려라. 하나님의 말씀을 통해 성장하고 자라고 성숙하라. 말씀으로 당신의 영혼을 먹여라. 그리고 사랑으로 행하면 우리 주 예수 그리스도를 아는 것과 은혜가 충만하게 될 것이다.

주님, 우리가 영적으로 성숙하기를 소원하며 사랑을 행하기를 원합니다. 하나님 말씀을 더욱 깊이 풍성하게 이해할 수 있도록 하옵소서. 예수님 이름으로 기도합니다. 아멘.

우리는 그리스도 바보

(고린도전서 4:10) "우리는 그리스도 때문에 어리석으나 너희는 그리스도 안에서 지혜롭고 우리는 약하나 너희는 강하고 너희는 존귀하나 우리는 비천하여"

사람들은 여러가지 이유로 스스로 바보스러울 때가 있다. 예를 들면 술을 먹었다든지 또는 남을 웃기려하다가 언행을 실수해도 아무도 그것을 이상하게 여기지는 않는다.

그러나 어떤 사람이 자기는 그리스도 때문에 어리석은 자가 되었다고 말하면 그때부터는 조롱받기 시작한다. 세상은 예수 그리스도를 위해 모든 것을 포기하는 것을 어리석은 짓이라고 생각한다. 심지어 우리의 가족들까지도 비난한다. 우리가 그리스도를 위해 기꺼이 희생하는 것들을 이해하지 못한다.

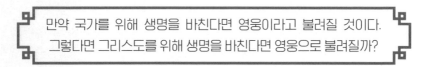

만약 국가를 위해 생명을 바친다면 영웅이라고 불려질 것이다.
그렇다면 그리스도를 위해 생명을 바친다면 영웅으로 불려질까?

유대인으로 율법과 학문과 철학에 뛰어났던 바울이었지만 그가 예수를 믿은 후부터 조롱을 받았고 결국 예수 그리스도 때문에 매를 맞고 옥에 갇히기도 하다가 결국은 참수당했다. 세상 사람들은 바울을 가리켜 '바보야'라고 손가락질 하였다. 그러나 바울은 "생각하건대 현재의 고난은 장차 우리에게 나타날 영광과 족히 비교할 수 없도다"(롬 8:18) 증거했다.

- 만약 나의 모든 것으로 예수님만 신뢰한다면 나는 세상에서 바보가 된다.
- 그러나 나는 예수님 때문에 바보가 된 것을 부끄러워하지 않는다.

하나님 아버지, 우리가 어떤 어리석다는 값을 치루더라도 그리스도의 편이 되어 악에 대항해 서서 외칠 수 있도록 도와주시옵소서. 예수님 이름으로 기도합니다. 아멘.

우리의 유월절 되신 그리스도

(고린도전서 5:7) "너희는 누룩 없는 자인데 새 덩어리가 되기 위하여 묵은 누룩을 내버리라 우리의 유월절 양 곧 그리스도께서 희생되셨느니라"

빵을 만들 때 누룩이 들어가면 반죽이 발효되어 부풀어 오른다. 그것은 썩어가는 과정이다. 아주 조그만 누룩이 가루반죽 전체에 퍼지기 때문이다. 죄도 그와 같다. 교회 안에서 조그만 죄 하나라도 묵인하면 교회 전체에 역사할 수 있다.

바울은 이러한 상황을 고린도 교회에 전하고 있다. 그들은 교회 안에 제거되어야 하는 죄를 묵인하고 있었다.

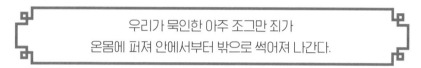

우리가 묵인한 아주 조그만 죄가
온몸에 퍼져 안에서부터 밖으로 썩어져 나간다.

애굽의 마지막 재앙에서 하나님은 자기 백성을 위해 해결책을 마련했다. 모든 집마다 희생양의 피를 바르면 그 집은 보호되어 재앙에서 벗어날 수 있었다. 그러나 피로 보호되지 않은 집은 아침에 장자들이 모두 죽어 있었다.

이와 마찬가지로 하나님은 우리의 죄를 용서하기 위해 해결책을 마련하셨다. 그래서 우리는 우리의 죄 때문에 죽을 필요가 없다. 그 해결책이란 우리 때문에 희생된 어린 양 예수 그리스도이시다. 그가 피를 흘림으로써 우리의 죄는 용서받을 수 있다.

바울은 "그리스도는 우리의 유월절이시다" 선포하였다. 예수님이 유월절에 십자가에 못 박힌 것은 우연이 아니다. 하나님의 어린양이 이스라엘의 유월절이 되심은 우리의 죄를 정결하게 하시고 죽음에서 벗어날 수 있는 길을 미리 보여주신 그림자이다.

하나님 아버지, 우리의 유월절이 되기 위해 당신의 아들을 보내어 주심을 감사드립니다. 이제 주님이 베푸신 정결함을 받아들입니다. 또 우리의 죄를 용서해 주심을 감사드리며, 예수님 이름으로 기도합니다. 아멘.

September 22

제한된 자유

(고린도전서 6:12) "모든 것이 내게 가하나 다 유익한 것이 아니요 모든 것이 내게 가하나 내가 무엇에든지 얽매이지 아니하리라"

그리스도인들이 종종 어떤 활동에 참가해도 되느냐고 물어올 때가 있다. 그러나 그들이 진짜 묻는 것은 "세상의 어느 정도까지 들어가면서 여전히 그리스도인일 수 있느냐?"는 것이다.

바울은 "모든 것이 내게 가하다"라고 쓰기 직전에 자기에게 가하지 아니한 몇 가지 일들 곧 "음행, 우상숭배, 간음, 탐색, 남색, 도적이나 탐욕을 부리는 자, 술 취하는 자, 모욕하는 자, 속여 빼앗는 자"를 나열했다.

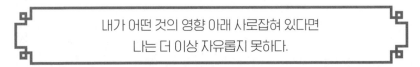

내가 어떤 것의 영향 아래 사로잡혀 있다면
나는 더 이상 자유롭지 못하다.

어떤 사람은 "피자를 먹을 때 맥주 한잔 마셔도 될까요? 그리스도인이지만 담배는 피워도 되나요?" 묻는다. 나는 그에게 맥주를 마시면 알코올의 영향을 받지 않을 수 있느냐고 묻고 싶다. 또 담배를 많이 피워 골초가 되는 것이 극악한 죄를 지어 지옥에 가는 것은 아니지만 그리스도 안에 있는 영광스러운 자유를 희생하게 된다. 또한 내가 어떤 영향 아래 있게 되는 순간부터 그것의 종이 된다.

어떤 것을 옳다, 나쁘다로 구분하려고 하지 마라. 생명의 문제로 생각하고 물어보자. 과연 그것이 내가 주님과 동행하는데 저해되는 것인가? 예수님과 쉬이 관계를 맺게 하는가? 그것이 나를 사로잡아 나의 자유를 박탈하지 않는가? 그것이 나를 예수님 안에서 세워 나가는 것인가? 그것이 나로 더욱 더 주님을 닮아가게 하는 것인가?

"불의한 자가 하나님의 나라를 유업으로 받지 못할 줄을 알지 못하느냐 미혹을 받지 말라 음행하는 자나 우상 숭배하는 자나 간음하는 자나 탐색하는 자나 남색하는 자나 도적이나 탐욕을 부리는 자나 술 취하는 자나 모욕하는 자나 속여 빼앗는 자들은 하나님의 나라를 유업으로 받지 못하리라"(고전 6:9-10)

하나님 아버지, 제 안에서 주님을 닮아가는 것 외에 믿음의 사람답지 못한 것들을 보여주옵소서. 우리가 사는 세상에 주 예수 그리스도를 진실로 비출 수 있게 하옵소서. 예수님 이름으로 기도합니다. 아멘.

September 23

고대하며 사는 것

(고린도전서 7:29) "형제들아 내가 이 말을 하노니 그 때가 단축하여진 고로 이후부터 아내 있는 자들은 없는 자 같이 하며"

내가 확신하건대 하나님은 각 세대마다 그들의 시대에 예수님이 재림할 것이라고 믿도록 하신 것 같다. 왜? 그 이유는 하나님께서는 우리가 그의 재림을 고대하며 살기를 원하시기 때문이다.

우리가 주님의 재림이 임박하다고 믿으면 세상에 빨리 복음을 전해야겠다는 긴박성을 느끼게 된다. 때가 얼마 남지 않았다는 실상은 예수님이 우리에게 남기고 가신 사역을 완성해야겠다는 동기가 된다.

가능한한 세상적인 것은 가볍게 하라!

주님의 재림이 임박하다는 것을 알게 되면 세상적인 일들을 다르게 보게 된다. 이 세상 생활의 커튼이 곧 내려지고 영원의 커튼이 펼쳐질 것이라는 것을 알게 되면 이 세상의 것들을 가볍게 하게 된다. 이 세상에 뿌리를 내리려고 하지 않을 것이다.

예수님의 재림을 기대하게 되면 우리 개인의 삶이나 교회에 대해서도 순결하게 된다. 주님이 오실 때 우리는 주님이 원하시는 반대의 생활을 하고 싶지 않기 때문이다. 우리는 그의 나라를 세우는데 바쁠 것이며, 그의 영광을 위해 우리에게 주신 것을 사용하는데 바쁠 것이다. 우리는 슬픔이나 쾌락에 빠져 우리의 시간을 낭비하고 싶지 않다. 우리의 재물을 쌓느라고 시간을 낭비하고 싶지도 않다.

때가 매우 촉박하다. 이 세상은 지나가 버린다. 당신 자신이나 당신의 시간, 당신의 정력, 당신의 소유를 영원한 것에 투자하라. 하나님의 나라와 영원한 것을 위해 살아가라.

주님, 우리가 순간적인 것에 깊이 개입되지 않도록 지켜주시고, 얼마 남지 않은 영원의 날까지 인내할 수 있는 지혜를 주시옵소서. 예수님 이름으로 기도합니다. 아멘.

September 24

사랑은 덕을 세운다

(고린도전서 8:1) "우상의 제물에 대하여는 우리가 다 지식이 있는 줄을 아나 지식은 교만하게 하며 사랑은 덕을 세우나니"

고린도 교회에 당파가 생겼다. 어떤 파는 우상에게 바쳐진 고기는 절대 먹어서는 안된다 하며, 다른 파는 먹어도 된다는 자유를 선포했다. 그것은 "우상은 아무것도 아니다"라는 이유였다. 자유한 자들은 매여 있는 자들을 무시했다.

항상 지식이 있는 체하는 사람들이 있다. 그들은 남보다 지식적이고 우월하다고 생각하고 "알지 못하여" 따라가는 자들을 조소한다. 그러나 이사야 선지자는 "네가 네 악을 의지하고 스스로 이르기를 나를 보는 자가 없다 하나니 네 지혜와 네 지식이 너를 유혹하였음이라 네 마음에 이르기를 나뿐이라 나 외에 다른 이가 없다 하였으므로 재앙이 네게 임하리라"(사 47:10) 말했다.

> 바울은 고린도 교회의 이 문제에 대해 설교하면서,
> "지식은 교만하게 한다" 경고하며, 오직 "사랑으로 행하라" 명했다.

정말 사랑으로 행한다면 약한 형제를 세우려 할 것이다. 그를 나쁘다고 하거나 그 앞에서 나의 자유를 과시하여 그를 넘어지게 하지 않을 것이다. 어떤 사람에게 그의 양심에 어긋나는 일을 하게 한다든지 그들이 나쁘다고 생각하는 것을 논한다는 것은 위험한 일이다.

"이같이 너희가 형제에게 죄를 지어 그 약한 양심을 상하게 하는 것이 곧 그리스도에게 죄를 짓는 것이니라 그러므로 만일 음식이 내 형제를 실족하게 한다면 나는 영원히 고기를 먹지 아니하여 내 형제를 실족하지 않게 하리라"(고전 8:12-13)

바울은 만약 내 형제를 실족시킨다면 나는 영원히 고기를 먹지 않겠다 하였다. 그러므로 사랑으로 행하라. 너의 자유를 과시하여 마음이 약한 형제를 실족시키지 말라. 지식은 교만하게 하고 사랑은 덕을 세운다.

하나님 아버지, 우리가 사랑으로 행하게 하시고 영적인 문제에서는 서로 간에 세울 수 있도록 도와주소서. 우리가 항상 옳다고 과시하지 않게 하시고, 누구나 나와 같은 자유를 가지지 않았다는 것을 알게 하여 주옵소서. 예수님 이름으로 기도합니다. 아멘.

반석

(고린도전서 10:4, 6) "다 같은 신령한 음료를 마셨으니 이는 그들을 따르는 신령한 반석으로부터 마셨으매 그 반석은 곧 그리스도시라 이러한 일은 우리의 본보기가 되어 우리로 하여금 그들이 악을 즐겨 한 것 같이 즐겨 하는 자가 되지 않게 하려 함이니"

오늘 바울은 "그 반석은 그리스도이시다"라고 증거했다. 광야에서 목말라 했던 이스라엘 백성을 위해 반석을 깨뜨려 물을 내셨던 하나님과 자기 아들의 몸을 깨뜨려 우리에게 생명을 주신 하나님은 동일하다. 그들이 경험했던 기적적인 물의 공급은 우리가 경험한 의를 기적으로 베풀어 주신 일의 그림자이다.

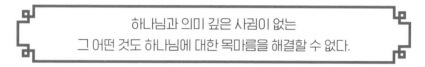

하나님과 의미 깊은 사귐이 없는
그 어떤 것도 하나님에 대한 목마름을 해결할 수 없다.

요한복음 4장에서 예수님은 사마리아 여인에게 목마른 자에게 주실 생명의 물에 대해 다음과 같이 말씀하셨다.

"이 물을 마시는 자마다 다시 목마르려니와 내가 주는 물을 마시는 자는 영원히 목마르지 아니하리니 내가 주는 물은 그 속에서 영생하도록 솟아나는 샘물이 되리라"(요 4:13-14)

어떻게 해서라도 목마름을 해결해 보려고 애쓰는 자들은 또 다시 목마르게 된다는 것을 알게 될 것이다. 오직 반석이 되신 예수 그리스도께 갈 때만이 해갈이 될 뿐 아니라 그분이 주시는 물은 생명수의 샘처럼 넘쳐흐른다.

오늘 당신도 목마른가? 당신이 할 수 있는 모든 것은 오직 반석이 되신 그분께 말하는 것이다. 그러면 그분은 당신에게도 생명수가 흐르게 하실 것이다. 그분이 수문을 열어 당신의 목마름을 해갈하게 해 주실 것이다.

하나님 아버지, 우리를 위해 예수 그리스도를 깨뜨려 우리에게 주심에 감사드립니다. 우리가 목마를 때 다른 근원을 찾지 않게 해주옵소서. 우리가 목마를 때 아버지께로 가서 마음껏 해갈할 수 있도록 도와주옵소서. 예수님 이름으로 기도합니다. 아멘.

자신을 살펴보라

(고린도전서 11:28) "사람이 자기를 살피고 그 후에야 이 떡을 먹고 이 잔을 마실 지니"

바울은 고린도 교회 교인들이 성찬에 참여하는 태도에 대해 꾸짖고 있다. 그들이 성찬을 아무 의미 없이 무가치하게 참여한다면 예수님의 몸과 살에 대해 죄를 범하는 것이라고 경고했다. 그러면서 "자신을 살펴보라" 경고했다.

이것은 우리 모두에게 좋은 충고가 된다. 어려운 것이긴 하지만 중요하다. 당신도 먼저 자신의 정체성을 알고 인정하지 않는 한 이 문제를 다룰 수 없다. 그러므로 사도 요한은 "만일 우리가 우리 죄를 자백하면 그는 미쁘시고 의로우사 우리 죄를 사하시며 우리를 모든 불의에서 깨끗하게 하실 것이요"(요일 1:9) 증거했다.

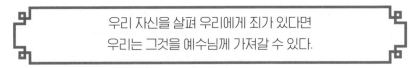

우리 자신을 살펴 우리에게 죄가 있다면
우리는 그것을 예수님께 가져갈 수 있다.

당신의 생활 속에 하나님은 다루시기 원하지만 당신이 하나님께 숨겨왔던 것이 있을 것이다. 당신이 깨닫든지 깨닫지 못하든지 그 죄는 하나님과의 사귐을 방해하고 있다. 하나님은 오늘 그것을 바로 고치기를 원하신다.

당신이 스스로 자신을 판단한다면 하나님의 판단을 받지 않을 것이다. 성령께서 당신의 마음을 살펴 그가 아시는 진리를 드러내게 하라. 그렇게 당신이 죄를 고백하는 반응을 함으로써 그의 용서를 받아라.

다윗이 말한 것처럼 당신도 "하나님이여 나를 살피사 내 마음을 아시며 나를 시험하사 내 뜻을 아옵소서 내게 무슨 악한 행위가 있나 보시고 나를 영원한 길로 인도하소서"(시 139:23-24) 고백하라.

- 당신이 생각하는 당신의 문제가 아니라,
- 하나님이 그것을 어떻게 생각하시느냐가 문제이다.

하나님 아버지, 우리에게 보여주신 사랑과 자비에 감사드립니다. 주님, 성령께서 우리에게 밝혀주신 진실대로 우리가 인정하고 회개할 수 있도록 도와주소서. 예수님 이름으로 기도합니다. 아멘.

이것들 중에서 제일 큰 것

(고린도전서 13:13) "그런즉 믿음 소망 사랑 이 세 가지는 항상 있을 것인데 그 중의 제일은 사랑이라"

"다음은 기독교의 강령들이다"

믿음, 모든 것이 흐트러질 때 우리를 붙들어 주는 것이 믿음이다. 그것은 곧 하나님께서 우리를 사랑하신다는 믿음, 곧 하나님이 모든 것을 다 주장하신다는 믿음이다.

소망. 소망이란 마지막은 잘 된다는 기대이다. 우리의 주변이 아무리 우울하고 소망이 없어 보여도 기독교인들이 미래에 대해 어떻게 그렇게 밝고 즐거워 보일 수 있을까? 그 이유는 우리에게는 안내서가 있기 때문이다. 우리가 그 사건의 결말을 알고 있기 때문이다.

> 천지는 없어질지라도 믿음, 소망, 사랑은 영원하다.

사랑. 바울은 "그 중에 제일은 사랑이라" 증거했다. 기독교 복음의 중심부는 사랑이다. 우리는 먼저 하나님을 사랑하고 또한 이웃을 네 자신처럼 사랑하라는 부름을 받았다. 그것이 기독교 메시지의 알맹이다. 하나님은 우리가 본장에서 설명한 아가페 사랑을 알고 베풀기를 바란다.

"사랑은 오래 참고 사랑은 온유하며 시기하지 아니하며 사랑은 자랑하지 아니하며 교만하지 아니하며 무례히 행하지 아니하며 자기의 유익을 구하지 아니하며 성내지 아니하며 악한 것을 생각하지 아니하며 불의를 기뻐하지 아니하며 진리와 함께 기뻐하고 모든 것을 참으며 모든 것을 믿으며 모든 것을 바라며 모든 것을 견디느니라 사랑은 언제까지나 떨어지지 아니하되 예언도 폐하고 방언도 그치고 지식도 폐하리라"(고전 13:4-8)

믿음, 소망, 사랑 이 세 가지는 기독교의 강령이다. 모든 것이 끊어져도 이 세 가지는 남아 있을 것이다. "믿음, 소망, 사랑" 그러나 그 중에 제일이 사랑이다.

하나님 아버지, 우리가 하나님 아버지를 믿는 믿음을 구합니다. 우리는 아버지의 약속을 기다리는 소망을 구합니다. 또 아버지가 우리에게 주신 것을 우리도 다른 사람에게 줄 수 있는 사랑을 구합니다. 예수님 이름으로 기도합니다. 아멘.

September 28

화평의 창조자

(고린도전서 14:33) "하나님은 무질서의 하나님이 아니시요 오직 화평의 하나님이시니라 모든 성도가 교회에서 함과 같이"

고린도 교회에 통제할 수 없는 일들이 생겨났다. 그들은 통역없이 방언들을 말함으로써 방언의 은사를 남용했다. 때로 그들은 동시에 모두 방언으로 말함으로써 서로에게 방해가 되기도 했다. 바울은 질서없이 드리는 그들의 예배를 보고 "하나님은 무질서의 하나님이 아니다" 꾸짖었다.

우리가 해야 할 모든 것은 우주를 바라볼 때 하나님을 질서의 하나님으로 보는 것이다. 우리가 하늘을 볼 때도 너무나 질서 있게 만들어져 거기에도 예배가 있음을 볼 수 있다. 그런데 하물며 교회에서 드리는 예배에 질서가 있어야 하지 않겠는가?

> 하나님은 무질서를 질서있게 하실 수 있다.
> 무질서는 심지어 우리의 삶 속에서도 일어난다.

하나님은 무질서가 아닌 화평의 하나님이시다. 혼란, 무질서, 다툼은 내 것만을 주장할 때 나타난다. 하나님의 말씀 안에 보면 하나님이 우리가 어떻게 살아야 할 것을 말씀하신 규례들이 있다.

우리가 그 규례를 따라 살아갈 때만이 우리 마음속에 하나님의 평강이 임하게 된다. 무질서한 생활이 아니다. 고요하고, 창조적이고, 사랑의 사람으로 살아갈 수 있다.

무질서는 우리를 급하고, 인내하지 못하게 하며, 신경을 날카롭게 만든다. 그러나 하나님의 평강이 당신의 마음을 주장할 때 하나님은 당신이 다른 사람을 사랑으로, 평강으로, 용서함으로 대할 수 있도록 도와주셔서 주변의 사람들과 화평하게 지낼 수 있게 하신다. 당신이 혼란과 무질서 속에 그대로 살든지 아니면 평강의 삶을 누리든지 그것은 당신의 선택에 달려 있다.

하나님 아버지, 우리에게 인간의 생각을 초월한 당신의 평강을 얻게 하심에 감사드립니다. 예수님 이름으로 기도합니다. 아멘.

위로의 하나님

(고린도후서 1:3~4) "찬송하리로다 그는 우리 주 예수 그리스도의 하나님이시요 자비의 아버지시요 모든 위로의 하나님이시며 우리의 모든 환난 중에서 우리를 위로하사 우리로 하여금 하나님께 받는 위로로써 모든 환난 중에 있는 자들을 능히 위로하게 하시는 이시로다"

바울은 자기가 예수 그리스도를 따르면서 당했던 환난과 고통과 고난을 숨김없이 말하고 있다. 그도 어려움을 면제 받지는 못했다. 바울은 가는 곳마다 고통을 받았다. 그 모든 이유는 그가 예수를 증거 했기 때문이다. 선한 사람에게는 고난이 온다. 성경이 그것을 확언한다. 고난이 올 때 우리는 결단해야 한다.

고난이 올 때는 우리가 결단을 할 때이다.

하나님의 뜻을 무시하고 하나님이 만일 나를 이렇게 대하신다면 하나님이 나를 사랑하지 않는 것이 분명하다고 생각하여, "나는 이제부터 하나님을 믿지 않겠습니다." 하든지, 반대로 나는 그럴수록 더욱더 하나님을 의지하고 더 가깝게 하나님께 붙을 수도 있다고 말면서 "하나님, 주님이 저를 정말 사랑하시는 줄 압니다. 그런데 왜 이런 일이 일어나는지 이해할 수 없습니다. 그렇지만 저는 주님만 믿습니다." 투정할 수 있다.

바울은 깨달았다. 하나님은 그가 당한 고난을 사용하셔서 그와 같은 환난을 당하는 자를 위로하기 위한 것임을 알았다. 그것은 우리에게도 마찬가지다. 우리도 고난이나 슬픔을 당해보면 다른 사람이 그러한 어려운 일을 당할 때 그들에게 더 가까이 이해하며 다가갈 수 있다.

고난은 우리에게 성령님과 함께 한 이야기를 만들어준다. 성령님은 진실로 위로자이시다. 그는 우리가 고난을 당할 때 이길 힘을 주시는 신실하신 분이다. 그래서 우리는 지금 위로를 필요로 하는 이들에게 위로할 수 있고 힘을 줄 수 있게 된다.

주님, 하나님을 온전히 의지할 때 얻는 진가를 가르쳐 주옵소서. 성령의 역사를 체험해서 다른 사람에게도 전할 수 있게 하옵소서. 예수님 이름으로 기도합니다. 아멘.

September 30

그리스도 안에서의 승리

(고린도후서 2:14) "항상 우리를 그리스도 안에서 이기게 하시고 우리로 말미암아 각처에서 그리스도를 아는 냄새를 나타내시는 하나님께 감사하노라"

승리란 말은 싸움을 연상시키는 말이다. 하나님의 자녀가 된 우리는 끊임없는 싸움 속에 있다. 기본적으로 그리스도인이 겪어야 하는 세 가지 싸움이 있다. 첫째, 세상과의 싸움이다. 세상의 제도는 하나님을 대적하고 거역한다. 둘째, 우리의 육신이다. 이 썩고 타락한 본능과 생리적인 욕구가 우리의 삶을 지배한다. 셋째, 마귀이다.

승리는 그리스도 안에 거하는 것을 배울 때 온다.

왜 그리스도 안에서 승리하는 삶이 그렇게도 어려울까? 어떤 사람은 그렇게 많이 싸우는 것 같지 않다. 성경은 우리에게 "그런즉 너희는 하나님께 복종할지어다 마귀를 대적하라 그리하면 너희를 피하리라"(약 4:7) 말씀하신다. 그러나 사탄이 접근하면 그리스도인들은 싸워보지도 않고 포기해버린다. 그들은 어떤 저항도 하지 않고 바로 굴복해 버린다.

예수님은 "너희가 나를 따라 오려거든 너희 자신을 부인하고 자기 십자가를 지고 따라오라" 말씀하셨다. 그러나 우리의 육신은 그렇게 하는 것을 싫어한다. 자신을 부인하지 않는다. 어떤 사람은 전혀 부인할 생각도 없다.

승리는 그리스도께서 우리를 망하게 하는 유혹들을 우리가 다스릴 수 있도록 도와주실 것을 믿고 의지할 때 온다. 승리는 우리의 능력으로는 도무지 해결할 수 없는 때에 우리가 성령님의 능력을 간구할 때 온다.

예수님은 우리에게 예수 그리스도 안에서 계속 살라고 하면서 우리가 예수님을 떠나서는 아무것도 할 수 없다고 했다. 우리가 예수 그리스도 안에 살고 그분이 우리 안에 살게 되면 그의 성령이 우리 안에 거하시면서 항상 승리하게 하는 비밀이 거기에 있다.

하나님 아버지, 우리가 그리스도 안에 있기만 하면 이길 수 있게 하시니 너무나 감사합니다. 세상과 육신과 마귀를 이길 수 있는 능력을 주심에 감사드립니다. 예수님 이름으로 기도합니다. 아멘.

October 1

우리의 완전함

(고린도후서 3:5) "우리가 무슨 일이든지 우리에게서 난 것 같이 스스로 만족할 것이 아니니 우리의 만족은 오직 하나님으로부터 나느니라"

바울은 고린도 교인들에게 "너희는 살아있는 편지다. 너희는 모든 사람에게 알려져 읽혀지고 있다" 말하였다. 이는 하나님이 어떤 하나님이신지, 하나님의 사랑, 하나님의 선하심, 하나님의 자비가 어떠한 것인지에 대해 세상에 알려주는 본보기가 바로 너희의 생활이라고 말한 것이다.

사람들은 하나님에 대한 인상을 당신 속에 있는 것을 봄으로써 알아간다. 바울과 같이 당신도 이 책임을 생각할 때 "누가 이 일을 완전케 할까?" 또한 의문이 생길 때 바로 바울처럼 "우리의 완전함은 하나님으로부터 온다" 고백해야 한다.

> 당신이 아무리 지혜롭고 강한 사람이라 할지라도 당신도 한계에 부딪힐 때가 있을 것이다. 당신의 부족함을 깨닫는 것이 전능자 하나님을 의지하게 만든다.

사람들은 종종 변하겠다고 맹세하지만 결국에는 자기 안에 그 약속을 지킬만한 능력이 없음을 발견할 뿐이다. 그러나 하나님이 당신의 능력이 되는 그때가 되면 당신에게 임하는 능력에는 한계가 없다. 그의 은혜는 측량할 수가 없다. 그의 사랑은 무궁무진하다. 그의 능력은 사람에게 알려진 경계가 없다. 예수님 안에 있는 무한한 충만을 주시고, 주시고 또 주신다.

당신은 삶 속에서 당신을 대적하는 자들에게 하나님의 도움과 하나님의 능력으로 이길 수 있다. 당신에게는 한계가 있다는 것을 인정하라. 먼저 당신의 약함을 알고 믿음의 걸음을 내딛어라. 그분의 강하심을 알고 당신에게 힘을 주실 그리스도를 통해서 모든 일을 할 수 있다는 믿음을 가지고 걸어가라.

주님, 약한 자에게 힘을 주시니 감사합니다. 주님은 우리에게 세상에 당신의 증인이 되라는 위대한 책임을 주셨지만, 우리는 그 사명을 감당하기에 부족합니다. 주님의 도움을 바라보오니 도와주시옵소서. 예수님 이름으로 기도합니다. 아멘.

October 2

눈에 보이지 않는 것을 보는 것

(고린도후서 4:18) "우리가 주목하는 것은 보이는 것이 아니요 보이지 않는 것이니 보이는 것은 잠깐이요 보이지 않는 것은 영원함이라"

우리가 보고 만지는 이 물질적인 세상은 3 차원으로 되어 있다. 그러나 영적 세계는 우리에게 친숙하지 않은 차원으로 그 숫자 안에 들어있지 않다. 영적인 세계는 눈에 보이지 않는 세계이기 때문이다. 그러므로 물질세계는 끊임없이 부패해 가지만 영적 세계는 부패라는 것이 없다.

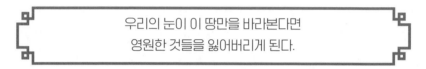

우리의 눈이 이 땅만을 바라본다면
영원한 것들을 잃어버리게 된다.

3차원으로 되어 있는 이 물질 세계에서 우리는 무엇을 보는가? 곤혹스러움, 어려움, 고통들이다. 하나님은 우리에게 저주받은 이 땅에서 천국을 약속하시지 않았다. 그러나 믿음으로 영적 차원의 세계를 본다면 하나님 능력, 하나님의 손, 하나님의 사랑을 보면서 이 세상을 이길 수 있는 힘을 보게 된다.

하나님을 바라보면 위대한 하나님의 능력을 볼 수 있다. 우리 앞에 아무리 높은 산이 가로막혀 있다 할지라도 두려워하지 않을 것은 하나님이 다 해결해 주실 것이라고 확신하기 때문이다.

너무나 많은 사람들이 이 세상에서 자기들이 알고 또 할 수 있는 모든 세상일에만 관여하고 있다. 그들은 사라지고 말 잠시잠깐의 쾌락과 짜릿함 또는 재물 때문에 영원한 하나님의 나라를 염두에 두지 않는다.

우리가 세상적인 것에 치중한다면 영원한 것을 볼 수 있는 눈을 잃어버리게 된다. 우리의 문제 너머에 있는 영원하신 하나님을 바라보아야 한다. 그분은 우리의 피난처요 우리의 능력이 되신다. 경건하게 사는 자들을 위해 기다리고 있는 영원한 상급도 바라보아야 한다.

하나님 아버지, 이 물질 세계는 너무나 매력적이라 수시로 우리를 유혹합니다. 주님, 우리의 시야를 바르게 고쳐주셔서 영원한 일들에만 몰두할 수 있도록 도와주소서. 예수님 이름으로 기도합니다. 아멘.

October 3

거룩함을 온전히 이루는 것

(고린도후서 6:17-18, 7:1) "그러므로 너희는 그들 중에서 나와서 따로 있고 부정한 것을 만지지 말라 내가 너희를 영접하여 너희에게 아버지가 되고 너희는 내게 자녀가 되리라 전능하신 주의 말씀이니라 하셨느니라. 그런즉 사랑하는 자들아 이 약속을 가진 우리는 하나님을 두려워하는 가운데서 거룩함을 온전히 이루어 육과 영의 온갖 더러운 것에서 자신을 깨끗하게 하자"

본문에 나타난 하나님의 위대한 약속을 비추어 볼 때 우리는 어떤 반응을 보여야 하나? 첫째, 우리는 육신이 원하는 대로 하려 했던 때의 모든 더러움을 깨끗이 씻어내야 한다. 우리의 마음속에 하나님의 자녀로서 뿌리 내려선 안 되는 모든 생각들, 태도, 욕망들이 심겨진 더러움이다.

이것을 어떻게 할 것인가? 잘못된 것들을 바른 것들로 바꾸어 놓아야 한다. 그러려면 당신의 마음속을 하나님의 말씀으로 가득 채워야 한다. 그리고 시편 저자의 말처럼 "청년이 무엇으로 그의 행실을 깨끗하게 하리이까 주의 말씀을 지킬 따름이니이다" 고백하여야 한다.

> 너무나 기이한 사실은 당신이 하나님의 자녀라는 것이다.

둘째, 우리가 살고 있는 불신의 세상 속에서 우리는 구별되어야 한다. 하나님은 우리가 구별되기를 원하신다. 예수님은 "너희는 그들 속에서 나와서 있고 부정한 것을 만지지도 말라"(고후 6:17) 말씀하셨다. 하나님이 우리에게 보여주신 그 크신 사랑, 바로 우리를 자신의 자녀로 삼아주신 그 사랑의 깊이에 대한 우리의 반응을 거룩함으로 나타내야 한다.

하나님이 그의 자녀들에게 소원하시는 것은 세상 속에 살고 있는 우리의 생활이 구별되고, 하나님 앞에서 정결하게 행하는 것이다. 하나님은 당신이 예수님을 영접하게 해 하나님의 자녀로 부르셨다. 그러한 당신은 하나님을 위해 살고 싶은 동기가 생기지 않는가?

하나님 아버지, 나의 생각이나 정신, 마음이 정결하게 되도록 도와주시옵소서. 주님이 정결하듯이 저도 정결하게 하여 주옵소서. 예수님 이름으로 기도합니다. 아멘.

하나님 은혜의 풍성하심

(고린도후서 8:9) "우리 주 예수 그리스도의 은혜를 너희가 알거니와 부요하신 이로서 너희를 위하여 가난하게 되심은 그의 가난함으로 말미암아 너희를 부요하게 하려 하심이라"

누가 하나님의 부요함을 측량할 수 있으랴? 하나님은 시편 50편 10절에서 우리에게 "삼림의 짐승들과 뭇 산의 가축이 다 내 것이며"라고 말씀하셨다. 그러나 그것은 단지 우리를 이해시키려는 하나의 그림자이다. 진리는 온 우주와 그 안에 있는 모든 것이 다 하나님께 속한 것이다. 그것으로도 충분하지 않다면 하나님은 말씀으로 그 우주보다 수억 배의 것들을 만들어 낼 것이다.

예수님은 "아버지여 창세전에 내가 아버지와 함께 가졌던 영화로써 지금도 아버지와 함께 나를 영화롭게 하옵소서"(요 17:5) 기도하셨다. 예수님은 그의 모든 부요를 그의 아버지와 함께 하셨는데 당신 때문에 예수님은 가난하게 되셨다. 예수님은 찬양받던 영광의 자리를 떠나서 가난한 무명의 부모 밑에서 그것도 마구간에서 태어나셨다. 예수님은 이 땅의 모든 것이 다 자기 것이었지만 무소유로 이 땅에서 사셨다.

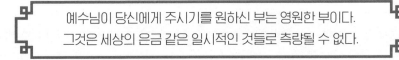

예수님이 당신에게 주시기를 원하신 부는 영원한 부이다.
그것은 세상의 은금 같은 일시적인 것들로 측량될 수 없다.

베드로는 이 부요를 설명하여 "썩지 않고 더럽지 않고 쇠하지 아니하는 유업을 잇게 하시나니 곧 너희를 위하여 하늘에 간직하신 것이라 너희는 말세에 나타내기로 예비하신 구원을 얻기 위하여 믿음으로 말미암아 하나님의 능력으로 보호하심을 받았느니라"(벧전 1:4-5) 증거하였다.

어떤 부요들은 천국에서 우리를 위해 기다리고 있다. 또 어떤 것들은 오늘 누리고 있을 수도 있다. 말할 수 없는 기쁨, 한없는 자비, 그리스도의 평강, 의와 소망과 사랑이다.

하나님 아버지, 우리가 매일 아버지와 함께 사랑으로 행할 때 아름다운 부를 누릴 수 있게 하시니 감사합니다. 예수님 이름으로 기도합니다. 아멘.

October 5
영적 전쟁

(고린도후서 10:3) "우리가 육신으로 행하나 육신에 따라 싸우지 아니하노니"

우리는 때로 아무런 이유 없이 혼란스럽고 용기가 없어지고 낙담되고 풀이 죽게 될 때가 있다. 그것은 영적인 힘이 없어서 그렇다. 우리 모두는 알든 모르든 간에 영적 전쟁에 속해 있다. 이 영적 전쟁에는 올바른 무기를 사용하는 것이 중요하다.

"하나님의 말씀은 살아 있고 활력이 있어 좌우에 날선 어떤 검보다 예리하며"(히 4:12)

영적 전쟁 중에 최고의 무기 중 하나는 하나님의 말씀이다. 사탄이 예수님을 시험 할 때마다 예수님은 하나님의 말씀으로 대응하셨다. 하나님의 말씀은 원수가 당신 앞에 놓아두는 어떤 시험도 물리칠 수 있는 강력한 무기이기 때문이다.

> 하나님은 이 전쟁이 얼마나 치열하다는 것을 아시기 때문에
> 우리가 이 싸움에서 이길 수 있도록 무장하는 것을 돌보신다.

기도는 또 다른 중요한 무기이다. 그런데 사람들은 이상하게도 기도를 맨 마지막 보루로 아껴둔다. 사탄이 기도에 대해서 얼마나 열심히 싸우는지를 알기만 한다면 기도에 대한 우리의 생각이 바뀌게 될 것이다. 기도가 영적 전쟁의 승패를 결정하는 요소임을 우리가 모른다는 것을 사탄은 잘 알고 있다.

하나님은 우리가 잘 싸우도록 돌보아주신다. 우리에게는 성령님이 계시다. 우리에게는 기도의 능력이 있다. 우리를 멸하여 자기의 포로로 삼으려는 마귀의 전술에 대항할 수 있는 강력한 이러한 무기들을 사용하라. 예수님이 십자가를 통해 이미 끝내신 승리를 우리도 이런 무기를 사용해 이기도록 하자.

하나님 아버지, 우리 자신의 전술에 의지했던 것을 용서해 주옵소서. 아버지께서 우리에게 주신 성령의 유익한 무기들을 가지고 싸울 수 있게 하소서. 예수님 이름으로 기도합니다. 아멘.

October 6
충만한 은혜

(고린도후서 12:9) "나에게 이르시기를 내 은혜가 네게 족하도다 이는 내 능력이 약한 데서 온전하여짐이라 하신지라 그러므로 도리어 크게 기뻐함으로 나의 여러 약한 것들에 대하여 자랑하리니 이는 그리스도의 능력이 내게 머물게 하려 함이라"

바울에게는 '육체의 가시'가 있었다. 그는 하나님께 그 가시를 없애 달라고 세 번이나 기도했다. 오늘 본문은 그 기도에 대한 하나님의 응답이다.

"내 은혜가 네게 족하다"

인생이란 슬픔, 고통, 비극, 실망, 탄식으로 가득하다. 그러나 하나님은 우리에게 이런 것들을 없이해 주겠다는 약속은 하지 않았다. 신자와 불신자의 차이는 하나님의 자녀에게는 이런 일들이 하나님의 여과기를 통해서 온다는 것이다. 그런 일들은 오직 하나님이 허락하셔야만 일어난다.

> 고통은 때로 우리의 가장 큰 영적 성장을 이룰 때가 있다.

고통은 하나님과의 관계를 깊이 있게 발전시킨다. 마치 고통 없이는 발전되지 않는 것처럼 보인다. 바울도 자기 육체의 가시를 통해 하나님께 감사하는 것을 배웠다. 바울이 육체의 가시를 통해 기뻐하며 진실로 하나님께 감사하게 된 날이 온 것이다.

"현재의 고난은 장차 나타날 영광과 족히 비교할 수 없음을 내가 알았도다"라고 바울은 고백했다. 그의 태도는 완전히 바뀌어졌다. 그는 자기의 가시를 더 이상 저주로 보지 않고 축복으로 보았다.

우리가 이 모든 충만한 은혜를 알게 되는 것은 너무나 중요하다. 그것은 어두운 밤을 통해 우리를 인도한 것이며 우리의 실망을 통해 웃음 짓게 할 것이다. 모든 일이 잘못될 때 우리를 지탱해 주는 것이 바로 은혜이다. 당신의 십자가를 면류관으로 바꾸어 주는 것이 이 은혜이다.

하나님 아버지, 우리를 지탱해 주는 당신의 충만한 은혜를 감사드립니다. 우리가 가장 필요할 때 이 말씀으로 지탱하게 해주시옵소서. 예수님 이름으로 기도합니다. 아멘.

은혜와 평강

(갈라디아서 1:3) "우리 하나님 아버지와 주 예수 그리스도로부터 은혜와 평강이 있기를 원하노라"

바울은 인사말로 헬라어의 '카리스'(charis) 곧 '은혜'와 히브리 인사말 '샬롬'(shalom) 곧 '평강'이란 말을 함께 사용하였다. 곧 "은혜와 평강"이다. 이런 인사는 신약에서 17번씩이나 사용되었고, 그 순서도 항상 '은혜'와 '평강'이다.

나도 살면서 하나님의 은혜를 깨닫기 전에는 하나님의 평강을 몰랐었다. 나는 자랄 때 하나님의 축복을 받기 위해서는 내가 힘을 써야 한다고 배웠다. 내가 열심히 봉사하거나 헌신하면 하나님이 나에게 축복하실 것이라고 배웠다. 내가 그렇게 하지 않으면 하나님은 나를 축복하지 않을 것이라고 생각했기 때문에 나는 축복을 받기 위해서 열심히 봉사했다. 그러나 은혜란 "받을 가치가 없는, 공 없이 얻는, 노력 없이 얻는 혜택"이란 뜻이다. 그러므로 만약 우리가 노력해서 얻었다면, 그것은 더 이상 은혜가 아니다. 그것은 댓가이다.

> 하나님의 축복은 우리의 성실함이나 우리의 열심 때문이 아니라 하나님의 사랑의 본성에 기인한다.

내가 은혜를 이해하고 나자, 나는 내가 축복을 받을 자격이 없는 줄을 알면서도 하나님이 나를 축복하시리라는 기대를 가지곤 한다.

바울은 우리에게 하나님이 그의 은혜를 나타내신 것은 우리 죄를 위해 그의 아들을 보내신 것이라고 했다. 우리가 여전히 죄인임에도 불구하고 그리스도는 우리를 위해 죽으셨다. 선인을 위한 것도 아니고, 의인을 위한 것도 아닌 불경건한 우리를 위해 대신 죽으셨다. 그것이 은혜다.

"우리는 다 양 같아서 그릇 행하여 각기 제 길로 갔거늘 여호와께서는 우리 모두의 죄악을 그에게 담당시키셨도다"(사 53:6)

주님, 주의 은혜로 우리의 마음과 생각이 놀라운 평강과 명철을 누리게 하시니 감사합니다. 예수님 이름으로 기도합니다. 아멘.

October 8

아름다운 구원

(갈라디아서 2:20) "내가 그리스도와 함께 십자가에 못 박혔나니 그런즉 이제는 내가 사는 것이 아니요 오직 내 안에 그리스도께서 사시는 것이라 이제 내가 육체 가운데 사는 것은 나를 사랑하사 나를 위하여 자기 자신을 버리신 하나님의 아들을 믿는 믿음 안에서 사는 것이라"

하나님은 우리가 죄를 이기기 원하신다. 하나님은 우리가 사방으로 죄의 유혹에 싸여 있음을 아시고 범죄를 저지르게 하는 유혹과 죄를 지은 결과로 인한 고통에서 벗어나기를 원하신다. 그래서 우리를 위해 해결책을 마련하신 것이 바로 우리의 육신적인 생활을 죽이는 것이다. 그래서 바울은 다음과 같이 기록하였다.

"우리가 알거니와 우리의 옛 사람이 예수와 함께 십자가에 못 박힌 것은 죄의 몸이 죽어 다시는 우리가 죄에게 종노릇 하지 아니하려 함이니"(롬 6:6)
"그러므로 너희는 죄가 너희 죽을 몸을 지배하지 못하게 하여 몸의 사욕에 순종하지 말고 또한 너희 지체를 불의의 무기로 죄에게 내주지 말고 오직 너희 자신을 죽은 자 가운데서 다시 살아난 자 같이 하나님께 드리며 너희 지체를 의의 무기로 하나님께 드리라 죄가 너희를 주장하지 못하리니 이는 너희가 법 아래에 있지 아니하고 은혜 아래에 있음이라"(롬 6:12-14)

> 옛사람의 죄악된 본성이 우리를 더 이상 주장해서는 안된다.

우리에게 유혹이 있을 때 나의 옛 성품은 그리스도가 십자가에 못 박힐 때 함께 못 박혔다고 주장하라. 우리가 죄의 유혹에 넘어갔을 때는 그 죄를 즉시 십자가에 가지고 가서 "나는 십자가에 못 박혔다. 이제는 죄가 더 이상 나를 주장하지 못해 죄가 더 이상 나를 다스릴 수 없다" 고백해야 한다.

이러한 출발로 주님은 우리를 한걸음씩 그 죄들에서 건져내기 시작하신다. 그리고 마침내 우리가 죄에게 더 이상 끌리지 않게 하신다. 우리로서는 해결 할 수 없는 문제를 하나님이 해결해 주시니 얼마나 아름답고 영광스러운가!

하나님 아버지, 우리를 결박했던 죄의 권세를 예수 그리스도를 통해 우리가 이길 수 있게 하시니 너무나 감사드립니다. 주님, 이 진리를 꼭 붙들어 의와 평강의 인생을 걸어가도록 도와주시옵소서. 예수님 이름으로 기도합니다. 아멘.

October 9

죄의 처벌

(갈라디아서 3:13) "그리스도께서 우리를 위하여 저주를 받은바 되사 율법의 저주에서 우리를 속량하셨으니 기록된바 나무에 달린 자마다 저주아래 있는 자라 하였음이라"

하나님께서 이스라엘 백성에게 주신 율법은 그들에게 유익되고 그들을 복주기 위함이었다. 그러나 율법이 엄하여 오히려 그들에게 화를 불러왔다. 율법에 순종하지 않는 사람은 반드시 죽여야만 했기 때문이다.

야고보는 "누구든지 온 율법을 지키다가 그 하나를 범하면 모두 범한 자가 되나니"(약 2:10) 증거했다. 그러므로 율법을 지켜 하나님 앞에 의롭게 되려 하는 자가 한 가지라도 율법을 범하면 율법이 주는 벌을 피할 수 없다.

그렇다면 우리 모두는 죄인이다. 그리고 우리는 죽을 수밖에 없다. 그러나 예수님이 우리의 죄를 지고 우리 대신 죽어주셨다. 그것은 우리가 율법의 처벌로 고통 받을 필요가 없을 뿐더러 복 받은 자임을 뜻한다. 그가 희생함으로서 우리에게 아브라함의 복을 가져다 주셨기 때문이다.

"이는 그리스도 예수 안에서 아브라함의 복이 이방인에게 미치게 하고 또 우리로 하여금 믿음으로 말미암아 성령의 약속을 받게 하려 함이라"(갈 3:14)

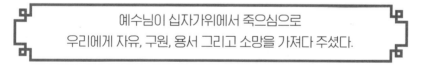

예수님이 십자가위에서 죽으심으로
우리에게 자유, 구원, 용서 그리고 소망을 가져다 주셨다.

하나님의 축복이 예수 그리스도를 통해 우리에게 오셨다. 얼마나 감사한 예수님인지, 또 우리는 얼마나 사랑받는 자인가! 예수님이 우리 대신 처벌을 받아 수많은 고통과 부끄러움을 견디심으로 인해 우리가 율법의 저주에서 벗어나게 된 것이다.

하나님 아버지, 우리를 율법의 처벌에서 면하게 하시려고 당신의 아들을 보내어 주셨으니 얼마나 감사한지요! 우리에게 베푸신 당신의 크신 자비와 사랑에 감사드립니다. 예수님 이름으로 기도합니다. 아멘.

October 10

아바 아버지

(갈라디아서 4:6) "너희가 아들이므로 하나님이 그 아들의 영을 우리 마음 가운데 보내사 아바 아버지라 부르게 하셨느니라"

나의 자연적인 출생으로는 하나님의 자녀가 아니다. 하나님의 성령으로 다시 태어남으로 인해 하나님의 자녀가 되었다.

"무릇 하나님의 영으로 인도함을 받는 사람은 곧 하나님의 아들이라 너희는 다시 무서워하는 종의 영을 받지 아니하고 양자의 영을 받았으므로 우리가 아바 아버지라고 부르짖느니라" (롬8:14-15)

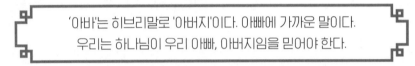

'아바'는 히브리말로 '아버지'이다. 아빠에 가까운 말이다.
우리는 하나님이 우리 아빠, 아버지임을 믿어야 한다.

어떤 사람들은 하나님이 너무나 높고 위엄하시기에 우리는 그의 이름을 불러서는 안된다고 한다. 그런가 하면 또 어떤 사람들은 하나님을 마치 '이층에 계시는 큰 아버지'처럼 너무 쉽게 불러댄다.

그러나 우리는 이 둘 사이에서 중간을 유지해야 한다. 하나님이 우리의 아빠이고 아버지가 되심은 그만큼 하나님과 가까운 것이다. 그러나 또한 하나님을 가장 깊이 경외하고 존경하는 것도 중요하다. 그래서 하나님을 생각없이 입버릇처럼 불러대는 것도 안된다.

하나님의 자녀로서 아바 아버지라고 부를 수 있는 우리는 예수 그리스도 안에서 누릴 수 있는 영광스러운 유산을 모두 다 받은 자들임을 깨닫기 바란다. 하나님의 자녀가 됨으로써 그 축복들이 우리의 것이 된 것이다.

하나님 아버지, 예수님을 통해 받은 분복 때문에 한 때는 외인이었으나, 이제는 아버지의 자녀로 불리어지게 하심을 감사드립니다. 예수 그리스도 때문에 그의 복이 우리의 것이 됨을 아버지께 감사드립니다. 예수님 이름으로 기도합니다. 아멘.

October 11

노력과 열매

(갈라디아서 5:22,23) "오직 성령의 열매는 사랑과 희락과 화평과 오래 참음과 자비와 양선과 충성과 온유와 절제니 이같은 것을 금지할 법이 없느니라"

바울은 육체의 일들을 말하다가 22절에서는 "그러나 성령의 열매"라고 시작한다. 여기서 "그러나"는 별개의 것을 연결할 때 쓰는 접속사로, 대조되는 두 개를 묶을 때 쓴다. 그러므로 육체의 일들과 성령의 열매는 완전히 대조된다.

우리는 하나님의 일에 관한 이야기를 할 때마다 육체적인 노력을 주장하여 참가자 모두 실망의 늪에 빠질 때가 많다. 그러면서도 우리는 하나님께 다음부터는 정말 잘하겠다고 약속한다. 그러나 우리의 진심어린 결단에도 불구하고 내가 맹세한 결단들을 제대로 지키지 못한다. 내 열심으로 하나님을 기쁘시게 하려고 애를 써보지만 나는 이미 불가능한 상태 속에 처해 버린다. 그 이유는 율법을 행함으로써는 어떤 육체도 의롭게 될 수가 없기 때문이다(갈 2:16).

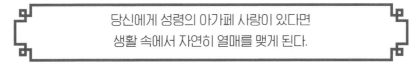

당신에게 성령의 아가페 사랑이 있다면
생활 속에서 자연히 열매를 맺게 된다.

- 열매를 말할 때마다 관계를 말한다.
 "내 안에 거하라 나도 너희 안에 거하리라 가지가 포도나무에 붙어 있지 아니하면
 스스로 열매를 맺을 수 없음 같이 너희도 내 안에 있지 아니하면 그러하리라"(요 15:4)

예수 그리스도를 통해 하나님과 바른 관계만 맺게 되면 그 결과로 나타나는 것이 열매다. 예수님이 내 안에 거하시지 않는다면 나 스스로는 하나님이 원하시는 그런 열매를 맺을 수 없다.

성령의 열매는 아가페 사랑이다. 이 사랑이 당신에게 없다면 하나님과 바른 관계를 맺을 수 없다. 그 사랑은 당신이 그분 안에 거할 때 생긴다. 당신의 생활 속에서 성령의 열매가 맺어지고 있는가? 그분 안에 거하고 그의 말씀이 당신 안에 거하게 하라. 거기에 붙어 있으라. 그러면 하나님의 사랑이 생기기 시작하면서 당신의 삶은 온전하게 되어 질 것이다.

하나님 아버지, 다른 사람들에게 당신의 사랑의 흔적을 남기게 하옵소서. 예수님 이름으로 기도합니다. 아멘.

October 12

나의 영광, 십자가

(갈라디아서 6:14) "그러나 내게는 우리 주 예수 그리스도의 십자가 외에 결코 자랑할 것이 없으니 그리스도로 말미암아 세상이 나를 대하여 십자가에 못 박히고 내가 또한 세상을 대하여 그러하니라"

당신에게 아주 귀한 것이 있다면 그것은 하나님이 주신 것이다. 그런데 사람들은 하나님이 자기에게 위임한 은사들을 하나님의 영광을 위해 사용하지 않고 자신의 영광을 위해 사용한다. 좋은 재능이 있는 사람은 마치 자기 것처럼 자랑한다. 그러나 주어진 것은 자랑할 수 없다.

> 십자가를 자랑하라. 십자가는 예수 그리스도께서 당신과 나를 얼마나 사랑하시는가 하는 것을 말해준다.

왜 우리에게 예수 그리스도의 십자가를 자랑하라고 하는가? 무엇보다 먼저 우리에 대한 하나님의 사랑의 극치를 보여주는 것이 십자가이다. 십자가를 볼 때마다 하나님이 우리를 돕고 구원하고 축복하기 위해 어디까지 이르셨는가를 생각하게 한다. 예수님이 사탄을 정복해 우리를 죄에서 벗어나게 하고 하나님과 사귐을 갖게 한 것이 바로 십자가 위에서 일어난 일이다.

우리가 육체와 무덤을 이길 수 있는 것은 십자가를 통해서이다. 그러므로 우리를 구원하고 풍성한 인생을 누리게 하며 천국의 영원한 생명의 소망을 주신 것이 예수 그리스도의 십자가이다.

하나님은 예수님의 십자가 외에 그 어떤 것도 자랑하지 못하게 한다. 우리가 구원 받은 다른 어떤 이유도 없다. 우리에게 그처럼 크나큰 자유와 승리를 가져다 준 그 어떤 다른 이름도 없다

하나님 아버지, 우리를 너무 사랑하셔서 당신의 아들을 보내사 우리를 사망의 사슬에서 벗어나게 하고 아버지와 영원한 사귐을 갖게 해 주심을 너무나 감사드립니다. 예수님 이름으로 기도합니다. 아멘.

October 13

하나님을 안다는 것

(에베소서 1:17) "우리 주 예수 그리스도의 하나님, 영광의 아버지께서 지혜와 계시의 영을 너희에게 주사 하나님을 알게 하시고"

일반적으로 자연인은 하나님의 영에 의하지 않고는 하나님의 깊은 일들을 도무지 깨달을 수 없다. "육에 속한 사람은 하나님의 성령의 일들을 받지 아니하나니 이는 그것들이 그에게는 어리석게 보임이요, 또 그는 그것들을 알 수도 없나니 그러한 일은 영적으로 분별되기 때문이라"(고전 2:14). 성령이 없이는 하나님이 계신다는 사실 외에는 하나님에 대한 어떤 것도 알 수가 없다.

그래도 우리가 하나님이 존재하신다는 사실을 부분적으로 아는 것은 하나님의 창조물이 하나님을 증거하기 때문이다(시19:1-2). 하나님이 자연 속에서 너무나 분명하게 드러내시므로 하나님이 존재하지 않는다는 이유를 만들 수가 없다. 그러나 하나님이 존재한다는 것을 아는 것 이상을 우리가 알 수 있는 것은 예수님을 봄으로써 나타나는 하나님의 특성 때문이다. 예수님은 하나님을 드러내기 위해 인간에게 오셨다. 하나님이 이 마지막 때에 그의 아들을 통해 우리에게 말씀하셨다(히 1:1-2).

> 우리가 예수님과 동행할 때 성령님은 하나님의 깊은 진리들을 우리에게 가르쳐 주신다. 하나님을 아는 것이 얼마나 큰 축복인가!

예수님은 하나님을 보여 달라고 조르는 빌립에게 "내가 이렇게 오래 너희와 함께 있으되 네가 나를 알지 못하느냐 나를 본 자는 아버지를 보았거늘 어찌하여 아버지를 보이라 하느냐"(요 14:9) 말씀하셨다.

그러므로 우리가 하나님이 자비하시고 은혜롭고 사랑이 많으시고 긍휼하시고 인자하시다는 것을 아는 것은 예수님에게서 그런 것들을 보았기 때문이다. 예수님은 육체를 입으신 하나님이시다. 자연을 통해, 말씀을 통해, 예수님을 통해 우리는 하나님 아버지의 구원의 지식을 알게 된 것이다.

하나님 아버지, 우리에게 하나님을 알게 해 주셔서 늘 하나님과 사귐을 갖는 기쁨과 영생의 소망을 주심을 감사드립니다. 예수님 이름으로 기도합니다. 아멘.

October 14

하나님의 작품들

(에베소서 2:10) "우리는 그가 만드신 바라 그리스도 예수 안에서 선한 일을 위하여 지으심을 받은 자니 이 일은 하나님이 전에 예비하사 우리로 그 가운데서 행하게 하려 하심이니라"

하나님은 당신의 미래에 대한 계획을 세워 놓으셨다. 매일 중의 매시간마다. 매순간 중의 매초마다. 하나님은 당신이 이 세상에서 그의 영광을 위해 무엇을 해야 할지를 정확하게 아신다. 하나님은 당신의 내일을 위해 오늘 당신에게 무엇을 준비시켜야 하는지도 정확하게 아신다. 우리가 맨 처음 숨도 쉬기 전에 하나님이 이미 우리에 대한 계획을 다 세워두셨다. 그래서 우리에 대한 그의 계획을 질서 있게 이루시려고 우리의 걸음걸이마다 이미 다 아신다니 얼마나 위로가 되는지 모른다.

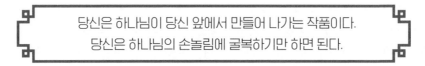

당신은 하나님이 당신 앞에서 만들어 나가는 작품이다.
당신은 하나님의 손놀림에 굴복하기만 하면 된다.

하나님이 하시는 일들이 어떤 순간에는 아주 즐겁지 않을 수도 있다. 또 어떤 일들은 아주 힘들기도 하다. 왜냐하면 우리는 하나님의 큰 그림을 볼 수 없기 때문이다. 그 좋지 않은 일들이 어떻게 작용해서 수수께끼를 완전히 풀어낼 수 있을지 우리는 도무지 이해 할 수 없다.

때로 하나님의 결정은 우리를 혼란시키고 안정을 취하지 못하게 한다. 모든 것이 잘못되어 가는 것 같고 아귀가 제대로 맞지 않는 것처럼 보이기도 한다. 그러나 결국에는 하나님이 우리 안에서 만들고자 원하는 인생을 위해서는 모든 부분이 다 필요했음을 보게 될 것이다.

준비기간이 쉽지는 않지만 반드시 필요한 것들이다. 당신은 하나님의 작품이기 때문에 하나님이 당신 안에서 일하고 계신다. 따라서 우리는 그의 손놀림에 굴복해 하나님이 원하시는 목적대로 깎이고 만들어지기를 바란다. 그리하여 우리의 호흡마다 하나님께 영광과 존귀를 드리는 자가 되기를 바란다.

하나님 아버지, 매일 우리의 삶 속에서 행하시는 당신의 일들에 감사를 드립니다. 아버지를 영화롭게 하는 도구가 되기를 원합니다. 당신을 섬기기 위해 우리를 훈련시켜 주옵소서. 예수님 이름으로 기도합니다. 아멘.

October 15

그는 전능자

(에베소서 3:20) "우리 가운데서 역사하시는 능력대로 우리가 구하거나 생각하는 모든 것에 더 넘치도록 능히 하실 이에게"

우리는 때로 우리 앞에 놓인 장벽을 우리의 능력으로 재어보는 경향이 있다. 우리가 그 장벽을 넘어가야만 한다면 그렇게 하는 것이 마땅하다. 그러나 우리를 위해 그 산을 다루시는 분이 하나님이시라면 그런 측정은 잘못되었다.

만약 그 산을 다루는 분이 하나님이라면 '어렵다'라는 말은 있을 수가 없다. 하나님은 "나는 여호와요 모든 육체의 하나님이라 내게 할 수 없는 일이 있겠느냐"(렘 32:27) 말씀하셨다.

> 우리는 모든 상황을 우리의 능력에 비추지 말고 하나님의 능력에 비추어 보는 법을 배워야 한다.

의사가 "죄송합니다. 희망이 없습니다. 우리로서는 할 일을 다 했습니다" 말하면 우리는 좌절한다. 왜? 인간이 할 일은 다 했기 때문이다. 이럴때 우리는 그 의사의 말만 듣고 하나님은 전혀 생각하지 않고 실의에 빠진다. 그러나 당신의 문제에 하나님을 끌어들이는 순간 그런 걱정은 날아가 버린다. 하나님을 생각하는 순간 희망이 생긴다.

우리는 용광로 속과 사자굴에서 우리를 건져 주셨던 하나님을 기억해야 한다. 하나님은 당신을 죄와 죽음, 그리고 현재 당하고 있는 어떤 문제에서도 구원해 주실 것이다.

"오늘 당신은 어떤 산에 부딪히고 있는가?"
- 하나님께 도움을 구하라.
- 당신의 편에서 그의 능력을 나타내시는 그분께 구하라.
- 그리고 그분이 해 주실 것을 믿으라.

하나님 아버지, 우리를 사랑해 주시니 감사합니다. 우리가 당한 환경에서 눈을 떼어 아버지의 그 크신 능력에 눈을 돌리게 하옵소서. 예수님 이름으로 기도합니다. 아멘.

October 16

사랑 안에서 세우라

(에베소서 4:15-16) "오직 사랑 안에서 참된 것을 하여 범사에 그에게까지 자랄지라 그는 머리니 곧 그리스도라 그에게서 온 몸이 각 마디를 통하여 도움을 받음으로 연결되고 결합되어 각 지체의 분량대로 역사하여 그 몸을 자라게 하며 사랑 안에서 스스로 세우느니라"

어느 날 어린 소년이 그의 아버지와 함께 교회 바깥을 걸어가고 있었다. 그러다 소년은 아빠를 쳐다보면서 불쑥 "하나님이 우리에게 화를 내고 계시는 것 같아요" 말했다. 이것은 슬픈 현실이다.

교회는 사랑으로 진리를 말하여 그리스도의 몸을 그의 형상만큼이나 자라게 하라고 부름을 받았다. 그러나 항상 사랑으로 진리를 말하지 못해 왔다. 하나님이 우리에게 위임하신 말씀 가운데는 분노나 불만의 말씀이 전해질 때도 있다.

사랑은 모든 것을 덮는다.

만약 우리가 사랑으로 사역을 한다면 우리의 말이 그들을 세우고 용기를 주어 주님을 섬길 수 있게 될 것이다. 사랑 안에서 성숙하게 됨으로 그리스도의 몸으로 뻗어나갈 것이다.

우리 모두는 그리스도의 몸 안에서 각각 특별한 부름을 받았다. 우리가 그 자리를 채우지 못하면 공석이 된다. 그렇게 되면 그 몸은 약해지고 교회는 자기의 구실을 할 수가 없다.

부디 하나님께서 당신에게 주신 특별한 사명을 깨달아 당신도 다른 사람을 양육할 수 있도록 하나님이 사용하시기를 원한다. 하나님의 영광을 위해 하나님의 편에서 그들에게 힘을 주고 용기를 주어 그들을 사랑하게 될 것이다.

하나님 아버지, 우리는 아버지가 원하시는 사람이 되기를 원합니다. 우리도 성령님을 통해 그들에게 당신의 사랑을 나타냄으로써 그들에게 용기를 주고 힘을 내게 하여 사랑으로 세우게 하소서. 예수님 이름으로 기도합니다. 아멘.

October 17

성도의 걸음

(에베소서 5:15) "그런즉 너희가 어떻게 행할지를 자세히 주의하여 지혜 없는 자 같이 하지 말고 오직 지혜 있는 자 같이 하여"

어리석은 자는 시간을 죽인다. 하나님이 자기에게 위임한 일생이라는 시간 동안 무엇을 할 것인가에 대해 전혀 아무 생각 없이 그 귀한 순간순간들을 낭비해 버린다. 그러나 지혜로운 사람은 신중하게 생각하며 산다. 그래서 지혜로운 자는 세월을 그냥 흘려보내지 않는다.

지혜로운 자는 하나님이 주신 자신의 일생에 대한 하나님의 뜻이 무엇인지 알고자 한다. 이것이야말로 자기가 이루어내야 할 가장 중요한 지식이다. 어리석은 자는 내가 왜 존재하는지, 무엇에 관심을 가져야 하는지 전혀 알지도 못하고 일생동안 허둥대다가 사라져 버린다. 그는 영원에 대해서는 전혀 생각하지 않고 그냥 순간만을 위해 살 뿐이다.

> 인생을 신중하게 산다는 것은 곧 하나님의 뜻을 안다는 것이다.

인생을 신중하게 살려면 충만해야 한다. 어리석은 자는 그의 정신을 술로 흐리게 해 자기에게 문제되는 일에 둔하다. 그러나 지혜로운 자는 성령으로 충만해 성령에 대한 일들에 민감하다. 그의 소원은 하나님의 뜻에 따라 걷는 것이다. 그래서 그의 일생을 자기를 창조하신 하나님의 계획과 목적을 따라가게 한다.

하나님의 뜻은 우리에게 모든 일에 항상 감사하라는 것이다(살전5:18). 그러나 나는 모든 일이 잘 되어야만 감사 드리려 한다. 하나님의 뜻을 알고 성령으로 충만하면 하나님이 우리를 부르신대로 걸어갈 수 있다. 어떤 환경이든지 하나님께 늘 감사하고 모든 기회에 최선을 다해 하나님께 영광을 돌릴 수 있게 된다.

하나님 아버지, 당신의 아들 예수 그리스도를 통해 우리에게 행하신 일, 그리고 당신이 누구이심을 생각하여 늘 아버지께 감사하게 하옵소서. 예수님 이름으로 기도합니다. 아멘.

기도의 능력

(에베소서 6:18) "모든 기도와 간구를 하되 항상 성령 안에서 기도하고 이를 위하여 깨어 구하기를 항상 힘쓰며 여러 성도를 위하여 구하라"

우리는 에베소서 6장에서 바울이 기술한 영적 무기에는 익숙하다. 곧 의의 흉배, 믿음의 방패, 구원의 투구, 성령의 검과 기도이다. 이러한 무장 없이는 싸움에 설 수 없다. 영적 전쟁에는 반드시 영적 무기가 있어야 한다.

이 가운데서 나는 당신에게 기도가 가장 치명적이라고 말하고 싶다. 왜냐하면 사탄은 기도를 하지 못하도록 온갖 것으로 방해를 한다. 사탄은 당신이 전쟁에 하나님을 개입시키지 못하게 한다. 사탄은 자기와 당신 둘이서만 싸우고 싶어한다.

기도는 결정적인 무기이다.

겟세마네 동산에서 베드로가 자는 동안 예수님은 기도하셨다. 예수님은 베드로를 깨우면서 "베드로야 잠자느냐?... 깨어 기도하라. 그렇지 않으면 시험에 들것이다" 말씀하셨다. 그러나 베드로와 다른 제자들 모두 잠들고 말았다.

주님은 "시몬아 자느냐 네가 한 시간도 깨어 있을 수 없더냐 시험에 들지 않게 깨어 있어 기도하라 마음에는 원이로되 육신이 약하도다"(막 14:37-38) 책망하셨다.

예수님은 모든 어려움을 기도로 승리하셨다. 그러나 베드로는 그날 밤 어려움을 당했을 때 패하고 말았다. 만약 베드로가 자지 않고 기도했다면 그도 이겼을 것이다. 우리도 기도하지 않음으로 얼마나 많이 대패했을까 하고 생각해 본다.

기도를 함으로써 우리는 적으로부터 이길 수 있는 힘을 얻게 된다. 왜냐하면 우리가 기도할 때 사탄은 예수 그리스도의 이름 앞에 굴복하게 되기 때문이다. 하나님께서 우리에게 기도하도록 감동을 주셔서 우리가 하나님을 기다리고 이 땅에서 하나님의 뜻을 이룰 때까지 기도하면서 인내하기를 바란다.

하나님 아버지, 기도라는 능력의 무기로 우리 주변에 있는 사탄의 진을 무너뜨릴 수 있게 하심을 감사드립니다. 우리에게 기도하도록 가르쳐 주시옵소서. 예수님 이름으로 기도합니다. 아멘.

October 19

죽음은 두렵지 않다

(빌립보서 1:21) "이는 내게 사는 것이 그리스도니 죽는 것도 유익함이라"

성경은 사람은 누구나 한 번은 다 죽게 되어 있다고 말씀한다. 그 말은 당신은 하나님과 피할 수 없는 만남이 약속되어 있다는 뜻이다. 그렇다면 당신은 이 말을 들으면 어떤 느낌이 드는가? 그 약속이 두려운가? 인간은 본능적으로 죽음을 두려워한다. 그 이유는 죽음 이후에 무슨 일이 일어날지 모르기 때문이다. 알지 못하면 두려워진다.

- 예수님 때문에 하나님의 자녀가 된 우리는 결코 죽음을 두려워하지 않는다.

불신자들이 죽음 이후에 기다리고 있는 것의 실제를 안다면 지금보다 더욱 공포에 질려 살아갈 것이다. 그것은 두려움 그 이상의 것이다. 천국을 살짝 맛본 바울은 사느냐 죽느냐를 선택하는 것이 어렵다고 말했다.

바울은 "내가 그리스도 안에 있는 한 사람을 아노니 그는 십사 년 전에 셋째 하늘에 이끌려 간 자라 - 그가 몸 안에 있었는지 몸 밖에 있었는지 나는 모르거니와 하나님은 아시느니라"(고후 12:2-7) 고백하였다. 그 이유는 육체 가운데 사는 동안 하나님을 기쁘시게 할 수 있지만 주님과 함께 있기 위해서는 오히려 우리가 몸을 떠나야 하는 것임을 알았기 때문이다(고후5:8).

예수님 때문에 하나님의 자녀는 죽음을 절대로 무서워해서는 안된다. 예수님은 우리를 죄에서 구원하여 사망의 쏘는 것을 없애러 오셨다. 그 쏘는 것, 사망이 사라짐으로 우리는 더 이상 죽음을 두려워할 필요가 없게 된 것이다. 그러므로 우리는 이기고 또 이긴 상태이다.

> 내가 사는 것이 그리스도니 죽는 것도 유익함이라!

내가 산다면 나는 주를 위해 살 것이요, 주님과 교제하며 살아갈 것이다. 나는 그의 뜻을 행하며 살 것이다. 이것이 내게는 천국에 더욱 많은 보화를 쌓을 수 있는 기회다. 그러나 내가 죽는다면 주님 안에서 온전한 즐거움을 누리며 영원토록 살아가게 될 것이다.

하나님 아버지, 알지 못하고 불확실한 미래가 아닌 예수 그리스도 안에서 보장받은 확실한 미래를 보여 주심을 너무나 감사드립니다. 예수님 이름으로 기도드립니다. 아멘.

October 20

아무것도 염려하지 말라

(빌립보서 4:6-7) "아무 것도 염려하지 말고 다만 모든 일에 기도와 간구로, 너희 구할 것을 감사함으로 하나님께 아뢰라 그리하면 모든 지각에 뛰어난 하나님의 평강이 그리스도 예수 안에서 너희 마음과 생각을 지키시리라"

성경은 항상 명령만 하지는 않는다. 바울은 우리에게 "염려하지 말라"고 하면서 염려에 대한 해결 방법도 우리에게 가르쳐 준다. "모든 일에 기도와 간구로 감사함으로 하여 너의 구할 것을 하나님께 알게 하라" 다른 말로하면, 당신이 염려하는 일들을 기도 생활의 주제로 삼고, 그것들을 걱정하는 대신 기도하라는 말이다.

당신의 걱정을 기도로 돌려라.

바울은 '기도와 간구'(prayer & supplication)를 분명히 구분하고 있다. 기도는 하나님과 '친교'(communion)하는 것이다. 기도는 하나님과 이야기하고 하나님을 예배하고 그냥 하나님을 사랑하는 것이다.

'간구'(supplication)는 요청하는 것이다. 하나님과 당신의 대화가 당신의 필요로 옮겨지는 것이다. 바울은 하나님께 당신의 '요구'(request)를 알리라고 한다. 그러나 맨 먼저 해야 할 일이 있다. 먼저 하나님을 사랑으로 예배하며 기도로 시작해야 한다. 기도가 우리의 간구보다 선행되어야 한다.

우리의 염려된 문제를 이렇게 해결해 나갈 때, 다시 말해서 하나님께 기도하고 요청하고 감사하며 해결해 가면 그 결과로 우리에게 이해할 수 없는 평강이 주어진다. 외적으로는 우리의 문제가 더 나빠져 갈지라도 내면적으로는 말할 수 없는 평강을 경험하게 될 것이다.

하나님 아버지, 우리에게 행하신 모든 일들에 감사드립니다. 우리가 아버지께 구할 때 주님의 평강으로 축복해 주옵소서. 예수님 이름으로 기도합니다. 아멘.

바울의 기도

(골로새서 1:9-10) "이로써 우리도 듣던 날부터 너희를 위하여 기도하기를 그치지 아니하고 구하노니 너희로 하여금 모든 신령한 지혜와 총명에 하나님의 뜻을 아는 것으로 채우게 하시고 주께 합당하게 행하여 범사에 기쁘시게 하고 모든 선한 일에 열매를 맺게 하시며 하나님을 아는 것에 자라게 하시고"

바울은 골로새 교인들이 예수님을 믿는다는 소식을 처음으로 전해들은 때부터 그들을 위해 계속 기도해 왔다. 첫째는 그들이 하나님의 뜻을 충분히 알게 해 달라고 기도했다. 그리고 그 아는 것이 영적인 지혜와 총명으로 알게 해 달라고 구했다.

당신에 대한 하나님의 뜻을 아는 것이 열쇠이다. 당신의 육신은 이 방향 저 방향으로 당신을 이끌 수도 있다. 그러나 당신 속에 내재하시는 하나님의 성령께서 하나님의 특별하시고 각기 다른 하나님의 주권적인 목적을 이루시기 위하여 당신을 개인적으로 인도할 것이다.

> 우리가 하나님의 성령의 능력과 권세를 행할때만이 우리는 하나님의 뜻에 합당하게 행할 수 있다.

그래서 바울은 골로새 교인들이 하나님께 합당하게 행하도록 기도했다. 이것이 당신 자신의 능력으로 가능할 수 있겠는가? 그러나 그렇게 불가능한 것만은 아니다. 하나님께서 우리를 그의 자녀로 입적하셨으니 우리는 그 가문의 규정대로 살아야 한다. 그의 가문답게 산다는 것은 사랑으로, 순결로, 화평으로 행하는 것이다. 그것이 곧 믿음으로 행하는 것이다.

골로새 교인들을 위한 두 번째 간구는 그들이 모든 착한 일에 열매 맺는 자들이 되게 해 달라는 것이다. 우리의 착한 열매들은 우리가 예수님과 사귐을 가질 때 맺어진다. 그의 생명이 우리 안에 흘러들어올 때 자연스럽게 열매가 맺힌다. 마지막으로 바울은 하나님을 아는 지식이 그들에게서 자라나게 해달라고 구했다. 우리가 하나님을 알 수 있는 모든 것이 하나님의 말씀 안에 드러나 있다. 얼마나 아름다운 기도인가? 그러나 이 기도는 또한 당신을 위한 기도이기도 하다.

하나님 아버지, 우리에게 당신의 길들을 가르쳐 주시소서. 당신의 진리로 인도하셔서 우리의 삶이 예수님을 반영할 수 있게 하소서. 예수님 이름으로 기도합니다. 아멘.

승리

(골로새서 2:15) "통치자들과 권세들을 무력화하여 드러내어 구경거리로 삼으시고 십자가로 그들을 이기셨느니라"

예수님은 십자가 위에서 벌어진 결정적인 싸움에서 이기셨다. 예수님이 십자가를 지시는 순종을 통해 사탄을 물리치고 우리를 가두어둔 문들을 활짝 열어주셨다. 그 승리는 너무나 대단하여 심지어 오늘까지, 즉 이천년이 지난 지금까지도 사탄은 여전히 패배한 상태로 정복당해 있다. 만약 오늘날 어떤 사람이 사탄이 다스리는 흑암의 왕국에서 충성하다가 예수님이 통치하시는 빛의 나라로 옮기고 싶다고 한다면 사탄은 그의 손아귀에서 그를 풀어주어야 할 것이다. 십자가가 문을 활짝 열게 했고 사탄에게는 그 문을 닫을 힘이 없다.

> 예수님은 우리의 승리를 위해 한 가지 길을 만드셨다.

우리는 사탄에게 복종할 필요가 없다. 우리는 어둠의 충동이나 육신적인 반역에 굴복해서는 안된다. 골고다에서의 승리는 우리도 새생명을 얻을 수 있다는 것이다. 우리는 승리하신 예수님을 우리의 주님과 구세주로 영접할 수 있고 기쁨으로 그를 섬길 수도 있다. 흑암의 권세 아래 갇혀 있던 우리에게 마귀의 정사와 권세가 끈질기긴 하지만, 당신이 허락하지 않는다면 당신을 지배할 수 없다. 오직 예수님을 통해서만 당신은 흑암의 권세와 힘을 퇴각시킬 수 있다.

십자가 위에서 6시간 동안 예수님은 우리를 깨끗이 씻기기 위해 대책을 마련하셨다. 예수님은 우리의 강건함을 위해 대책을 마련하셨다. 예수님은 우리를 결박한 자를 정복하기 위해 방법을 만드셨다.

예수님은 하나님과 인간 사이의 거리를 매워 우리가 하나님께 가까이 나아가 하나님을 아버지로 알게 했다. 그의 승리는 우리도 승리할 수 있다는 뜻이다. 사탄은 끊임없이 당신을 하나님 아버지에게서 멀어지게 하려고 하지만 당신은 그런 유혹에 대항하여 서서 예수 그리스도의 영광스러운 승리를 당신도 할 수 있게 하셨다.

하나님 아버지, 오늘날 육신의 문제로 갈등하는 자들에게 당신이 이루신 것을 알게 하여 주시옵소서. 그들의 눈을 열어 당신의 아들을 통해 이룬 승리를 보게 하시옵소서. 예수님 이름으로 기도합니다. 아멘.

October 23

그리스도와 함께 감추어짐

(골로새서 3:1-3) "그러므로 너희가 그리스도와 함께 다시 살리심을 받았으면 위의 것을 찾으라 거기는 그리스도께서 하나님 우편에 앉아 계시느니라 위의 것을 생각하고 땅의 것을 생각하지 말라 이는 너희가 죽었고 너희 생명이 그리스도와 함께 하나님 안에 감추어졌음이라"

그리스도인이 된다는 것은 새로운 피조물이 되었다는 뜻이다. 그는 새롭게 태어나서 성령을 따라 살아가는 자이다. 그리스도와 함께 부활한 사람들은 하나님의 우편에 앉아 계시는 그리스도가 계시는 위의 것들을 추구한다.

- 내가 그리스도인이기 때문에,
- 나는 새로운 창조물이기 때문에,
- 내 영이 새롭게 살아났기 때문에,
- 나는 영적인 일들과 위의 것들에 관심을 가진다.

바울은 본문에서 그리스도인이 된 우리는 물질적인 일보다 영적인 일에, 찰나적인 것보다 영원한 것들을 추구하라고 권고한다. 요한은 "이 세상이나 세상에 있는 것들을 사랑하지 말라 누구든지 세상을 사랑하면 아버지의 사랑이 그 안에 있지 아니하니"(요일 2:15) 증거했다.

> 당신은 이전의 육신적이고 물질적인 일들에는 죽은 자이다.

당신은 하나님 없이는 죽은 생명이다. 그것은 세상과 함께 세상의 것들을 사랑하는 생명이다. 그러나 지금 당신은 하나님 안에서 그리스도와 함께 감추어져 있는 생명이다.

우리의 삶이나 생각과 마음이 위에 있으면 좋겠다. 주께서 이 세상의 부패한 가운데서 우리를 들어 올리셔서 우리가 성령을 따라 행하며 우리의 인생을 영원한 것에 투자할 수 있기를 바란다.

하나님 아버지, 주께서 우리에게 약속하신 미래에 대해 감사드립니다. 예수님 이름으로 기도합니다. 아멘.

October 24

기도를 계속하라

(골로새서 4:2) "기도를 계속하고 기도에 감사함으로 깨어 있으라"

이스라엘 백성들은 자기들이 죄 때문에 곧 심판을 받을 것이라는 사실을 알았다. 그래서 사무엘 선지자에게 "우리가 죽지 않도록 우리를 위해서 기도해 달라"고 요청했다. 그러자 사무엘은 "나는 너희를 위해 기도를 쉬는 죄를 범치 않겠다" 선언했다.

사무엘은 기도하지 않는 것은 실로 하나님께 범죄하는 죄라고 보았다. 우리 중에 얼마나 많은 사람들이 기도하지 않는 것이 죄라고 생각하겠는가? 또 자기가 생각할 때에 응답이 되지 않는다고 기도를 포기하는 미성숙한 사람들이 얼마나 많이 있을지 나는 생각해 본다.

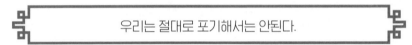

우리는 절대로 포기해서는 안된다.

물론 당신이 이렇게 물을 수도 있다. "왜 기도를 계속해야 하나요? 하나님이 그렇게 하시기로 계획하셨다면 하나님은 어떻게 해서라도 그것을 이루시지 않겠습니까? 제가 기도를 한 번 한다고 그것이 그렇게 될까요?"

무엇보다도 가장 먼저는 기도가 하나님의 생각을 바꾼다고 절대 생각해서는 안된다는 것이다. 그것은 우리로 하여금 운전석에 앉게 하는 것과 같다. 하나님은 내 소원이나 들어주시는 분이 아니다. 기도로 하나님의 생각을 바꾸려고 해서는 안된다.

때때로 하나님은 우리와 그의 목적이 하나되게 하기 위해 우리 기도의 응답을 늦추기도 하신다. 또 때로 하나님은 우리에게 더욱 많이 주셔서 우리의 영광을 받기 위해 기도의 응답을 늦추기도 하신다. 그래서 이렇든 저렇든 우리는 계속해서 기도해야 한다. 기도를 계속해 하나님께 감사하길 바란다.

"여호와의 인자하심과 인생에게 행하신 기적으로 말미암아 그를 찬송할지로다"(시 107:8)

하나님 아버지, 우리가 아버지께 기도하는 것을 그치지 않게 하소서. 오늘도 우리에게 생명을 주시고, 강건하게 하시고, 구원해 주심을 믿습니다. 예수님 이름으로 기도합니다. 아멘.

October 25

사랑으로 알게 됨

(데살로니가전서 1:3) "너희의 믿음의 역사와 사랑의 수고와 우리 주 예수 그리스도에 대한 소망의 인내를 우리 하나님 아버지 앞에서 끊임없이 기억함이니"

바울은 몇 가지 일들로 데살로니가 교인들을 칭찬했다. 첫 번째로 무엇보다 그들이 믿음으로 행하는 것을 칭찬했다. 그들은 의무나 억지로나 두려움으로 일하지 않고 하나님의 은혜와 사랑에 감격해 일했다. 선한 행실은 믿음의 표현이다.

두 번째는 사랑에 대한 수고이다. 사랑은 세상에서 가장 강한 동기부여가 될 수 있다. 사랑만큼 사람의 마음에 감동을 주는 것은 없다. 사랑 때문에 하는 수고는 절대로 짐이 될 수 없다. 그 수고는 오히려 항상 기쁘다. 그리스도의 사랑이 우리 마음에 충만하게 되면 그것은 주님을 섬기는 우리의 동기가 된다.

> 우리 속에 예수님의 형상이 거하기를 원한다.

세 번째 특징은 예수님의 재림 소망 때문에 인내하는 교회였다. 바울은 로마서에서 "만일 우리로 보지 못하는 것을 바라면 참음으로 기다릴지니라"(롬 8:25) 권고하였다. 우리가 볼 수 없으나 기쁨으로 기대하며 기다리는 것이다. 바로 믿고 의지하는 어떤 것이다.

당신은 이 세 가지 분야를 어떻게 하고 있는가? 믿음으로 이들을 이루고 있는가? 구주이신 주님을 위해 사랑의 수고를 하고 있는가? 데살로니가 교회가 칭찬받은 이러한 특성들을 알기 바란다.

예수 그리스도의 사랑이 우리 마음속에서 일하고 계심을 알기 바란다. 곧 그를 사랑하게 하고, 그의 말씀을 사랑하게 하고, 서로서로를 사랑하게 하고, 우리가 살고 있는 잃어버린 세상을 사랑하게 하는 역사이다.

하나님 아버지, 당신이 주신 믿음과 당신을 위해 수고할 수 있는 특권을 주심에 감사드립니다. 아버지의 뜻이 하늘에서 이루어진 것처럼 이 땅에서도 이루어질 그날을 고대합니다. 예수님 이름으로 기도합니다. 아멘.

October 26

하나님의 능력 있는 말씀

(데살로니가전서 2:13) "이러므로 우리가 하나님께 끊임없이 감사함은 너희가 우리에게 들은 바 하나님의 말씀을 받을 때에 사람의 말로 받지 아니하고 하나님의 말씀으로 받음이니 진실로 그러하도다 이 말씀이 또한 너희 믿는 자 가운데에서 역사하느니라"

만약 사람이 성경을 만들었다면 그 사람은 지금까지 세상에 살았던 사람들 중에 가장 지혜로운 자들이라고 말할 것이다. 1,500년 동안 44명의 사람들이 성경을 기록하였지만 그 내용은 통일된 하나이다. 그 동안 수많은 사람들이 성경을 수많은 시간동안 비평과 분석의 대상으로 삼았으나 하나의 이야기로 변함없이 서 있다.

이 세상에서 그 어떤 책도 성경보다 선하게 심오한 영향을 주었던 책들이 없다. 수 세기 동안 회의주의자들과 의심하는 자들이 그렇게도 두들겨 패는 모루가 되었었다. 그러나 성경을 두들겨 패던 망치는 닳아 없어졌어도, 그 모루는 여전히 서 있다.

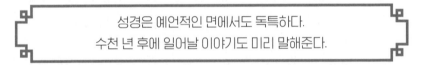
성경은 예언적인 면에서도 독특하다.
수천 년 후에 일어날 이야기도 미리 말해준다.

바울은 성경말씀을 "믿는 자에게는 역사한다" 라고 피력했다. 죄로 말미암아 거의 멸망 할 뻔했던 인생이 하나님의 말씀으로 달라지는 것을 볼 때는 정말 아름답다. 그들은 죄의 사슬에서 풀려나서 구원받고 씻음 받은 후에 뜻 있는 삶을 살아가게 된다.

- 하나님의 말씀은 사람을 변화시킨다.
- 이천년 전의 데살로니가 교인뿐만 아니라,
- 오늘날 교회 안에 있는 우리에게도 마찬가지이다.

하나님 아버지, 당신의 말씀의 능력을 감사드리며 그 말씀으로 인생을 변화시키고 회복시켜 주시니 감사합니다. 아버지는 어제나 오늘이나 영원토록 동일하시니 감사합니다. 주의 진리를 전파할 수 있도록 도와 주시옵소서. 예수님 이름으로 기도합니다. 아멘.

October 27

미성숙한 믿음을 온전케 함

(데살로니가전서 3:9-10) "우리가 우리 하나님 앞에서 너희로 말미암아 모든 기쁨으로 기뻐하니 너희를 위하여 능히 어떠한 감사로 하나님께 보답할까 주야로 심히 간구함은 너희 얼굴을 보고 너희 믿음이 부족한 것을 보충하게 하려 함이라"

오늘날 많은 사람들은 믿음이 부족하다. 그것은 그들이 살아가는 방식을 보면 알 수 있다. 말로는 믿는다고 고백하지만 그들의 삶은 육체를 따라 살고 있다. 악을 싫어한다고 하면서도 악에 매료당하고 있다. 정말 성경을 믿는다면 그들이 그런 일들을 할 수가 없다. 정말 복음을 믿는다면 그들의 구세주에게 반토막 헌신을 할 수가 없다. 이런 사람들은 자기들이 편할 때는 예수님을 나타내고, 자기들의 계획에 차질이 생길 때에는 예수님을 밀쳐버린다.

> 그와 같은 미성숙하고 온전하지 못한 믿음에도 소망이 있을까?
> 그들을 하나님의 말씀에 데려다 놓아라.

하나님의 말씀으로 온전케 된 믿음은 대담하게 증거한다. 그 믿음은 두려움을 몰아내고 걱정을 추방해 버린다. 그러나 믿음이 성숙되지 못한 자들은 용기도 없고, 확신도 없다. 그런 사람들은 예수님을 완전히 신뢰하지 못한다. 때문에 예수님을 증거 할 수도 없다.

그렇다면 미성숙한 믿음의 사람에게도 소망이 있을까? 소망이 없다면 어떻게 그 믿음이 온전할 수 있을까? 오직 방법은 그들에게 하나님을 더욱 많이 알게 하고 이해시키면서 하나님이 자신을 나타내신 성경말씀을 가르치는 것이다.

당신도 성경을 공부하면 하나님께 믿음을 둔 사람들이 어떻게 하나님께 건짐을 받았는가에 대한 사건들을 읽을 수 있을 것이다. 그러면서 당신의 믿음이 자라게 된다. 왜냐하면 믿음은 하나님의 말씀을 듣고 또 들을 때에 믿어지게 되기 때문이다. 어떤 부분에서는 우리 모두 믿음이 부족하다. 그래서 "주여, 나의 믿음이 자라게 해주소서" 기도하면서 하나님의 말씀에 시간을 투자하여 우리 안의 부족한 믿음을 온전하게 되도록 해야 한다.

하나님 아버지, 우리의 믿음을 도와주소서. 당신과 당신의 말씀과 당신의 약속을 믿는 믿음을 온전케 하여 주옵소서. 예수님 이름으로 기도합니다. 아멘.

끌어올림

(데살로니가전서 4:16-17) "주께서 호령과 천사장의 소리와 하나님의 나팔 소리로 친히 하늘로부터 강림하시리니 그리스도 안에서 죽은 자들이 먼저 일어나고 그 후에 우리 살아남은 자들도 그들과 함께 구름 속으로 끌어 올려 공중에서 주를 영접하게 하시리니 그리하여 우리가 항상 주와 함께 있으리라"

어느 날엔가 예수님은 자기의 교회를 위해 오실 것이다. 그리고 예수님은 우리를 끌어 올리실 것이다. 예수님은 강제로 우리를 이 세상에서 데려가실 것이다. 이 "끌어 올린다"는 말이 곧 '휴거'로 알려져 있다. 어떤 사람은 휴거에 대해 무지하게도 성경에 "휴거"란 말이 없다고 주장하면서 논쟁하기도 한다.

그러나 헬라어로 '하르파조'(Harpazo)는 킹제임스 성경에 '끌어올린다'(caught up)로 번역되어 있다. 그 말의 뜻은 '힘에 의해 강제로 데려감을 당한다'는 뜻이다. 원래 헬라어에서 라틴어로 번역한 '라틴 벌게이트 성경'(Latin Vulgate Version)에는 '랍투스'(raptus)라고 기록되어 있는데, 이것을 번역하면 '휴거'이다.

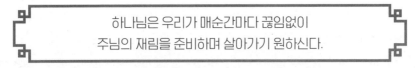

하나님은 우리가 매순간마다 끊임없이
주님의 재림을 준비하며 살아가기 원하신다.

- 휴거가 일어날 때 갑자기 우리를 데려갈 것이다.
"그러므로 너희도 준비하고 있으라 생각하지 않은 때에 인자가 오리라 하시니라"(눅 12:40)

그 날이 곧 올 것이다. 주님은 큰 소리로 "이리로 올라오라"고 외칠 것이다. 그러면 우리 살아남아 있는 자들은 이 죄 많고 저주스러운 세상에서 강제로 들려 올라갈 것이다.

당신은 이 위대하고 거대한 사건에 대비하고 있는가?

하나님 아버지, 주 예수 그리스도의 강림에 대한 영광스러운 소망 주심을 감사합니다. 그 순간을 위해 준비된 자로 살아갈 수 있도록 도와주시옵소서. 예수님 이름으로 기도합니다. 아멘.

October 29

깨어 있으라

(데살로니가전서 5:6) "그러므로 우리는 다른 이들과 같이 자지 말고 오직 깨어 정신을 차릴지라"

예수님이 사데 교회에 편지하기를 "그러므로 네가 어떻게 받았으며 어떻게 들었는지 생각하고 지켜 회개하라 만일 깨지 아니하면 내가 도둑 같이 이르리니 어느 때에 네게 이를는지 네가 알지 못하리라"(계 3:3) 하였다.

그러므로 우리는 예수 그리스도의 재림을 깨어 지켜보아야 한다. 예수님은 그의 제자들에게 자신이 다시 올 것을 여러 번 계속해서 말씀하시면서 "깨어 있으라" 말씀하셨다.

당신이 예수 그리스도의 재림에 깨어 있다면 밤에 오는 도적에게 당신의 재산을 몰수당하는 일은 없을 것이다. 지금 우리가 살고 있는 세상은 어둡다. 거기다가 주님의 재림 징조까지 알아채지 못하고 있다. 하나님이 하시는 일들과 하나님의 말씀들을 무시한 채 세상은 계속 흘러가고 사업도 평소처럼 계속 돌아가야 한다.

우리는 눈멀거나 무시해서는 안된다.

하나님의 자녀인 우리는 빛 가운데서 행해야 한다. 그 뜻은 우리가 살고 있는 때를 알아야 하고, 또 신중하게 살아야 한다는 것이다. 어두움에 살거나 우리 주님의 재림을 무시하지 말라는 말이다. 우리는 하나님의 자녀로서 잠에 빠져있지 말고 깨어 그의 재림을 열심히 기다려야 한다.

우리는 징조들을 보고 깨어 있어야 하는데 우리가 만약 우리 주변에 일어나는 일들을 알지 못한다면 징조들을 깨달을 수 없다. 예수님께서도 "이런 일들(천재지변, 폭력, 전쟁, 도덕적인 타락, 세상의 무질서)이 되기를 시작하거든 일어나 머리를 들라 너희 속량이 가까왔느니라 하시니라"(눅 21:28) 말씀하셨다.

- 지금 위를 쳐다보면 깨어 있어야 할 때이다.
- 예수님이 그의 신부가 된 교회를 위해 곧 오실 것이기 때문이다.

하나님 아버지, 오늘날과 같이 심히 어두운 때에도 오직 당신의 오심을 기다리는 소망으로 살아가게 하소서. 예수님 이름으로 기도합니다. 아멘.

감사드려라

(데살로니가전서 5:18) "범사에 감사하라 이것이 그리스도 예수 안에서 너희를 향하신 하나님의 뜻이니라"

우리는 하나님의 뜻을 몇 가지는 확실하게 알고 있다. 예를 들자면 예수 그리스도를 우리 주로 고백하는 것은 하나님의 뜻이다. 사랑으로 행하여야 하는 것도 하나님의 뜻이다. 우리가 서로 친절하게 대해야 하는 것도 하나님의 뜻이다. 우리를 괴롭게 하는 자들을 용서해야 하는 것도 하나님의 뜻이다. 어쨌든 성경이 우리에게 어떻게 행하라고 말씀하실 때, 그것은 우리에게 주시는 분명한 하나님의 뜻이다.

본문에서 바울은 하나님의 뜻을 우리에게 말하고 있다. "범사에 감사하라 이것은 그리스도 예수 안에 있는 우리에게 향하신 하나님의 뜻이기 때문이다". 하나님은 "반드시 감사해야 할 어떤 일들"을 지적해서 말씀하시지 않았고 '모든 일들' 곧 '범사'에 감사하라고 말씀하셨다.

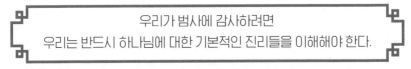

우리가 범사에 감사하려면
우리는 반드시 하나님에 대한 기본적인 진리들을 이해해야 한다.

그 진리란 하나님이 우리 인생의 모든 것을 주장하시고 다스리시며, 그 모든 것들이 우리에게 유익이 되도록 역사하고 있음을 이해해야 한다. 그리고 하나님이 우리를 최고로 사랑하신다는 놀라운 사실도 꼭 붙들어야 한다.

하나님은 우리가 고통당하지 않을 것이라는 약속은 하지 않았다. 하나님은 우리의 일생에 아픔이 없을 것이라는 약속은 하지 않았다. 그러나 그 고통과 아픔 가운데서 감사하라고 하셨다. 그 이유는 하나님이 그것을 허락하셨기 때문이다. 만약 하나님이 그것을 허락하셨다면 그 고통과 아픔 속에 우리를 향한 하나님의 좋은 목적이 있기 때문이다.

하나님 아버지, 우리의 믿음을 빼앗아 버리려는 고통이나 실망, 손실과 같은 어려운 사건들에 대한 올바른 견해를 가질 수 있도록 도와주시옵소서. 그러한 어려운 순간에 주여, 주님께 감사드리라는 말씀이 생각나게 하옵소서. 예수님 이름으로 기도합니다. 아멘.

October 31

의로운 심판

(데살로니가후서 1:6-7) "너희로 환난을 받게 하는 자들에게는 환난으로 갚으시고 환난을 받는 너희에게는 우리와 함께 안식으로 갚으시는 것이 하나님의 공의시니 주 예수께서 자기의 능력의 천사들과 함께 하늘로부터 불꽃 가운데에 나타나실 때에"

바울이 데살로니가에서 목회를 할 때 사람들이 바울을 죽이려하자 그는 부득이하게 도망을 쳐야 했다. 바울이 도망을 치자 그를 죽이려 했던 자들이 돌이켜 데살로니가 교회를 향해 격노했다. 이 편지는 바울이 데살로니가 교회 사람들을 위로하기 위해 쓴 것이다.

사람들은 항상 경건하게 살고자 하는 자들을 대적하는 것 같다. 그들이 욕하고, 속이고, 거짓말하는 것을 볼 때, 당신은 이를 이상하게 여기며 "주님, 당신을 섬기는 종들에게 왜 이 악한 자들이 고통을 주고 괴롭히는 것을 허락하십니까?"라고 반문할 것이다. 데살로니가 교인들도 분명히 의아했을 것이다. 그래서 바울은 편지하기를 주님이 재림하실 때 그들을 핍박했던 자들을 제일 먼저 다루는 것이 주님의 작업이라고 말하며 용기를 주었다.

> 성경은 하나님께서 그의 원수들을 심판하시겠다고 거듭 경고한다.

하나님의 의로운 심판은 교회를 대적한 자들에게 반드시 나타날 것이다. 대환란은 교회를 위한 것이 아니다. 그 환란은 교회를 괴롭힌 자들을 위한 것이다. 그 이유는 하나님은 공의롭고, 공평하고, 의로운 분이시므로 그의 심판도 공의롭고, 공평하고, 의로울 것이기 때문이다.

주님이 재림하실 때는 두 가지 사건이 일어난다. 심판으로 시작되어, 이 땅에 영광스러운 하나님의 나라가 도래하는 것으로 끝이난다. 오늘날의 세계는 하나님의 심판에 무르익어 있다. 그러나 우리는 그날에 평화롭고, 주님과 함께 쉼을 얻기에 합당한 사람이 되기를 원한다.

하나님 아버지, 우리들이 예수 그리스도의 편에 서서 악의 물결에 대적할 수 있도록 도와주시옵소서. 주님, 당신을 기쁘게 하는 삶을 살 수 있게 하소서. 예수님 이름으로 기도합니다. 아멘.

November 1
불법의 비밀

(데살로니가후서 2:7) "불법의 비밀이 이미 활동하였으나 지금은 그것을 막는 자가 있어 그 중에서 옮겨질 때까지 하리라"

바울은 데살로니가 교인들에게 아무리 핍박을 당하더라도 대환란에 들어간 것은 아니라고 편지했다. 그날이 되기 전에 두 가지 일이 일어날 것인데, 첫째는 배교하는 일이고, 둘째는 멸망의 아들이 나타나게 된다고 말했다. 즉 적그리스도가 나타남으로써 사람들이 기독교 신앙을 배교하도록 미혹한다고 말한다. 불법은 바울 시대에도 이미 시작되고 있었다. 오히려 점점 더 심해져 갈 뿐이다. 왜 사람들은 멸망으로 끝난다는 것을 알면서도 불법에 끌리는 것일까? 그것이 신비다.

> 사람들은 천국으로 갈 수 있는
> 오직 하나의 길인 예수 그리스도를 매일 거부하고 있다.

사람들은 악이 자신을 죽인다는 것을 알면서도 스스로의 의지로 선보다 악을 선택한다. 이것은 이해할 수 없는 일이다. 사람들이 악을 선택하는 것은 에덴동산에서부터 시작되었다. 하나님께서 먹으면 반드시 죽게 된다고 선포한 나무의 열매를 아담과 하와는 먹기로 선택했다. 사람들은 생명으로 가는 길보다 죽음으로 가는 길, 곧 그 길은 그들에게 비참함과 멸망만 가져다주는 길인데도 그 길을 선택하는 것은 신비이다.

  - 하나님은 이사야 1장 18절에서 우리를 초청하셨다.
  "오라 우리가 서로 변론하자"

그 초청에 순종하는 것이 마땅하다. 예수님이 제공하는 구원을 받아들이는 것이 마땅하다. 그러나 사람들은 그 마땅함을 계속 밀쳐버린다. 그 모든 이유는 빛보다 어두움을 더 사랑하고, 순종보다 불법이 그들에게 더 어필하기 때문이다. 오늘 당신도 자신의 마음을 살펴보라. 당신도 순종보다 불법을 선택해 불법을 따르고 있는지, 하나님께 당신의 마음을 보여 달라고 구하라. 만약 그러하다면 속히 회개하라.

하나님 아버지, 우리가 속지 않도록 당신의 말씀을 따르게 하소서. 우리의 마음과 삶이 살아계신 주 예수 그리스도께 복종하게 하소서. 예수님 이름으로 기도합니다. 아멘.

구원하시는 그의 사역

(디모데전서 1:15) "미쁘다 모든 사람이 받을 만한 이 말이여 그리스도 예수께서 죄인을 구원하시려고 세상에 임하셨다 하였도다 죄인 중에 내가 괴수니라"

어느 날 예수님께서 세리들과 또 다른 죄인들과 함께 식사하고 계셨다. 그 때에 서기관들과 바리새인들은 의롭다고 자처하는 예수가 왜 저런 자들과 함께 식사를 하는지에 대해 수근거리는 소리를 예수님께서 귀 너머로 들으시고 그들에게 "건강한 자에게는 의사가 쓸 데 없고 병든 자에게라야 쓸 데 있느니라 나는 의인을 부르러 온 것이 아니요 죄인을 부르러 왔노라"(막 2:17) 말씀하셨다.

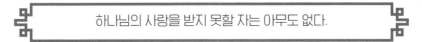

하나님의 사랑을 받지 못할 자는 아무도 없다.

당신이 건강하다면 당신에겐 의사가 필요없다. 그러나 당신에게 병이 있다면 도움이 필요하다. 인간은 병든자이다. 인간은 죽음의 길, 곧 질병과 고통과 파멸로 가는 길을 선택했다. 하나님은 인간이 당하는 고통을 보시고 대의사 되신 그의 아들을 보내시는 자비를 인간에게 베푸셨다.

하나님은 세상을 심판하기 위해 예수님을 보내시지 않았다. 세상을 심판할 필요는 없었다. 세상은 이미 정죄를 받아 심판 아래에 있기 때문이다. 하나님은 예수님을 보내실 때 "그로 말미암아 세상이 구원을 받게 하려 하심이라"(요 3:17) 말씀하셨다.

바울이 자신을 죄인들의 괴수라고 명명한 것을 주의해서 보자. 그는 자신을 잘 알고 있었다. 바울은 자신의 과거를 변명하지 않았다. 바울의 요점은 자기처럼 하나님을 저주하고 하나님을 믿는 자들을 죄인으로 몰아 끈질기게 잡으러 다니며 죽였던 자도 예수님이 구원하실 수 있다면, 남아 있는 우리들은 아무 걱정을 할 필요가 없다는 것이다.

극악한 죄에서 헤매던 자를 구원하신 예수님은 당신도 죄 중에서 건져 그의 빛으로 충분히 구원해 주실 수 있는 분이시다. 하나님의 사랑이 미치지 못할 사람은 아무도 없다.

하나님 아버지, 당신의 아들을 이 세상에 보내어 주셔서 죄로 인해 고통 받는 자들을 용서하고 구원해 주시니 감사합니다. 예수님 이름으로 기도합니다. 아멘.

November 3

오직 한 분의 중보자

(디모데전서 2:5-6) "하나님은 한 분이시요 또 하나님과 사람 사이에 중보자도 한 분이시니 곧 사람이신 그리스도 예수라 그가 모든 사람을 위하여 자기를 대속물로 주셨으니 기약이 이르러 주신 증거니라"

죄를 짓는 유한한 인간이 거룩하고 영원한 하나님 앞에 나갈 수 있다고 생각하는 것은 오만하고 뻔뻔스럽다. 하나님은 무한하게 순결하시다. 그러나 우리는 죄로 상처투성이이다. 하나님은 빛이시다. 그러나 우리는 흑암에 살고 있다. 그런데 어떻게 죄인된 인간이 하나님의 존전에 서기를 바랄 수 있겠는가?

그러나 오직 한 길이 있다. 욥은 하나님과 인간 사이에 하나님의 손을 잡을 수 있는 다리가 되는 한 중보자를 구했다. 그가 바로 예수님이시다. 예수님은 하나님이셨지만 사람이 되셔서 하나님과 우리 사이의 구렁에 서 계신다.

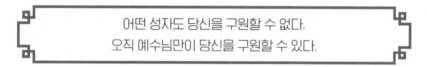

어떤 성자도 당신을 구원할 수 없다.
오직 예수님만이 당신을 구원할 수 있다.

어떤 성자도 당신을 위해 그 구렁에 서 있을 수 없다. 마리아도 할 수 없다. 아무리 평생을 거룩하고 의롭게 살았던 성자라도 설 수 없다. 그도 사람일 뿐이다. 당신이 아무리 죽은 성자에게 하루 종일 기도하더라도 하나님과 당신 사이의 구렁을 건너게 할 수는 없다. 오직 예수님뿐이다. 그 이유는 예수님만이 당신과 하나님 양쪽 모두에게 닿을 수 있기 때문이다. 예수님만이 우리를 하나님 자신에게 데려올 수 있도록 보내신 참중보자이다.

예수 그리스도의 죽음과 부활이 우리가 무한하고 영원히 정결하며 존귀하신 아버지께로 갈 수 있는 길을 만들어 주셨다. 우리 중보자의 의로움 때문에 우리도 아버지 앞에 의로운 자로 설 수 있다. 하나님께 감사 영광을 돌린다.

하나님 아버지, 욥이 부르짖었던 중보자를 보내어 주심에 감사드립니다. 또한 영원히 살 수 있는 소망을 주심에도 감사드립니다. 예수님 이름으로 기도합니다. 아멘.

November 4

비밀

(디모데전서 3:16) "크도다 경건의 비밀이여, 그렇지 않다 하는 이 없도다"

영적인 놀라운 신비가 있는데 그것은 사람이 자기가 섬기는 신을 닮아간다는 사실이다. 시편 저자는 이방의 우상들은 말하지 못하고, 듣지 못하고, 보지 못하며, 움직이지 못한다고 하면서 "우상을 만드는 자들과 그것을 의지하는 자들이 다 그와 같으리로다"(시 115:8) 증거했다.

인간이 그가 섬기는 신을 닮는다는 것은 심리학의 기본 진리이다. 당신의 신이 사랑이라면 당신도 사랑의 사람이 된다. 당신의 신이 선하다면 당신도 선한 사람이 된다. 당신의 신이 증오의 신이라면 당신도 증오의 사람이 된다.

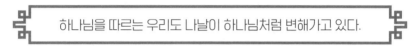

하나님을 따르는 우리도 나날이 하나님처럼 변해가고 있다.

성경은 우리에게 "사랑하는 자들아 우리가 지금은 하나님의 자녀라 장래에 어떻게 되는지 아직 나타나지 아니하였으나 그가 나타나시면 우리가 그와 같을 줄을 아는 것은 그의 참 모습 그대로 볼 것이기 때문이니"(요일 3:2) 증거한다. 그러므로 나도 내가 하나님을 섬기고 따를 때 하나님이 나를 날마다 변화시켜 내 인생의 비밀이 열려지는 것을 보고 싶다.

다윗은 "내가 당신의 형상으로 깰 때에 나는 만족하리이다" 고백했다. 어느 날엔가 나도 깰 때에 내가 천국에 있는 것을 알게 될 것이고, 내가 주님과 꼭 닮은 자가 되어 있을 것이다. 그것이 경건의 비밀이다. 변화된 삶이 우리를 그의 형상으로 바꾸어 놓는다.

하나님 아버지, 한 인생을 변화시켜 당신의 형상으로 만들어 가는 당신의 영의 능력에 감사드립니다. 오늘도 우리 마음속에서 역사하시고 내재하여 주시옵소서. 우리가 당신의 만짐에 굴복하게 하시고, 아버지가 원하시는 것을 우리 안에서 행하실 때 우리가 결코 아버지께 저항하지 않게 하여 주옵소서. 예수님 이름으로 기도합니다. 아멘.

본보기가 되라

(디모데전서 4:12) "누구든지 네 연소함을 업신여기지 못하게 하고 오직 말과 행실과 사랑과 믿음과 정절에 있어서 믿는 자에게 본이 되어"

디모데 목사는 젊었기 때문에 교회 안에서 어떤 사람들은 그를 무시하고 거부하기도 했다. 그러나 바울은 디모데에게 편지하기를 "그들의 본이 되라" 권고했다. 바울은 디모데에게 믿는 자들이 본이 되어야 하는 여섯 분야를 지적하고 있다.

"말씀에서", 이것은 두 가지로 해석되어 질 수 있다. 첫째 바울의 말은 "말에서 본이 되라"는 말일 수도 있다. 둘째로는 "성경의 지식과 이해력에서 본이 되라"는 뜻도 될 수 있다. 즉 "말씀의 사람이 되라"이다. 둘 다 중요하다.

"행실에서", 너의 생활이 믿는 자로서의 본이 되라. 너의 행동이나 태도가 그리스도의 모델이 되라.

"사랑에서", 바울이 고린도전서 13장에서 기술했던 그 사랑이 믿는 자의 생활 속에서 비쳐 나와야 한다.

"영혼에서", 어떤 사람들은 부드러운 영혼을 지니고 있다. 그러나 어떤 사람들은 천박하다. 믿는 자들에게는 천박함이란 있을 수 없다.

"믿음에서", 이것도 두 가지의 뜻이 있을 수 있다. 우리가 하나님을 믿는 믿음에서 본이 되거나, 우리 자신이 믿을만한 자가 되어야 한다는 뜻이다. 둘 다이다.

"정절에서", 디모데는 젊고 결혼도 하지 않은 상태에서 타락한 이방 도시에 살고 있었다. 그래서 바울은 디모데에게 정결한 삶을 살도록 강조했다.

> 바울의 메시지는 모든 세대에 해당된다.
> 우리도 교회에서나 기독교에 대해 의아해 하는 세상에서
> 그리스도의 모델이 되어야 한다.

하나님 아버지, 우리가 세상에 경건한 본보기가 되어 아버지께 영광이 되게 하옵소서. 예수님 이름으로 기도합니다. 아멘.

November 6

편견의 죄

(디모데전서 5:21) "하나님과 그리스도 예수와 택하심을 받은 천사들 앞에서 내가 엄히 명하노니 너는 편견이 없이 이것들을 지켜 아무 일도 불공평하게 하지 말며"

바울은 디모데에게 과부를 돌보는 일, 교회 장로들과의 관계, 젊은 여인들에 대한 규율 등등을 지도하고 있다. 그리고는 계속 "너는 편견을 가지거나 불공평하게 하지 말라. 어떤 사람을 더 높이거나 하지 말고 이런 일들을 잘 준수하는지 자신을 살피라" 명령했다.

성경 전체를 보아도 하나님은 사람을 차별하지 않으신다. 그러나 사람들은 불행하게도 차별을 한다. 우리는 부자들을 쉬이 존경하고, 가난한 사람들을 무시한다. 그러나 하나님은 그렇지 않다.

하나님은 최고의 부자이시고 또 하나님은 이 땅의 가장 가난한 자의 영혼 구원에 관심을 가지고 계신다. 세상 사회에서 잘된 자는 하나님에게는 아무런 의미가 없다. 우리는 모두 똑같은 수준에 있다.

> 우리가 하나님의 아들을 부르려면 그분과 같은 견해를 가지고 볼 수 있도록 나 자신을 만들어 가야 한다.

당신이 이 세상에서 얼마나 성공했느냐, 당신이 얼마나 많은 재물을 쌓았는가, 또는 이 세계에서 몇 번째로 유명한 사람인가 하는 것은 하나님께 아무런 문제도 되지 않는다. 또 하나님은 당신이 맨션에 살든 오두막에 살든 아무런 상관이 없다. 다른 사람이 당신을 어떻게 보는가는 상관없고, 오직 예수님이 당신을 어떻게 보는지만 문제가 된다.

우리는 서로 간에 다른 점들을 해소시키는 방법들을 찾아야 한다. 예수님이 세상을 보신 것처럼 우리가 세상을 그렇게 보지 못하면 어떻게 이 잃어버린 세상으로 나아갈 수 있겠는가? 하나님이 사랑하신 그 사랑을 우리도 배워야 한다. 하나님은 그들을 너무나 크게 생각하시기에 우리도 그들을 귀히 여겨야 한다.

하나님 아버지, 우리를 사랑하신 아버지의 그 크신 사랑에 감사드립니다. 편견이나 불공평 없는 당신의 사랑을 우리도 할 수 있도록 도와주소서. 예수님 이름으로 기도합니다. 아멘.

November 7
참 부요

(디모데전서 6:6) "그러나 자족하는 마음이 있으면 경건은 큰 이익이 되느니라"

사람들은 종종 "복권에 한번 당첨 됐으면 좋겠다"라고 소원한다. 그러나 거대한 횡재를 만났던 사람들의 통계를 보면 깜짝 놀랄 것이다. 행운으로 시작되었던 그들이 비운으로 끝이 난다. 그 돈이 큰 행복을 가져다 줄 것이라고 기대했지만 많은 경우 슬픔을 안겨준다.

사람들은 부를 쌓으려고 땀 흘려 애를 쓰지만 심판 날에는 그런 재물이 아무 소용이 없는 것은 하나님을 돈으로 매수할 수 없기 때문이다. 참 부는 영원해야 한다. 즉 영원히 지속되어야 한다. 그 어떤 것으로도 사라지게 할 수 없어야 한다. 당신이 이 세상에서 가난할 수 있다. 그러나 당신은 하나님 나라를 상속받을 자이다.

> 이 땅의 부는 완전한 모조품이다.

예레미야 선지자는 "여호와께서 이와 같이 말씀하시되 지혜로운 자는 그의 지혜를 자랑하지 말라 용사는 그의 용맹을 자랑하지 말라 부자는 그의 부함을 자랑하지 말라 자랑하는 자는 이것으로 자랑할지니 곧 명철하여 나를 아는 것과 나 여호와는 사랑과 정의와 공의를 땅에 행하는 자인 줄 깨닫는 것이라 나는 이 일을 기뻐하노라 여호와의 말씀이니라"(렘 9:23-24) 증거했다.

바울도 "내가 궁핍하므로 말하는 것이 아니니라 어떠한 형편에든지 나는 자족하기를 배웠노니 나는 비천에 처할 줄도 알고 풍부에 처할 줄도 알아 모든 일 곧 배부름과 배고픔과 풍부와 궁핍에도 처할 줄 아는 일체의 비결을 배웠노라"(빌4:11-12) 증거하였다.

재물을 더 쌓으려고 애쓰는 대신에 자족하기를 배워라.

하나님 아버지, 우리에게 거대한 부를 주심에 감사합니다. 당신께서 우리에게 주신 것이 무엇인지 알게 하셔서, 우리가 그것을 자족할 수 있도록 가르쳐 주옵소서. 예수님 이름으로 기도합니다. 아멘.

November 8

철폐된 죽음

(디모데후서 1:10) "이제는 우리 구주 그리스도 예수의 나타나심으로 말미암아 나타났으니 그는 사망을 폐하시고 복음으로써 생명과 썩지 아니할 것을 드러내신지라"

죽음에 대해서 한 가지 확실하게 말할 수 있는 것은 분명히 있다는 것이다. 지금까지 그 통계가 인상적이다. 100이면 100사람 다 죽었다. 그런데 여기 흥미로운 현상이 있다. 그것은 당신이 한 번 태어나면 두 번 죽고, 두 번 태어나면 한 번 죽는다는 것이다.

죽음 이후에는 육신에 변화가 생긴다. 즉 형태에 변형이 온다. 변형이 불가피한 것은 현재 입고 있는 우리 몸은 죽은 후에 썩을 것이기 때문이다. 그러나 천국에 있기 위해서는 썩지 않는 몸이라야 한다. 현재의 천막이 해체될 때 즉 우리의 몸이 흙으로 돌아갈 때 우리는 다시 죽음이 없는 하나님과 함께 영원히 거주하는 곳으로 들어가게 되어 있다. 얼마나 영광스러운 약속인가! 얼마나 축복받은 소망인가!

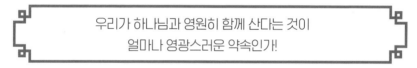

우리가 하나님과 영원히 함께 산다는 것이
얼마나 영광스러운 약속인가!

어느 날 신문에 "갈보리 채플의 척 스미스 목사가 사망했다"라는 기사가 게재될 것이다. 그때 척 스미스 목사가 죽었다고 믿지 마라. 그 기사를 보거든 내가 죽지 않았음을 확신하라. 나는 단지 낡은 장막에서 아름다운 하늘 맨션으로 이사했을 따름이다.

"만일 땅에 있는 우리의 장막 집이 무너지면 하나님께서 지으신 집 곧 손으로 지은 것이 아니요 하늘에 있는 영원한 집이 우리에게 있는 줄 아느니라"(고후 5:1) 그러므로 나를 위해 울지 말 것은 내가 죽어서도 울지 않고 있을 것이라는 것을 알기 바란다.

"주의 앞에는 충만한 기쁨이 있고 주의 오른쪽에는 영원한 즐거움이 있나이다"(시 16:11)

하나님은 우리와의 사귐을 원하신다. 그래서 하나님은 죽음을 없애기 위해 그의 아들을 보내셔서 우리가 그 아들로 말미암아 영원한 생명으로 불멸하기를 원하신다. 이것이 바로 복음의 진리이다.

하나님 아버지, 예수 그리스도를 통해 우리 생명이 영원불멸하게 하심에 감사드립니다. 아직도 당신을 모르고 있는 자들을 위해 기도하게 하시고, 당신께서 그들의 마음속에 말씀해 주시기를 간구합니다. 예수님 이름으로 기도합니다. 아멘.

November 9

귀하게 쓰는 그릇

(디모데후서 2:21) "그러므로 누구든지 이런 것에서 자기를 깨끗하게 하면 귀히 쓰는 그릇이 되어 거룩하고 주인의 쓰심에 합당하며 모든 선한 일에 준비함이 되리라"

성경 시대 때 그릇은 아주 흔한 것이었다. 어떤 그릇은 금이나 은으로 만들어 장식용으로 사용했다. 또 어떤 그릇은 진흙으로 만들어 물을 긷거나, 아니면 구정물을 담거나 쓰레기를 담는 용도로 사용하기도 했다. 그래서 어떤 그릇은 귀히 쓰는 그릇으로 어떤 그릇은 천히 쓰는 그릇으로 불리기도 했다.

- 잠시 자신에게 물어보자. "내 인생의 내용물은 무엇인가?"
- 당신의 인생은 순결로 채워져 있는가? 아니면 구정물로 채워져 있는가?

당신은 하나님을 담을 수 있도록 만들어졌다.

하나님은 질그릇인 당신 속에 가장 값비싼 하나님 자신을 담을 수 있도록 당신을 선택하셨다. 하나님은 당신 속에 하나님으로 가득 채워 메마른 이 세상에 그의 은혜와 자비와 사랑을 흘려보내기를 원하신다.

바울은 디모데에게 교회 안에 거짓 가르침으로 사람들의 믿음을 뒤엎는 자들에 대해 편지했다. 이런 자들은 천하게 쓰는 그릇들이다. 하나님은 그런 자들을 사용할 수 없다. 그들의 교리는 순수하지 못했다. 그들은 하나님의 진리보다 자기들의 사고를 가르쳤다. 자기 인생을 자기 입맛에 맞도록 채움으로서 오염으로 채워진 자들이다.

천히 쓰는 그릇이 되는 것은 얼마나 쉬운지 모른다. 매일 자신의 마음을 깨끗하게 씻지 않으면 그렇게 된다. 그러나 당신의 주인이 쓰시고자 하는 귀히 쓰는 그릇이 되고 싶으면, 육체의 정욕에서 떠나라. 매일의 끝 시간에 항상 하나님과 교통하여 당신을 새롭게 해 달라고 하나님께 구하라.

하나님 아버지, 우리를 귀히 쓰는 그릇으로 만드셔서 우리 주변의 세상에 당신의 은혜를 부어주소서. 주님, 우리를 씻어서 사용하여 주소서. 예수님 이름으로 기도합니다. 아멘.

November 10

하나님의 감동으로

(디모데후서 3:16) "모든 성경은 하나님의 감동으로 된 것으로 교훈과 책망과 바르게 함과 의로 교육하기에 유익하니"

성경은 우주를 창조하신 영원한 하나님, 또 시공을 초월해 존재하고 계시는 그 하나님에 대해 말씀하고 있다. 또 성경은 이 하나님은 만물을 창조하시고 사람을 사랑하셔서 사람과 사귐을 갖기 소원하신다고 말한다. 이것은 사람이 하나님을 아는 축복을 받아야 한다는 말씀이다. 성경이란 인간에게 주신 하나님의 말씀이다.

> 성경은 하나님의 감동으로 쓰였기 때문에 정확무오하다.

예언들을 통해 보면 하나님은 시간을 초월하신다. 하나님만이 시작과 끝을 아신다. 하나님만이 어떤 일이 일어나기 전에 미리 말씀하실 수 있다. 그러한 미래의 일들을 예언하심으로써 80%가 예언으로 된 이 책의 저자가 하나님이심을 증명한다.

예수님께서 그의 제자들에게 자신의 죽음과 부활에 대해 "내가 갔다가 너희에게로 온다 하는 말을 너희가 들었나니 나를 사랑하였더라면 내가 아버지께로 감을 기뻐하였으리라 아버지는 나보다 크심이라 이제 일이 일어나기 전에 너희에게 말한 것은 일이 일어날 때에 너희로 믿게 하려 함이라"(요14:28.29) 말씀하셨다.

- 예수님이 그들에게 앞으로 일어날 일들을 말씀하신 것은,
- 그들로 자신이 진실로 하나님의 아들이심을 볼 수 있게 하기 위해서였다.

하나님이 우리에게 그의 말씀을 주신 것은 우리로 그의 성품과 그의 구속 계획과 영적 성장의 길을 알게 해주기 위함이었다. 진리는 우리의 믿음을 세워준다. 매일 성경을 공부해 하나님의 말씀을 듣기만 하지 말고 행하는 자가 되기를 바란다.

하나님 아버지, 우리의 길에 빛이 되는 말씀을 주셔서 당신의 진리로 인도해 주시니 감사합니다. 예수님 이름으로 기도합니다. 아멘.

November 11

주께서 내 곁에 서 계심

(디모데후서 4:17) "주께서 내 곁에 서서 나에게 힘을 주심은 나로 말미암아 선포된 말씀이 온전히 전파되어 모든 이방인이 듣게 하려 하심이니 내가 사자의 입에서 건짐을 받았느니라"

네로 앞에서 맨 처음 재판을 받았던 바울의 상황은 너무 암울해서 그의 친구들도 다 그를 버리고 떠나갔다.

"내가 처음 변명할 때에 나와 함께 한 자가 하나도 없고 다 나를 버렸으나 그들에게 허물을 돌리지 않기를 원하노라"(딤후 4:16)

버림받았다는 느낌이 얼마나 무서운지 모른다. 성경은 "친구는 사랑이 끊어지지 아니하고"(잠 4:17)라고 증거했다. 그러나 우리가 참 친구라고 생각했던 사람들이 그냥 친분이 있었던 사람들로만 발견될 때가 많다. 그러나 많은 사람들이 당신 곁을 떠나갈지라도 주님은 항상 당신 곁에 서 계실 것이다. 주님은 결코 자기 자녀를 버리지 않으신다.

"내가 사망의 음침한 골짜기로 다닐지라도 해를 두려워하지 않을 것은 주께서 나와 함께 하심이라 주의 지팡이와 막대기가 나를 안위하시나이다"(시 23:4)

> 주님이 내 곁에 서 계시는 한, 나는 내일의 시련에도
> 미래의 불확실함에도 얼마든지 맞설 수 있다.

오늘 당신도 바울처럼 버림받았다거나 홀로임을 느끼면서 알지 못하는 미래의 암담함에 부딪혀 있을 수 있다. 이렇게 앞이 보이지 않는 어두운 밤이라 할지라도 주님이 당신 곁에 서 계심을 확신하라. 주님은 우리에게 "볼찌어다 내가 세상 끝 날까지 너희와 항상 함께 있으리라"(마 28:20) 하셨고, 또한 "내가 결코 너희를 버리지 아니하고 너희를 떠나지도 아니하리라"(히 13:5) 말씀하셨다.

어떤 사람이 말하기를 "나는 내일은 모르지만 내일을 쥐고 있는 그 분을 알고 있다. 내 손을 쥐고 있는 그분을 나는 알고 있다. 오늘도 주님은 내 옆에서 나를 환히 보고 계신다"

하나님 아버지, 나와 함께 하신다는 확신을 주심에 감사합니다. 내가 더 이상 잡을 것이 없을 때, 주여 나를 붙들어 주옵소서. 주님의 오른손으로 붙잡아 주옵소서. 예수님 이름으로 기도합니다. 아멘.

November 12
고백과 행동

(디도서 1:16) "그들이 하나님을 시인하나 행위로는 부인하니 가증한 자요 복종하지 아니하는 자요 모든 선한 일을 버리는 자니라"

많은 사람들이 잠자리에 들어갈 때, "하나님 이제 자러갑니다. 내 영혼을 지켜주시옵소서" 라고 기도하면 자기는 하나님을 믿는다고 생각한다. 그러나 생활이 따르지 않으면 아니다. 성경은 우리에게 "너희는 나를 불러 주여, 주여 하면서도 어찌하여 내가 말하는 것을 행하지 아니하느냐"(눅 6:46) 그록하였다.

하나님이 당신에게 가장 관심을 갖는 것은 믿음의 고백일까? 아니면 믿음의 행동일까? 세례 요한은 "회개에 합당한 열매를 맺으라"(눅 3:8) 선언했다. 다른 말로 하자면 "네 생활이 네 말과 일치되게 하라"는 경고이다.

하나님에 대해 아는 것과 하나님을 아는 것은 아주 다르다.

당신이 하나님을 믿는다고 말하는 것으로 충분하지 않다. 당신의 말이 하나님과 일치하는 생활이 되어야 한다. 말은 의미가 없다. 말은 얼마든지 할 수 있다. 그러나 당신의 삶이 어떠한가? 바울은 우리 자신을 살펴보라고 명령했다.

"우리가 우리를 살폈으면 판단을 받지 아니하려니와"(고전 11:31)

당신도 바울이 말한 사람처럼 교회 안에 있으면서 하나님을 안다고 고백하지만, 당신의 생활은 하나님을 부인하는 자가 아닌가? 하나님보다 다른 것들을 더 사랑하지 않았는가? 당신의 삶 속에서 과연 하나님이 최우선이 되고 있는가?

- 믿음을 고백만 하지 말고,
- 그 믿음대로 행하도록 하라.

주님, 내 행위 속에서 주님을 부인하는 것이 있는지 보여 주시옵소서. 나의 말과 행동이 일치하지 않는 것이 있다면 알게 하여 주시옵소서. 당신을 바로 알고 섬길 수 있도록 도와주시옵소서. 예수님 이름으로 기도합니다. 아멘.

November 13

복스러운 소망

(디도서 2:13) "복스러운 소망과 우리의 크신 하나님 구주 예수 그리스도의 영광이 나타나심을 기다리게 하셨으니"

믿는 자의 소망은 하나님과 영원히 사는 것이다. 우리에게는 죽음이 끝이 아니라 변형이다. 즉 육체의 변화이다. 그러나 당신의 영혼이 예수 그리스도 안에 있는 영원한 생명이 아니라면, 당신은 바울이 말한 것처럼 소망없는 세상 사람이다.

"그 때에 너희는 그리스도 밖에 있었고 이스라엘 나라 밖의 사람이라 약속의 언약들에 대하여는 외인이요 세상에서 소망이 없고 하나님도 없는 자이더니"(엡 2:12)

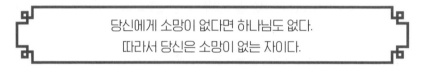

당신에게 소망이 없다면 하나님도 없다.
따라서 당신은 소망이 없는 자이다.

우리 믿는 자들은 영원히 산다는 소망뿐 아니라 예수 그리스도가 영광스럽게 다시 오실 것도 기다린다. 예수님은 다시 오시겠다고 약속하셨다.

예수님은 제자들에게 "너희는 마음에 근심하지 말라 하나님을 믿으니 또 나를 믿으라 내 아버지 집에 거할 곳이 많도다 그렇지 않으면 너희에게 일렀으리라 내가 너희를 위하여 거처를 예비하러 가노니 가서 너희를 위하여 거처를 예비하면 내가 다시 와서 너희를 내게로 영접하여 나 있는 곳에 너희도 있게 하리라"(요 14:1-3) 말씀하셨다. 그러므로 우리는 주 예수 그리스도가 영광스럽게 다시 나타나실 것을 소망하며 기다린다.

예수님은 그의 재림의 징조를 우리에게 많이 주셨다. 그 징조를 보면 주님의 재림이 가깝다는 것을 알 수 있다. 오늘날의 세상을 보면 우리에게 소망이 생기는 재림의 조건들이 나타나는 것을 보게 된다. 성경에 재림 전에 나타날 일들이 오늘날 현재에 나타나고 있다. 세상이 더욱 캄캄해질수록 하나님의 자녀들에게는 소망이 더욱 밝아진다.

하나님 아버지, 세상을 보면 실망하고 소망이 없지만 우리에게는 영광스러운 소망을 주심에 감사드립니다. 예수님 이름으로 감사드립니다. 아멘.

November 14

의롭게 됨

(디도서 3:7) "우리로 그의 은혜를 힘입어 의롭다 하심을 얻어 영생의 소망을 따라 상속자가 되게 하려 하심이라"

하나님의 자비하심으로 당신은 용서를 받았다. 당신이 의롭게 된 것은 오직 하나님의 자비 때문이다. 당신이 지불해야 할 값을 하나님이 기각해서 버리셨다는 뜻이다. 하나님이 그것을 깨끗이 지워버리셨다.

"이제 예수 그리스도 안에 있는 자는 결코 정죄함이 없나니"(롬 8:1)

당신이 예수 그리스도를 당신의 주로 모셨기 때문에 오늘 하나님이 당신을 볼 때는 전적으로 무죄한 사람으로 보신다. 자비는 마땅히 받아야 할 것을 받지 않는 것이고, 은혜는 받을 자격이 없는데도 받는 것이다.

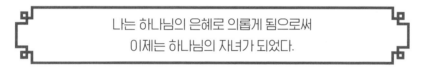

나는 하나님의 은혜로 의롭게 됨으로써
이제는 하나님의 자녀가 되었다.

나는 하나님의 사랑을 받을 자격이 못된다. 나는 내 죄를 없이할 수도 없고, 하나님 나라의 영생을 얻을 자격도 없다. 그러나 하나님이 그 모든 것을 내게 주신 것은 하나님의 은혜로 말미암아 얻은 의 때문이다.

- 나는 마땅히 죽어야 한다. 그러나 하나님의 은혜로 말미암아 생명을 얻게 되었다.
- 나는 마땅히 지옥에 가야 할 자이다. 그러나 하나님은 내게 천국의 문을 열어주셨다.

나는 하나님의 자녀이므로 또한 하나님의 상속자가 된다. 세상에는 수천억을 가진 부자들도 있다. 그러나 그들이 쌓은 부와 하나님의 부는 비교도 되지 않는다. 하나님께 속한 자녀들은 이 땅의 부자보다 훨씬 부자이다. 그 이유는 하나님 나라의 영원한 영광이 우리의 것이기 때문이다.

우리는 하나님의 자녀로서 천국의 부요와 하나님의 아름다움과 하나님의 사랑의 권위와 하나님의 은혜와 자비와 위로를 영원토록 누릴 것이다.

하나님 아버지, 당신의 은혜로 모든 더러움을 깨끗이 씻어주심을 감사합니다. 우리에게 당신의 크신 은혜는 얼마나 행복한지요! 예수님 이름으로 기도합니다. 아멘.

November 15

내 앞으로 계산하라

(빌레몬서 1:18) "그가 만일 네게 불의를 하였거나 네게 빚진 것이 있으면 그것을 내 앞으로 계산하라"

빌레몬서는 바울이 오네시모라는 도망친 노예의 편이 되어 그를 중재하기 위해 쓴 편지이다. 오네시모가 골로새에 살던 빌레몬의 주인집에서 도망칠 때는 분명히 돈도 훔쳐서 나왔을 것이다. 그 돈으로 오네시모는 로마로 가서 군중 속에 섞이려 했을 것이다. 그러나 그의 희망과는 달리 그는 잡혀서 감옥에 갇히게 되었다.

그는 거기서 사도 바울을 만났다. 바울은 그런 오네시모에게 예수 그리스도의 은혜의 구원의 복음을 권했고 오네시모는 거듭나게 되었다. 그때 바울은 그가 도망친 노예임을 알게 되었고 또한 그의 주인 빌레몬도 알고 있었다. 바울이 빌레몬을 주님께로 인도했었기 때문이다. 그래서 바울은 오네시모의 주인 빌레몬에게 나 바울을 영접하듯이 그를 받아달라고 편지한 것이 바로 빌레몬서이다.

바울은 빌레몬에게 그의 노예인 오네시모를 자유롭게 해 달라고 부탁했고, 그 결과 오네시모는 다시 바울에게 돌아와 복음전도의 사역을 하며 바울을 섬기게 되었다.

우리의 빚도 예수 그리스도에 의해 완전히 갚아졌다.

바울은 "만일 그가 네게 빚진 것이 있으면 내 앞으로 계산하라" 편지하였다. 바울은 오네시모의 빚을 대신 갚아주려고 했다. 그처럼 예수님도 우리의 빚을 다 갚아주셨다. 우리가 빚진 것을 예수님이 다 갚으셨다.

"우리 모두의 죄악을 그에게 담당시키셨도다"(사 53:6)

우리도 모두 주인에게서 도망쳐 나온 오네시모와 같다. 우리는 도무지 빚을 갚을 수 없는 노예이다. 그러나 우리에게도 오네시모처럼 우리를 옹호해 주는 중재자가 있다. 바로 우리 편이 되어 우리를 옹호해 주시는 주 예수 그리스도 이시다.

 - 예수님께서 우리의 빚을 완전히 갚아주셨다.
 - 지금 우리에게는 우리의 생명과 감사 외에는 아무것도 빚진 것이 없다.

사랑하는 주님, 우리의 빚을 다 갚아 주셨으니 얼마나 감사한지요. 구원의 사명을 다하게 하여 주시옵소서. 예수님 이름으로 기도드립니다. 아멘.

November 16

메시지

(히브리서 1:1-2) "옛적에 선지자들을 통하여 여러 부분과 여러 모양으로 우리 조상들에게 말씀하신 하나님이 이 모든 날 마지막에는 아들을 통하여 우리에게 말씀하셨으니 이 아들을 만유의 상속자로 세우시고 또 그로 말미암아 모든 세계를 지으셨느니라"

하나님은 태초부터 인간에게 계속 말씀하고 계셨다. 자연을 통해, 그의 선지자들을 통해, 그의 말씀(성경)을 통해, 환상을 통해, 꿈을 통해 말씀해 오셨다. 하나님은 지금도 아주 작은 내면의 음성을 통해 말씀하신다. 때로는 들을 수 있는 소리로도 말씀하신다.

하나님은 지금도 여전히 우리에게 말씀하고 계신다. 그런데 우리가 항상 귀를 기울이지 않는 것이 문제. 성경을 보면 인간이 하나님의 메시지를 자기 방식으로 해석하여 잘못 전해지는 것을 볼 수 있다. 그로인해 인간은 너무 혼란스러워 하나님에 대한 진리를 더 이상 알 수 없게 된다. 그래서 하나님은 자기 아들을 이 세상에 보내어 사람들에게 진리를 나타내셨다.

> 하나님은 오늘도 우리에게 말씀하고 계신다. 귀를 기울여 들어보라.

하나님이 그의 아들을 통해 주신 기본적인 진리는 무엇인가? 먼저 예수님은 하나님이 사랑이심을 우리에게 가르쳐 주셨다.

"하나님이 세상을 이처럼 사랑하사 독생자를 주셨으니 누구든지 그를 믿는 자는 멸망하지 않고 영생을 얻으리로다"

예수님은 하나님이 자비롭고, 은혜로우시고, 사랑이 많으시며, 용서하신다는 것을 가르쳐 주셨다. 그리고 하나님이 빛이심을 가르쳐 주셨다. 또한 예수님은 하나님이 우리를 사랑하신 것처럼, 하나님께서 우리가 서로 사랑하기를 원하신다는 것을 가르치셨다.

오늘날 우리는 하나님이 생명과 사랑, 우리와 하나님과의 관계, 그리고 우리 서로간의 관계에 대해 말씀하실 때 우리가 하나님의 음성을 분명하게 듣기 원한다. 우리가 하나님의 음성에 귀를 기울이도록 주께서 도우시기를 원한다. 하나님이 우리를 사랑하신것처럼 우리도 그의 음성에 순종해 서로 사랑하기를 바란다.

하나님이여, 당신의 성경 말씀과 당신의 성령을 통해 우리에게 말씀하시는 것을 들을 수 있는 귀를 열어주시옵소서. 예수님 이름으로 기도합니다. 아멘.

흘러 떠내려감

(히브리서 2:1) "그러므로 우리는 들은 것에 더욱 유념함으로 우리가 흘러 떠내려가지 않도록 함이 마땅하니라"

히브리서는 유대인들이 유대교로 다시 돌아가는 것을 경고하기 위해 쓰여졌다. 마지막 때에는 하나님이 그 아들을 통해 자신을 나타내신다고 했다. 과거에는 하나님이 선지자들을 통해 조상들에게 말씀하셨다.

히브리서 저자는 이 마지막 때에 대해서 하나님이 더욱 직접적으로 말씀하셨다고 했다. 하나님은 그의 아들 예수를 통해 말씀하셨다. 따라서 우리는 예수님의 입술을 통해 들은 것들을 잘 따라야 한다.

예수님의 말씀을 따르지 않는 것은 떠내려 갈 위험성이 있다.

예수님이 뭐라고 말씀하셨나? 예수님은 "대답하여 이르시되 진실로 진실로 네게 이르노니 사람이 거듭나지 아니하면 하나님의 나라를 볼 수 없느니라"(요 3:3) 말씀하셨다. 또 예수님은 "내가 곧 길이요 진리요 생명이니 나로 말미암지 않고는 아버지께로 올 자가 없느니라"(요 14:6) 말씀하셨다.

또한 예수님은 "하나님이 세상을 이처럼 사랑하사 독생자를 주셨으니 이는 그를 믿는 자마다 멸망하지 않고 영생을 얻게 하려 하심이라"(요 3:16) 말씀하시며, "하나님이 그 아들을 세상에 보내신 것은 세상을 심판하려 하심이 아니요 그로 말미암아 세상이 구원을 받게 하려 하심이라"(요 3:17) 말씀하셨다.

떠내려가는 것은 서서히 이루어지는 과정이다. 당신의 눈을 예수 그리스도께 고정하라. 그리고 그의 말씀을 주의 깊게 따르라. 그러면 그분이 당신이 떠내려가지 못하게 할 것이다.

사랑하는 나의 하나님 아버지, 우리는 당신에게서 벗어나 방황하려는 경향이 있습니다. 당신께 가까이 가노니 당신의 진리에 우리를 붙들어 매소서. 예수님 이름으로 기도합니다. 아멘.

하나님의 안식에 들어가는 것

(히브리서 3:11) "내가 노하여 맹세한 바와 같이 그들은 내 안식에 들어오지 못하리라 하였다 하였느니라"

히브리서 저자는 시편 95편을 인용하면서 약속의 땅에 들어가지 못한 자들이 하나님이 주시고자 하는 평강과 부요를 누리지 못함에 대해 말하고 있다. 하나님은 우리에게 안식을 주실 것이라고 약속하셨다.

"수고하고 무거운 짐진자들아 다 내게로 오라 내가 너희를 쉬게 하리라"(마 11:28)

당신이 예수님을 당신의 구세주로 영접했을 때 제일 먼저 경험 할 수 있었던 것이 마음속 깊은 평강이었을 것이다. 하나님 앞에 모든 것을 내려놓을 때 이제는 더 이상 하나님을 대적해 싸울 필요가 없게 된다.

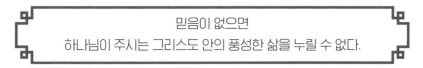

믿음이 없으면
하나님이 주시는 그리스도 안의 풍성한 삶을 누릴 수 없다.

하나님은 아름답고 평온한 쉼을 누리는 인생의 삶을 당신도 누리기를 원하신다. 그러나 하나님의 많은 백성들 중에서 인간의 이해를 초월하는 평강을 누리며 사는 자가 그렇게 많지 않다. 그 이유는 하나님의 약속을 믿지 않기 때문이다. 이스라엘 백성들처럼 인생의 거인들이 하나님이 우리에게 주시고자 하는 모든 것들을 가지지 못하도록 막고 있기 때문이다.

여러분들 중에서도 많은 사람들이 그리스도인이면서도 아직 광야에 살고 있다. 여전히 육신과 싸우고 있고, 아직도 땅을 차지하지 못하고, 그 어떤 것도 정복하지 못하고 있다. 다시 말해서 그리스도인으로서 승리의 삶을 살지 못하고 있다.

그리스도인이면서도 하나님이 우리에게 주겠다고 약속하신 그 약속의 하나님을 믿지 않는다. 오랫동안 광야 생활을 한 당신도 그만하면 충분하다. 이제는 약속의 땅으로 들어올 때이다. 이제는 약속의 땅에 들어와 정복할 때이다. 하나님이 당신을 위해 예비해 둔 예수 그리스도 안에 있는 풍성한 승리의 삶을 누리기 바란다. 그의 안식을 체험하라.

사랑하는 주님, 당신을 따라 승리의 곳으로 갈 수 있게 하옵소서. 예수님 이름으로 기도합니다. 아멘.

November 19

죄의 유혹

(히브리서 3:13) "오직 오늘이라 일컫는 동안에 매일 피차 권면하여 너희 중에 누구든지 죄의 유혹으로 완고하게 되지 않도록 하라"

죄는 속인다. 사악하게도 속인다. 죄는 표면적으로는 너무나 재미있어 보이지만 성경은 경고한다. "어떤 길은 사람이 보기에 바르나 필경은 사망의 길이니라"(잠 16:25).

- 죄는 그 자체를 정당화한다.
 "시대가 바뀌었다. 지금은 모두가 그렇게 한다"
 "나도 인간이다"
 "한번쯤은 아무런 문제가 없다"
 "나로서는 어찌 할 수가 없다. 하나님이 나를 이렇게 하셨다"

> 죄로 무뎌지게 되면 절대 하지 않겠다고 맹세했던 것들을,
> 계속 하고 있는 것을 볼 수 있다.

죄는 당신을 무디게 함으로써 속인다. 어떤 일을 오랫동안 껴안다보면 받아들이게 된다. 죄의 속임수에 대한 해결책은 당신 주변에 있는 성도들, 참된 친구들이 곁길로 갈 때 경고하게 하라. 하나님을 사랑하고 섬기는 친구들의 충고는 올바른 것이다.

"친구의 아픈 책망은 충직으로 말미암는 것이나 원수의 잦은 입맞춤은 거짓에서 난 것이라" (잠 27:6)

만약 하나님의 성령이 지금 당신이 허용하고 있는 죄에 대해 당신의 마음속에서 말씀하고 계신다면 지금 이 순간 그것을 끊어버리는 것이 아주 중요하다. 내일이나 다음 주까지 미루지 말자. 기억하라. 죄는 속이는 속성이 있다. 그 죄를 그대로 두면 더욱 굳어지게 될 것이다.

하나님 아버지, 성경 말씀대로 살아서 죄의 유혹에 빠지지 않게 하소서. 죄의 길을 벗어나 의의 길로 걷도록 도와주옵소서. 예수님 이름으로 기도합니다. 아멘.

November 20

살아있고 활력 있음

(히브리서 4:12) "하나님의 말씀은 살아 있고 활력이 있어"

씨 속에는 생명이 있다. 씨 속에는 독특한 DNA가 감추어져 있기 때문에 그 씨가 나무, 넝쿨, 풀 어디에서 나오든지 간에 다시 그대로 재생산 된다. 누가복음 8장에는 예수님이 땅에 심는 네 종류의 씨의 비유를 말씀하시면서 "이 씨는 하나님의 말씀"이라고 하셨다. 이것은 하나님의 말씀을 받을 때, 즉 마음속에 말씀이 심겨지면 변화가 오게 된다는 말이다.

> 하나님의 말씀은 당신을 변화시킨다.
> 안에서 밖으로 드러나되 예수님의 형상으로 바뀌어 진다.

히브리서 저자는 "하나님의 말씀은 살아있다"고 했다. 과연 그러하다. 하나님의 말씀의 능력은 놀랍다. 시편 33:6에는 "여호와의 말씀으로 하늘이 지음이 되었으며 그 만상을 그의 입 기운으로 이루었도다" 기록되었다.

생각해보라. 이 거대한 우주를 하나님의 말씀으로, 하나님의 입의 호흡으로 만드셨다는 것을! 성경은 창세기에서 "하나님이 말씀하시기를 빛이 있으라 하시니 빛이 있었다" 기록하였다. 하나님은 우리가 보고 아는 모든 것을 그의 말씀으로 창조하셨다.

하나님의 말씀의 능력은 분명히 인간의 삶도 바꾸어 놓는다. 세상의 쓰레기 같이 희망도 없어 보이고 가치 없던 인간이 하나님의 말씀의 능력으로 변화되고 고쳐진 것이다.

성경 말씀의 진리들을 단지 받아들이고 묵상하기만 하면 우울증이 날아가 버리고, 마음이 고쳐지고, 생각이 바뀌며, 결국에는 생활에 변화가 온다. 그것도 영원토록...

주님, 우리들에게 당신의 능력 있고 살아있는 말씀을 공부하고 싶은 감동을 주셔서 우리 속에 놀라운 변화가 일어나게 하옵소서. 예수님 이름으로 기도합니다. 아멘.

말씀의 능력

(히브리서 4:12) "하나님의 말씀은 살아 있고 활력이 있어 좌우에 날선 어떤 검보다도 예리하여 혼과 영과 및 관절과 골수를 찔러 쪼개기까지 하며 또 마음의 생각과 뜻을 판단하나니"

로마인들이 좌우에 날선 칼을 개발하기까지는 전쟁에서 한쪽만 날을 세운 칼을 가지고 싸웠다. 양쪽에 날을 세운 칼은 양쪽으로 휘둘러서 양쪽에서 오는 것을 자를 수 있다. 이 비밀스러운 무기로 로마는 세계를 정복할 수 있었다.

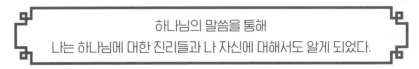

하나님의 말씀을 통해
나는 하나님에 대한 진리들과 나 자신에 대해서도 알게 되었다.

하나님의 말씀은 좌우에 날선 검보다 더욱 예리하여 혼과 영을 쪼개기에 충분하다. 사람은 세 가지, 곧 육과 혼과 영으로 되어 있다. 이 셋은 너무나 융합이 잘 되어 있어 완전히 떼어 놓기가 불가능하다. 많은 사람들이 교회에 가서 감정적으로는 영향을 받지만 그들의 영은 감동되지 못했기 때문에 변화되지 못한 그대로이다.

- 체험은 사람을 변화시키지 못하고 그의 영혼까지 다스리지 못한다.
- 그의 영을 변화시키는 것은 오직 하나님의 말씀이다.

하나님의 말씀은 사람 마음의 생각과 뜻을 분별한다. 우리 자신도 우리 마음을 모를 때가 있다. 왜 내가 그랬을까? 정말 내 뜻은 무엇이었을까? 마음의 생각은 때로 가장될 때가 있다.

멋진 행동을 해도 그 이면의 깊은 마음속에는 그것과는 달리 자신의 영광이나 이기적인 생각이 자리하고 있다. 이것이 하나님의 말씀이 너무나 중요한 이유이다. 왜냐하면 하나님의 말씀만이 우리의 깊은 내면의 생각을 드러내기 때문이다.

하나님 아버지, 당신의 말씀을 주심에 감사합니다. 하나님의 말씀을 읽기에 갈급하게 하시고 늘 묵상하게 하옵소서. 예수님 이름으로 기도합니다. 아멘.

November 22

고통이 주는 교훈

(히브리서 5:8) "그가 아들이시면서도 받으신 고난으로 순종함을 배워서"

예수님도 순종을 배우셨다. 순종하심으로 고통을 당하셨다. 십자가 위에서 그의 죽음은 극단의 공포와 고통이었다. 그러나 그의 고통은 하나님의 영원하신 목적을 이루게 했다. 우리는 예수님으로부터 많은 것을 배울 수 있다.

"그는 그 앞에 있는 기쁨을 위하여 십자가를 참으사 부끄러움을 개의치 아니하시더니"
(히 12:2)

예수님과 달리 우리는 순종을 어렵게 배운다. 우리는 불순종한 뒤에야 훨씬 더 나을 뻔 했던 순종을 배운다. 즉 불순종의 결과로 고통을 당한 뒤에야 순종을 배운다.

고통은 하나님의 도구이다.

모든 하나님의 자녀들도 고통을 당할 것이다. 예수 그리스도가 우리의 구세주와 대제사장이 되심을 믿는다고 해서 그것이 우리에게 고통을 면하게 해주는 것은 아니다. 우리는 예수님께 속했기 때문에 하나님이 우리를 모든 고통에서 보호해 주실 것이라고 믿고 싶어 한다. 그렇다면 우리가 예수님보다 더 위대하다는 말인가? 만약 예수님이 고통을 당하시고 그 고통을 통해 순종을 배우셨다면, 우리는 얼마나 고통을 더해야 그 교훈을 배울 수 있겠는가?

하나님은 그의 영원한 목적을 이루기 위해 고통을 사용하신다. 또한 하나님은 고통을 이용해 우리에게 순종, 믿음, 은혜, 인내를 가르친다. 그러므로 우리는 하나님이 필요 없이 그의 아들에게 고통을 허락하지 않으셨듯이 우리에게도 필요 없이 고통을 허락하시지는 않는다.

하나님께서 지금 당신을 어떤 자리에 두셨든지 기쁨으로 순종하라. 하나님께서 그 고통을 통해 당신에게도 유익되고 그의 영광을 위해 어떻게 사용하실는지 당신은 모른다.

하나님 아버지, 우리에 대한 당신의 생각이 나쁘지 않고, 좋은 것만 있다는 것을 믿게 하옵소서. 우리에 대한 영광스러운 미래를 위한 것임을 알게 하옵소서. 그리고 기쁨으로 순종하게 하옵소서. 예수님 이름으로 기도합니다. 아멘.

November 23

우리의 닻

(히브리서 6:19) "우리가 이 소망을 가지고 있는 것은 영혼의 닻 같아서 튼튼하고 견고하여 휘장 안에 들어가나니"

당신도 무엇엔가 단단히 묶여 있지 않으면 떠내려가기 쉽다. 처음에는 움직이는 것을 알아채지 못하지만 시간이 흐르면서 서서히 떠내려가고 있을 수도 있다. 어느 날 아침 깨어보니 이미 멀리 떠나간 자신을 보고 충격을 받는다.

시편 저자는 다음과 같이 고백하였다. "하나님이여 나의 하나님이여 나의 발을 험악한 구덩이에서 진흙더미에서 건져내시어 든든한 바위 위에 서게 하소서"

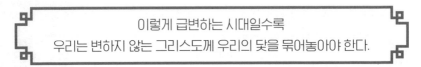

이렇게 급변하는 시대일수록
우리는 변하지 않는 그리스도께 우리의 닻을 묶어놓아야 한다.

히브리서 저자는 우리 영혼의 닻, 즉 재림하실 그리스도에 대한 소망을 설명하면서 휘장 안에서의 하나님의 임재에 대해 말하고 있다. 휘장은 성전의 성소와 가장 거룩한 지성소를 구별하기 위해 막아둔 것이다.

예수님이 오시기 전에는 하나님이 임재하고 계시는 그 거룩한 처소에 대제사장 외에는 아무도 들어갈 수 없었다. 그러나 예수님이 십자가에 못 박히실 때 성전의 휘장이 위에서부터 아래로 찢어졌다고 기록되어 있다.

꼭대기(천국)에서 밑바닥(땅)이 갈라져 있는 것만이 길이었다. 그런데 하나님께서 그 갈라져 있는 단점을 해결해 초청하셨다. 문을 여셨다. 그의 아들의 희생으로 인해 당신은 언제든지 하나님께로 나아갈 수 있다.

"그러므로 우리는 긍휼하심을 받고 때를 따라 돕는 은혜를 얻기 위하여 은혜의 보좌 앞에 담대히 나아갈 것이니라"(히 4:16)

주님, 당신께서 베풀어주신 영원에 대한 소망과 당신의 임재 앞에 들어갈 수 있는 권한을 주신 예수님의 십자가를 감사합니다. 우리의 닻이신 예수님께 꼭 붙어있게 하옵소서. 예수님 이름으로 기도합니다. 아멘.

극한 상황에서도

(히브리서 7:25) "그러므로 자기를 힘입어 하나님께 나아가는 자들을 온전히 구원하실 수 있으니 이는 그가 항상 살아 계셔서 그들을 위하여 간구하심이라"

"온전히 구원하실 수 있다"는 말은 하나님의 능력이 넓고 깊이의 한이 없음을 말해준다. 하나님은 어떤 종류의 사람도 다 구원하신다. 하나님의 구원은 포괄적이다. 각 나라, 민족, 종족, 어떤 혈통이라도 다 구원하신다. 당신이 누구이든지, 당신이 어떤 신분이든지 상관없이 대제사장이신 예수 그리스도를 통해 구원받을 수 있다.

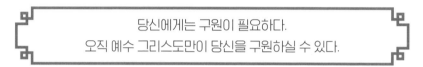

당신에게는 구원이 필요하다.
오직 예수 그리스도만이 당신을 구원하실 수 있다.

하나님은 가장 사악한 죄인도 구원하신다. 당신이 아무리 극악한 죄를 짓고 생활이 사악하다 할지라도 하나님의 용서와 은혜가 미치지 않는 곳은 없다. 작은 죄를 짓든 큰 죄를 짓든, 하나님께는 문제가 되지 않는다. 하나님은 그런 당신을 구원하시기에 충만히 크신 분이다.

하나님은 어떤 극단적인 상황 속에서도 당신을 구원하실 수 있다. 당신이 사자굴에 던져질지라도, 용광로의 불속에 있을지라도, 감옥에 갇혀 있을 지라도, 오대양 바다 한가운데서 둥둥 떠다닐지라도, 적군에게 포로가 되어 있을지라도, 홀로 벼랑끝으로 추방되어 있을지라도, 하나님은 거기 있는 당신을 구원하실 수 있다.

하나님이 당신을 그런 환경에 처하게 한 것에는 어떤 특별한 이유가 있을 것이다. 그래서 하나님은 당신을 한동안 그런 상황 속에 두셨을 것이다. 그러므로 당신을 구해낼 수 있는 하나님의 능력을 의심하지 마라.

그는 사자의 입을 막는 능력의 하나님이시며, 용광로의 불 속에서도 당신과 함께 걸으시는 하나님이시며, 감옥의 문도 여시는 하나님이시며, 깊은 곳에서 끌어 올리시는 분이시며, 당신의 원수도 정복해 버리시는 하나님이시며, 유배 중에서도 구원하시는 하나님이시다.

하나님 아버지, 당신의 능력, 권세, 지혜, 공의의 위엄을 알았습니다. 우리가 당신의 소유됨을 너무나 감사드립니다. 우리를 구원하시기 위해 극한 상황까지도 이르게 하시는 하나님께 감사합니다. 예수님 이름으로 기도합니다. 아멘.

November 25

돌판 위에 새겨지지 않은 언약

(히브리서 8:10) "또 주께서 이르시되 그 날 후에 내가 이스라엘 집과 맺을 언약은 이것이니 내 법을 그들의 생각에 두고 그들의 마음에 이것을 기록하리라 나는 그들에게 하나님이 되고 그들은 내게 백성이 되리라"

하나님은 자기 백성과의 사귐을 소원하셨기 때문에 이스라엘 백성과 언약을 맺었다. 그 언약은 너무나 풍요롭고 훌륭했으나 지켜지지는 못했다. 하나님 편에서는 그 계약을 잘 이행했으나 인간 쪽에서는 그러지 못했다. 그래서 하나님은 그의 아들을 통해 새 언약을 세우게 되었다.

> 하나님은 우리에게 새 언약을 주셨는데, 곧 하나님을 기쁘시게 하고 하나님을 섬기며 하나님께 순종하는 것이다.

예수님께서 제자들과 함께 큰 다락방에서 마지막 만찬을 행하실 때, "또 떡을 가져 감사기도 하시고 떼어 그들에게 주시며 이르시되 이것은 너희를 위하여 주는 내 몸이라 너희가 이를 행하여 나를 기념하라 하시고 저녁 먹은 후에 잔도 그와 같이 하여 이르시되 이 잔은 내 피로 세우는 새 언약이니 곧 너희를 위하여 붓는 것이라"(눅 22:19-20) 말씀하셨다.

- 성찬식은 오늘날의 우리로 하여금 예수 그리스도의 십자가 아래에 다시 설 수 있게 해준다.

성찬식에서 빵을 먹고 포도주를 마심으로서 우리는 십자가 아래에서 예수 그리스도와 함께 그의 죽음과 부활에 연합된다. 그래서 예수 그리스도가 우리의 구원을 위해 십자가에서 돌아가신 것을 다시 한 번 기억하는 것이다. 오늘날 우리도 성찬식을 통해 우리 자신의 몸과 마음을 그리스도께 헌신해야겠다고 새로운 다짐을 하게 된다. 새 언약은 돌판에 새겨진 것이 아니라 우리의 마음판에 새겨졌다.

하나님은 그의 법을 우리 마음에 새기심으로써 우리가 그 언약을 지킬 수 있도록 동기를 주시고 지키게 하신다. 얼마나 감사한 우리의 하나님이신가!

하나님 아버지, 우리가 당신의 법에 순종하는 힘과 능력을 얻기까지 당신께 붙어있게 하옵소서. 우리에게 주신 새 언약이 우리에게 달려 있는 것이 아니라 당신께 달려 있게 하시니 감사합니다. 주님, 사랑합니다. 예수님 이름으로 기도합니다. 아멘.

November 26

피할 수 없는 운명

(히브리서 9:27) "한번 죽는 것은 사람에게 정해진 것이요 그 후에는 심판이 있으리니"

죽음을 피할 수 없듯이 하나님의 심판도 피할 수 없다. 우리 육신의 삶이 끝나는 죽음에서 우리는 하나님을 만나게 된다. 바로 그때 우리의 영원한 운명은 결정된다. 하나님이 거룩하시고 의롭고 진실하시기에 우리도 거룩하고 의롭고 진실해야만 하나님과 함께 영원히 살 수 있다.

사람들은 미래에 심판이 없는 것처럼 살고 싶어 한다.

불신자들은 그들이 살아온 인생에 대해 하나님께 절대 대답할 필요가 없는 것처럼 살아간다. 그러나 반면 그것을 믿고 살아온 사람들은 깜짝 놀랄 것이다. 인생이 불공평했기 때문에 반드시 심판이 필요하다.

이 생애에서는 악인이 흥한 반면 의인은 핍박의 고통을 당했다. 많은 사람들이 악행으로 삶을 누렸다. 공평하게 하기 위해 이들의 악행에 대한 값을 지불받아야 할 미래의 공의가 필요하다.

요한은 말하기를 "내가 하나님의 아들의 이름을 믿는 너희에게 이것을 쓰는 것은 너희로 하여금 너희에게 영생이 있음을 알게 하려 함이라"(요일 5:13) 증거했다.

- 당신은 하나님을 만날 약속에 준비되어 있는가?
- 당신은 천국이라는 왕국에서 영원히 살 것을 확신하는가?

주님, 오늘도 내세의 확신이 없이 살아가는 사람들을 위해 기도합니다. 당신의 성령이 그들의 마음을 붙잡아 약속의 날을 위해 준비하는 자들이 되게 하옵소서. 예수님 이름으로 기도합니다. 아멘.

찬송의 희생 제사

(히브리서 13:15,16) "그러므로 우리는 예수로 말미암아 항상 찬송의 제사를 하나님 께 드리자 이는 그 이름을 증언하는 입술의 열매니라 오직 선을 행함과 서로 나누어 주기를 잊지 말라 하나님은 이같은 제사를 기뻐하시느니라"

제사(희생)는 귀한 것을 주는 것을 뜻한다. 곧 당신이 하고 있는 일을 내가 나의 시간을 희 생해서 당신을 돕는 것이다. 내가 앉을 수 있는 자리를 다른 사람에게 내어주는 것이다.

성경은 우리가 하나님께 드려야 할 제사에 대해 많은 말씀을 하고 있다. 우리 입술의 열매 인 찬양의 제사를 하나님께 드리라고 한다. 어떤 때는 하나님께 찬양을 드리고 싶은 마음 이 없더라도 우리는 드려야 한다.

그러나 또 어떤 때는 하나님의 선하심에 대한 반응이 자연히 찬양으로 나온다. 내 경우는 과거 하나님이 하신 일을 되돌아볼 때 자연적으로 찬양이 흘러나온다. 나의 심장에서 찬 양이 흘러나온다.

물론 우리는 물질로도 하나님께 희생을 드려야 한다. 우리 형제들의 궁핍함을 보고 물질로 돕는 것을 하나님은 기뻐하신다. 우리가 하나님의 눈으로 다른 사람을 보는 것을 하나님은 기뻐하신다. 불쌍하고 도움이 필요한 자들에게 우리의 손을 뻗을 때이다.

> 하나님 앞에 찬송과 선한 행위로 희생을 드릴 때
> 하나님의 기쁨과 만족이 당신에게 흐르게 될 것이다.

하나님 아버지, 우리가 당신께 찬양하도록 성령께서 도우소서. 또 우리가 어려움에 처 해 있는 사람들을 도울 수 있는 많은 기회를 주옵소서. 예수 그리스도의 이름으로 기도 합니다. 아멘.

우리의 믿음을 시험함

(야고보서 1:2-3) "내 형제들아 너희가 여러 가지 시험을 당하거든 온전히 기쁘게 여기라 이는 너희 믿음의 시련이 인내를 만들어 내는 줄 너희가 앎이라"

NASA가 우주선을 만들면서 우주선이 지구의 대기권에 재진입할 때 굉장한 열과 압력에 노출되는 것을 알게 되었다. 그래서 우주선을 보호하기 위해 압력과 열기에 저항할 수 있는 특별한 타일을 제작했다. 그러나 타일의 강도를 측정하기 위해서는 수천 번의 테스트가 필요했는데 그 테스트는 타일을 부수기 위한 것이 아니라 그 강도를 증명하기 위한 것이었다.

그와 마찬가지로 하나님도 우리를 위한 시험을 설계하시는데 그것은 하나님의 능력과 하나님의 성실하심을 증명하는 시험이다. 모든 시험마다 하나님의 성격을 우리에게 더욱더 분명히 드러내신다.

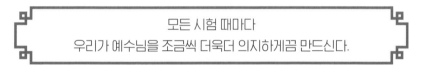

모든 시험 때마다
우리가 예수님을 조금씩 더욱더 의지하게끔 만드신다.

시험을 당하는 동안 우리가 기뻐한다는 것이 쉬운 일이 아니지만 성경은 우리에게 기뻐하라고 말씀한다. 기쁨이란 우리가 시험을 넘어 맺어질 열매를 볼 때 누릴 수 있다.

바울은 우리에게 "우리가 환난 중에도 즐거워하나니 이는 환난은 인내를 인내는 연단을 연단은 소망을 이루는 줄 앎이로다"(롬 5:3-4) 증거하였다.

하나님은 당신이 성숙하여 하나님과 더욱 더 깊은 사귐을 갖기 원하신다. 그러므로 당신도 다음에 어려운 시험을 당하게 되면 기쁘게 여겨라. 당신 속 하나님께서 목적하신 것을 이루어 더 가까이 지내려 하심인 줄 깨닫기 바란다.

하나님 아버지, 우리가 환란 중에 있을 때 도우시기를 기도합니다. 주님, 우리가 현재의 환란을 넘어 열매 맺는 것을 볼 수 있도록 도와주시옵소서. 그리하여 우리의 인생을 신실하게 살게 하여 주시옵소서. 예수님 이름으로 기도합니다. 아멘.

믿음과 행위

(야고보서 2:14) "내 형제들아 만일 사람이 믿음이 있노라 하고 행함이 없으면 무슨 유익이 있으리요 그 믿음이 능히 자기를 구원하겠느냐"

보트에는 두 개의 노가 있다. 노가 하나뿐이면 아무리 저어도 제자리를 뱅뱅 돌기만 한다. 그러나 두 개의 노가 있으면 어디든지 가고 싶은 곳으로 노를 저어 갈 수 있다.

믿음과 행위는 붙어 다니면서 함께 일을 한다. 믿음은 행위를 낳고, 행위는 믿음의 정도를 나타낸다. 당신이 무엇을 믿든 당신이 하는 일이 보여 줄 것이다. 예를 들면 어떤 사람이 살다가 예수 그리스도를 영접하고 그의 삶이 달라졌다고 하자.

그러나 그 어떤 사람은 믿노라고 하면서 그 생활은 믿기 이전의 죄악된 생활을 그대로 산다면 그는 진실로 예수님을 영접한 사람이 아니다. 이런 사람이 입술로 아무리 큰 믿음을 고백할지라도 아무런 의미가 없다.

믿음은 행위로 보여 준다.

야고보는 "행함이 없는 믿음은 죽은 것"(약 2:17)이라고 말하면서 궁핍한 형제자매를 예로 들어 말해 주었다. 그들에게 말로만 잘 살라고 하면서 먹을 것이나 입을 것을 주지 않는다면 당신의 잘되라는 말은 아무런 의미가 없다. 그것은 참 믿음을 보여주지 못하는 것이다.

참 믿음은 사랑과 자비와 양선의 행위로 나타난다. 당신이 그와 같은 의로운 행위로 구원받은 것은 아니지만, 당신의 행위가 당신의 구원을 보여준다. 믿음은 당신을 구원하고 또 당신의 인생에 의로운 열매를 맺게 할 것이다.

"그들의 열매로 그들을 알찌니"

– 당신의 인생은 당신의 믿음을 나타내는 선한 열매를 맺고 있는가?
– 마태복음 7장 16절의 예수께서 하신 말씀을 기억하기 바란다.

하나님 아버지, 나의 행위가 항상 나의 말을 증명하게 하옵소서! 항상 아버지 안에 살게 해 나의 믿음이 선한 역사를 이루게 하시고 내 행위가 예수 그리스도의 순수한 행위를 나타내게 하옵소서. 예수님 이름으로 기도합니다. 아멘.

November 30
작은 혀의 힘

(야고보서 3:5) "이와 같이 혀도 작은 지체로되 큰 것을 자랑하도다 보라 얼마나 작은 불이 얼마나 많은 나무를 태우는가"

오! 혀가 얼마나 큰 파괴를 가져오는지 모른다. 그 조그만 혀가 얼마나 깊은 마음의 상처를 일으키는지 모른다. 야고보는 무엇을 파괴할 목적이 있다면 혀에 "지옥불을 붙이면 된다" 증거하였다.

"혀는 곧 불이요 불의의 세계라 혀는 우리 지체 중에서 온 몸을 더럽히고 삶의 수레바퀴를 불사르나니 그 사르는 것이 지옥 불에서 나느니라"(약 3:6)
"혀는 능히 길들일 사람이 없나니 쉬지 아니하는 악이요 죽이는 독이 가득한 것이라"(약 3:8)

야고보는 더 나아가서 수많은 짐승들은 다 길들일 수 있으나 혀는 길들일 사람이 없다고 했다.

- 혀 때문에 얼마나 많은 싸움이 일어나고 있는가?
- 가십 때문에 얼마나 많은 사람들의 명성이 파괴되고 있는가?
- 또 얼마나 많은 사람들의 마음이 깨어지고 있는가?

> 혀 때문에 얼마나 많은 사람들의 인생이 깨어지고 있는가?

혀를 하나님이 의도하신 목적대로 사용하지 않는 것은 나쁘다. 입으로 하나님을 찬양하고 또 그 입으로 하나님의 형상을 한 형제를 저주하는 일치되지 못한 혀의 사용도 나쁘다.

혀 속에는 너무나 많은 잠재력이 있다. 또 혀는 많은 소망과 위로를 가져다 줄 수도 있다. 용기와 힘과 자신을 갖게 하는 것도 혀다. 다른 사람에게 하나님이 하신 일을 생각나게 해주기도 한다. 죽어가는 이 세상에서 예수 그리스도의 복음을 전하는 것도 혀다.

당신의 혀를 하나님이 의도하신 목적대로 사용한다면, 당신은 다른 사람을 세울 수 있고 그 사람이 선한 일을 할 수 있도록 박차를 가할 수도 있다. 당신은 혀로 잃어버린 영혼을 구원할 수도 있다. 우리의 혀를 하나님께 영광 돌리는 일에 많이 사용하게 하옵소서.

하나님 아버지, 나의 혀를 지켜주시옵소서. 또한 나의 말로 다른 사람을 축복하고 저주하지 않게 하소서. 또 다른 사람을 세우고 넘어지는데 사용하지 않게 하소서. 예수님 이름으로 기도합니다. 아멘.

December 1

주님의 오심을 기다리며

(야고보서 5:7) "그러므로 형제들아 주께서 강림하시기까지 길이 참으라 보라 농부가 땅에서 나는 귀한 열매를 바라고 길이 참아 이른 비와 늦은 비를 기다리나니"

예수님은 다시 오신다. 이번에는 말구유의 아기가 아니라 왕 중의 왕으로, 만주의 주로 오실 것이다. 그가 오심은 이 세상을 의로 다스리기 위함이다. 곧 오실 것이다. 예수님은 '속히'(quickly) 오시겠다는 말을 여러 번 말했다. 그러나 2,000년이 지났는데도 예수님은 아직 오시지 않았다. 그런 이유로 사람들은 예수님의 재림에 대해 비웃기도 한다.

베드로는 베드로후서 3장에서 조롱하는 자들에 대해 "사랑하는 자들아 주께는 하루가 천년 같고 천 년이 하루 같다는 이 한 가지를 잊지 말라 주의 약속은 어떤 이들이 더디다고 생각하는 것 같이 더딘 것이 아니라 오직 주께서는 너희를 대하여 오래 참으사 아무도 멸망하지 아니하고 다 회개하기에 이르기를 원하시느니라"(벧후 3:8-9) 책망하였다.

주님이 더디 오시는 것에는 그만한 이유가 있다.

야고보는 하나님은 천국의 완전히 익은 추수 열매를 얻기 위해 오랫동안 기다리신다고 말했다. 주님은 우리를 자기가 있는 곳으로 빨리 데려 가기 원하시지만 다른 사람들에게도 그의 가족이 되도록 기회를 주고 계신다. 당신의 마음을 추스르고 인내하며 기다려라. 주님은 곧 오실 것이다.

하나님 아버지, 나에게 예수 그리스도가 다시 오실 것이라는 기쁜 소망 주심을 감사드립니다. 나에게도 기다리는 인내를 주시옵소서. 예수님 이름으로 기도합니다. 아멘.

December 2

금보다 더 귀한 것

(베드로전서 1:6-7) "그러므로 너희가 이제 여러 가지 시험으로 말미암아 잠깐 근심하게 되지 않을 수 없으나 오히려 크게 기뻐하는도다 너희 믿음의 확실함은 불로 연단하여도 없어질 금보다 더 귀하여 예수 그리스도께서 나타나실 때에 칭찬과 영광과 존귀를 얻게 할 것이니라"

우리가 고난을 겪을 때 하나님은 우리의 본능적인 감정들을 무시하지 않으신다. 다시말해 슬퍼하기도 하고 실망하기도 하고 탄식하는 것들이다. 그러나 그런 슬픔의 기간이 끝나면 세상 사람들이 우리를 볼 때 우리는 매우 이상한 짓을 한다. 매우 기뻐하는 것이다. 그것은 우리에게 하나님의 영광스러운 약속이 있기 때문이다. 때문에 비록 우리에게 무거운 짐이 있고, 잃어버리는 고통과 아픔이 있을지라도 우리의 영혼은 기뻐할 수 있다.

> 하나님은 우리가 하나님을 다시 반영하는 것을 보실 때까지
> 우리 속의 결함을 계속 제거해 나가실 것이다.

베드로는 너희 믿음의 순수함이 금보다 귀하다고 했다. 대장장이가 금의 불순물이 없어질 때까지 열을 가해 금이 거울을 보듯이 자신의 모습을 볼 수 있게 하는 것처럼 하나님도 우리의 믿음에 불을 켜신다.

하나님은 우리 인생의 불순물을 깨뜨려 표면에 떠오를 수 있도록 고난을 허락하신다. 그때가 바로 우리가 순수하게 될 수 있는 쟁점이다. 고난이 우리의 믿음을 성숙하게 하는 것을 기억하라. 하나님이 우리를 순수하게 만드시는 역사에 저항하지 말고 오히려 기뻐하기 바란다.

하나님 아버지, 우리의 믿음에 시험을 허락하셔서 불같은 고난이 우리를 성숙하게 하고 순수하게 해 주시니 감사합니다. 예수님 이름으로 기도합니다. 아멘.

December 3

어둠에서 빛으로

(베드로전서 2:9) "그러나 너희는 택하신 족속이요 왕 같은 제사장들이요 거룩한 나라요 그의 소유가 된 백성이니 이는 너희를 어두운 데서 불러내어 그의 기이한 빛에 들어가게 하신 이의 아름다운 덕을 선포하게 하려 하심이라"

하나님은 이스라엘을 하나님 자신의 소유로 삼아 이스라엘이 받은 축복을 온 세계에 본보기로 삼으려고 했다. 즉 하나님은 이스라엘을 택하여 이 세상에서 하나님의 빛으로 삼으려고 했었다. 그러나 이스라엘은 하나님의 법을 따르지 않고 다른 신들을 섬겼다. 이스라엘은 온 세상에 하나님의 빛은 비추지 않으면서 오히려 하나님이 자기들을 택한 사실만을 자랑했다.

이제 하나님이 이스라엘에게 주셨던 축복을 당신에게 주신 것이 곧 교회이다. 이제는 우리가 하나님의 왕 같은 제사장이다. 제사장이 하는 일은 하나님을 사람에게, 사람을 하나님께로 인도하는 일이다. 그러므로 우리의 일은 세상에 하나님을 대리하는 일이다.

> 우리는 어둠속을 헤매는 자들에게 우리의 빛을 비추어
> 그들이 하나님께 가는 길을 찾게 해 주어야 한다.

하나님은 우리를 어둠에서 불러내어 빛으로 오게 했다. 그리고 우리의 삶을 지켜보며, 우리가 기뻐하고 능력과 소망을 가지고 살아가는 것을 의아해 하는 사람들에게 하나님을 선포하게 하셨다.

예수님은 자신을 '세상의 빛'이라고 선포하셨다. 또한 예수님은 "나는 세상의 빛이니 나를 따르는 자는 어둠에 다니지 아니하고 생명의 빛을 얻으리라"(요 8:12) 말씀하시며 우리에게 '세상의 빛'이 되라고 당부하시면서 다음과 같이 말씀하셨다. "너희는 세상의 빛이라 산 위에 있는 동네가 숨겨지지 못할 것이요"(마 5:14).

빛들의 아버지이신 그분의 소유가 되는 것이 얼마나 큰 축복인가! 사랑과 용서가 없는 세상에 하나님의 선하심을 권한다는 것이 얼마나 큰 특권인가!

하나님 아버지, 내가 빛을 비추게 하소서. 당신께서 내 안에서 일으킨 선한 행위들을 사람들이 보고 아버지께 영광을 돌리게 하소서. 예수님 이름으로 기도합니다. 아멘.

December 4

선한 인생을 원하는가?

(베드로전서 3:10-11) "그러므로 생명을 사랑하고 좋은 날 보기를 원하는 자는 혀를 금하여 악한 말을 그치며 그 입술로 거짓을 말하지 말고 악에서 떠나 선을 행하고 화평을 구하며 그것을 따르라"

당신이 좋은 날을 보기 원한다면 베드로가 말하는 몇 가지 법칙이 있다.

  - 첫 번째 법칙 : 혀를 금하여 악한 말하기를 그치라. 가십은 순전히 악이다.
          가십에는 사랑도 생산성도 없다. 해만 가져올 뿐이다.
  - 두 번째 법칙 : 입술로 거짓을 말하지 말라.

다른 말로 하자면 당신의 말속에 거짓이 없게 하라는 말이다. 거짓의 말이란 비꼬아 말하거나 진실이 없는 것이다. 또 말을 만들어 내는 것이다. 말 속에 진실이 없는 사람들은 곧 신뢰와 믿음성을 잃게 된다.

> 하나님께 순복하라. 그리하면 하나님께서
> 당신에게 즐거움과 행복과 평화와 번영을 쏟아 부으실 것이다.

  - 세 번째 법칙 : 악에서 떠나라.

또한 우리는 악을 피할 뿐 아니라 선을 구해야 한다. 바울은 에베소 교인들에게 편지하기를 "너희는 유혹의 법칙을 따라 썩어져 가는 구습을 따르는 옛사람을 벗어버리라"(엡 4:22) 또한 "하나님을 따라 의와 진리의 거룩함으로 지으심을 받은 새 사람을 입으라"(엡 4:24) 권고했다.

그러면서 바울은 특별한 예를 들어, 거짓말은 그치고 진실을 말하는 것, 훔치지 않고 일을 하여 불쌍한 사람들을 돕는 것, 중상과 비방하는 것을 그치고 서로가 서로를 세워주는 말을 하는 것이다. 다시 말하여 '악을 피하라는 것은 선한 것을 택하라는 것이다' 증거하였다.

  - 이러한 법칙을 따른 결과는 어떠할까?
  - 축복뿐이다.

하나님 아버지, 나에게 축복을 주시기 원하시는 당신의 사랑에 감사드립니다. 나로 그 규칙들에 순종하여 선한 인생을 살 수 있도록 도와주소서. 예수님 이름으로 기도합니다. 아멘.

December 5

하나님께 영광을 돌려라

(베드로전서 4:11) "각각 은사를 받은 대로 하나님의 여러 가지 은혜를 맡은 선한 청지기 같이 서로 봉사하라"

하나님은 그의 크고 넓으신 사랑의 표현으로 우리 모든 사람 각각에게 은사를 주셨다. 어떤 사람에게는 자비의 은사를, 어떤 사람에게는 지혜 또는 예언, 가르침의 은사를, 또는 주는 은사를 주셨다. 우리 각자는 남보다 훨씬 뛰어나게 잘하는 한 가지의 능력을 모두 다 받았다.

> 우리가 받은 은사들은 우리의 영광을 위한 것이 아니라
> 하나님의 영광을 위해서이다.

그런데 어떤 사람들은 하나님께 받은 은사로 자기가 영광을 받으려고 애를 쓰는데 그것을 볼 때 슬프다. 그러나 자기의 능력으로 하나님께 영광을 돌리는 것을 보면 아름답다. 세계에서 유명했던 작곡가 요한 세바스챤 바하는 모든 곡마다 "하나님께 영광"이란 말을 반드시 붙였다.

바울이 "누가 너를 남달리 구별하였느냐 네게 있는 것 중에 받지 아니한 것이 무엇이냐 네가 받았은즉 어찌하여 받지 아니한 것같이 자랑하느냐"(고전 4:7) 말한 것처럼 모든 은사는 하나님의 은혜를 다른 사람에게 전하는데 사용할 때 그 가치가 있으며, 그 때 더욱 높고 위대하게 드러나게 될 것이다.

당신의 영적 은사가 무엇인지 당신은 알고 있는가? 우리는 하나님이 주신 나의 은사가 무엇인지 발견하여 그것으로 다른 사람을 섬겨 하나님께 영광을 돌리는 것이 아주 중요하다. 당신은 지금 그렇게 하고 있는가? 하나님이 당신에게 주신 은사를 하나님께 드림으로써 하나님께 영광을 돌리고 있는가?

하나님 아버지, 우리는 아버지의 사랑과 자비를 너무 많이 받고 있습니다. 우리에게 위임하신 은사들을 사용해 당신께 영광을 돌릴 수 있도록 도와주시옵소서. 예수님 이름으로 기도합니다. 아멘.

December 6

하나님이 당신을 돌보신다.

(베드로전서 5:7) "너희 염려를 다 주께 맡기라 이는 그가 너희를 돌보심이라"

구약 성경에 나오는 한나는 아이를 낳지 못하는 고통이 있었다. 그리고 그녀가 그런 문제에 대해 남편에게 이야기하면 불화만 생겼다. 더욱 나쁜 것은 남편의 다른 부인인 브닌나가 한나를 놀려대서 결국 식욕까지 잃고 울기만 했다.

한나는 실로의 축제 때 남편과 함께 실로로 올라가서 하나님께 그녀의 모든 고통을 다 쏟아냈다. 울고 있는 그녀를 보고 술 취했다고 오해한 엘리 제사장에게 "나는 슬픔이 많은 여자입니다. 그래서 내 원통함을 하나님께 토한 것입니다"라고 말했다. 그러자 엘리 제사장은 "평안히 가라. 하나님이 너의 구한 것을 허락하시기를 원하노라" 축복해 주었다.

> 주님은 바로 내 옆에 계셔서 기꺼이 내 짐을 지고 가려고 하신다.

한나의 남편도 그녀의 슬픔에 도움이 되지 못했다. 그래서 한나가 하나님께 그녀의 짐을 들고 갔더니 하나님께서 돌봐주시겠다는 확신을 얻었다.

사탄은 문제 속에 당신이 홀로임을 믿게 하려 한다. 사탄은 아무도 당신을 이해하지 못하고, 아무도 당신을 돌보지 않는다고 믿게 하는 속임수를 쓴다. 그러나 그렇지 않다. 하나님은 당신의 처지를 다 이해하고 돌보고 계신다. 하나님은 당신의 처지를 너무나 잘 아시기 때문에 당신의 염려를 하나님께 다 맡기라고 말씀하신다.

내가 아무리 실패를 거듭할지라도, 또 내 삶에 문제만 거듭될지라도 하나님은 결코 나를 떠나지 않고 버리지도 않겠다고 약속하셨다. 오! 이 말씀이 얼마나 큰 용기를 주는지! 나는 결코 혼자가 아니다.

하나님 아버지, 나를 억누르는 모든 염려와 근심들을 빨리 당신께 던져 버리게 하소서. 우리의 무거운 짐을 들어 주시니 감사합니다. 예수님 이름으로 기도합니다. 아멘.

December 7

그의 형상으로 바뀌어지는 것

(베드로후서 1:3) "그의 신기한 능력으로 생명과 경건에 속한 모든 것을 우리에게 주셨으니 이는 자기의 영광과 덕으로써 우리를 부르신 이를 앎으로 말미암음이라"

하나님은 우리도 하나님처럼 되기를 원하신다. "내가 거룩하니 너희도 거룩할지어다"(벧전 1:16) 그래서 모든 믿는 자의 목표는 예수 그리스도의 형상대로 되는 것이다.

곧 그가 거룩하니 우리도 거룩하고, 그가 순결한 만큼 우리도 순결하고, 그가 완전하니 우리도 온전히 성숙하여 완전해 지는 것이다.

창세기에서 하나님은 우리를 그의 형상대로 창조하셨다고 했다. 그러나 사람이 범죄했을 때 하나님의 형상에서 떨어져 버렸다. 곧 영이 죽어버린 것이다. 그런 인간을 다시금 하나님의 형상으로 회복시키는 것이 하나님의 소원이다. 본 절의 말씀에 의하면 우리로 영광스러운 덕의 삶을 살게 하기 위해 하나님은 우리에게 모든 것을 다 공급해 주셨다고 했다.

> 경건한 삶을 소원하는 것만으로는 충분하지 않다.

하나님의 능력을 입지 않고 경건하게 산다는 것은 불가능하다. 예수님과 사귐을 가짐으로써 우리는 예수님과 같이 될 수 있다. 그것은 말씀의 능력에 있다. 우리 마음 깊은 곳에 말씀이 심어짐으로써 예수 그리스도의 형상으로 바뀌어가는 것이다.

하나님의 말씀과 하나님의 성령이 우리 안에서 역사를 이루실 때, 우리는 다시금 하나님의 형상으로 바뀌어 질 것이다.

"너희 안에서 착한 일을 시작하신 이가 그리스도 예수의 날까지 이루실 줄을 우리는 확신하노라"(빌 1:6)

하나님 아버지, 당신과 가깝게 동행하며, 당신의 말씀을 사랑하도록 가르쳐 주소서. 그래서 다시금 당신의 형상을 이루게 하소서. 예수님 이름으로 기도합니다. 아멘.

December 8

어떻게 살아야 하나?

(베드로후서 3:11) "이 모든 것이 이렇게 풀어지리니 너희가 어떠한 사람이 되어야 마땅하냐 거룩한 행실과 경건함으로"

언젠가는 물질세계가 다 풀어지고 끝나는 날이 온다는 사실에 비추어 볼 때, 그렇다면 우리는 어떻게 살아야 할까? 어리석은 바보만이 그렇게 없어질 물질에만 모든 시간과 돈의 가치를 다 쏟을 것이다.

바울은 "우리는 잠시잠깐 보여지는 것을 보는 것이 아니라 보이지 아니하는 영원한 것을 본다" 증거했다. 내가 만약 없어질 나의 보좌, 명예, 물질적인 부요에만 집착한다면 후일 내게는 아무것도 없을 것이다.

그러면 우리는 어떤 사람이 되어야 마땅할까? 베드로는 14절에서 "그러므로 사랑하는 자들아 이것을 바라보나니 주 앞에서 점도 없고 흠도 없이 평강 가운데서 나타나기를 힘쓰라" 권고했다. 그러므로 우리는 성령의 일들에 몰두해야 한다. 주님과 동행하는데 부지런해야 한다. 점도 흠도 없는 하나님의 뜻에 합당하게 살아야 할 것이다.

> 오늘 주님이 오신다면 당신은 주님을 만날 준비가 되어 있는가?

아모스는 "오 이스라엘아 너희 여호와 하나님 만날 것을 준비하라"(암 4:12) 외쳤다.

- 당신의 삶을 재고해 보라.
- 당신은 하나님과 평화하며 하나님과 화목한 삶을 살고 있는가?
- 당신은 그 나라의 일들에 바쁘게 살고 있는가?
- 만약 이 질문에 "예"라고 대답할 수 없으면 오늘이라도 시작하라.
- 당신의 마음을 준비하라.

하나님 아버지, 하나님의 나라를 소망할 수 있게 하시니 감사합니다. 주님이 오실 때 당신의 뜻을 행하고 있는 충성된 종으로 발견되게 하소서. 예수님 이름으로 기도합니다. 아멘.

December 9

어둠이란 없다

(요한일서 1:5) "우리가 그에게서 듣고 너희에게 전하는 소식은 이것이니 곧 하나님은 빛이시라"

태양을 본 사람은 아무도 없다. 해에서 나오는 빛은 보지만 태양 그 자체는 보지 못했다. 해의 밝음 때문에 빛의 근원을 볼 수 없다. 그와 마찬가지로 "본래 하나님을 본 사람이 없으되 아버지 품속에 있는 독생하신 하나님이 나타내셨느니라"(요 1:18) 예수님은 이 시대의 빛이시다.

빛과 어둠은 서로 배타적이다.

빛이면 빛, 어둠이면 어둠이지 빛과 어둠이 함께 공존할 수 없는 것은 빛이 어둠을 몰아내기 때문이다. 하나님은 빛이시므로 하나님이 계시는 곳은 어둠을 몰아내 버린다. 하나님 안에는 어둠이 전혀 없다. 바울이 "빛과 어둠이 어찌 사귀리요"(고후 6:14)라고 질문한 것과 같다.

죄의 어둠은 사람을 하나님으로부터 떨어지게 만든다. 하나님은 당신을 사랑해서 당신과 사귐을 갖기 원하신다. 그러나 당신이 어둠의 길을 걷고 있다면, 하나님은 당신과 사귈 수 없다.

사도 요한은 "만일 우리가 하나님과 사귐이 있다 하고 어둠에 행하면 거짓말을 하고 진리를 행하지 아니함이거니와 그가 빛 가운데 계신 것 같이 우리도 빛 가운데 행하면 우리가 서로 사귐이 있고 그 아들 예수의 피가 우리를 모든 죄에서 깨끗하게 하실 것이요"(요일 1:6-7)라고 증거하였다.

- 오늘 하나님과 동행하라.
- 죄의 어둠을 끊어 버리라.
- 빛을 택하라.

하나님 아버지, 복음의 밝은 빛을 내게 비추어 나로 빛 가운데 살게 하시니 감사합니다. 당신이 빛이시기에 빛 되신 주님과 사귐을 갖게 하시니 감사합니다. 예수님 이름으로 기도합니다. 아멘.

December 10

이기는 삶

(요한일서 2:14) "아이들아 내가 너희에게 쓴 것은 너희가 아버지를 알았음이요 아비들아 내가 너희에게 쓴 것은 너희가 태초부터 계신 이를 알았음이요 청년들아 내가 너희에게 쓴 것은 너희가 강하고 하나님의 말씀이 너희 안에 거하시며 너희가 흉악한 자를 이기었음이라"

당신이 그리스도인이라면 당신은 싸움 속에 있다. 그 싸움이란 당신의 생각에 따른 당신의 인생을 정복하려는 싸움이다. 하나님은 당신의 인생을 다스림으로써 당신을 축복하고 당신과 사귐을 갖기 원하신다.

반면에 사탄도 당신의 인생을 다스려 결국 망하게 하기를 원한다. 사탄은 거짓과 금방 성취할 것 같은 약속들을 이용해 육신의 정욕을 따라 살도록 당신을 유혹한다. 그러나 사탄이 당신에게 주는 것이 무엇이든지간에 그것은 잠시잠깐의 쾌락일 뿐이다.

> 하나님은 당신이 사탄의 유혹에서 이기기를 원하신다.

하나님은 당신이 승리하기를 원하지만 당신의 능력으로는 도무지 승리할 수 없다. 당신에게 마귀의 전술을 대적해 설 수 있도록 능력을 입혀주실 예수 그리스도를 통해서만 승리할 수 있다.

승리의 비결이 무엇인가? 오늘의 말씀처럼 청년의 능력은 하나님의 말씀이 그들 속에 거할 때 임한다. 다윗은 "내가 주께 범죄하지 아니하려 하여 주의 말씀을 내 마음에 두었나이다"(시 119:11) 고백하였다.

- 예수님은 사탄의 계략을 말씀으로 이겼다.
- 예수님은 사탄이 유혹하는 거짓들을 하나님의 말씀의 진리로 대응하셨다.

우리 마음속에 하나님의 말씀이 거하면 사탄의 속임수에 쉬이 넘어가지 않을 것이다. 사탄이 유혹할 때 우리 아버지의 진리로 사탄의 꼬임을 물리칠 수 있는 능력이 우리 안에 있게 된다.

하나님 아버지, 당신의 성령이 우리를 지배할 때 아버지를 기쁘시게 하며 모든 것을 이길 수 있게 하시니 감사드립니다. 예수님 이름으로 기도합니다. 아멘.

December 11

하나님의 자녀

(요한일서 3:2) "사랑하는 자들아 우리가 지금은 하나님의 자녀라 장래에 어떻게 될지는 아직 나타나지 아니하였으나 그가 나타나시면 우리가 그와 같을 줄을 아는 것은 그의 참모습 그대로 볼 것이기 때문이니"

우리가 하나님의 자녀이기 때문에 하나님은 우리를 위해 영광스러운 미래를 예비하고 계신다. 하나님의 말씀이 말해주는 것처럼 "하나님은 자기를 사랑하는 자들을 위하여 예비하신 모든 것은 눈으로 보지 못하고 귀로 듣지 못하고 사람의 마음으로 생각하지도 못하였다"(고전 2:9) 함과 같다.

예수님도 우리가 그와 함께 하나님의 나라를 누릴 수 있도록 기도하셨다.

"아버지여 내게 주신 자도 나 있는 곳에 있어 아버지께서 창세전부터 나를 사랑하시므로 내게 주신 나의 영광을 그들로 보게 하시기를 원하옵나이다"(요일 17:24)

> 어느 날엔가 우리는 죽음이라고 불리는 베일을 벗고,
> 우리 구세주의 얼굴을 직접 볼 날이 올 것이다.

우리가 이 육신을 떠나 하나님과 새로운 삶을 시작할 때, 하나님은 우리에게 그의 사랑의 깊이와 충만함과 풍성함을 드러내실 것이다. 그의 사랑이 우리로 영원 세계의 모든 것을 다 이해하게 해 주실 것이다. 그러나 하나님께서 그리하신다 할지라도 우리는 하나님의 무궁무진한 그 사랑을 다 헤아리지 못할 것이라고 생각한다.

우리는 하나님의 나라에서 하나님과 함께 영광스러운 빛 가운데서 영원토록 살 것이다. 매일매일, 매년매년, 영원토록 우리에게 부으실 무한한 그의 사랑과 은혜와 자비를 항상 보게 될 것이다.우리가 하나님의 자녀가 된 것이 얼마나 축복된 일인가!

"보라 아버지께서 어떠한 사랑을 우리에게 베푸사 하나님의 자녀라 일컬음을 받게 하셨는가"(요일 3:1)

하나님 아버지, 예수 그리스도를 통해 당신의 무한한 은혜와 사랑과 자비를 나타내실 영원한 그 나라를 우리는 고대하고 있습니다. 예수님 이름으로 기도합니다. 아멘.

December 12

왜 예수님이 오셨는가?

(요한일서 3:8) "죄를 짓는 자는 마귀에게 속하나니 마귀는 처음부터 범죄함이라 하나님의 아들이 나타나신 것은 마귀의 일을 멸하려 하심이라"

마귀가 하는 일은 무엇인가? 사람들을 가족과 사회에서 분리시키고 돌로 자기의 몸을 해치게 한다. (배에서 나오시매 곧 더러운 귀신 들린 사람이 무덤 사이에서 나와 예수를 만나니라_막 5:2) 또한 마귀의 일은 마가복음 9장 14절 이후에서 보면, 귀신이 소년을 덮쳐 거품을 흘리며 이를 갈며 경련을 일으키게 하고 물과 불에 던져 죽이려 하였다.

예수님은 이러한 마귀의 일들을 멸하려고 오셨다.

사탄은 당신을 미워하고 망하게 하고 싶어 한다. 사탄은 당신을 하나님을 대적하는 사망의 길로 끌고 가려고 갖가지의 수단을 사용해서 당신을 속이려고 한다. 예수님은 우리에게 경고하시기를 사탄은 "도적질하고 죽이고 멸망시키려고 왔다"(요 10:10) 말씀하셨다. 사탄은 당신의 복된 인생을 빼앗으려고 한다.

또한 사탄은 당신과 하나님과의 관계, 그리고 당신과 다른 사람들과의 관계를 끊어 버리려고 한다. 사탄은 당신의 명예를 더럽히고 궁극적으로 당신의 인생을 망치려고 한다. 사탄이 쓰는 전략은 너무나 매력적이어서 그 세력에 유혹되면 사탄의 운명과 함께 하게 된다.

사탄의 일들 중에 하나는 죽음의 권세이다. 그러나 예수님은 그의 권세를 폐하고 영원한 생명을 가지고 오셨다. 멸망시키는 사탄의 목적과는 달리 예수님은 "생명을 얻게 하고 더 풍성히 얻게 하려는 것"(요 10:10) 때문에 오셨다.

하나님 아버지, 당신의 사랑에 너무나 감사드립니다. 당신의 아들 예수님을 이 땅에 보내 주셔서 마귀의 일들을 멸하고 우리를 당신의 나라에서 영원히 살 수 있게 해 주심에 감사드립니다. 예수님 이름으로 기도합니다. 아멘.

December 13

하나님의 사랑

(요한일서 4:16) "하나님이 우리를 사랑하시는 사랑을 우리가 알고 믿었노니 하나님은 사랑이시라 사랑 안에 거하는 자는 하나님 안에 거하고 하나님도 그의 안에 거하시느니라"

하나님의 사랑은 너무나 광대해서 사람들은 하나님이 자기들을 사랑한다는 사실을 쉽게 믿지 못한다. 하나님이 주신 그 크신 사랑의 증거가 많음에도 불구하고 사람들은 자기의 기도가 응답되지 않았다고 하나님의 사랑을 부인한다. 이런 사람들은 기도는 자기의 소원대로 응답되어야 한다고 믿는 사람들이다.

하나님의 사랑을 이런 근거로 받아들인다는 것이 얼마나 어리석은가? 우리 자녀들이 원하는 것마다 우리는 다 주고 있는가? 물론 그렇지는 않을 것이다. 아이들은 때때로 좋지 않은 것들을 요구할 때가 있다. 기도로 하나님의 사랑을 시험해서는 안된다. 기도는 당신의 뜻을 성취시키는 수단이 아니라 하나님의 뜻을 이루는 수단이다.

기도가 나에 대한 하나님의 사랑을 시험하는 수단이 아니라면, 내가 하나님께 사랑받고 있다는 것을 어떻게 알 수 있는가? 요한은 앞장에서 그런 의문들에 대한 답을 이미 우리에게 주었다. "그가 우리를 위하여 목숨을 버리셨으니 우리가 이로써 사랑을 알고"(요일 3:16).

"우리를 위한 하나님의 사랑을 우리가 알게 되어 믿게 되었다."

> 하나님의 사랑의 증거가 곧 예수님이다.

사랑의 증거는 하나님의 아들 예수 그리스도께서 십자가에서 죽음으로써 인간들의 죄를 구속하셨다는 것이다. 예수님을 알게 될 때 하나님의 사랑 그 자체를 알게 되어 당신도 요한처럼 말할 수 있게 된다.

하나님 아버지, 우리에 대한 그 크신 당신의 사랑에 감사드립니다. 당신의 사랑이 우리의 삶을 온전케 함으로써 모든 두려움을 쫓아버리게 하옵소서. 예수님 이름으로 기도합니다. 아멘.

December 14

진리

(요한이서 1:4) "너의 자녀들 중에 우리가 아버지께 받은 계명대로 진리를 행하는 자를 내가 보니 심히 기쁘도다"

진리란 무엇인가? 오늘날의 세상 철학은 "진리는 상대적이기 때문에 당신이 진리라고 믿는 것이 곧 진리"라고 말한다. 그러나 이런 사고를 따르는 사람들은 참된 진리를 배척하는 논리이다.

바울은 "하나님이 창조를 통해 사람들에게 분명히 하나님을 보여 알게 해 주셨다" 증거했다. 그럼에도 세상 사람들은 믿지 않았다. 성경은 "하나님의 진리를 거짓 것으로 바꾸어 피조물을 조물주보다 더 경배하고 섬김이라"(롬 1:25) 기록하였다.

하나님이 진리이시다. 하나님이 진리의 모든 것이 되신다.

지적인 탐구로는 하나님을 발견할 수 없다. 그러나 기록 문서, 곧 성경을 통해 하나님을 볼 수 있다. 성경은 하나님의 말씀이다. 고로 하나님이 진리이다. 예수님도 제자들을 위해 아버지께 "그들을 진리로 거룩하게 하옵소서. 아버지의 말씀은 진리니이다"(요 17:17) 기도하셨다.

진리란 무엇인가? 진리란 당신이 지혜의 근본이 되시는 창조주에 의해 창조되었다는 사실이다. 당신은 오랜 세월을 거쳐 진화된 존재가 아니라 특별한 목적이 있어 창조되었다는 것이 진리이다.

영원하고 전능하신 하나님이 당신을 만드시고 당신을 사랑한다. 또 당신에게 최고가 되기를 원하신다. 그래서 당신에게 구원의 수단으로 주신 것이 곧 그의 아들 예수 그리스도이심이 진리이다. 그리고 당신이 더 풍성한 삶을 누리게 하기 위해 그의 삶의 법칙인 성경을 주셨다.

당신의 인생을 하나님의 아들에게 순복하고 하나님의 법칙인 성경대로만 산다면, 당신은 이 땅에서도 즐거움을 누리며 살 것이요 천국에서도 영원히 살게 될 것이라는 것이 진리이다.

하나님 아버지, 당신의 말씀을 주셔서 우리로 오직 하나뿐인 참된 진리를 알게 해 주셨으니 얼마나 감사한지요. 당신의 말씀을 사랑하게 하시고, 그 말씀에 순복하고자 하는 소원을 주소서. 예수님 이름으로 기도합니다. 아멘.

December 15

예수님을 본받으라

(요한삼서 1:11) "사랑하는 자여 악한 것을 본받지 말고 선한 것을 본받으라 선을 행하는 자는 하나님께 속하고 악을 행하는 자는 하나님을 뵈옵지 못하였느니라"

요한이 권고하는 이 말씀에서 악한 자는 '디오드레베'를, 선한 자는 '데메드리오'를 두고 하는 말이다. 요한은 이 두 사람을 비교하면서 악한 것을 본받지 말고 선한 것을 본받으라고 권고하고 있다.

요한은 디오드레베를 가리켜 '으뜸 되기 좋아하는 자'라고 말하고 있다. 그러나 예수님은 말씀하시기를 "이방인의 임금들은 그들을 주관하며 그 집권자들은 은인이라 칭함을 받으나 너희는 그렇지 않을지니 너희 중에 큰 자는 젊은 자와 같고 다스리는 자는 섬기는 자와 같을지니라"(눅 22:25-26) 증거했다. 만약 하나님께서 당신을 교회 안에서 다스리는 위치에 두셨다면, 그것은 하나님이 실로 당신을 교회를 섬기는 종으로 두셨다는 뜻이다.

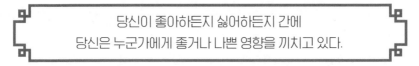

당신이 좋아하든지 싫어하든지 간에
당신은 누군가에게 좋거나 나쁜 영향을 끼치고 있다.

당신이 어떤 위치에 있든지 간에 누군가는 당신을 롤 모델로 보고 당신을 본보기 삼아 닮아가고 있다. 당신의 자녀는 당신을 보면서 어떻게 부모가 되는지를 배우고 있다. 청년 그리스도인들은 당신을 지켜보면서 그리스도를 따르는 것이 어떻게 하는 것인지를 배우고 있다.

그러므로 우리가 이 책임을 심각하게 여기는 것이 얼마나 중요한지 모른다. 사람들은 당신의 무엇을 보고 있을까? 이 질문에 대답하기가 곤란하다면 오늘부터 태도를 바꿀 수 있다.

"오직 말과 행실과 사랑과 믿음과 정절에 있어서 믿는 자에게 본이 되라"(딤전 4:12)

하나님 아버지, 당신의 말씀 속에서 좋은 본을 보고 따를 수 있도록 도와주시고 누군가가 나를 보면서 배우고 있다는 사실을 늘 자각하게 하옵소서. 예수님 이름으로 기도합니다. 아멘.

December 16

사랑 안에서 자신을 지켜라

(유다서 1:21) "하나님의 사랑 안에서 자신을 지키며 영생에 이르도록 우리 주 예수 그리스도의 긍휼을 기다리라"

본문의 말씀에서 유다가 말하고자 하는 것은 나 자신을 온유하고 선하게 하여 하나님이 나를 사랑하지 않을 수 없게 만들라는 그런 뜻인가? 만약 그런 경우라면 나 같은 사람에게는 큰 문제다. 그러나 고맙게도 유다는 그런 뜻으로 말한 것이 아니라 우리가 축복의 자리에 있도록 자기 자신을 유지하라는 뜻이다. 즉 그곳은 하나님이 우리에게 하시고자 하는 일들을 모두 행하실 수 있는 자리이다.

약속의 땅에 있는 거인들은 이스라엘 백성들이 무서움을 가지게 해서 그들이 그 땅에 들어가는 것을 거부하게 했다. 이스라엘 백성들이 비록 출애굽을 해서 구원은 받았으나 그들의 불신 때문에 광야에서 모두 죽었다. 그들은 하나님이 그들을 위해 예비하신 축복을 완전히 받지는 못한 셈이다.

> 하나님의 사랑 안에서 믿음을 유지하는 가장 좋은 방법은
> 예수님이 곧 오신다는 사실을 기억하는 것이다.

여러분들 중에서도 죄의 결박에서 겨우 건짐은 받았으나, 아직도 광야에서 살고 있는 자들이 있을 것이다. 아직도 세상에 매여 예수님 안에 완전히 들어와야 누릴 수 있는 풍성한 삶을 살지 못하는 자들이 많이 있을 것이다.

예수님은 곧 오신다. 이 사실은 당신이 잡고 있는 세상 줄을 느슨하게 한다. 이 사실은 당신에게 천국에 대한 소망을 준다. 또한 이 사실은 당신으로 하여금 정결하게 살고 싶게 하고 당신의 우선순위를 바꾸게 한다. 이 사실은 타락으로 치닫는 세상에 빨리 복음을 전해야겠다는 급한 마음을 준다.

하나님의 사랑 안에 거하라. 하나님의 약속을 믿고 하나님께 순복하며 하나님이 하라고 명하신 것에 순종하라. 그 후에 하나님이 주시겠다고 하신 모든 축복을 받을 준비를 하라.

하나님 아버지, 우리들로 주님의 재림을 항상 기억하게 하여 축복의 자리에 늘 머물 수 있도록 도와주소서. 예수님 이름으로 기도합니다. 아멘.

주님은 다시 오신다

(계시록 1:7) "볼지어다 그가 구름을 타고 오시리라 각 사람의 눈이 그를 보겠고 그를 찌른 자도 볼 것이요 땅에 있는 모든 족속이 그로 말미암아 애곡하리라 그러하리라 아멘"

요한은 "볼지어다 주님은 오시리라" 증거하였다. 성경은 많은 곳에서 교회의 휴거에 대해 예언하고 있다. 그 사건은 눈 깜짝할 사이에 일어날 것이다. 그러나 본문의 예언은 휴거를 말씀하는 것이 아니다. 이 예언의 말씀은 예수 그리스도의 재림을 말씀하는 것이다. 휴거와 재림은 아주 다른 별개의 사건이다. 이 두 가지를 혼동해서는 안된다.

휴거는 교회를 위한 것이다. 휴거는 예수님이 그의 신부인 교회를 자기에게로 데리고 가려고 오시는 것이다. 그 일이 언제 일어날지 아무도 모른다. 우리가 아는 모든 것은 우리에게 준비하라고 하는 일들이 일어나는 징조들이다.

> 모든 징조들이 이미 다 일어났으므로
> 휴거는 언제든지 일어날 수 있다. 오늘이라도 일어날 수 있다.

휴거하신 예수님은 그의 교회와 함께 내려와 세상을 심판하고 이 땅에 그리스도의 왕국을 세우기 위해 오실 것이다. 이것이 예수님의 두 번째 오시는 재림이다. 또한 예수님의 재림은 대환란 후에 일어날 것이다. 그런데 그 대환란 때는 이때까지 세상에 없었던 공포와 파멸의 때라고 쓰여 있다.

하나님의 심판이 내려질 때 당신은 세상에 남아 있고 싶지 않을 것이다. 그런데 놀라운 사실은 그때 당신은 여기 있을 필요가 없다는 사실이다. 예수님이 오시는 것은 그의 신부인 그리스도의 교회를 영접하기 위함이다.

 - 오늘 휴거가 일어난다면, 당신은 준비가 되어 있는가?

주님, 당신이 오실 때를 준비하고 싶습니다. 당신께 가까이 갈 수 있는 모든 기회를 얻도록 도와주소서. 항상 위를 보게 하시고, 늘 당신을 주시하게 하소서. 예수님 이름으로 기도합니다. 아멘.

December 18

처음 사랑

(계시록 2:4) "그러나 너를 책망할 것이 있나니 너의 처음 사랑을 버렸느니라"

에베소 교회는 표면상으로는 조직적으로 잘 돌아가는 훌륭한 교회였다. 그러나 아주 중요한 몇 가지가 빠져 있었다. 곧 그들의 처음 사랑이었다. 어떻게 그 첫사랑이 그렇게 중요한가? 그 첫사랑은 우리의 모든 행위를 다 합치는 것보다 더욱 중요하다. 그러나 안타깝게도 오늘날 많은 교회들이 이것을 잃어버리고 있다.

오늘날의 교회도 에베소 교회처럼 조직이 잘 되어 있어 모든 기능들이 잘 돌아가지만 하나님의 임재가 빠져있다. 하나님은 당신이 의무적으로 억지로 행하는 그런 일들에는 관심이 없으시다. 하나님은 당신의 마음 중심에서 흘러나오는, 즉 하나님을 사랑하는 마음으로 행하는 당신의 섬김을 원하신다.

> 당신의 섬김 이면에 있는 그 동기는 무엇인가? 그냥 습관적으로 일하고 있는가? 당신의 이름이 알려지게 하기 위한 욕망으로 일을 하고 있는가? 아니면 당신의 동기가 주님을 향한 사랑인가?

"그러므로 어디서 떨어졌는지를 생각하고 회개하여 처음 행위를 가지라"(계 2:5)

이것은 에베소 교회에 대한 하나님의 말씀이다. 당신도 주님을 처음 만났을 때의 그 첫사랑을 잃어버리고 있다면, 당신에게도 주시는 말씀이다.

주님은 "생각하라"고 말씀한다. 예수님이 당신의 인생에서 무거운 죄짐을 처음 벗겨 주셨을 때, 그때 느꼈던 사랑을 기억하라는 것이다. 그때 당신이 주님을 너무나 사랑했기 때문에 모든 것을 포기했던 것을 기억하라는 것이다. 그 다음에 주님은 "회개하라"고 말한다. 그리고 마지막으로 주님은 "처음 행위를 가지라" 말씀하셨다. 그러므로 다시 되돌아가서 처음 행위를 다시 하라. 곧 말씀을 읽고, 예배하고, 주님과 규칙적인 사귐을 가지라는 것이다.

당신이 다시금 기억하고, 회개하고, 회복할 때 하나님에 대한 당신의 사랑에 다시 불이 켜질 것이다. 다시금 당신 속에 예수님에 대한 당신의 열정을 볼 수 있게 될 것이다.

하나님 아버지, 우리의 첫사랑이 식어짐을 용서하소서. 당신의 성령으로 우리의 첫사랑을 다시 회복할 수 있도록 이끌어 주옵소서. 예수님 이름으로 기도합니다. 아멘.

December 19

인생의 목적

(계시록 4:11) "우리 주 하나님이여 영광과 존귀와 권능을 받으시는 것이 합당하오니 주께서 만물을 지으신지라 만물이 주의 뜻대로 있었고 또 지으심을 받았나이다 하니라"

내가 왜 여기 있는가? 나의 존재 목적이 무엇인가? 진화론이 사실이라면 이러한 질문들은 미궁이다. 하나님이 없다면 우리에게는 존재 목적도 특별한 계획도 없다. 우리 인생이 '적자생존'이라면 아무런 의미가 없다.

사람들은 저마다의 목적을 세우고, 그 목적들이 이루어지기만 하면 내면적인 공허가 채워지고 행복하게 될 것이라고 기대한다. 그러나 우리가 이 땅에 태어난 존재의 목적이 하나님께 기쁨을 드리는 것이라면, 우리의 목적을 달성하기까지 우리에게는 결코 만족함이 없을 것이다.

> 당신이 하나님을 기쁘게 하기 위해 살아갈 때,
> 비로소 당신의 존재 목적을 성취하게 된다.

바울은 "너희 안에서 행하시는 이는 하나님이시니 자기의 기쁘신 뜻을 위하여 너희에게 소원을 두고 행하게 하시나니"(빌 2:13) 증거했다. 이 말씀은 우리에게 하나님은 그의 기쁨을 위해 우리를 창조하셨고 또한 우리가 그 목적을 이룰 수 있도록 우리에게 능력을 주시겠다는 말씀이다.

당신이 하나님께 순복하기만 하면 하나님은 그의 소원을 당신 속에 심어주실 것이다. 만약 당신이 당신의 전체 곧 마음과 혼과 생각을 다 하나님께 바친다면 하나님은 자기를 높이는 모든 일들을 행할 수 있는 능력을 당신에게 입혀 주실 것이다.

당신이 하나님을 기쁘게 하기 위해 살아가는 그때 당신은 인생의 목적을 성취하게 될 것이다. 그러할 때 당신은 매일의 생활에서 하나님의 역사와 하나님의 일하시는 손을 볼 수 있게 될 것이다.

하나님 아버지, 당신을 기쁘게 하는 것을 배우게 하셔서 우리로 그 일들을 행할 수 있도록 도우소서. 우리의 생각이나 대화나 행동이 당신께 기쁨을 드릴 수 있게 하옵소서. 예수님 이름으로 기도합니다. 아멘.

December 20

누가 합당한가?

(계시록 5:2) "또 보매 힘 있는 천사가 큰 음성으로 외치기를 누가 그 두루마리를 펴며 그 인을 떼기에 합당하냐 하나"

구약에서 하나님은 구속에 관한 확실한 법들을 세우셨다. 만약 당신이 빚을 지고 있는데 갚을 수 없다면, 그 빚을 갚기 위해 당신은 종으로 팔려가야 한다. 그런데 당신에게 동정심이 많은 친척이 있어서 그가 대신 당신의 빚을 갚아주어 당신을 자유롭게 할 수 있는 법이 있다. 그런 친척을 '고엘'(goel) 또는 '구속자'라고 부른다. 그와 같은 법이 토지에도 해당된다.

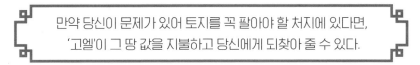

만약 당신이 문제가 있어 토지를 꼭 팔아야 할 처지에 있다면, '고엘'이 그 땅 값을 지불하고 당신에게 되찾아 줄 수 있다.

요한은 사탄의 손아귀에 잡혀 있는 이 땅을 구속할만한 사람이 아무도 없다는 것을 알고는 통곡했다. 그러나 그때 한 장로가 그에게 "울지 말라 유다 지파의 사자 다윗의 뿌리가 이겼으니 그 두루마리와 일곱 인을 떼시리라"(계 5:5) 증거하였다. 그러므로 예수님은 그 두루마리를 받기에 합당하시다. 예수님은 우리의 죄 값을 갚아주기 위해 그 값을 지불하고 이 세상을 흑암의 세력에서 구속하셨다.

- 천국에서 이 장면이 벌어질 날이 멀지 않았다.
- 구속의 때가 임하는 것은 시간문제이다.

예수님께서 인을 떼시면서 "세상 나라가 우리 주와 그의 그리스도의 나라가 되어 그가 세세토록 왕 노릇 하시리로다"(계 11:15) 선포하실 날이 멀지 않았다.

하나님 아버지, 예수 그리스도께서 그 같이 큰 값을 지불하시고 우리를 구속해 주심에 감사드립니다. 이러한 구속으로 인해 우리에게도 당신의 나라가 임하기를 소망할 수 있게 하심에 더욱 감사드립니다. 예수님 이름으로 기도합니다. 아멘.

죄의 사람

(계시록 6:2) "이에 내가 보니 흰 말이 있는데 그 탄자가 활을 가졌고 면류관을 받고 나아가서 이기고 또 이기려고 하더라"

적그리스도가 집권할 때, 그는 사탄의 손아귀에 볼모로 잡혀 있게 된다. 이 거짓 그리스도를 이용해 사탄은 이 세계를 주장할 것이다. 적그리스도는 사탄의 권세를 힘입어 큰 이적과 기사를 행하여 온 세계의 신임과 찬사를 받게 된다. 이 죄의 사람과 동행할 거짓 선지자는 온 세계로 하여금 적그리스도 곧 '짐승'에게 절하도록 만들 것이다.

"그가 먼저 나온 짐승의 모든 권세를 그 앞에서 행하고 땅과 땅에 사는 자들을 처음 짐승에게 경배하게 하니 곧 죽게 되었던 상처가 나은 자니라 큰 이적을 행하되 심지어 사람들 앞에서 불이 하늘로부터 땅에 내려오게 하고"(계 13:12-13)

> 예수님께서 이미 경고하시기를,
> 말세에는 많은 사람들이 속을 것이라고 말씀하셨다.

오늘날의 이스라엘은 완전히 속고 있다. 그들은 아직도 자기들의 메시아를 기다리고 있다. 만약 그들에게 "당신들의 메시아를 어떻게 알 수 있는가?" 묻는다면 그들은 입버릇처럼 말하기를 "그가 오시면 우리들의 성전을 건축하게 될 것이다" 대답한다. 그것이 바로 거짓의 문을 여는 것이다. 적그리스도가 나타나 적극적으로 할 일은 유대인들에게 그들의 성전을 짓게 하는 조약을 만들 것이다. 그 결과 유대인들은 적그리스도가 자기들이 고대하던 메시아라고 믿게 될 것이다.

성경은 우리에게 3년 반 이후에 적그리스도는 뻔뻔스럽게 지성소에 들어가서 자기를 하나님이라고 하며 자기를 예배하라고 요구할 것이라고 말씀한다. 그러면 그때서야 유대인들은 속았다고 생각해 하나님이 남은 3년 반 동안 자기들을 보호하려고 준비해 놓으신 광야로 도망갈 것이다. 그때 적그리스도는 이스라엘의 남은 자들과 전쟁을 하게 될 것이다. 감사하게도 그리스도의 신부인 우리들은 그러한 무서운 때를 볼 수도 없고, 경험할 수도 없을 것이다. 그러나 주님을 거부하고 진리를 경멸한 자들은 자기들이 선택한 대가로 인해 실로 고난을 당할 것이다.

하나님 아버지, 지금도 울타리에 앉아 아직도 온전히 주님께 헌신하지 못한 자들을 위해 기도합니다. 당신의 성령이 그들에게까지 임하게 하옵소서. 예수님 이름으로 기도합니다. 아멘.

December 22

기도의 향기

(계시록 8:3) "또 다른 천사가 와서 제단 곁에 서서 금향로를 가지고 많은 향을 받았으니 이는 모든 성도의 기도와 합하여 보좌 앞 금 제단에 드리고자 함이라"

기도가 얼마나 놀라운 선물인지 모른다. 우주의 창조주가 우리의 청취자가 되어 우리 기도를 직접 듣겠다고 한 것은 믿을 수 없는 일이다. 기도는 특권이다. 게다가 하나님은 우리의 기도를 너무나 귀하게 여기셔서 우리의 기도가 마치 감미로운 향기와 같다고 했다.

기도는 예배이다. 기도는 하나님의 발 아래에서 사랑과 찬미를 드리고, 당신의 마음을 열면서 또한 하나님의 마음을 당신에게 열게 한다. 이렇게 하나님과 친구 대 친구같이 교제하는 기도는 기도 중에서 최고의 형태이다.

> 당신은 하나님이 당신에게 주신 선물을 사용하고 있는가?

보통 공통적인 기도의 형태는 간구이다. 이것은 우리의 삶 속에서 하나님의 도움이나 공급 그리고 인도하심을 구하는 것이다. 우리 모두에게는 필요한 것들이 많기 때문에 그런 것들을 하나님께 구하는 것은 당연하다.

- 기도는 또한 중보이다.
- 내가 필요로 하는 것을 넘어 다른 사람의 필요를 구하는 것이다.
- 기도는 대화이다.

당신이 하나님께 말씀드리는 것처럼 하나님도 당신에게 말씀하신다. 하나님께 말씀드리는 것만큼 하나님으로부터 듣는 것도 중요하다. 당신은 기도를 통한 예배, 기도를 통한 간구, 기도를 통한 중보, 즉 기도를 통해 하나님의 음성을 듣고 있는가? 당신은 하나님께 기도의 감미로운 향을 올려 드리고 있는가?

하나님 아버지, 우리가 쓸데없는 일들에 많은 시간을 낭비하는 것을 용서해 주시옵소서. 우리의 마음을 성령의 일들에 집중해 당신과 함께 나누는 시간을 많이 갖게 하여 주시옵소서. 예수님 이름으로 기도합니다. 아멘.

December 23

굳어진 마음

(계시록 9:20-21) "이 재앙에 죽지 않고 남은 사람들은 손으로 행한 일을 회개하지 아니하고 오히려 여러 귀신과 또는 보거나 듣거나 다니거나 하지 못하는 금, 은, 동과 목석의 우상에게 절하고 또 그 살인과 복술과 음행과 도둑질을 회개하지 아니하더라"

계시록 9장에는 다섯 번째와 여섯 번째의 나팔 심판이 나오는데, 거기에는 지옥문이 열리고 힘센 마귀가 땅으로 나와 사람의 삼분의 일을 죽인다. 어쩌면 당신은 그 죽음에서 남은 사람들이 그들의 죄를 회개하고, 하나님께 부르짖으며 자비를 구할 것으로 생각할 것이다. 그러나 그렇지 않다. 그들은 오히려 하나님을 저주하고 사탄을 섬긴 죄에 대해 회개하기를 거부했다.

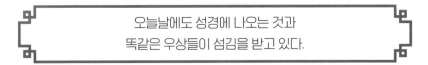

오늘날에도 성경에 나오는 것과
똑같은 우상들이 섬김을 받고 있다.

성경 시대에 있었던 사람들이 어리석게도 거짓 우상들을 섬겼던 것은 쉽게 수긍이 간다. 그러나 계시록은 사람들이 대환란 중에도 계속 우상을 섬길 것이라고 분명하게 말한다. 그와 같은 우상들은 오늘날에도 여전히 섬겨지고 있다.

- 당신이 지식을 섬긴다면, 당신은 지식의 신인 바알을 섬기고 있는 것이다.
- 당신이 쾌락을 섬긴다면, 당신은 쾌락의 신인 몰렉에게 예배하고 있는 것이다.
- 당신이 권력을 추구하여 다른 사람을 누르고 최고가 되려고 애를 쓴다면, 당신은 권력의 신 맘몬을 섬기고 있는 것이다.
- 당신이 성(sex)적인 것을 추구한다면, 당신은 성의 신 아스다롯을 섬기는 것이다.

당신이 어떤 신을 섬기고 있는지 스스로 어떻게 알 수 있을까? 그것은 생활 속에서 당신의 시간과 생각과 에너지를 어디에다 열중하고 있는지에 따라 보여진다. 당신의 마음속을 살펴보라. 지금 당신은 무엇을 섬기고 있는가?

하나님 아버지, 빨리 회개하여 당신의 아들 주 예수 그리스도를 통해 당신께 용서를 구할 수 있게 하옵소서. 예수님 이름으로 기도합니다. 아멘.

December 24

원수를 이기심

(계시록 12:7-8) "하늘에 전쟁이 있으니 미가엘과 그의 사자들이 용과 더불어 싸울 새 용과 그의 사자들도 싸우나 이기지 못하여 다시 하늘에서 그들이 있을 곳을 얻지 못한지라"

우리와 싸우는 원수는 하나님의 창조물들 중에서도 가장 능력이 많은 것 중의 하나이다. 그러나 어쨌든 그것도 하나님의 피조물이라는 것을 알아야 한다. 사람들은 때로 사탄을 하나님과 동격인 상대로 생각하는데, 절대 그렇지 않다. 사탄은 하나님의 반대편에서 하나님의 백성과 하나님의 일들을 대적하지만, 하나님께는 대적하지 못한다.

우리의 원수가 비록 많은 능력은 있어도 무적은 아니다.

오늘 말씀에서 우리는 하나님의 천사장 미카엘이 승리한 것을 본다. 미카엘은 수세기 동안 사탄과 싸워왔다. 본문에는 용과 그의 사자들이 싸울새 이기지 못하더라" 기록되었다.

또한 성경은 예수께서 베드로에게 "약속하신 것처럼 "내가 이 반석 위에 내 교회를 세우리니 음부의 권세가 이기지 못하리라"(마 16:18) 증거하였다.

사탄이 당신에게 아무리 전략을 짜서 끊임없이 잔인하게 역사하고, 육욕을 일으켜 하나님으로부터 멀어지게 만들려고 할지라도 당신이 그리스도로 무장하고 있는 한 당신을 이길 수 없다.

그러나 감히 당신 힘으로 사탄과 싸우려고 하지 마라. 당신의 능력으로는 사탄과의 싸움에서 상대도 되지 않는다. 그러나 예수님의 능력으로 맞선다면 당신은 이길 수 있다. 예수 그리스도의 십자가는 우리로 하여금 흑암의 세력에게서 승리하게 한다.

주님, 우리가 주님 안에 거함으로 주님이 우리의 원수에게서 방어막이 되어주셔서 사악한 원수가 우리에게 근접하지도 못하게 해 주시니 감사합니다. 당신이 십자가 위에서 베푸신 승리에 대해 감사드립니다. 예수님 이름으로 기도합니다. 아멘.

크고 놀라우시도다

(계시록 15:3-4) "하나님의 종 모세의 노래, 어린 양의 노래를 불러 이르되 주 하나님 곧 전능하신이시여 하시는 일이 크고 놀라우시도다 만국의 왕이시여 주의 길이 의롭고 참되시도다 주여 누가 주의 이름을 두려워하지 아니하며 영화롭게 하지 아니하오리이까 오직 주만 거룩하시니이다 주의 의로우신 일이 나타났으매 만국이 와서 주께 경배하리이다 하더라"

이 노래를 부르는 사람들은 모두 믿음으로 순교한 사람들인 것 같다. 하늘에서 요한이 이 장면을 보고 듣기까지 이렇게 노래를 부르는 사람들은 신실한 믿음의 사람들로 적그리스도가 온 세상에 오른손과 이마에 표를 받도록 강요한 것을 거부해 죽임을 당한 자들이다.

그들이 비록 죽기는 했지만 땅에 임하는 심판은 피했다. 이제 그들은 천국에서 하나님의 보좌 앞에 서서 하나님께 찬양을 드리고 있다. 이 순교자들이 부르는 노래는 승리의 노래이다. 사탄이 그들에게 분노했으나 하나님이 그들로 흑암의 세력에서 승리하게 함으로써 감사의 노래가 심중에서 흘러나온 것이다.

- 주 하나님께서 우리의 예배를 받으시는 것은 얼마나 마땅한가!
  "주 하나님 곧 전능하신이여 하시는 일이 크고 놀라우시도다 만국의 왕이시여 주의 길이
  의롭고 참되시도다"

> 어린 양을 노래하는 것은 잃어버린 자에게 자비와 은혜를 베풀어
> 주신 그분께 감사와 찬양을 드리는 아름다운 노래이다.

주님, 우리가 당신을 알게 되어 당신의 사랑과 인애를 체험하게 하시니 감사합니다. 당신에게 항상 충성스러운 예배자가 되게 하옵소서. 예수님 이름으로 기도합니다. 아멘.

어린양이 그들을 이길 것이다

(계시록 17:13-14) "그들이 한 뜻을 가지고 자기의 능력과 권세를 짐승에게 주더라 그들이 어린 양과 더불어 싸우려니와 어린 양은 만주의 주시요 만왕의 왕이시므로 그들을 이기실 터이요 또 그와 함께 있는 자들 곧 부르심을 받고 택하심을 받은 진실한 자들도 이기리로다"

예수 그리스도를 대적해 싸우는 것처럼 어리석은 자는 누구인가? 그러나 대환란 동안 세계의 지도자들이 바로 그 어리석은 일을 할 것이다. 세계의 모든 권력자들이 모든 힘을 합해 한마음과 한뜻을 가지고 하나님의 어린양을 대적해 싸우겠으나 마침내 패전하고 말 것이다. "어린양이 그들을 이길 것이다"라고 성경은 말씀한다. 승리는 하나님께 속해 있다.

"하늘에 계신 이가 웃으심이여 주께서 그들을 비웃으시리로다"(시 2:4)

> 온 세상이 예수님을 대적해 싸우겠지만 결국 예수님이 승리하신다.
> "그는 만주의 주시요 만왕의 왕이시다!!"

온 세상에 처음으로 주권자가 된 느부갓네살 왕이 여호와의 말씀에 대적해 싸웠다. 물론 그는 완전히 패했다. 그의 정신이 돌아온 후 그는 이렇게 말했다.

"그 기한이 차매 나 느부갓네살이 하늘을 우러러 보았더니 내 총명이 다시 내게로 돌아온지라 이에 내가 지극히 높으신 이에게 감사하며 영생하시는 이를 찬양하고 경배하였나니 그 권세는 영원한 권세요 그 나라는 대대에 이르리로다"(단 4:34)

세상이 전쟁에서 승리하는 것처럼 보여도 결국 최후의 승리는 어린양께 있다는 것을 절대 잊지 말라.

하나님 아버지, 당신을 대적하는 흑암의 세력을 징벌하고 당신의 의의 나라를 이 땅에 세우실 그 날을 고대합니다. 그 날이 어서 속히 임하게 하옵소서. 예수님 이름으로 기도합니다. 아멘.

December 27

영원히 사라져버림

(계시록 18:14) "바벨론아 네 영혼이 탐하던 과일이 내게서 떠났으며 맛있는 것들과 빛난 것들이 다 없어졌으니 사람들이 결코 이것들을 다시 보지 못하리로다"

본문에서 말씀하는 열매는 무엇을 말하는가? 또 사람들이 탐했던 것은 무엇인가? 그 열매는 상업이었다.

사람들은 금과 은, 진주와 같은 비싼 보석들, 세마포나 실크 같은 비싼 옷감들, 그리고 상아, 진귀한 나무, 동, 철, 대리석 같은 물품으로 사업을 하는 것을 갈구했다.

"그 상품은 금과 은과 보석과 진주와 세마포와 자주 옷감과 비단과 붉은 옷감이요 각종 향목과 각종 상아 그릇이요 값진 나무와 구리와 철과 대리석으로 만든 각종 그릇이요"(계 18:12)

이것들은 우리에게도 익숙한 품목들이 아닌가? 오늘날에도 얼마나 많은 사람들이 이것들을 구매하기를 탐하여 많은 돈을 주고 비싼 옷으로 옷장을 채우고, 비싼 가구로 집을 장식하고 있는가? 그리고 이러한 욕구를 채우기 위해 사용한 신용 카드의 빚을 갚기 위해 얼마나 많은 해를 고생하고 있는가?

> 하나님은 자기 자녀를 얽어매는 그 어떤 것도 미워하신다.

상업은 당신을 얽어 맬 수 있는 한 제도이다. 당신 자신을 별로 귀중하지도 않고 없어져 버릴 것에 사로잡혀 있게 하는 것이 얼마나 어리석은 일인가! 우리가 있는 이곳은 잠시잠깐이요, 내세는 영원하다. 사라져 버릴 이생에 모든 것을 다 투자하고, 앞으로 올 내세에는 아무것도 투자하지 않는 것이 과연 지혜로운가?

예수님은 "사람의 생명이 소유의 풍부함에 있지 아니하다"(눅 12:15) 말씀하셨다. 우리 인생은 예수 그리스도를 통한 하나님과의 관계이다. 나 같으면 이 세상 것에 부요하고 믿음에 가난한 것보다 이 세상의 것에 가난하고 믿음에 부요한 것이 훨씬 나은 것 같다. 그러할 때 그리스도 안에 있는 부요함이 오래 지속되고 영원할 것이다.

하나님 아버지, 이 세상 신이 사람들을 속이고 있음을 알고 있습니다. 사탄의 강력한 속임수로 눈이 멀어버린 자의 눈을 열어 주시도록 예수님 이름으로 기도합니다. 아멘.

December 28

그리스도의 신부

(계시록 19:7) "우리가 즐거워하고 크게 기뻐하며 그에게 영광을 돌리세 어린양의 혼인 기약이 이르렀고 그의 아내가 자신을 준비하였으므로"

고린도후서에서 바울은 "내가 하나님의 열심으로 너희를 위하여 열심을 내노니 내가 너희를 정결한 처녀로 한 남편인 그리스도께 드리려고 중매함이로다"(고후 11:2) 증거하였다.

그 당시에는 부모들이 자기 아이들의 결혼을 아주 중요하다고 생각했다. 그래서 부모들이 자녀들의 결혼을 결정하고 성사시켰다. 바울도 고린도 교회의 아버지로서 고린도 교회를 결혼시키기로 작정했다고 그들에게 말한다. 그들은 그리스도와 약혼한 자들이다.

계시록 19장에는 어린양이 그의 신부인 교회와 결혼하는 장면이 나온다. 성경 본문에 "그의 신부는 자신을 준비하였으므로"라고 기록되었다. 이 천국 장면을 보면 이제 약혼 기간이 끝나고 결혼식을 할 시간이 왔다.

모든 결혼식에는 신부가 있다. 본문에는 그리스도의 신부는 "빛나고 깨끗한 세마포 옷을 입도록" 허락되었다고 기록되었다. 그리고 이 세마포 옷은 바로 "성도들의 옳은 행실"이라고 해석하였다.

> 그리스도의 신부는 그리스도의 의로 옷 입어야 할 것이다.

이사야는 우리의 의에 대해 "우리는 다 부정한 자 같아서 우리의 의는 다 더러운 옷 같으며"(사 64:6)라고 증거했다. 우리가 예수님 앞에 신부의 옷을 입고 나타날 때 우리가 스스로 노력한 최상의 옷인데도 불구하고 더러운 옷으로 비춰질런지 아니면 믿음을 통한 예수 그리스도의 의의 옷인 아름답고 깨끗한 흰 세마포로 옷 입은 신부로 나타나든지 둘 중에 하나이다.

- 당신은 신랑을 만날 때 무슨 옷을 입을 것인가?
- 당신이 스스로 만든 의의 옷인가? 아니면 그분의 옷을 입을 것인가?

하나님 아버지, 그리스도를 통해 그리스도의 의의 옷을 입혀 주셔서 거룩하고 순결하고 깨끗한 신부로 설 수 있게 하시니 감사합니다. 예수님 이름으로 기도합니다. 아멘.

December 29

백보좌

(계시록 20:11) "또 내가 크고 흰 보좌와 그 위에 앉으신 이를 보니 땅과 하늘이 그 앞에서 피하여 간 데 없더라"

사람들은 때때로 자기가 죄를 짓는 것을 본 사람이 아무도 없다면 괜찮다고 생각한다. 그러나 하나님은 아신다. 하나님은 모든 것을 보고 계신다. 우리의 생각, 우리의 모든 행동모든 비밀스러운 행위를 다 아신다.

성경은 우리에게 "하나님은 모든 행위와 모든 은밀한 일을 선악간에 심판하신다"(전 12:14) 말씀하셨다. 그 날에는 책이 펼쳐져 각 사람마다 그 책에 쓰여 있는 대로 심판을 받을 것이다. 심지어 은밀하게 말하고 행했던 모든 일들도 모두 다 심판 받게 될 것이다.

그런데 또 하나의 책이 더 있다. 그것은 바로 '생명책'(The Book of Life)인데, 당신의 이름이 기록되어 있기 원하는 책이다. 그 생명책에 이름이 없는 자들은 불못에 던져질 것이기 때문이다. 그러나 예수 그리스도를 믿고 의지하며 그를 자기의 '주'와 '구세주'로 받아들인 자들은 구원을 얻게 된다.

> 우리가 하나님의 백보좌 심판대 앞에 서면, 우리의 이름을 부르는 소리를 들을 것이므로 두려워 할 필요가 없다.

성경은 우리에게 "아버지 앞에서 우리에게 대언자가 있으니 곧 의로우신 예수 그리스도시라"(요일 2:1) 말씀하셨다. 그러므로 그 날에 예수님은 아버지 앞에 서 계시다가 앞으로 나오시면서, "아버지, 이 사람은 나에게 속한 사람입니다. 이 사람의 죄를 나에게 계산해 주시옵소서" 말씀하실 것이다. 그 순간 예수님께 속한 우리 모두는 의롭다고 선포될 것이다. 우리의 이름이 생명책에서 발견되면 우리는 천국으로 들어가 우리의 구세주와 영원히 사는 생명이 시작될 것이다.

하나님 아버지, 예수 그리스도가 우리의 편에 서서 역사하게 하시니 감사드립니다. 당신께 영광 돌리는 삶을 살 수 있게 하옵소서. 예수님 이름으로 기도합니다. 아멘.

신실하고 참된 하나님의 말씀

(계시록 21:5) "보좌에 앉으신 이가 이르시되 보라 내가 만물을 새롭게 하노라 또 이르시되 이 말은 참되고 신실하니 기록하라 하시고"

때로 하나님께서 예언하신 일들이 너무나 놀랍기 때문에 하나님은 자기의 말씀이 진실됨을 확인시킬 때가 있음을 본다.

하나님은 에스겔 36장에서 이스라엘 땅을 재건할 것에 대해 예언하셨다. 벌거벗은 산들이 어떻게 다시금 나무로 덮일 것이며, 들이 어떻게 사람들을 위해 열매를 맺을 것인가에 대해 설명하셨다. 하나님은 이렇게 놀라운 예언 후에 "내가 말한 것은 반드시 이루리라" 말씀하셨다.

하나님이 이 일을 이루시는데 거의 2,500년이 걸렸지만 결국 그 일은 모두 이루어졌다. 미국의 뉴져지주보다도 작은 이 나라가 세계로 과일과 채소를 수출하는데 네 번째의 수출국이 되었다.

예언들은 바로 우리의 눈앞에서 이루어졌다.

예수님께서 제자들에게 말세에 일어날 일들에 대해 분명하게 "천지는 없어질지언정 내 말은 없어지지 아니하리라"(마 24:35) 말씀하셨다. 매주 기독신문 위의 게시된 큰 글자는 하나님의 말씀을 지키는 연대기를 보는 것 같다.

계시록 21장 본문에서 하나님은 무엇을 확고히 하고 계시는가?

"이루었도다 나는 알파와 오메가요 처음과 마지막이라 내가 생명수 샘물을 목마른 자에게 값없이 주리니 이기는 자는 이것을 상속으로 받으리라 나는 그의 하나님이 되고 그는 내 아들이 되리라"(계 21:6-7)

하나님 아버지, 영광스러운 약속들 곧 당신의 나라에서 우리도 영생에 참여하게 하시겠다니 너무나 감사드립니다. 예수님 이름으로 기도합니다. 아멘.

하나님의 초청

(계시록 22:17) "성령과 신부가 말씀하시기를 오라 하시는도다 듣는 자도 오라 할 것이요 목마른 자도 올 것이요 또 원하는 자는 값없이 생명수를 받으라 하시더라"

하나님이 직접 초청의 말씀으로 끝을 맺는 이런 놀라운 책이 어디에 있는가! 성경은 우리에게 "듣는 자는 오라" 말씀하셨다. 하나님의 사랑의 말씀을 듣고 용서함을 본다. 하나님과 사귐을 가지면서 기쁨과 즐거움을 누려본 사람이라면 다른 사람에게도 이런 초청을 하고 싶어질 것이다.

요한은 예수께서 초막절 명절 끝날 성전 앞에 서서 "내게로 와서 마셔라" 외치시던 말씀을 우리에게 다음과 같이 전해주고 있다. "누구든지 목마르거든 내게로 와서 마시라"(요 7:37) 그러나 예수께서 말씀하신 목마름은 육적인 목마름이 아니다.

예수님은 인간 내면의 깊숙한 곳에 있는 목마름을 말씀하신 것이다. 그 목마름에 대해서 다윗도 "하나님이여 사슴이 시냇물을 찾기에 갈급함 같이 내 영혼이 주를 찾기에 갈급하니이다"(시 42:1) 증거하였다. 이것은 하나님에 대한 목마름이다.

인간의 문제는 하나님에 대한 목마름을 육신적으로, 감정적으로 또는 재물을 소유함으로써 해결하려 한다는 것이다. 그러나 일순간의 것들로 그 목마름을 해결할 수는 없다. 하나님은 공짜로 당신 인생의 공허함을 채워주신다. 하나님은 당신과 친밀한 사귐을 가짐으로써 그의 생수가 당신에게서 흘러 넘치게 한다. 그럴때만이 당신의 목마름이 해갈될 것이다.

> 하나님은 당신을 부하고 풍요로운 인생으로 초대하신다.
> 당신은 초청에 응하고 싶지 않은가? 초청의 자리에 오지 않겠는가?
> 그것이 곧 하나님과 함께 하는 인생이다.

주님. 우리를 찾아오시는 하나님께 감사드립니다. 당신의 부름에 응답해 당신과 더욱 깊고 가까운 관계로 들어가게 하옵소서. 주님, 우리는 오직 주님만이 우리의 목마름을 해갈해 주실 수 있는 분이시라는 것을 알고 있습니다. 예수님 이름으로 기도합니다. 아멘.